張立文 著

周易帛書今注今譯（上）

張立文

臺灣學生書局印行

自序

中國古籍，爲歷代思想家、哲學家所重視者，莫過於《周易》。自漢以降，其書冠「六經之首」，作注者代有聞人。

余鑑於《周易》對中國傳統文化思想影響之巨大和深遠，二十餘年前，從事中國哲學研究教學之時，即細讀其經、傳，圖揭該書思想之原貌。此意已於拙著《周易思想研究》（一九八〇年，湖北人民出版社）一書序中言之，今撰《周易帛書今注今譯》，固未變初衷也。

《周易帛書》之出土，實易學史上之大事。《周易》言簡意賅，晦澀難讀，帛書又屢用假借字、異體字，更增其詰屈聱牙，校注實有必要。於是參考舊稿，勉力撰成斯篇。

是書先校勘原文，次加注釋。校勘以辨錯誤，明假借、異體、缺損之字；注釋則揭示文意，明其內涵。尤致力於辨別各家之說，擇善而從，藉免偏執。然注釋所徵引之典籍，均屬文言，今能明其義蘊者，蓋亦鮮矣。一九八四年五月全國《周易》討論會，雖各界人士咸集，而深有古學素養者則寥寥，需以原文與今譯合讀，始克領會其意旨，故余撰語體之今譯，亦在爲青年讀《易》者闢一門徑也。

余之爲是書，亦有年矣。雖誠心求之，沉潛索之，然恐有不逮於前賢者。邦人學士，启其愚蒙，匡其違失，則所望也！是爲序。

一九八五年五月　**張立文**　序於中國人民大學哲學系

凡例

一、《周易》卦爻辭舊稱經，亦謂繇。《彖傳》上、下，《象傳》上、下，《文言》，《繫辭》上、下，《說卦傳》、《序卦傳》，《雜卦傳》，舊稱《十翼》，亦稱《易傳》。本書專注釋《帛書周易》卦爻辭，《帛書易傳》待公布後再續。

二、本書原文以馬王堆漢墓帛書整理小組《馬王堆帛書六十四卦釋文》爲底本，勘以《帛書六十四卦》書影，並參以王弼本、《周易正義》和《周易集解》等，注意吸收清人及近人研究成果。

三、本書在原文中，以□標出殘字或筆畫不易辨認之字；以〔 〕標明帛書已缺損之字，按通行本補入。通行本有差異者，依王弼本，並兼採《周易集解》本等；以（ ）注出假借字、異體字之本字；以〈 〉標出改正之明顯誤字。

四、本書體例爲先校勘，次釋假借字、異體字，後注釋字義和文意，再今譯。每卦之末，通釋全卦，標明總釋。

五、《周易》字義文意訓釋差異者，隨處而見。對於重要之差異，或涉及本書對文意之理解者，則儘量據卦爻辭自身求證，避免以傳解經，或以傳代經。傳意符合經之原義者，則酌略而取。對有價值之訓釋，簡略取其一、二，錄以備考。

六、《周易》原爲筮書，本爲占筮，後象數之學和義理之說並起，都爲《周易》研究作出貢獻。作爲歷史遺產，本書不排斥象數之學，或合理者，兼而錄之。

七、本書於一卦中與卦名相同之字，悉據爻辭文意，或釋作一義，或作二義，均在注釋中說明原委。

八、《周易》舊注，擇善而用，間或著其人名書名。然《周易》舊解，汗牛充棟，實難遍錄。

周易帛書今注今譯（上） 目次

周易帛書今注今譯(下)目次

周易帛書淺說

馬王堆漢墓帛書出土於一九七三年十二月。與帛書周易同時出土的有帛書老子甲乙本，戰國縱橫家書、五十二病方等二十多種古書，大部已整理發表。人們久已期待的帛書周易，終於在十年後的文物一九八四年第三期（三月號）上發表了。儘管還僅是六十四卦釋文，便已引起國內、外易學研究和教學工作者的注意。它將促進整個易學研究的開展。二十多年前，我在着手寫周易思想研究的時候，便對周易進行注譯。「文革」後，我在中國人民大學哲學系中國哲學史教師進修班和語言文學系教師進修班講授周易。一些出版社亦相約出版。然想，既帛書周易已出土，未見帛書周易，而僅據通行本周易注釋，總覺不妥。馬王堆帛書六十四卦釋文發表後，便參考舊稿，重新整理，奮力一年有餘，而成周易帛書注譯。現作一些簡要說明。

一、關於帛書周易

長沙馬王堆第三號漢墓出土的帛書周易，帛幅高約四十八釐米，寬約八十五釐米，墨書，摺疊好，放置在漆盒內。拼接復原後看出，摺疊方法是：先由卷首向卷尾對摺，後連續摺疊兩次，再上下對疊。由於年久水浸，已粘成整塊，且邊緣破損，故摺疊處文字缺損較多。雖經認眞揭取，但已斷裂成高約二十四釐米，寬約十釐米有餘（因缺損之故）的長方形殘片。上下十六片，拼接綴合，可屬讀爲周易。

帛幅卷首爲六十四卦，再接一篇佚書。摺疊後，六十四卦在裏，保存較好；佚書在外，殘破較重。六十四卦共九十三行，每滿行約六十四至八十一字不等。每卦單獨起行。卦畫標在朱絲欄行格的頂端，後卦名、卦辭、爻辭。如：，。卦辭與爻辭，爻辭與爻辭之間均點斷。卦爻辭之間亦不附彖、象、文言。不分上、下篇。緊接六十四卦的佚書，亦單獨起行。篇首朱絲欄行格的頂端有墨丁。如：。共三十六行。內容爲：「二三子問曰：『易屢稱於龍，龍之德何如？』孔：曰：『龍大矣，龍刑……』」凡引卦爻辭之意，冠以「易曰」或「卦曰」。孔子的名寫爲重文號，或將「孔」字寫爲「」。章節間用圓點（。）分開，句子間用黑點（•）隔開。篇末無標題，未記字數，暫稱之爲二三子問。

帛書繫辭篇首頂端塗有墨丁。凡四十六行，二千七百多字，比通行本字數少。于豪亮先生帛書周易云「帛書繫辭字數較通行本繫辭爲多」，則不確。其原因是把緊接繫辭之後，篇首頂端塗有墨丁，首句爲「子曰：易之義……」的佚書，作爲繫辭下篇，約四千字。其實，帛書繫辭與六十四卦同，不分上、下篇。雖孔穎達周易正義卷首論分上、下二篇云「案乾鑿度云：孔子曰：陽三陰四，位之正也。故易卦六十四，分爲上下，而象陰陽也。夫陽道純而奇，故上篇三十，所以象陽也；陰道不純而偶，故下篇三十四，所以法陰也。乾、坤者，陰陽之本始，萬物之祖宗，故爲上篇之始而尊之也。離爲日，坎爲月，日月之道，陰陽之經，所以始終萬物，故以坎、離爲上篇之終也。咸、恒者，男女之始，夫婦之道也。人道之興，必由夫婦，所以奉承祖宗爲天地之主，故爲下篇之始而貴之也。既濟、未濟爲最終者，所以明戒愼而全王道也。以此言之，則上下二篇，文王所定，夫子作緯，以釋其義也」，然帛書周易六十四卦次序與通行本六十四卦次序大異，其旨趣亦與孔氏論分上下二篇相違。周易古本恐無上、下篇之分。帛書周易六十四卦之間亦無墨丁相隔。依帛書周易體例，則不分上、下篇，帛書繫辭當亦無上、下篇之分。繫辭之後以墨丁相隔者，乃非繫辭下篇，而爲另一篇佚書，可稱之爲易之義。此其一。

其二，帛書繫辭包括通行本（王弼本、周易正義本、周易集解本，非朱熹周易本義本之分章）繫辭上的第一、二、三、四、五、六、七、九、十、十一、十二章，繫辭下的第一、二、三章，第四章的第一、二、三、四、七節，第七章「若夫雜物撰德」以後數句以及第九章，絕大部分章節已在繫辭中，僅缺繫辭上第八章「大衍之數五十……」和繫辭下第四章的幾節，第五、六章，第七章的「若夫雜物撰德」以前部分及第八章。所缺部分既有見於易之義篇，亦見之於另一篇題爲要的佚書。繫辭下第五、六章，第七章的「若夫雜物撰德」以前部分和第八章見之於易之義篇，而第四章的「子曰顏氏之子」和「易曰三人行則損一人，一人行則得其友」兩節見之於要篇。既然所缺部分見之於兩篇佚書，便不可謂易之義爲繫辭下篇。

其三，帛書繫辭內容涉及通行本繫辭上下兩篇，且上下兩篇的首尾章節均已完整，所缺僅中間的部分章節，故不能以易之義爲繫辭下篇，則帛書繫辭字數較通行本爲多，亦不能成立。

由於帛書繫辭最後一行有殘缺，故有無篇題、字數、均不得考。

篇題爲要的佚書，由於篇首殘缺，故爲首朱絲欄行格的頂端有無墨丁，已無可考。篇末注明爲一千六百四十八字，殘存十八行半，一千零四十餘字。

另一篇首朱絲欄行格的頂端有墨丁（帛書周易所能見到的第四處墨丁）的，包括篇題爲繆和和昭力兩篇。首句或爲「繆和問於先生曰」，或爲「昭力問曰」。篇尾注明字數爲六千，應是兩篇的合計。內容是繆和、呂昌、吳孟、張射、李平、昭力等人與傳易者的答問。如：「易渙之九二」，「今易渙之六四」，「易歸妹之上六」等，是關於某卦爻辭含義的問答。亦涉及楚莊王（前六一三）、越王勾踐（前四九六）、吳王夫差（前四九五）、魏文侯（前四四六）的歷史事件。此篇當作於戰國中、後期，已開始把卦爻辭與歷史事件相傅會。

二、帛書周易與陶片、甲骨上的數字卦的關係

依據現今地下出土資料，最初的卦畫，並非用代表偶數的陰「--」和奇數的「一」構成，而是用一、五、六、七、八、九等六個數字組成的。傳說黃帝時臣「隸首造數」（見漢書律曆志），距今已有五千餘年。一切經音義引算經云：「黃帝爲法，數有十等。」說文：「數，計也」。漢書律曆志：「數，一十百千萬也；所以等數事物，順性命之理也。」便是計算事物的方法。數名的發展次序，當爲一、二、三、四，以至於十。據考古器物上記載，西安半坡村仰韶

文化遺址中出土陶器上刻有：ㄨ、十、八、父、丨、‖，姜寨仰韶文化遺址出土陶器上刻有：ㄨ、∧、十、一ㄨ、丨、‖、川，河南二里頭文化中的陶器上刻有：ㄨ、∨、十、八、丨、卄、川，江蘇海安縣青墩淞澤文化遺址中出土骨器的鹿角上刻有：一、二、三、亖、ㄨ、八，河南安陽出土殷代甲骨上刻有：一、二、三、亖、ㄨ（∞、ㄨ）、∧、十、八、九、丨、∪、屮、山、ㄨ丨、∧丨、十丨、ㄨ丨、九丨、[illegible]、[illegible]、[illegible]，周原出土的甲骨上刻有：一、二、三、亖、ㄨ、介（∧）、十、八、九、丨。可見，中國古代關於數的記載，大體是統一的——即一、二、三、三、ㄨ、（∞、ㄨ）、∧、十、八、九、丨。現將中西歐美古文數名比較列為一表（見下頁）。

這些數字是人類計算事物的需要，是人們概念的具體化。然而數開始邁向神學的臺階，則是同卜筮相聯繫的。數有奇數和偶數，用三個和六個相同或不同奇偶數的符號構成數的圖形畫，其特點與易卦結構相似。卦分陰陽奇偶，似將一、七為少陽，五、九為老陽，六為老陰，八為少陰。故將這種數的圖形畫簡稱為數字卦，或稱筮卦。它最早（就目前掌握資料而言）見之於新石器時代晚期的淞澤文化遺物上。如：「亖ㄨ三三∧亖」「∧三ㄨ三一」，兩組數字卦，是由一、二、三、亖、ㄨ、∧六個數字構成。後來鑒於一、二、三、亖易於混淆，則放棄了二、三、亖三個數字，保留了一、ㄨ、∧，又增加了十、八、九三個數字。後來又有變化。由數的圖形卦畫演變為周易中的陰陽卦畫，不僅需經過漫長的歲月，而且亦是易簡的過程——即由數字卦畫簡化為陰陽符號卦畫。為探討這個演變的進程，則需從數字卦畫講起。

河南安陽殷墟四盤磨出土卜骨上刻有「十ㄨ十∧∧日[illegible]」，「十ㄨㄨ八八」，「十八大大日[illegible]」，乃由

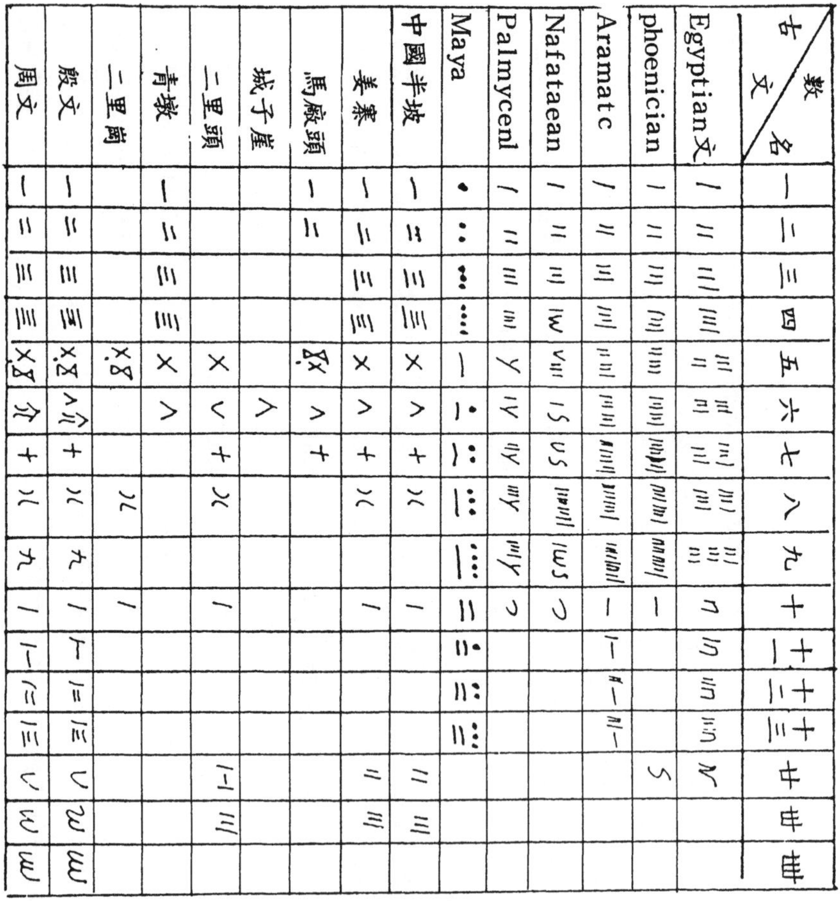
數名
古文
一
二
三
四
五
六
七
八
九
十
十一
十二
十三
廿
卅
卌
Egyptian文
phoenician
Aramatc
Nafataean
Palmycenl
Maya
中國半坡
姜寨
馬廠頭
城子崖
二里頭
青墩
二里崗
殷文
周文

七五七六六六，八六六五八七，七八七六七六等奇偶數組成的三個數字卦畫。將其變換成陰陽符號，便成䷋否卦，䷣明夷卦，䷿未濟卦。否：「曰畏」。（張政烺帛書六十四卦跋釋作「魁」，亦有釋作「鬼」者。）未濟：「曰隗」。「曰畏」、「曰隗」便是其卦名或卦爻辭。安陽出土陶範上刻有「乂大八十，一大十八∧」，乃由五七六八七七，一七六七八六等奇偶數組成的兩個數字卦畫。將其變換成陰陽符號，便成䷼中孚卦和䷴漸卦。安陽殷墟出土陶罐上刻有「∧∧十∧八，乂十∧十一」等奇偶數組成的兩個並列數字卦。換成陰陽符號，便成䷧解卦和䷵歸妹卦。陝西長安張家坡出土西周卜骨上刻有「∧∧八一大，∧一∧∧∧一」等奇偶數組成的兩個數字卦。換成陰陽符號，便成䷭升卦和䷂屯卦。以上，都是初筮後，又再筮的。

有僅見初筮，而無再筮的記錄的。如：安陽出土陶殷上刻有「十八∧∧十十」，乃由七八六六六七七等六個奇偶數組成的數字卦畫。換成陰陽符號，便成䷚頤卦。山東朱家橋遺址出土殷代陶罐上刻有「一八八∧一一」，乃由一八八六一一第六個奇偶數組成的數字卦畫。換成陰陽符號，便成䷨損卦。陝西岐山鳳雛村出土周七號卜甲上刻有「八十八十八乂」，卽由八七八七八五等六個奇偶數組成的數字卦。換成陰陽符號，便成䷾既濟卦。陝西岐山鳳雛村出土周八十五號卜甲上刻有「大∧∧十一八 曰其亡咎既魚」，卽由七六六七一八等六個奇偶數組成的數字卦畫。有卦爻辭：「曰其亡咎既魚」。換成陰陽符號，便成䷑蠱卦。「既魚」爲易中的「卽吉」。陝西岐山鳳雛村出土周九十一號卜甲上刻有「∧∧十十八」，卽六六七七八等五個數字，末尾數字殘缺。陝西岐山鳳雛出土周一一七號卜甲上刻有「大∧八∧十∧」，卽由七六八六七六等六個數字組成的數字卦畫。換成陰陽符號，便成䷃蒙卦。陝西長安張家坡出土西周卜骨上刻有「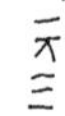」，卽由一一六一一一等六個數字組成的數字卦畫。換成陰陽符號，便成䷈小畜卦。周琥銘文記有「」，卽由六七七一一一等六個數字組成的數字卦畫。換成陰陽符號，便成䷪夬卦。父乙盉蓋銘文記有「」，卽由七六七六七六等六個奇偶數組成的數字卦畫。換成陰陽符號，便成䷿未濟卦。召仲卣銘文記有「」，乃由七五六六六七等六個奇偶數組成的數字卦畫。換成陰陽符號，便成䷩益卦。召卣銘文記有「」，乃由一一六八一六等六個倒寫的奇偶數組成的數字卦畫。換成陰陽符號，便成䷺渙卦。此外亦有未重的單卦。如：甘肅莊浪徐家碾寺洼文化中M28出土馬鞍型陶罐左耳上刻有「」，乃由六六六組成。換成陰陽符號，便成☷坤卦。河南安陽殷墟出土卜骨上刻有「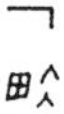」，亦爲坤卦。卦爻辭爲「田」。坤爲田之意，田、地意近。父戊卣銘文記有「」，也爲坤卦。

綜觀初筮再筮有本卦和之卦，或僅初筮或僅未重卦之單卦。有卦畫和卦爻辭的有河南安陽殷墟四盤磨出土的兩卦，陝西岐山鳳雛村出土周八十五號卜甲上刻的一卦以及河南安陽殷墟出土卜骨上刻的一卦。從此卦爻辭來看，雖與帛書周易卦爻辭有異，但亦有相近之處。其一，四盤磨卜骨的否卦卦名或卦爻辭「曰畏」。說文：「畏，惡也。」廣雅釋詁三：「畏，惡也。」帛書周易否卦，便有惡的意思。詩烝氏：「邦國若否。」釋文：「否，惡也。」漢書刑法志：「有司無仲山甫將明之材。」顏師古注曰：「否，不善也。」「畏」、「否」古義同相通，以「畏」釋「否」，或以「否」釋「畏」，由「畏」演變爲周易否卦，均是可能的。未濟卦卦名或卦辭「曰隗」。說文云：「隗，隹也。」「隹」，說文：「隹隗高也。」「濟」，風俗通山澤引書大傳云：「濟者齊，齊其度量也」。未濟卽未齊，引伸爲參差不齊或高低不平也，義亦與「隗」相近似。「曰畏」、「曰隗」是對「十ㄨ六∧∧」和「六八大大」的解釋，或卦名、卦爻辭的記錄。其二，鳳雛村出土周八十五號卜甲數字卦畫後載：「曰其亡咎既魚。」明顯是「六∧十八」數字卦的卦辭。「亡咎」意卽「无咎」，「既魚」便是「卽吉」，與帛書周易卦爻辭相似。其三，安陽殷墟出土卜骨上∧∧∧坤卦，左旁有「田」字，是坤卦的卦象——「坤爲田」。或「田」爲∧∧∧數字卦的卦名。田與地相通。坤爲地，卽坤爲田也。此三例亦可爲數字卦畫是古代卦畫之一種的佐證。否定數字卦畫爲古代卜筮的卦畫則不妥。

這種由六個或三個奇偶數構成的數字卦，每個數字可能是當時卜筮的成爻數，而非簡單數字排列。數字卦畫是周易陰陽卦畫的先兆，也許周易陰陽卦畫是由數字卦畫演變來的。其間聯繫，可窺見者有：

第一，在數字卦畫中一、五、七、九爲奇數，六、八爲偶數。依據通行本周易繫辭所載之筮法與左傳、國語所記之筮事互相參照來看，「四營而成易，十有八變而成卦」。周易集解引荀爽曰：「營者，謂七、八、九、六也。」每三變的結果，其餘數均爲九、八、七、六的四倍數：或三十六，或三十二，或二十八，或二十四。故在數字卦變成陰陽卦畫時，凡奇數皆爲陽「一」，偶數皆爲陰「--」——卽一、五、七、九爲「一」，六、八爲「--」。在帛書周易中陰爻並非寫成「--」，而是寫成「八」或「ハ」，酷似數字卦畫中的「八」、「八」，亦與帛書周易臨「至于八月有凶」之「八」相似，為「分別相背」之形。由數字卦畫的六（∧）、八（八八）演變為帛書周易的「八」，再變為通行本周易中的「--」，便可見其演化的痕迹，也可為數字卦與帛書周易聯繫之佐證。

第二，從半坡、姜寨、仰韶文化和二里頭文化的陶器以及殷墟甲骨、周原甲骨上所刻的「十」皆指「七」數，數字卦畫中的「七」亦寫作「十」。在帛書周易卦爻辭中「七」字三見。愚驚奇地發現，帛書周易「七」均寫為「十」，而與屯卦六二「十年乃字」之「十」稍異。既濟六二：「婦亡（喪）其發（茀），勿遂（逐），七日得。」震六二：「辰（震）來厲，意（億）亡（喪）貝，齋（躋）于九陵，勿遂（逐），七日得。」復：「反復其道，七日來復。」既濟、震六二爻辭均寫作「十日得」，復卦辭亦寫成「十日復」，而不寫成「七」。帛書周易「十」字五見：損六五：「益之，十倗（朋）之龜。」頤六三：「𢔁（拂）頤，貞凶。十年勿用，无攸利」。屯六二：「女子貞不字，十年乃字。」復上六：「至十年弗克征。」益六二：「或益之十倗（朋）之龜。」「十」則寫成「十倗」，「十年」，「十倂」。「十」與「十」的區別在於：七字橫長豎短，十字橫較七短；十字豎與橫相稱，七字豎橫不相稱。帛書周易三處「七」寫作「十」，絕非偶然，乃是對數字卦畫中寫法的沿襲。

第三，甘肅徐家碾寺洼文化，安陽殷墟卜骨以及□父戊卣銘文均刻有「∧∧∧」數字卦畫，並釋為「田」。唐陸德明經典釋文云：「坤，本又作巛。坤，今字也。」左傳昭公二十九「其坤曰」，釋文所據本坤字逕作巛。大戴禮保傅篇曰：「易之乾巛」。毛居正六經正誤曰：「巛，古坤字。」玉篇川部云：「巛，讀川，古爲坤字。」尙書皐陶謨：「浚畎澮距川。」說文引作「濬く巜距巛」。故巛與川通。秦統一文字之前，各地寫法，均不相同，數字卦畫的 ⋀⋀⋀，變成巛，是完全有可能的。卽使在秦統一文字以後，這種情況也存在。如帛書周易中「悔」作「[illegible]」，「飛」作「[illegible]」，或作「[illegible]」，「鼓」作「[illegible]」等。帛書周易「坤」作「川」，卷後佚書和帛書繫辭「坤」均作「川」。川卽巛之簡寫，且巛與川古相通。說卦云：坤之象爲地，爲母，爲布，爲釜，爲吝嗇，爲均，爲子母牛，爲大輿，爲文，爲衆，爲柄，其爲地，也爲黑。左傳莊公二十二年：「坤，土也。」國語晉語：「坤，土也。」說文：「土，地之吐生萬物者也。二 象地之上地之中，物出形也。」安陽殷墟釋爲「田」。廣雅釋地：「田，土也。」乾九二：「見龍在田」。周易集解引干寶曰：「田者，地之表而有人功也。」恒九四：「田无禽」。周易集解引虞翻曰：「地上稱田」。故坤釋爲地、土、田，義近而通。此亦可爲數字卦畫與帛書周易聯繫之佐證。

從數字卦畫的卦名或卦爻辭到「⺌」、「十」、「巛」的引用，都蘊含着數字卦畫和帛書周易的某種聯繫。探討這種聯繫，便可揭示從數字卦畫到周易陰陽卦畫的演變進程，亦可進一步確定數字卦畫是一種原始初型的卦畫或八卦。

三、八卦和六十四卦的關係及帛書六十四卦次序

八卦與六十四卦關係，似乎已成定論。繫辭傳認爲伏羲「始作八卦」，司馬遷在史記中三

處肯定伏羲作八卦，文王演爲六十四卦，揚雄、王充皆沿襲其說，便成爲一種權威說法。然而古人亦有異議。淮南子要略曰：「八卦可以識吉凶，知禍福矣。伏羲爲之六十四變。」魏志高貴鄉公紀曰：「包犧因燧皇之圖而制八卦，神農演之爲六十四卦。」這是說伏羲不僅作八卦，且演爲六十四卦。卽使這樣，亦說法不一，則演六十四卦者，究竟是何人，古人就搞不清楚了。於是，有人主張六十四卦並不是八卦互相重疊的結果，認爲甲骨上的數字卦畫（或稱之爲筮卦）都是六個數字一組，金文所見三位數字一組的符號是否是筮卦，難于肯定。意謂六十四卦本來就有，非重卦結果。由繁而簡，而有八卦。此說也不是絕無道理。

中國古代占卜的方法各異，據周禮太卜、占人、筮人，和左傳等記載，主要有兩種：一是卜。卽用龜殼、或牛肩胛骨，先鑽鑿，後火灼，據其裂紋，以卜吉凶。有的把卜之日期、貞卜者、所占之事以及以後的結果，均記在卜兆旁邊。這便是已發現的從新石器到殷、周時的甲骨文。二是筮。卽用蓍草或策，按照一定方法（各民族、地區均不一樣——卽存在多種筮法），求得數字，以定吉凶。故左傳僖公十五年曰：「筮，數也。」筮是與數相聯繫的，無數也就無所謂筮。因此陶片、甲骨上的數字卦畫，那是把由筮所得之數字刻在卜用的甲骨上，或將其記在陶器上的結果。我國納西族古文獻東巴經占卜經記載的「魯盤」，卽一種用小石頭來卜卦。其方法是，任揀四十二顆小石頭，其大小、顏色、形狀不限，排成一行，任意分成三堆。每堆數量不等。再如周易筮法每堆以四揲之，則每堆最後餘一、二、三不等。此爲一演。第二演，將餘下石子依上方法再重演一遍。如此三演，而占吉凶。另有「厄古律」（鷄頭卦）、「匹香盤」

（猪羊骨卦）等。

由於各地筮法有別，故史傳有「夏曰連山，殷曰歸藏，周曰周易」之說。周之前筮法無可考，但東周之筮法可略知。通行本繫辭上第八章：「大衍之數五十，其用四十有九。分而爲二以象兩，掛一以象三，揲之以四以象四時，歸奇於扐以象閏，五歲再閏，故再扐而後卦。……是故四營而成易，十有八變而成卦。」後歷代均有注釋，朱熹作筮儀，則較詳。每一變需四營，經十二營「三變而成爻」，十八變七十二營而成六爻——郎組成一卦。可見在成卦過程中並不分內、外卦，亦無重卦的問題，而是直接組成六十四卦中的一卦，毋需先求一單卦，再求一單卦與之重疊。此其一。

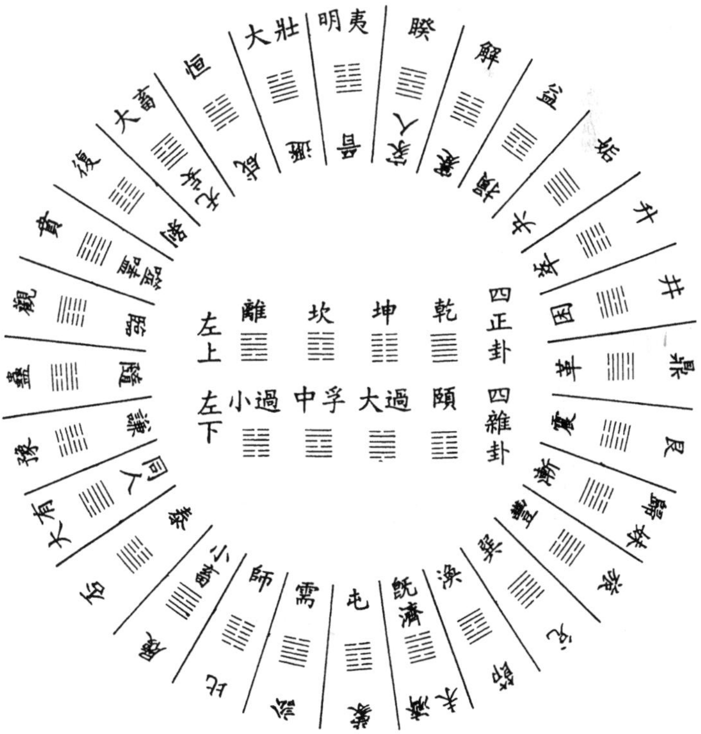

其二，六十四卦組合方法，序卦正義曰：「今驗六十四卦，二二相耦，非覆卽變。覆者，表裏視之，遂成兩卦。屯蒙、需訟、師比之類是也。變者，反覆唯成一卦，則變以對之。乾、坤、坎、離、大過、頤、中孚、小過之類是也。」所謂「非覆卽變」，便是朱熹所說的「交易」的對待而作。文王六十四卦次序圖的排列次序是依序卦傳——卽始自乾、坤、屯、蒙，終至旣濟、未濟。它按正反卦（互卦）的形式相對排列——卽是「覆」。茲製圖如上（頁十三）：

同時，四正卦和四雜卦亦構成相對卦，這便是「變」——卽陰爻變陽爻，陽爻變陰爻。其圖如下：

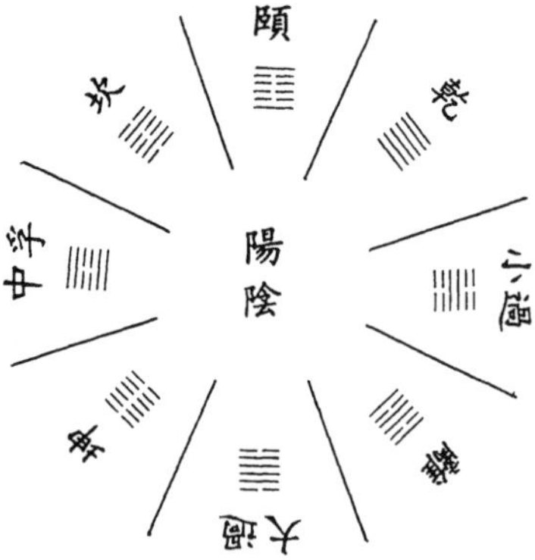

（此兩圖文字說明詳見拙文：朱熹與李滉的易學思想比較研究——為哈佛大學新儒學的退溪學國際會議而作（一九八三年十月十日至十三日）。）

這種由「覆」和「變」而組成六十四卦，並非由八卦重疊而成，故毋需先有八卦而後演爲六十四卦。

推測古人在成卦時求得六個數字，並未考慮八經卦的重卦問題，而是從數字卦畫換成陰陽卦畫後，六爻的最大可變數便是六十四——卽2^5的不同卦。後來才概括出八卦，而成爲六十四卦之經，故曰「八經卦」。這是人們在掌握了一定數理知識後產生的。因此，不能斷然說六十四卦是在八卦之後，由八卦重疊而成。

然而，在出土六個奇偶數組成數字卦畫的同時，亦出土了由三個數字組成的數字卦畫。除以上引河南安陽殷墟卜骨上刻有「⊠∧∧」外，陝西長安張家坡出土骨鏃上刻有「一∧一」，乃由一六一等三個奇偶數組成的數字卦畫（單卦）。如將其換成陰陽卦畫，便成☲離卦。河南洛陽北窰西周墓中出土銅戈上刻有「一∧一」，則與張家坡出土骨鏃所刻相同，是爲離卦（單卦）。陝西岐山鳳雛村出土周二六三號卜骨上刻有「十八八」，乃由七八八等三個奇偶數而組成數字卦畫的單卦。換成陰陽符號，便成☶艮卦。效父𣪕銘文記有「休王易效父：三，用作氒寶𠚍彝ㄨ八∧」，乃由五八六等奇偶數組成數字卦畫的單卦。換成陰陽符號，便成☶艮卦。是爲艮。盤銘文記有「八一∧」，乃由八一六等三個奇偶數組成數字卦畫的單卦。換成陰陽符號，便成☵坎卦。堇伯𣪕銘文記有「堇白作旅𠚍彝八ㄨ一」，乃由八五一等三個奇偶數組成數字卦畫的單卦。換成陰陽符號，便成☱兌卦。仲游父鼎銘文有「仲游父作寶𠚍彝鼎十ㄨ八」，乃由七五八等三個奇耦數組成數字卦畫的單卦。換成陰陽符號，便成☴巽卦。

這裏已發現八卦中的離☲、坎☵、兌☱、巽☴、艮☶、坤☷等六卦，其中有的出土兩次或兩次以上。缺乾☰、震☳兩卦。但隨着出土文物的繼續發掘，所缺兩卦定會補上。再者，出土數字卦畫的單卦並非僅見於銅戈、鼎及其他銅類器物上，亦見之于安陽殷墟的卜骨上和岐山鳳雛村出土的周原卜骨上，八卦的出現也很早。既然有數字單卦的存在，便存在如何由單卦到重卦，由三畫到六畫的問題。其六十四卦組合方法，可能採取重卦的方法。因此認爲伏羲作八卦和伏義爲之六十四變，或文王演爲六十四卦，不無道理。

總之，八卦與六十四卦的關係，古人可能直接求得六個奇偶數而成筮卦（數字卦），後又換變成陰陽六爻；或如繫辭上第八章「大衍之數」的成卦筮儀，而求得六爻而成一卦。當所得的卦，經長期積累，資料很豐富以後，便加以排比，去同存異，而得六十四卦。再由六十四卦而探其數字演化的規律，又概括爲八卦，成爲六十四卦的基礎。這是由繁而簡，故易爲易簡。然此簡，却標誌着認識的深化。也有可能，古人占筮之時，既直接求得六個奇偶數的筮卦，亦求三個奇偶數的數字卦的單卦。當積累了豐富的資料以後，經排比，去同存異而得八卦，由八卦而演成六十四卦。或可能這個積累、排比、去同存異、概括的進程是互相交錯的。因此，八卦與六十四卦有着邏輯上的內在聯繫。

帛書六十四卦排列次序與通行本異。通行本六十四卦次序是按「交易」的對待排列的——即所謂文王六十四卦次序圖，是通過「覆」與「變」方法組合而成的。另有伏羲六十四卦次序圖，從乾、夬、大有、大壯到觀、比、剝、坤，則按「變易」的流行而作。它是按伏羲八卦次序圖的順序，即乾一、兌二、離三、震四、巽五、坎六、艮七、坤八爲下卦，以同樣八卦順序爲上卦，構成六十四卦。帛書周易亦是按「變易」的流行來排列六十四卦的。它與文王八卦次序圖相似，先父男，後母女的次序，以乾一、艮二、坎三、震四、坤五、兌六、離七、巽八爲上卦，配乾一、坤二、艮三、兌四、坎五、離六、震七、巽八爲下卦，而構成六十四卦。（說詳拙文：朱熹與李滉易學思想比較研究，一九八三年哈佛大學召開新儒學的退溪學國際會議論文。）饒宗頤教授在明報月刊談馬王堆帛書周易中揭出帛書卦序與京氏易之間，「乾坤父母和中男中女的坎、離一樣，只有長、少的先後不同。京氏易以長男之震，長女之巽居先，帛書則以少男之艮，少女之兌列前。其他基本是一致的」。又云：「馬王堆本易經下卦却以少男少女的艮、兌居前，長男長女的震、巽殿後，和歸藏初經完全一致。如果沒有馬王堆寫本的出現，干寶、鄭夬得到的書，其卦序將是沒法理解的。」饒說甚有見地。雖然文王六十四卦次序和伏羲六十四卦次序皆本邵雍之說，但六十四卦排列次序確有多種。帛書周易爲其中一種而已。

饒宗頤教授揭出帛書易經以少男少女的艮、兌居前，長男長女的震、巽殿後，則與帛書周易卷後佚書中「天地定立（位），「山澤通氣」，火水相射，雷風相搏」之意相符。此句通行本說卦傳作：「天地定位，山澤通氣，雷風相薄，水火不相射。」兩相比較，便可發現：其一，帛書周易卷後佚書以象徵長男長女的震（爲雷）、巽（爲風）殿後，通行本說卦傳則以象徵中男中女的坎（爲水）、離（爲火）居尾。前者以象徵少男少女的艮（爲山）、兌（爲澤）居先，象徵中男中女的坎（水）、離（火）居中，象徵長男長女的震（雷）、巽（風）殿後，理順先少次中後長的原則。通行本雖以象徵少男少女的艮（山）、兌（澤）居先，但以象徵長男長女的震（雷）、巽（風）居中，以象徵中男中女的坎（水）、離（火）殿後，便與先少後長的原則相違。帛書理順，故帛書六十四卦便是以乾（天）、坤（地）、艮（山）、兌（澤）、坎（水）、離（火）、震（雷）、巽（風）的次序爲下卦，與乾、艮、坎、震、坤、兌、離、巽的上卦相配而成。其二，帛書周易卷後佚書「火水相射」，通行本說卦傳作「水火不相射」。不僅「火水」、「水火」顛倒，而且衍一「不」字。帛書「火水相射」與前後句的「山澤通氣」、「雷風相搏」文通意順。「射」，說文：「䠶弓弩發於身而中於遠也。」漢書蕭望之傳：「以射策甲科爲郎」。顏注：「射之言投射也。」如以卦畫爲例，依先下（內）後上（外）次序，「火水相射」便可組成䷾離下坎上的既濟卦，火性炎上，水性潤下。象傳曰：「水在火上。」爲卦便火水相交射也。通行本說卦傳「水火不相射」，因與先少後長的原則相違而不通，便可組成䷿坎下離上的未濟卦，水性潤下，火性炎上。象傳曰：「火在水上。」爲卦便水火不相交射也。此句在通行本說卦傳中亦可溝通，然釋文云：「相射，虞、陸、董、姚、王肅音亦，云：厭也。」李鼎祚周易集解云：「射，厭也；次火相通。」以不相厭射說明水火相通，實乃臆說。但虞翻、陸績各家，未見帛書周易，故作此說。

帛書六十四卦排列次序，是在上、下卦區分的基礎上重卦而成的，而不取「覆」與「變」的方法，故不表現「交易」的對待，而只表現「變易」的流行。如果安徽阜陽雙古堆竹簡能夠復原，與帛書周易作比較研究，是很有意義的。

四、帛書周易與通行本的異同

帛書周易與通行本除六十四卦排列次序大異外，（乾、恒、巽、中孚四卦次序則同），則在以何賅陰，斷占之辭的多寡，文字意義的異同等方面都值得注意。

首先，通行本周易以九代表陽爻，以「⚊」來表示；以六代表陰爻，以「⚋」來表示。每卦六爻皆按爻位或稱九，或稱六。如：旅䷷卦，艮下離上，便有爻題「初六」「六二」「九三」「九四」「六五」「上九」等。卦辭或爻辭不以九、六解說卦意或斷吉凶，只以九眩陽，以六眩陰。馬王堆帛書周易和安徽阜陽雙古堆西漢汝陰侯（夏侯灶）墓出土的竹簡周易以及湖北江陵天星觀楚簡周易，雖爻題皆稱九二或六三，以六、九眩陰、陽。如：帛書周易離卦：「[卦畫]羅（離），利貞，亨。畜牝牛，吉。初九，禮（履）昔（錯）然，敬之，无咎。六二，黃羅（離），元吉。九三，日禝（昃）之羅（離），不鼓垢（缶）而歌。……」阜陽竹簡周易離卦：「[卦畫]，離，利貞，亨。畜牝牛，吉。初九，履（錯然，敬之，无咎。初二，黃離，元吉」。九三，日昃之離，……」儘管爻題皆以九稱陽，六稱陰，則相同，但所表示的符號（數字）則有異。據文物一九八三年第二期阜陽漢簡簡介云：「周易的卦畫留存下來的很少，僅見臨、離、大有三卦。其陰爻作『∧』形，與今本易經、馬王堆帛書易經等皆不同。如臨卦卦畫，今本作[卦畫]，馬王堆帛書作[卦畫]，阜陽簡則作[卦畫]。」上面第二節已釋「八」是八，「∧」是六。今本，帛書本，阜陽簡本皆以「一」代表陽爻，則同；至於以何代表陰爻，則三本各異。究其原因，似同中國古代數字卦畫的演變發展有關。數字圖形卦畫最早見于新石器晚期的海安縣青墩遺址出土的淞澤文化骨角上，就所見的兩個六個數字的卦畫中，是由一、二、三、[卦畫]、×、∧等六個奇偶數構成的。殷周之際，據張政烺先生以三十二卦例統計：

數字	一	二	三	四	五	六	七	八
出現次數	36	0	0	11	64	33	24	（見帛書六十四卦跋）

六數爲冠，一數次之。二、三、四數不見，保留了松澤文化數字卦中的一、×、∧等三個奇偶數，

增加了七、八。又據陝西扶風縣齊家村西周遺址出土的卜骨，統計一版五卦三十爻的結果如下：

數字	一	二	三	四	五	六	七	八	九
出現次數	11	0	0	0	3	8	0	6	2

（見帛書六十四卦跋）

一數爲冠，六數次之，八數居三。又增加了九數。約到了西周晚期，似以一、六、八、九等四個數出現的次數較多。據湖北江陵天星觀楚墓竹簡周易所用數字統計：

數字	一	六	八	九	殘缺
出現次數	37	49	5	4	1

六數爲冠，一數次之。六一與八九比較，則佔絕大部分。這三次數字統計，均以一、六爲冠、次，它不是偶然的而說明了一、六之數的重要，故天星觀和阜陽竹簡周易均以一、∧（六）賅陽、陰，是有根底的。

比較數字卦畫（筮卦），江陵天星觀戰國時楚墓竹簡周易、阜陽簡周易，帛書周易、通行本周易卦畫的表示，其演變的進程大致是：一∧→一八→一 -- 即：數字卦畫→天星觀和阜陽所本的竹簡→帛書周易→今本周易。從數字卦畫到天星觀和阜陽所本周易卦畫，是根據數字卦的六個奇偶數所出現最多的兩個數字，即「一」「∧」（六）作爲其奇偶的代表。凡奇數用「一」表示，凡偶數用「∧」表示。這是一個由繁到簡的概括上升的過程。從天星觀和阜陽所本周易到帛書周易，便是把「一」「∧」中的「∧」數從中截斷，而成爲「八」數。故「八」數字可能是由「∧」數字發展來的。從帛書周易到通行本周易，則是把「一」「八」中「八」字，簡化平置而成「--」。整個演變發展過程是簡化明瞭的過程。

儘管漢初（馬王堆三號墓葬於公元前一六八年，阜陽汝陰侯墓葬於公元前一六五年）「一」「∧」和「⌒」「八」兩種表示陰陽的寫法並存，但∧、八都是偶數，均可代表陰爻。它與通行本周易用以表示「一」「--」陰陽爻的符號雖不相同，然都是從數字卦畫到陰陽卦畫進程中不可缺少的重大中間環節。無天星觀和阜陽簡周易及帛書周易的「一」「∧」、「一」「八」，也就無通行本周易的「一」「--」的派生。而整個一∧↓一八↓一--的演化進程，又是以上古的數字卦畫爲基礎或出發點的。故繫辭上曰：「極數知來之謂占。」「參伍以變，錯綜其數，通其變，遂成天地之文，極其數，遂定天地之象。」意謂「占」是由「數」的變化而知未來的吉凶，卦的形成是與數的「參伍」（三五）、「錯綜」相關聯。雖然通行本陰陽卦畫「一」「--」，不是殷周時卦畫的原型，但顯然脫胎于殷周的數字卦畫，則是不可否定的。

至於「一」，爻題稱爲「九」，大概「九」是由「一」孳生的。易緯乾鑿度卷上云：「易變而爲一，一變而爲七，七變而爲九。九者，氣變之究也；乃復變而爲一。」「一」與「九」相變，且「一」、「九」皆爲奇數，同樣可代表陽爻。此其一。其二，若「一」所代表陽爻稱「一」而不稱「九」，在爻題中便有義重之嫌。如「初九」稱爲「初一」。說文：「初，始也。」易乾初九孔穎達疏：「居第一之位，故稱初。」莊子天地：「一之所起。」郭象注曰：「初者，未生而得生。」以「一」訓「初」。說文：「一，惟初太始，道立於一，造分天地，化成萬物。」易萃初六：「一握爲笑。」周易集解引虞翻曰：「初稱一。」是「一」亦可訓爲「初」。「初」

與「一」義同互訓，古相通。故卦畫儘管標「一」，沿襲於數字卦畫的「一」，但仍不稱「初一」而稱「初九」，以免義重。其三，六爲老陰，九爲老陽，六九爲可變之爻，故以爲賅陰陽。

其次，斷占之辭的多寡。帛書周易較通行本多了四個斷占之辭：一是蠱卦尙（上）九：「不事王侯，高尙其德，兇。」通行本「德」作「事」，無「兇」字。二是困卦初六：「辰（臀）困于株木，入于要（幽）浴（谷），三歲不擅（覿），凶。」通行本無「凶」字。三是旣濟卦九五：「東鄰殺牛以祭，不若西鄰之濯祭，實受其福，吉。」通行本無「吉」字。四是渙卦初六：「撜馬，吉。悔亡。」通行本無「悔亡」兩字。但帛書周易亦較通行本少了一個斷占之辭。這便是渙尙九「渙其血去，湯出」，通行本作「上九，渙其血去，逖出，无咎」，寡「无咎」兩字。兩相抵消，帛書周易仍較通行本多三個斷占之辭。通行本有六十二條卦爻辭無斷占之辭，帛書有五十九條。這個增加，說明周易是作爲判斷吉凶的卜筮之書的。

在五十九條無直接斷占之辭的卦爻辭中，幾乎都有間接表示吉凶悔吝的辭意。大體有如下幾種情況：其一，寓凶的徵兆於具有否定意義的事物之中。如川（坤）初六「禮（履）霜，堅冰至」，川（坤）上六「龍戰於野，其血玄黃」，屯上六「乘馬煩（班）如，汲（泣）血連（漣）如」，需九三「襦（需）于泥，致寇至」，小畜九三「車說緮（輹），夫妻反目」，同人九三「服（伏）容（戎）〔于〕莽，登（升）其高〔陵〕，三歲不興」，大畜九二「車說緮（輹）」，咸初六「欽（咸）其栂（拇）」，上六「欽（咸）其胶（輔）陜（頰）舌等等。這幾爻都以「堅冰至」、「血玄黃」、「致寇至」、「車說輹」、「咸其栂」比喻凶的徵兆。

其二，寓吉的徵兆於具有肯定意義的事物之中。如泰九二「枹（包）妄（荒）用馮河，不騢（遐）遺弗忘，得尙于中行」，同人九五「同人，先號桃（咷）後芺，大師克相遇」，隨上六「枸（拘）係之，乃從巂（維）之，王用芳（享）于西山」，賁六四「蘩（賁）茹（如）蕃（皤）茹（如），白馬榦（翰）茹（如），非寇閩（婚）詬（媾）」，晉「康侯用賜（錫）馬蕃庶，晝日三緌（接）」，井九五「井戾（冽）寒湶（泉）食」，中孚九二「鳴鶴在陰，其子和之。〔我有好爵，吾與爾〕羸（靡）〔之〕」等等。蘊含有順利、成功、吉祥、喜慶之類的事情，是一種吉利的兆頭。

其三，寓或吉或凶的徵兆於具有吉凶的事物之中。如剝上九「石（碩）果不食，君子得車，小人剝蘆（廬）」，无妄六三「无〔妄之災〕，或擊（繫）〔之牛，行人〕之得，邑人之茲（災）」，損六三「三人行則損一人，一人行則得其友」，旅九四「〔旅於處，得〕其溍（資）斧，〔我〕心不快」，六五「射雉，一矢亡，多（終）以舉（譽）命」等等。以某種事物（或某種情況下）的吉凶隱喩所占筮之事的吉凶。

其四，寓吉凶的徵兆於模糊之中。如中孚六三「〔得敵，〕或鼓或皮（罷），或汲（泣）或歌」，明夷上六「不明海（晦），初登于天，後人（入）于地」等等。獲得敵人（俘虜），或擊鼓進攻，或疲勞而息兵，或哭泣，或歌唱，或登于天，或入于地，無一定的判斷，其斷占之辭隨占筮者所占之事而選擇。

帛書和通行本周易無直接斷占之辭的卦爻辭，大體不外乎這四類。從帛書周易有斷占之辭較通行本多三個以及從間接斷占之辭的卦爻辭來看，直接有斷占之辭佔百分之八六・八，其餘佔百分之一三・二。易經爲古代占筮之用書，當無疑問。

再次，帛書周易與通行本周易文字、意義之異同。帛書六十四卦的卦辭、爻辭與通行本基本相同，帛書周易與漢石經、王弼本、周易集解本、通行本屬一個底本。然而，由於在長期流傳過程中，特別在口耳相傳或傳抄過程中不斷錯亂或混淆，形成了不同的本子。帛書周易可能是這種原因而與諸本有異，成爲別本周易的。六十四卦卦名與通行本異者三十三處，佔半數有餘。雖卦名字異，但絕大多數異字的讀音相同或相近，可通假。帛書與通行本周易在文字和意義之異同，于豪亮先生在帛書周易中已有論述，恕不贅敘，這裏僅作些補充：

其一，帛書周易的發現，解決了一個長期未妥善說明的懸案。通行本「十翼」中有象傳（帛書無彖、象、文言）。象，解釋每一個卦的卦名和卦義，以卦象爲據；亦釋爻辭，以爻象（包括爻位）爲據。前者稱大象，後者稱小象。大象的編纂有一固定的模式——這便是先卦象，次卦名，後卦義。如需卦象曰：「雲上于天。需。君子以飲食宴樂。」艮卦象曰：「兼山。艮。君子以思不出其征。」小過卦象曰：「山上有雷。小過。君子以行過乎恭，喪過乎哀，用過乎儉。」需䷄乾下坎上，故云「雲上于天」，艮䷳艮下艮上，故云「兼山」；小過䷽艮下震上，故云「山上有雷」；爲卦象。需、艮、小過爲卦名。「君子以飲食宴樂」，「君子以思不出其征」，「君子以行過乎恭，喪過乎哀，用過乎儉」，爲卦義。考六十四卦卦象，除乾坤兩卦外，概莫能外。於是，便引出對於乾坤兩卦象傳的不同說法。

先明乾卦。象傳曰：「天行健，君子以自強不息。」如按象傳編纂格式，「天行」爲卦象，猶艮之「兼山」，「健」是卦名，「君子以自強不息」爲卦義。李道平周易集解纂疏曰：「剝象傳曰：『君子尙消息盈虛，天行也。』復象曰：『反復其道，七日來復，天行也。』蓋乾之一陽，從艮入坤而剝盡，復從坤出震而復來，皆天之一陽，行乎其間，故乾象曰：『天行。』」以「天行」爲斷，健爲乾之訓，爲卦名。然周易正義孔穎達曰：「天行健者：行者，運動之稱；健者，強壯之名。……萬物壯健皆有衰怠，唯天運動日過一度。蓋運轉混沒未曾休息，故云：『天行健。』」孔以「天行健」連續；如分讀，則「天行」意不完整。

帛書周易乾卦的卦名爲「鍵」。「鍵」卽「乾」之假借。象傳「天行，健」之「健」，爲「乾」之同音假借。「鍵」「健」同聲系，古相通（說詳乾卦注釋）。則「天行。健。君子以自強不息」爲卦象——卦名——卦義的統一格式。至於「天行」，是可成一獨立概念的。國語晉語：「歲在大梁，將集天行。」韋昭注：「集，成也。行，道也。言公將成天道也。」蠱象傳曰：「終則有始，天行也。」「天行」卽「天道」也；言天體在不息地運行。基於帛書周易「乾」作「鍵」，才能恢復象傳的原意，而作到眞實的解釋（參見韓仲民先生帛書周易釋疑一例，載文物天地一九八四年，第六期）。

次明坤卦。周易正義本象傳作：「地勢坤，君子以厚德載物」。古來對「地勢坤」句，說法有異。王弼周易注曰：「地形不順，其勢順。」對「坤」字無釋。依文句看，是作「地勢順」也。周易集解引宋衷曰：「地有上下九等之差，故以形勢言其性也。」「性」亦讀爲順也。尙秉和周易尙氏學曰：「宋、王本皆未引說卦坤順爲詁，是愈證宋、王本之皆作地勢順，故不引說卦爲證。蓋坤古文作巛，而巛爲順之叚字，故宋、王皆讀巛爲順。自正義改作坤，而順字遂無由識。」尙說頗是。周易正義改「順」爲「坤」，後人遂並釋文而亦改爲坤。疑漢易本作「地勢順」，至宋衷注和王弼注亦然。所以改爲坤，因坤原作〔古文字〕或巛（王樹枏費氏古易訂文卽作巛），乃假借巛爲順。順以巛而得聲，故古相通。孔穎達只知巛卽坤，而不顧巛爲順之假借，便改其爲坤。

今帛書周易「坤」作「川」，象傳「地勢坤」卽作「地勢川」，就是「地勢順」。順，從頁，川聲，故「川」與「順」通假。王引之謂「巛卽川字」。川與坤、順聲近，故借川作坤。易亦以巛爲大川。焦氏易林以巛爲水，爲江河淮濟，則巛卽川，卽水也。全文水作〔古文字〕，兩旁畫不連，劉潤琴云：「效鼎『涉』作『〔古文字〕』，殷契『衍』作『〔古文字〕』，〔古文字〕作〔古文字〕。永字從水，而金文作〔古文字〕，水字兩旁畫皆不斷，可證巛、川、水三字，古文皆同。」順既因川而得聲，則象傳「地勢順」，地勢爲卦象，「順」卽「川」爲卦名，「君子以厚德載物」爲卦義。「地勢順」，言地的趨勢，順承天道，這才符合象傳的原意。

其二，帛書周易與通行本周易八卦卦名，完全不同。鍵（乾）☰，川（坤）☷，根（艮）☶，奪（兌）☱，贛（坎）☵，羅（離）☲，辰（震）☳，筭（巽）☴。這說明八卦卦名在口耳相傳，筆錄於簡帛的過程中，同音、音近假借，最爲嚴重。雖文義相通，但亦有少異。

其三，關於帛書的「陰陽」兩字。從數字卦畫到陰陽卦畫，經過了漫長的歲月。「陰陽」作爲一對待概念，是向日和背日的意思。詩公劉曰：「既景乃崗，相其陰陽。」在山崗上測日影，察其向日或背日。詩經中陰陽連用，僅此一處。書經僅見單字陰或陽各三，不見連用。通行本周易亦僅見中孚九二爻辭：「鳴鶴在陰，其子和之。」詩經言陰九處，陽十八處，有天氣、陰闇之義。左傳、國語中陰陽多見。既作爲陰陽二氣，又作爲兩種對待的勢力。如左傳昭公元年：「六氣曰：陰、陽、風、雨、晦、明也。」國語周語：「陽伏而不能出，陰迫而不能蒸，於是有地震。」陽潛伏於下不能出來，陰被迫而不能蒸發，陰陽兩種勢力失調，因此發生地震。這已是「陰陽」概念的引伸和發揮了。陰陽概念的初義，可能是對於向日與背日或迎日與覆日。說文雲部曰：「霒，雲覆日也。从雲，今聲。侌，古文霒省。」段玉裁注：「今人陰陽字，小篆作霒昜。霒者，雲覆日；昜者，旗開見日。」雲覆蓋着日，覆蔽必闇，引申爲背日之地必闇。說文勿部：「昜，開也。從日一勿。一曰飛揚，一曰長也，一曰彊者衆貌。」段玉裁注：「此陰陽正字也。陰陽行而侌昜廢矣。」所謂陰，徐鍇曰：「山北水南，爲日所不及。」故說文：「陰，闇也。水之南，山之北也。」水南山北爲日光照不到的地方。所謂陽，乃日初出地光芒四射，如。帛書周易作「」，上○爲日，～表示地，〃表示光芒也。雲南納西族古代文字，太陽寫作（讀作 nl mel，古語讀 nbi），中午寫作（讀作 ni mei mge rv），象太陽中天，光芒四射。日出照在地上爲昜，卽山之南，水之北也。孳生了陽。說文：「陽，高明也。从阜，昜聲」。故陽、陰與日有關。周易中陰陽概念究竟如何評價，一 -- 表示陰陽的符號起於何時，衆說齊陳。湖北江陵天星觀竹簡周易，安徽阜陽竹簡周易，似還是數字卦，至少帶有數字卦的味道；帛書周易則較接近於一 --。但八卽八，而不是六。因此，一 --符號的出現，則同陰陽學家的興起有關。

帛書周易的出土，終於改變了通行本周易只有「陰」而無「陽」的情況。帛書寫作「鳴鶴在陰」和「陽于王廷」，雖分屬中孚和夬兩卦，且不連用，也不一定是陰陽相對的意思，但畢竟在六十四卦卦爻辭中出現了「陽」這個字。這顯然是帛書周易所改。通行本作「揚于王庭。」「陽」，假借爲「揚」。上引說文：「昜，一曰飛揚。」釋名釋天：「陽，揚也。氣在外發揚也。」禮記玉藻：「盛氣顚實陽休。」鄭注：「揚讀爲陽，聲之誤也。」孔穎達疏：「揚，陽也。」故詩野有蔓草曰：「清揚婉兮。」說苑尊賢作「清陽婉兮。」「揚」與「陽」相通。雖然還不能證明帛書六十四卦中陰陽兩字與「--」、「—」符號有必然的聯繫，亦不能說明易經中所潛在的陰陽思想是通過這兩個字來連接，但亦不能完全否認其間一絲關係。

帛書周易與通行本的比較，僅指出其三個方面的異同，實是掛一漏萬。

五、歷代對易的注釋和研究

帛書周易的基本思想，由於已有拙著周易思想研究一書，這裏便從略了。

帛書周易與通行本周易一樣，言簡意賅，晦澀難讀。帛書又屢用假借字和異體字，便更加詰屈聱牙（注釋周易無疑很有必要。古人研究周易，亦不無這種想法。當然，亦有據以發揮自己思想觀點的），便於筮者發揮解釋。這是作爲卜辭之書的特點之一。由此，在中國歷史上，儒、釋、道各家都競相闡發，且中國歷史上的大思想家、哲學家，幾乎無不與周易有關聯。於是注易者絡繹不絕，且代有聞人。有關研究和注釋周易的資料，汗牛充棟。這種獨特的現象，可見其研究之盛。現按歷史順序，分階段說明：

第一、春秋戰國時期周易的流傳和注釋。殷周之際，周易由卜筮之官掌管。這便限制了它的廣泛流傳。在民間的使用也不很普遍。如左傳昭公二年載：「晉侯使韓宣子來聘，……觀書於太史氏，見易象與魯春秋。曰：『周禮盡在魯矣，吾乃今知周公之德與周之所以王也。』」杜預注曰：「易象，上下經之象辭。」當時晉國還沒有易象，也沒有魯春秋。左傳莊公二十二年：「周史有以周易見陳侯者，陳侯使筮之。」陳侯也無此書。這說明，春秋時，有的諸侯國沒有周易，更不用說在民間了。但是，這時已有許多諸侯國用周易占筮吉凶。左傳和國語共引用、論述周易凡二十二處，引文基本上與今本周易近似，有兩條在今本周易中不見。人們在使用和解釋周易時，也作了一些發揮。到了春秋戰國中期，一些儒家門徒，按照他們的政治思想、哲學思想解釋易經，因而有易傳之作。易傳的貢獻在于把易經從占筮的殿堂中超脫出來，使之儒學化。或者說是從占筮之書向哲理之書的轉變。這在易學思想發展中，具有劃時代的意義。

十翼（易傳）出現於春秋到戰國中期（參見拙著周易思想研究第八章易傳的時代和作者），作者並非出自一人之手，可能是當時的史官所作。易傳中有些篇章可能同孔子有關，起碼與孔子的後學有關。然自北宋歐陽修作易童子問，對孔子作十翼提出懷疑以後，直到二十世紀二十年代，其基本傾向和觀點是，易傳非孔子所作，易傳是秦漢間傳易者所作，而非春秋戰國時所作，與漢人看法相對立。愚見完全肯定易傳爲孔子所作，雖屬不當，但完全否定孔子作易傳，也大可不必。論語述而篇曰：「加我數年，五十以學易，可以無大過矣。」釋文云：在魯論中，「易」讀作「亦」，斷在「五十以學」「亦」字屬後，則無學易之意。然而，司馬遷說：「孔子晚而喜易，序彖、繫、象、說卦、文言。」（史記孔子世家）漢書儒林傳曰：「孔子晚而好易，讀之，韋編三絕而爲之傳。」據地下出土文物證明，史記所載的一些史實，基本可靠。況司馬遷爲偉大的史學家，著述態度嚴肅。另孔子是魯國人，他在魯國看到過易、春秋，是完全可能的。論語子路篇載孔子引用恒九三爻辭：「不恒其德，或承之羞。」可見，孔子與易發生過關係，當無疑。晚年居魯，潛心整理古籍。在這個過程中，他對周易作些解釋，也是可能的。亦可能孔子是口述，弟子記錄或後學據他的思想寫成。

然而，易傳雖以儒家思想注釋易經，但亦吸收了道家、陰陽家的思想。戰國時，其他子書亦開始論述引用易經，如莊子天下篇曰：「易以道陰陽。」荀子大略篇、非相篇引用易經經文來論證、發揮自己思想。這時，對周易研究的特點，主要是哲理化和倫理化，而著重是發揮儒家思想。這是第一階段。

第二，秦漢時期周易的象數化和讖緯化。由於歷史的發展，周易從原來不能登大雅之堂的卜筮之書，免遭秦始皇焚書之後，而成爲六經之一。究其原因：一是，漢武帝採納董仲舒罷黜百家，獨尊儒術的建議，作爲儒學化的易傳，與當時統治者的需要相適應，因此易經、易傳合編，通稱周易，而受到重視。二是，獨尊儒術而不可避免的是孔子地位的抬高。易傳漢時被認爲孔子所作，所以易經便隨着易傳地位的提高而抬高。班固稱周易爲「大道之源」，揚雄則贊爲「六經之大莫如易」。這樣，周易便成爲六經之首。

史記仲尼弟子列傳和漢書藝文志都載有孔子傳易的譜系。漢代重師承，司馬遷、班固絕非無據而杜撰。兩書記載雖稍異，但都傳至西漢的田何。漢書藝文志云：「人更三聖，世歷三古。及秦燔書，而易爲筮卜之事，傳者不絕。漢興，田何傳之。」漢書儒林傳云：「自魯商瞿子木受易孔子……子乘授齊田何子裝。」漢興，「要言易者，本之田何」。田何是承上啓後的人物。本之田何之易傳丁寬，寬授田王孫，王孫傳施讎、孟喜、梁丘賀。「繇是易有施孟、梁丘之學。」（漢書儒林傳）施讎之學，唯宋朱震在漢上易傳中引升初六「允升」曰：「施讎作䟽升。」云：「䟽，進也。」說文、漢簡引周易，均作「䟽升」。帛書周易作「允登」，「允」字與通行本同。梁丘賀之易已無可考，有待於出土。孟喜易，因許愼說文有引，故可窺其內容。如「晉」、「巽」、「艮」等字，孟喜易引作「𣈆」、「顨」、「𥃩」。乾上九「亢龍有悔」，「亢」作「忼」。噬嗑九四「噬乾胏」，孟喜作「噬乾[illegible]」。姤初六「繫于金柅」，「柅」作「檷」。孟喜與易與帛書比較，顯然與帛書不同。可見帛書周易可能不屬於這個系統。

此外，有梁人焦贛（字延壽），以言災異，入於禨祥。「京房受易梁人焦延壽，延壽云嘗從孟喜問易。會喜死，房以爲延壽易卽孟氏學。」至漢成帝時，劉向校書，以爲諸易皆祖田何，大誼略同，唯京氏爲異。京氏易學，以納甲、八宮、世應、飛伏、五星、四氣言災異。故漢書五行志中徵引京氏易較別本爲多。經典釋文、周易集解中所引京氏易約五十幾條，與漢人稱京房易傳多言災異有別。釋文所引，如：復卦卦辭「朋來无咎」，「朋」作「崩」；頤初九「觀我朶頤」，「朶」作「椯」；坎初六「習坎」，「坎」作「欿」。集解引京氏注，如：無妄卦曰：「大旱之卦，百穀草木，咸就枯槁，萬物皆死，无所復望。」否九五「繫于包桑」注曰：「桑有衣食人之功，聖人亦有天覆地載之德，故以喻。」其卦爻辭與通行本周易有異，其解有創見。可見，漢時流行的各本周易，文字有別，屢見不鮮，故帛書周易亦如是。

漢書藝文志曰：「訖于宣、元，有施、孟、梁丘、京氏，列於學官；而民間有費、高二家之說。劉向以中古文易經校施、孟、梁丘經，或脫去『无咎』、『悔亡』；唯費氏經與古文同。」費卽費直，高卽高相。漢書儒林傳曰：「費直長於卦筮，亡章句，徒以彖、象繫辭十篇文言解說上下經。」高相「專說陰陽災異，自言出于丁將軍（寬）」。其實，費直亦取象數。隋書經籍志曰：「其本皆古字，號曰古文易。」但未立于學官。施、孟、梁丘、京所傳易，爲今文易。

入於東漢，讖緯之學盛行，以讖文傅會經文，成爲時髦。盛于西漢的施、孟、梁丘之學，趨於式微。費氏易崛起，由陳元、鄭衆傳其學，馬融爲之傳，鄭玄作易注，荀爽作易傳，費氏易大興。鄭玄注易，以「互卦」、「消息」推求卦象，以「爻辰」結合十二辰、二十八宿及四方、五行、卦氣等解釋卦爻辭之由來。荀爽以陰陽的升降、旁通以釋卦爻辭。由乾、坤而四儀、八卦的卦變思想的倡導者。虞翻之星本于孟喜，他治易重卦象，並以六爻的升降、上下、旁通、消息講易，亦以坎、震、離、兌四卦主四季的「卦氣」說解易，孔融曾評價虞氏易注曰：「覩吾子之治易，乃知東南之美者，非徒會稽之竹箭也。又觀象雲物，察應寒溫，原其禍福，與神合契，可謂探賾窮通者也。」（三國志虞翻傳）

漢人講易，大致三系：由田何而施、孟、梁丘；由焦贛而京房；由費直而鄭玄、荀爽。此三系各有所本和發揮。漢易是易學思想發展的重要階段，其特點是：形成易學各派，探討易學各方面。特別值得注意的是，各派以易來解釋天文、地理、人事等自然現象和社會現象，使易學與各門具體科學相結合，並得以廣泛流傳。此其一。其二，易由卜筮之書一躍而成六經之首，並被立於學官，成爲官方的經典。其三，漢代經學，包括易學，章句之風盛行。後漢書鄭玄傳論曰：「漢興，諸儒頗修藝文；及東京，學者亦各名家。而守文之徒，滯固所禀，異端紛紜，互相詭激，遂今經有數家，家有數說。章句多者，或乃百餘萬言。學徒勞而少功，後生疑而莫正。」易有今文、古文，又有師法、家法，家法之下又有數說，眞是「如幹分枝，枝又分枝，枝葉凡滋，浸失其本」（皮錫瑞經學歷史），煩瑣之弊嚴重，亦使易學發展面臨危機。

第三，魏晉時期，周易的玄學化和義理化。四庫全書經部總述曰：漢人治經，「遞禀師傳，非惟詁訓相傳，莫敢同異，卽篇章字句，亦恪守所聞」。此雖不完全切合實際，但亦部份言中。漢人講易依象解辭，八卦取象，除說卦傳所載，又補以「逸象」，如荀氏九家「逸象」三十一種，虞氏八卦取象約三百餘種。易學煩瑣、比附，走到了絕路。王弼乘此之機，以橫掃千軍如落葉之氣慨，力排漢易，標新立異，在易學思想史上可謂是一次別開生面的改革，亦是一位開新風的人物。王弼主張「得意忘象」。周易略例明象曰：「夫象者，出意者也。言者，明象者也。盡意莫若象，盡象莫若意。……意以象盡，象以言著。故言者，所以明象，得象而忘言；象者，所以存意，得意而忘象。」「言」是明「象」的方法，「象」是存「意」的手段。得卦之意，便可不執着于象。如拘泥于「象」，則得不到本「意」，故要「忘象」。「得意在忘象，得象在忘言」，便是王弼在形式上、內容上新理論的核心。所以他訓釋周易，以簡代繁，重在義理，而不拘泥於象數。他以簡潔的文字來解釋六十四卦，給周易輸入了新的生命。然而，漢初，以簡樸解易，尚得春秋戰國時之旨意。如「互體」、「卦變」，有據於左、國，且彖、繫辭亦有所及，恐非漢人所杜撰。王弼盡皆棄之勿用，未免偏激。但因王弼本之費直。費易與象數有關，王弼亦深諳象數，故並不亂來。如復彖辭：「反復其道，七日來復。」王注曰：「陽氣始剝盡，至來復時，凡七日。」周易正義孔穎達曰：「亦用易緯六日七分之義，同鄭康成之說，但于文省略不復具言。」又對荀爽的陰陽升降、交通之說，亦有所採。如是，亦不能說王弼心中無象數。然王弼以老、莊解易，傅會六十四卦經傳，並以爲得「義」，實乃發揮玄理，使易玄學化。入南北朝，經學分爲南北。南學取王弼，北學取鄭玄。「梁、陳鄭玄、王弼二注，列於國學。」（隋書經籍志）

這個時期易學的特點有：一是，一掃漢易的象數讖緯之風，煩瑣不實之陋，而重義理，發揮微言大義；二是，以簡約代替支離，「總其會，理雖博，可以至約究也」；三是一反漢代經學沉悶僵死學風，開一代之風氣。

第四，隋唐時期義理易與象數易的並行。隋書經籍志曰：「至隋，王（弼）注盛行，鄭

(玄)學寖微，今殆絕矣。」南學興而北學亡。孔穎達繼承王弼的義理之學，作周易正義（採王弼和韓康伯注），成爲當時官方的定本，影響深遠。正義卷首，寫了一篇有關概論周易的文章，論述易之三名，重卦之人，三代易名，卦辭爻辭誰作，分上下二篇，夫子十翼，傳易之人，誰加經字等八個問題。易之三名篇，發揮易含「易簡」、「變易」、「不易」等三種含義。並以王弼的貴無思想解釋三名。「蓋易之三義，唯在于有。然有從无出。理則包无。故乾鑿度云：『夫有形者生於无形。』易之三義屬於有的範圍，而有出於無。把周易納入王弼以無爲本的軌道。正義雖取王弼注，但在疏釋中亦不無漢人之說。如易緯、子夏傳等均有考證。「易者，象也。以物象以明人事，若詩之比喻也。或取天地陰陽之象。以明義者，若乾之『潛龍』、『見龍』，坤之『履霜堅冰』、『龍戰』之屬是也；或取萬物雜象以明義者，若屯之六三『卽鹿无虞』，六四『乘馬斑如』之屬是也。如此之屬，易中多矣。或直以人事，不取物象以明義者，若乾之九三『君子終日乾乾』，坤之六三『含章可貞』之例是也。聖人之意，可以取象者，則取象也，可以取人事者，則取人事也。」雖反對漢人句句比附象數，但亦不否定象的比喻作用。因而也有自己獨到之見。

除周易正義外，有陸德明的經典釋文。他博採衆議，保存了一些漢易的注釋，有較大的參考價值。史澂的周易口決義和郭京的周易舉正亦均依王弼本。如果說正義宗王弼之義理，則李鼎祚周易集解宗漢易之象數。李道平周易集解纂疏自序曰：「易黜鄭虞而王韓，取輔嗣野文，疏而行之。其書遂藉以獨尊於世，而漢學寖微，于是梓州李君鼎祚，恐逸象就湮，乘其時古訓未散，取子夏以下三十餘家，成集解一書，表章漢學，俾古人象數之說，得以緜延至今弗絕。」李說頗有道理。後世能研究漢易，實得力於此書。「王學既盛，漢易遂亡，千百年後學者得考見畫卦之本旨者，惟賴此書之存耳。」（四庫全書總目經部總敍）周易集解之功不可抹。

漢末魏晉以來，易學有與釋、道之學相結合的趨勢。漢魏伯陽約周易而作參同契，以明修丹之訣（參見後蜀彭曉周易參同契明鏡圖）。雲笈七籤曰：「伯陽作參同契，五相類凡二卷，其說如似解釋周易，其實假借爻象以論作丹之意，而儒者神仙之事，多作陰陽注之，殊失其奧旨矣。」是借納甲之法，言坎離水火、龍虎、鉛汞之要，以陰陽、五行、昏旦、時刻爲進退持行之候。這便是易、道的合流，王弼以老、莊解易，亦爲易老的結合。後來屢有借易講道，爲易學發展的別流。然隋以前經籍志不錄，舊唐書經籍志始有周易參同契二卷，周易五相類一卷，而入五行家。

易學與佛學的結合。唐時隨佛敎的流行，易學亦逐漸與佛學融合，李通玄和澄觀，以易象合於華嚴。於是，易象所指不僅是內外丹、「元始天尊」，而且爲「艮爲文殊，震爲賢首，兌爲觀音」等（李通玄新華嚴經論敍）。並將「有往有復名修菩薩道」，與復、泰兩卦的消息相合。易之二十四向、八卦方位圖等，屢屢用於華嚴之境。易學在會通儒、釋、道三敎中，不僅較早，而且能盡易像之妙。李鼎祚在周易集解序中說：「原夫權輿三敎，鈐鍵九流，實開國家修身之正術也。」易象與華嚴法界合觀，亦可以「共契玄宗」，以道敎之敎理通貫易象、易理，而能有易學會通三敎之妙。

綜觀這個時期易學發展的特點：一是，義理與象數並行。孔穎達雖重義理，亦不忽視象數；李鼎祚重漢易，亦不排斥義理。故周易集解所引三十五家之說，亦包括王弼、何晏、韓康伯、向秀等。體現了唐代兼容並蓄的時代精神。在易學研究中亦貫徹了這種精神。二是，易學突破儒家的藩籬，而與釋、道相結合，成爲貫通三教之學。這是其他儒家經典所沒有的。三是，易學經孔穎達作正義後，便第一次作爲科舉考試的定本而廣泛流傳，成爲士子們必讀之書，而影響深遠。

第五，宋明時期易學的理學化和圖書化。宋人治易，與漢易並列。宋明理學的產生，是儒、釋、道長期滙合的結果，宋易亦是儒家易學各派和釋、道解易的合流。五代宋初的陳摶，不僅深研道教，而於佛理亦得其要。他以道教的內丹爲本，出入無妄，至賾至動，得陰陽之旨。邵雍繼之有先天圖，而作皇極經世；周敦頤有太極圖，而作太極圖說和通書（一說易通）。蓋以易學貫通儒、釋、道而言，而創「圖書」之學。後來朱熹撰周易本義，首列九圖，則有河圖、洛書、伏羲八卦次序圖、伏羲八卦方位圖、伏羲六十四卦次序圖、伏羲六十四卦方位圖、文王八卦次序圖、文王八卦方位圖等。此後，圖書與周易似不可分。然而，這些圖書絕非後人杜撰，而均有所本。或本之於繫辭，或本之於說卦傳，或本之於序卦傳。杜撰之說，未免偏激，其學術價值，亦不可否認。

然而宋人講易，注重假借易以發揮自己理學思想。如程頤作程氏易傳，以「理」解易。「至微者，理也；至著者，象也。體用一源，顯微無間。」因其至微，故無形。他在注乾卦初九

「潛龍勿用」說：「理无形也，故假象以顯義。」「象」出自「理」，「理」能徧天地之道；理不能自顯，假象以顯現義理。「事有理，物有形也。……有理而後有象，『成位乎其中』也。」（河南程氏經說易說繫辭）「理」是其解易的核心思想。「天地之間，萬物之理，無有不同。」「斯理也，成之在人則爲性」。（同上）周易之用爲占筮，亦是「理」。「卜筮之能應，祭祀之能亨，亦只是一理。蓍龜雖无情，然所以爲卦，而卦有吉凶，莫非有此理。」程頤易傳創以理解易，便使周易理學化了。

對易學作出較大貢獻者爲朱熹。他既繼程頤而講義理，又不滿其不講象數之弊；既繼邵雍而講象數、圖書，又不滿其忽視義理之陋。他主張合象數和義理。鑒於此，而有周易本義之作。此書最大特點，是書前加了九圖，則前所未有。又作易學啓蒙，辨明九圖之易理。在周易本義中，可以看到，朱熹多聞闕疑，愼言其餘的求實精神。朱熹認爲周易是占筮之書，以還周易本來面目，故作筮儀。乾「元亨利貞」注曰：「此聖人所以作易，敎人卜筮，而可以開物成務之精意。餘卦放此。」朱熹的這一見解，突破了漢以來易理與卜辭相分的情況。漢書藝文志首列易類所載「凡易十三家，二百九十四篇」，似不包筮法。藝文志蓍龜類錄有：周易三十八卷，周易明堂二十六卷，周易隨曲射匿五十卷，大筮衍易二十八卷，易卦八具等，並引繫辭以明蓍龜之性質：「定天下之吉凶，成天下之亹亹者，莫善於蓍龜。」爲專講占筮的。這就是說，漢人把詮釋易義或象數者爲一類，解釋占筮爲另一類，分屬而不歸一。朱熹融而爲一，更證周易爲占筮之書。此其一。其二，不拘泥於一，力求合於宜的態度。古字一字多義，朱熹突破漢人強求一解而不知變通之弊，而求其合宜。乾卦「元亨利貞」，子夏傳曰：「元，始也。亨，通也。利，和也。貞，正也。」本義訓「元」爲「大」，「貞」爲「正而固」，與漢人異。乾彖曰：「大哉乾元，萬物資始。」本義注曰：「大哉，歎辭。元，大也，始也。」而在注「大明終始，六位時成」時說：「始，卽元也，終謂貞也。」便訓「元」爲「始」，「貞」爲「終」。朱熹雖訓「元」爲「大」，也兼「始」義，按實際情況而解，所以比較貼切。其三，知之爲知之，不知爲不知的老實態度。明夷六四：「入于左腹，獲明夷之心，于出門庭。」本義曰：「此爻之義未詳。」確因文意不詳。帛書作「明夷，夷于左腹，獲明夷之心，于出門廷。」文意明白。通行本脫字，故有不詳之處。然而程頤程氏易傳則說：「人之手足，皆以右爲用。世謂僻所爲僻左，是左者隱僻之所也。」甚爲牽強。震六二：「震來厲，億喪貝，躋于九陵，勿逐，七日得。」本義曰：「億字未詳。」又說：「九陵、七日之象，則未詳耳。」困九四：「來徐徐，困于金車，吝，有終。」本義曰：「金車爲九二象未詳，疑坎有輪象也。」小過九四：「无咎，弗過遇之，往厲必戒，勿用永貞。」本義對「弗過遇之」提出兩說，並表明「未詳孰是，當闕以俟知者」。注其象時，亦謂：「爻義未明，此亦當闕。」闕而以俟知者，對於這樣一個「致廣大，盡精微」的大家來說，能抱這樣態度，實令人起敬。但朱熹解易，主理氣說，在易學理學化和圖書化過程中，其作用和影響最大。

宋代，幾乎沒有一位哲學家、思想家沒有讀過和寫過周易方面的東西。張載易說，以氣解易；陳瓘了翁窺餘；都絜易變體義啓爻變觀象之例；朱震漢上易傳，崇尚象數，反對王弼義理，並以象數爲易學正宗；楊萬里誠齋易傳，以史事解易，認易是講爲人處世之道，是講「和」的；呂祖謙古易音訓；魏了翁周易要義；趙汝楳周易輯聞疑說、序、雜皆爲漢人竄入；俞琬周易集說、讀易舉要都有創見，如以尙書顧命篇所謂河圖當爲「玉石之稱」。元人解易，發揮圖書或談性理。黃澤易學濫觴，主張先明象而後義理；陳應潤周易爻變義蘊，反駁陳摶先天諸圖，摻雜參同契爐火之說，非周易本旨。入明，胡廣奉敕撰周易大全，沿襲程朱之說。

這個時期易學發展特點：一是，從象數和義理並行而走向融合爲一，並創立圖書派，易學發展推向一個新的高度。二是，宋人均依自己思想解易，借易以發揮自己理學思想，也從抽象思維方面發展了易學。不僅豐富了易學，而且也豐富了理學家的哲學思想。如宋人借易以發展一分爲二的辯證思維等。三是，周易經宋人的解釋而傳播到朝鮮、日本以及越南等國，使中國傳統思想得以傳播。

第六，清代易學的會歸和總結。明末清初，天崩地解，士子們在總結明亡的教訓時，痛矯時文之陋，「薄今愛古，棄虛崇實」（皮錫瑞：經學歷史）。經黃宗羲、顧炎武、王夫之的倡導，漢易復萌。總的來說，清初，宋易仍居統治地位，因而發生漢易、宋易之爭。康熙鑒於當時易學各派「門戶交爭，務求相勝」的形勢，並沒有像唐太宗修五經正義時周易只採王弼注，致使鄭易失傳，也沒有像明成祖修五經大全時周易只取程、朱注，造成明易之偏陋，而是採取「兼收並採，不病異同」（四庫全書總目易類六）的方針。敕李光地「採摭群言」，撰成周易折中。乾隆又命傅恒等人撰周易述義，於宋易、漢易酌取其平，融會群言，不駁得失。唐、明易雖有所偏，但便於遵循；清易雖尚兼收，但無以爲守。然而，好景不長，明清之際思想界較爲自由活躍的空氣，一下子爲恐怖的文字獄所禁錮，士子們埋頭於古紙堆，對於時事，噤若寒蟬，因而孕育出時代的畸形兒——考據之學。但當此學一產生，亦結出豐碩的成果。惠棟繼宋人王應麟搜求鄭玄易之遺文，增補遺漏，輯成增補周易鄭注一卷，周易鄭注爻辰圖一卷。惠氏之名著當推易漢學，輯孟喜易兩卷，虞翻、京房、鄭玄、荀爽易各一卷，及辨圖書一卷。另有周易述，融會漢魏晉各家之說，而自行注疏。繼惠棟之後，張惠言則對兩漢魏晉南北朝以來各家易學，分別輯錄，使散見於各典籍的古易，得以整理，基本恢復了漢易的面目。焦循則撰易章句、周易補疏、易話、易圖略等。馬國翰以畢生之力，輯成玉函山房輯逸書，其易學部則爲惠棟、張惠言所未輯。除輯錄整理外，在考證、校勘方面亦取得很大成就。王夫之周易稗疏、毛奇齡圖書原舛編、黃宗羲易學象數論、黃宗炎圖書辨惑，皆對宋人「圖書」之學進行考證。胡渭易圖明辨，考辨圖書原委。阮元周易注疏校勘記，丁傑周易鄭注後定，集校勘之成。另四庫全書總目易類共十卷，對歷代易學著作進行簡介和評價，並能切中要旨，委實難得。然而實際主持編纂四庫全書的紀昀和參與經部編纂的戴震，皆主漢學，故有揚漢易而抑宋易之傾向，對宋易未免有過於偏激和論據不足之失。總的來說，編纂者易學有根底，且獨具眼力，不失爲一部有價值的書。清人解易之書，據清史稿藝文志統計，有一百五十餘家，一千七百多卷。可謂興盛。

這個時期易學發展的特點是：其一，清初的「兼收並採」政策，促使了漢易與宋易爭鳴的新局面。在爭鳴過程中，兩家進一步結合。其二，清代的考據之學，是在特定社會政治條件下的產物。由於知識分子的努力奮鬥，終於在整理古籍方面作出了巨大貢獻，使漢易得以初步恢復。

易學的發展，從春秋戰國、秦漢、魏晉、隋唐、宋明到清代，是一個不斷演變和豐富的過程。易學在每一個歷史階段，都與該階段的需要相結合，而成爲該階段的重要思想，以至時代的精華。研究這一歷史進程，以便於探討和掌握易學思想發展的規律性及其發展趨向。

帛書周易的出土以及江陵天星觀竹簡、阜陽雙古堆竹簡周易的發掘，是易學史上的大事。它爲魏晉以後研究易學者所不見。今人得天獨厚，見古人所未見，聞古人所未聞，便應該作出較古人更大更深的研究，以不負於古人，有益於今人。

鍵（乾）第一

䷀ ❶，鍵（乾）❷，元亨（亨）❸，利貞❹。

注釋

❶ ䷀ 爲卦畫，是八卦重卦而成。這種後來稱爲一（陽爻）和--（陰爻）的卦畫，今尚未見之於殷周卜辭或金文。它可能是從兩個方面向現有的卦畫過渡。一是數字卦畫向六十四卦卦畫的演變。譬如江蘇海安縣青墩淞澤文化遺址出土的骨角上刻有 、 兩組數字卦畫。它代表三五三三六四、六二三五三一。如果將此兩組六個奇偶數變爲周易中一--符號，則成 ䷠ 遯卦和 ䷡ 大壯卦的卦畫。河南安陽殷墟四盤磨出土卜骨上刻有 、、 三組數字卦畫。它代表七八七六七六、八六六五八七、七五七六六六。如果將此三組六個奇偶數變爲周易中一--符號，則成 ䷿ 未濟卦、䷣ 明夷卦和 ䷋ 否卦卦畫。未濟卦有辭「曰隗」，否卦有辭「曰畏」相似。這種出現在

卜骨上的數字卦畫，亦出現在殷周時的鐘鼎上。宋宣和元年（公元一一一八年）於湖北孝感出土西周青銅器六件，其中中鼎銘文末尾有[illegible]、[illegible]兩字，與通篇銘文異，引起人們注意。宋人薛尙功釋爲「赫赫」（南宮中鼎及考釋，歷代鍾鼎彝器款識卷十）。郭沫若先生則認爲，「末二奇字殆中族徽」（兩周金文辭大系圖錄考釋，第十六頁）。唐蘭先生認爲，這是特殊形式的文字，並已用於氏族名稱（見在甲骨金文中所見的一種已經遺失的中國古代文字，載考古學報，一九五七年第二期）。如據商周及其前代器物上所刻的數字，則代表七八六六六六和八七六六六六兩組奇偶數，便成䷖剝卦和䷇比卦。周易中的偶數 - -（陰爻），帛書作八，像由古數目字八演變來的；奇數一（陽爻），帛書作一，像由古數目字的一演變來的。可見數字卦畫和六十四卦卦畫有着相承的關係。二是由殷周卜辭和金文中的線圖形畫向六十四卦卦畫的演變。譬如𝌞、[illegible]、𝌞等。後來，揚雄在太玄中曾模擬了這種形式，而有𝌞爭，𝌎狩等。因此，從𝌞簡化爲周易卦畫，是有可能的。這是關於卦畫來源的探討。

然而，通行本、周易正義本、周易集解本，均在卦畫下注有內、外卦之名，如乾卦爲「乾下乾上」，坤卦爲「坤下坤上」、屯卦爲「震下坎上」等。但帛書周易無此四字，宋石經殘本亦無。今一依帛書周易，不出內、外卦之名。

❷「乾」，卦名。「鍵」假借爲「乾」。廣韻、集韻、韻會正韻：「鍵，渠焉切。」音乾。鍵、乾音近而通。說卦曰：「乾，健也。」易緯乾坤鑿度曰：「乾訓健，壯健不息，是其義也。」

漢書司馬遷傳曰：「至於大道之要，去健羨。」服虔曰：「門戶健壯也。」說文：「健，伉也。從人建聲。」淸鈕樹玉說文解字校錄曰：「健，渠建反。」集韻：「鍵，渠建切。」音健。是乾、鍵、健古通。乾有健義，「天行，健，君子自強不息」之意。

❸「元亨」。元，始也，大也。亨假借爲享。享甲骨文作亯（殷虛書契後編上第二十一葉）。全文作亯（仲辛父鼎），亦作亯（盂鼎）。篆文作亯。隸書作享，或作亨。故享和亨古通。亨，說文：「亯，獻也。從高省，曰象進孰物形。」亨爲享祀之義。亨，子夏傳曰：「通也」。

❹「利」，和也，宜也。「貞」，子夏傳曰：「正也。」朱熹周易本義曰：「正而固也。」今人尙秉和曰：「周禮春官：『天府季多陳玉，貞來歲之媺惡。』注貞謂問於龜卜。鄭司農曰：『貞，問也。易曰：師貞丈人吉。』又，左傳哀十七年：『衞侯貞卜。』國語：『貞於陽上。』皆以貞爲卜問。」（周易尙氏學，卷一，中華書局一九八〇年版，第一五頁。）說文：「貞，卜問也。」帛書周易，貞，有作卜問講，亦可作正講。視其文意而定，而不必強爲一解。

今譯

乾，始便順通而宜於卜問。

初九❶，浸（潛）龍勿用❷。

注釋

❶ 每卦第一爻爲初，依次而增，帛書周易六十四卦，陽爻爲九，陰爻爲六。故「陽爻」自下而上爲初九、九二、九三、九四、九五、上九。「陰爻」自下而上爲初六、六二、六三、六四、六五、上六。在奇數中，九爲老陽，七爲少陽，老變而少不變，所以稱陽爻爲九；偶數中，六爲老陰，八爲少陰，老者必轉化爲其反面，故老變而少不變，鄭玄曰：「周易以變者爲占，故稱九稱六。」

❷ 「浸」假借爲「潛」。「浸」，呂氏春秋孝行覽第二本味曰：「浸淵之草，名曰士英。」高誘注曰：「浸淵，深淵也。」浸有深義。潛，爾雅釋言曰：「潛，深也。」古義同而通假。藏於深淵，故隱而不見。故潛有隱義、藏義。說文：「潛，藏也」。廣雅釋詁四：「潛，隱也。」周易集解引崔憬曰：「潛，隱也。」按，潛爲潛藏、潛隱。「勿用」，周易集解纂疏引鄭玄云：「勿用者，即文解行而未成之義也。」說文：「用，可施行也。」易經中，「勿用」屢見，均作不可有所施行之義。

今譯

初九，潛藏的龍，無可動作。

九二，見龍在田❶，利見大人❷。

注釋

❶「見」，唐陸德明經典釋文曰：「賢遍反。示也。」王弼注曰：「出潛離隱，故曰見龍；處於地上，故曰在田。」見有顯現的意思。「見」俗作「現」（經籍纂詁卷七十六），即今「現」字。

「田」，地也。孔穎達周易正義曰：「處於地上，故曰在田者。先儒以爲……一二爲地道，三四爲人道，五上爲天道，二在一上，是九二處其地上，所田食之處唯在地上，所以稱田也。」按，此田字爲地上爲是。

❷「大人」，釋文云：「王肅云：聖人在位之目。」古稱有位者。向秀曰：「聖人在位，謂之大人。」（史記索隱）乾鑿度曰：「大人者，聖德兼備也。」孟喜曰：「大人者，聖人德備也。」易中言「大人」者二十見。否卦六二爻辭，則「大人」、「小人」對舉。則「大

人」爲有官位者，「小人」爲無官位者明矣。

今譯

九二，龍顯現於地上，宜於見上位的人。

九三，君子終日鍵（乾）鍵（乾）❶，夕泥（惕）若厲❷，無咎❸。

注釋

❶「鍵鍵」假借爲「乾乾」。古鍵、乾通。乾乾，廣雅釋訓：「健也。」呂氏春秋士容論第六曰：「乾乾乎取舍不悅。」高誘注：「乾乾，進不倦也。」形容前進不倦的意思。乾文言釋「乾乾」曰：「因其時而惕，雖危无咎矣。」今人高亨釋曰：「乾乾，勤勉努力。」（周易大傳今注卷一，乾第一，齊魯書社一九七九年版，第五七頁。）

❷「夕泥（惕）若厲」。帛書周易作「泥」，右偏旁下部不清，可能爲「湯」。師九二：「王三湯（錫）命」，小畜六四：「血去湯（惕）出」之「湯」帛書均作「易」。「易」與

「惕」同聲系，古相通。說詳師九二、小畜六四解。若釋作「泥」，則「泥」借爲「怩」。正韻曰：「怩，年題切。」音泥。義同。說文曰：「忸怩，慙也。從心尼聲。」孟子「忸怩」趙岐注：「慚色也。」怩，古文作㞾。惕，古文作惖。形近而訛。

「惕」，釋文曰：「怵惕也。鄭玄云：懼也。廣雅同。」廣雅釋詁：「惕，懼也。」說文云：「惕，敬也。」敬懼義近，與慚義亦近。形容懼、慚的樣子。

約自宋始，此爻大多斷爲「君子終日乾乾，夕惕若，厲无咎」。漢至唐大體均以「夕惕若厲」爲斷。淮南子人間訓曰：「故君子終日乾乾，夕惕若厲，无咎。終日乾乾，以陽動也，夕惕若厲，以陰息也。因日以動，因夜以息，唯有道者能行之。」漢書王莽傳曰：「易曰：『終日乾乾，夕惕若厲。』公之謂矣！」顏師古注：「乾卦九三爻辭也。乾乾，自強之意。惕，懼也；厲，病也。」說文骨部鶻下引易曰：「夕惕若厲。」張衡思玄賦曰：「夕惕若厲以省諐兮，懼余身之未敕。」王弼周易注：「故終日乾乾，至于夕惕猶若厲也。」孔穎達周易正義、李鼎祚周易集解都作「夕惕若厲」。虞翻注：「泰否之際陽道危，故夕惕若厲；正位，故无咎也。」釋文亦以「夕惕若厲」爲釋：「厲，力世反。危也。」此句以漢唐人斷句爲是。

❸ 「无咎」，周易繫辭上曰：「无咎者，善補過也。」周易集解引虞翻曰：「失位爲咎，悔變而之正，故善補過。」王弼曰：「凡言无咎者，本皆有咎者也。防得其道，故得无咎也」。（周易略例，王弼集校釋，中華書局一九八〇年版，第六一五頁。）說文：「咎，災也。

从人从各。各者，相違也。」爾雅釋詁曰：「咎，病也。」呂氏春秋仲夏紀侈樂曰：「棄寶者必離其咎。」高誘注：「咎，殃也。」故咎爲災殃。無災殃，對於人事而言，即善補過而無災患也。

今譯

九三，君子終日勤勉不懈，夜晚惕懼的樣子，似有危厲，則無災患。

九四，或鯩（躍）在淵❶，无咎。

注釋

❶「或」，疑也。集韻、韻會、正韻：「穫北切。」音惑。疑也。乾文言曰：「九四重剛而不中，上不在天，下不在田，中不在人，故『或』之。或之者，疑之也。」周易集解引干寶曰：「或之者，疑之也。此武王舉兵孟津觀釁而退之爻也。」在易經中凡稱「或」者，大體在三、四爻。如坤六三：「或從王事。」訟六三：「或從王事。」無妄六三：「无妄之災，或擊之牛。」恒九三：「或承之羞。」漸六四：「或直其寇。」小過九三：「從或

臧(戕)之。」中孚六三：「或鼓或皮(罷)，或汲(泣)或歌。」或，疑而未定也。故周易正義曰：「或，疑也。」周易本義曰：「或者，疑而未定之辭。」是也。

「鑰」疑當作「踚」。帛書周易作「鯩」。方言一：「踚，登也。」類篇：「踚，行也。」集韻：或从龠，同𨇨。方言：「𨇨，拔也，行也。」方言箋疏曰：「踚，同躍。」故踚和躍古通。「躍」，釋文曰：「或躍，羊灼反。廣雅云：上也。」爾雅釋詁：「躍，上也。」「登」與「上」義相近。音亦相近。踚，集韻：「弋灼切。」音藥。躍，集韻、韻會、正韻曰：「弋灼切。」音藥。故踚、躍音近古通。孔穎達周易正義曰：「躍，跳躍也。」是其義。

淵，周易集解引荀爽曰：「地下稱淵也。」淵指地下。

今譯

九四，龍在淵中，躍或不躍，疑而未定，則無災殃。

九五，翀(飛)龍在天❶，利見大人。

注釋

❶「𦐊」假借為「飛」。𦐊亦作翡。小過卦辭：「飛鳥遺之音。」飛字作翡。集韻：「翡，父沸切。」音費。說文：「翡，赤羽雀也。出鬱林。从羽非聲。」飛，唐韻：「甫微切。」集韻、韻會：「匪微切。」音非。翡、飛古音近而通。況且飛通作蜚。史記蘇秦列傳：「毛羽未成，不可以高蜚。」高蜚卽高飛也。漢書司馬相如上：「蜚纖垂髾。」師古、注：「蜚，古飛字也。」史記周本紀：「蜚鴻滿野。」索隱按高誘曰：「蜚鴻，蠛蠓也。」言飛蟲蔽田滿野，故爲災，非是鴻雁也。」正義曰：「蜚音飛，古飛字。」史記武帝紀：「乾稱蜚龍。」飛龍，漢人作蜚龍，亦作翡龍、𦐊龍。𦐊、翡、蜚形近、聲近、義近，故古相通假。飛，說文：「鳥翥也。象形。凡飛之屬皆从飛。」飛卽象張翼之形。鳥張翼飛行，猶翡張翼飛出鬱林也。此處比喻龍飛在天。

今譯

九五，龍飛於天，宜於見大人。

尚（上）九❶，抗（亢）龍有悔❷。

注釋

❶ 「尙」和「上」古通用。說文：「尙，庶幾也。」字亦作上。詩陟岵：「上愼旃哉。」漢石經作「尙」。故論語顏淵：「草尙之風。」釋文曰：「尙，上也。」國語晉語：「尙有晉國。」韋昭注：「尙，上也。」廣雅釋詁一：「尙，上也。」荀子致仕：「莫不明通方起以尙盡矣。」楊倞注：「尙者，上也。」古「尙」和「上」同，或「尙」作「上」。「尙九」卽「上九」。

❷ 「抗」假借爲「亢」。列子黃帝篇：「而以道與世抗，必信矣。」釋文云：「抗，口浪切；或作亢，音同。」周禮服不氏：「賓客之事，則抗皮。」周禮注疏引鄭司農云：「謂賓客來朝聘布皮帛者，服不氏主擧藏之。抗讀爲亢其讎之亢。」鄭玄曰：「抗注亢同，苦浪反。」是「抗」可作「亢」。

「亢」也可讀與「抗」同。漢書陳勝項籍傳曰：「適戍之衆，不亢於九國之師。」顏師古曰：「亢，當也。讀與抗同」。故「抗」和「亢」古通用。

亢，釋文曰：「子夏傳云：極也。」廣雅云：「高也。」周易集解引王肅曰：「窮高曰亢。」又引干寶曰：「亢，過也。」亢，有過極的意思。「亢龍有悔」。「悔」，說文：「恨也。从心每聲。」廣雅釋詁：「悔，恨也。」是說：龍飛過高，反有悔恨。

然而，高亨先生訓「亢」爲「沆」。說文：「沆，大澤。」故認爲：「亢龍者，謂池澤中之龍也。池澤水淺而幅員或小，草多而泥淖或深。龍處其中，爲境所困之象也。」（乾第一，周易古經今注（重訂本）卷一，中華書局一九八四年版，第一六四頁。）此解似不合乾上九爻辭之原意。統觀六十四卦三百八十四爻，大體上有這樣的規律；凡初爻之辭取象於下，凡上爻之辭則取象於上。如乾初九：「潛龍勿用。」坤初六：「履霜堅冰至。」履初九：「素履往，无咎。」泰初九：「拔茅，茹以其滙，貞吉。」否初六：「拔茅，茹以其滙，貞吉，亨。」噬嗑初九：「履校滅趾，无咎。」賁初九：「賁其趾，舍車而徒。」剝初六：「剝牀以足，蔑貞，凶。」大過初六：「藉用白茅，无咎。」坎初六：「習坎入于坎窞，凶。」離初九：「履錯然，敬之，无咎。」咸初六：「咸其拇。」遯初六：「遯尾厲，勿用有攸往。」大壯初九：「壯于趾，征凶。有孚。」夬初六：「壯于前趾，往不勝，爲咎。」困初六：「臀困于株木，入于幽谷，三歲不覿。」井初六：「井泥不食，舊井无禽。」鼎初六：「鼎顚趾，利出否。得妾以其子，无咎。」艮初六：「艮其趾，无咎。利永貞。」既濟初九：「曳其輪，濡其尾，无咎。」未濟初六：「濡其尾，吝。」「潛」、「履」、「茅」、「趾」、「足」、「藉」、「坎窞」、「拇」、「尾」、「臀」、「井泥」、「輪」等等，皆取象於諸物或諸身之下者。

凡上爻則大體取象於諸物或諸身之上者。譬如：比上六：「比之无首，凶。」大有上九：「自天祐之，吉无不利。」噬嗑上九：「何校滅耳，凶。」大畜上九：「何天之衢，亨。」大過上六：「過涉滅頂，凶无咎。」離上九：「王用出征，有嘉折首，獲匪其醜，无咎。」

咸上六：「咸其輔，頰，舌。」頤上九：「由頤，厲吉，利涉大川。」大壯上六：「羝羊觸藩，不能退，不能遂，无攸利，艱則吉。」晉上九：「晉其角，維用伐邑，厲吉。无咎，貞吝。」解上六：「公用射隼于高墉之上，獲之，无不利。」姤上九：「姤其角，吝，无咎。」旅上九：「鳥焚其巢，旅人先笑後號咷，喪牛于易，凶。」中孚上九：「翰音登于天，貞凶。」小過上六：「弗遇過之，飛鳥離之，凶，是謂災眚。」既濟上六：「濡其首，厲。」未濟上九：「有孚于飲酒，无咎。濡其首，有孚失是。」「首」、「天」、「耳」、「頂」、「輔」、「頰」、「舌」、「頤」、「角」、「高墉」、「巢」、「飛鳥」，皆爲物象之上者。由上可證，漢唐以來，訓「亢」爲「窮高」、「極高」、「過極」，合易取象之旨趣，訓「亢」爲「沆」，爲大澤，恐不妥。

今譯

上九，龍飛過高，反有悔恨。

迵（用）九❶，見群龍无首❷，吉。

注釋

❶「用」假作「迵」，漢讀爲迵。說文：「迵迵，迭也。从辵，同聲。」太玄撻：「中冥獨達，迵迵不屈。」注：「迵，通也。」迵，玉篇：「音同，達也。」意謂筮遇六爻同爲九，則以「迵九」爻辭斷事之吉凶。「迵（用）九」，猶通達九或同爲九。如筮遇六爻皆七，則以乾卦卦辭斷事之吉凶。六十四中，唯有乾和坤二卦會筮遇六爻同爲九或同爲六的情況，故有「迵九」、「迵六」兩爻之設。則「用九」作「迵九」爲佳。

「用」，說文：「可施行也。从卜从中。衛宏說。凡用之屬皆从用。」張日昇云：「按說文云：『用，可施行也。从卜从中。衛宏說。』金文中不作冉，許說非是。高鴻縉修正其說，乃謂中象卝形，字從卜中，亦非。李純一據唐蘭、郭沫若等說，謂字象斷竹，其橫劃乃表示竹節，豎劃表示裏面已被打通。如其言則此竹筩無底，豈能盛物？蔣禮鴻從戴侗舊說，謂卽鏞之本字，似較平實可從」。（金文詁林第三卷下，香港中文大學出版社，第二〇五一頁。）「鏞」，說文：「大鐘謂之鏞。从金庸聲。」若作如是解，則「用九」之意與易不合。

❷見，現也。

今譯

迵九，出現群龍，無首領則吉。

總釋

本卦卦名爲乾，帛書周易作「鍵」。乾或鍵在本卦爻辭中僅九三「君子終日鍵（乾）鍵（乾）」一見，其他各爻均取象於龍或隱含龍。如初九：「潛龍勿用。」九二：「見龍在田。」九四：「或躍在淵。」九五：「飛龍在天。」上九：「亢龍有悔。」用九：「見群龍无首。」「龍」五見，九四隱含龍「或躍在淵」，則有六爻取象爲龍。龍，殷虛書契後編下卷第六葉作「」左傳昭公二十九年：「秋，龍見于絳郊。魏獻子問於蔡墨曰：『吾聞之，蟲莫知於龍，以其不生得也。謂之知，信乎？』對曰：『人實不知，非龍實知。古者畜龍，故國有豢龍氏，有御龍氏。』獻子曰：『是二氏者，吾亦聞之，而不知其故，是何謂也？』對曰：『昔有飂叔安有裔子曰董父，實甚好龍，能求其耆欲以飲食之，龍多歸之，乃擾畜龍以服事帝舜。……龍，水物也。水官棄矣，故龍不生得。不然，周易有之，在乾䷀之姤䷫曰「潛龍勿用」。其同人䷌曰：「見龍在田。」其大有䷍曰：「飛龍在天」。其夬䷪曰：「亢龍有悔」。其坤䷁曰：「見群龍無首吉。」坤之剝䷖曰：「龍戰于野，其血玄黃」。若不朝夕見，誰能物之。』」韓非子說難曰：「龍之爲蟲也，柔可狎而騎也，然其喉下有逆鱗徑尺，若人有嬰之者，則必殺人。」龍在古代，似爲可見之物，因而，有以龍名星。史記封禪書張正義引漢舊儀曰：

「龍星左角爲天田。」後漢書張衡傳：「夫玄龍迎夏則陵雲而奮鱗，樂時也，涉冬則淈泥而潛蟠，避害也。」玄龍卽蒼龍之星。說文：「龍……春分而登天，秋分而潛淵」，亦指龍星而言。亦有以龍之特性說明屈伸變化。論衡龍虛篇曰：「龍之所以爲神者，以其能屈伸其體，存亡其形。」龍爲陽物，形容自強不息的剛健精神。周易體現了這種精神。

乾卦爻辭的編排體現了由下而上的上升運動，在由初爻至上爻排列上，沒有內外卦之分，也不反映是兩經卦的重疊，只是一種順序上增。如乾初九：「潛龍」，龍潛伏未動；九二龍出現在地上；九四龍跳躍在淵；九五龍飛在天空；上九龍飛過高，而有悔。象徵著事物變化發展是由不動到動，勿用到用，並由低到高，逐漸上升，升到一定的高度，要適可而止。超過了一定的限度，就成爲「亢龍」，物極必反，而「有悔」了，這裏蘊含着深刻的思想。

婦（否）第二

䷋ 婦（否）之非人❶，不利君子貞❷，大往小來。

注釋

❶「否」，卦名。卦名和卦辭相重。馬王堆帛書六十四卦釋文無卦畫，乃印刷時貼改的照片脫落，故漏排。「婦」假借爲「否」。「婦」，集韻、韻會：「扶缶切，音阜。」有韻。「否」，集韻、韻會、正韻：「俯九切，音缶。」有韻。「婦」、「否」古音同爲有韻，音近相通。又陳琳大荒賦：「覽六五之咎休兮，乃貧尼而富虎。嗣反覆其若茲兮，豈云行之臧否。」否，方矩切，音甫。「甫」、「婦」古音近而通。「否」，說文：「不也，从口从不。」釋文：「否，閉也，塞也。」爲「閉塞」之義。「閉塞」則不通。序卦曰：「物不可以終通，故受之以否」。周易集解引崔憬曰：「物極則反，故不終通而否矣。」按，「否」有閉塞、不通之義。

「非」，通行本作「匪」。匪，說文：「器似竹筐，从匚非聲。」詩四月：「先祖匪人。」鄭箋：「匪，非也。」廣雅釋詁四：「匪，非也。」比六三：「比之匪人。」釋文：「馬云：匪，非也。」周易集解引虞翻曰：「匪，非也。」「非」、「匪」古通。非，不也。漢書蕭望之傳顏注引服虔：「非，不也。」按，不義是。

❷ 貞，占問。

今譯

否，閉塞不應該閉塞的人，不利於君子占問，則大的失去，小的得利。

初六，犮（拔）❶，茅茹❷以其菁（彙）❸，貞吉，亨。

注釋

❶ 「犮」爲「拔」之異體字。「拔」，說文：「擢也。从手犮聲。」「犮」「拔」同聲系，古通。犮，周禮秋官序官：「赤犮氏。」鄭注：「赤犮猶言捇拔也。」是「犮可作「拔」。「拔」，一切經音義三引蒼頡篇：「拔，引也。」廣雅釋詁三：「拔，除也。」按，訓「引」、

「除」兩義均可通。

❷ 茹，釋文：「牽引也。鄭湛同，王肅音如。」王弼周易注曰：「茅之爲物，拔其根而相牽引者也。茹，相牽引之貌也。」茹疑借爲「拏」。說文：「拏，牽引也。」漢書劉向傳：「在下位則思與其類俱進。易曰：『拔茅茹以其滙，征吉。』在上則引其類，在下則推其類。」按，爲牽引是。

❸ 「以其蒏。」「以」，王引之曰：「猶及也。易小畜九五曰：『富以其鄰。』虞翻注曰：『以，及也。』泰初九曰：『拔茅茹以其彙。』言及其彙也。剝初六曰：『剝牀以足。』六二：『剝牀以辨。』六四曰：『剝牀以膚。』言及足、及辨、及膚也。復上六曰：『用行師，終有大敗，以其國君，凶。』言及其國君也。」「蒏」假借爲「彙」。釋文：「彙，古文作蒏。」帛書周易作「蒏」，正與釋文合。彙，釋文：「音胃。」「蒏」、「胃」同相通。字彙補：「蒏同彙。」「彙」，釋文：「類也。……董作夤，出也。鄭云：勤也。」周易集解引虞翻曰：「彙，類也。」依類解。「拔茅茹以其彙」句，古人有斷爲「拔茅茹，以其彙」，有斷爲「拔茅，茹以其彙」，亦有不斷。朱熹周易本義引郭璞謂「讀至彙字絕句」，然據文意，以「拔茅，茹以其彙」斷爲好。續後漢書五行志：「案，易曰：『拔茅，茹以其彙。』茅，喻群賢也。」鄭玄亦以「拔茅，茹以其夤」爲斷，並以「彙」作「夤」。從漢說。

今譯

初六，拔除茅草，必牽連其類，占問則吉祥，亨通。

六二，枹（包）承❶，小人吉，大人不（否）❷，亨。

注釋

❶「枹」假借爲「包」。「枹」，韻會：「班交切。」音包。「包」，集韻：「班交切。」音苞。韻補：「包，房尤切，音浮，地名。春秋：『公及莒人盟於包來。』左氏作孚。」通雅：「『古呼包如孚。』脬與胞、桴與枹、莩與苞、浮與抱之類，同原相因，故互通。」是「枹」、「包」、「苞」古通。

「包」，詩野有死麕：「白茅包之。」毛傳：「包，裹也。」廣雅釋詁四：「包，裹也。」文選吳都賦「職貢納其包匭」劉注同。漢書郊祀志顏注：「包讀曰庖。」「庖」，國語魯語：「以實廟庖。」韋昭注：「庖，厨也。」廣雅釋室：「庖，厨也。」禮記王制：「三爲充君之庖。」鄭注：「庖，今之厨也。」「包」，說文：「象人裹妊巳在中。」漢書禮樂志顏師古注：「包，含也。」有包容之義。「承」，說文：「承，奉也。从手从卪从廾。」左傳成公十六年：「承寡君之命以請。」杜注：「承，奉也。」「承」，楚言「懲」。左傳哀公四年：「諸大夫恐其又遷也承。」杜預注：「承音懲，蓋楚言。」春秋左傳正義孔穎達疏：「承、懲音相近，蓋是楚人之言，聲轉而字異耳。」「懲」，說文：「㣻也，从心徵聲。」漢書張敞傳：「無以勸善懲惡。」顏師古注：「懲，止也。」一切經音義十三引廣雅：「懲，止也。」

❷「不」假借爲「否」。「否」，說文：「不也。从口从不。」書堯典：「否德忝帝位。」孔傳、釋文並曰：「否，不也。」禮記哀公問：「君曰否。」孔穎達疏：「否，不也。」「不」、「否」古義同而通。「否」，左傳昭公二十年：「君所謂可而有否焉。」杜注：「否，不可也。」

今譯

六二，包容應懲止而不懲止的人，小人則吉祥，大人則不可，最終亨通。

六三，枹（包）憂（羞）❶。

注釋

❶「憂」假借爲「羞」。「憂」，唐韻、集韻、韻會：「於求切。」正韻：「於尤切。」屬尤韻。「羞」，廣韻：「息流切。」集韻：「思留切。」音修。屬尤韻。「憂」、「羞」古音同爲尤韻，音近相通。

「羞」，說文：「進獻也。从羊，羊所進也。从丑，丑亦聲。」爾雅釋詁：「羞，進也。」周禮膳夫「羞用百有二十品」鄭司農注、周禮庖人「共祭祀之好羞」鄭注、左傳隱公三年「可羞於王宮」杜預注、國語晉語「有武德以羞爲正卿」韋昭注並曰：「羞，進也。」周易集解纂疏李道平案：「虞云：『坤爲恥。』廣雅：『恥，羞也。』」按，進獻、羞恥二解均通。

今譯

六三，包容是羞恥的。

九四，有命❶，无咎，檮（疇）❷羅（離）❸齒（祉）❹。

注釋

❶ 「有命」。「命」，說文：「使也。从口从令。」廣雅釋詁一：「命，使也。」論語子罕：「與命與仁。」何晏集解：「命者天之命也。」

❷ 「檮」假借爲「疇」。「檮」，說文：「檮斷木也，从木𠷎聲。春秋傳曰：『檮柮。』」段玉裁注：「徒刀切，古音在三部。」「疇」，說文：「耕治之田也。从田𠷎，象耕田溝詰詘也。𠃬「𠷎或省。」段玉裁注：「直由切，三部。隸作疇。」𠷎、𠷎同屬三部，古音近而通。「疇」，釋文：「鄭作古𠷎字。」則與檮同。

「疇」，周易集解引九家易曰：「疇者，類也。」朱駿聲六十四卦經解：「疇、儔通，類也。」荀子勸學篇：「草木疇生。」楊倞注：「疇與儔同。類也。」尚秉和周易尚氏學：「漢書韓信傳：『其疇十三人。』義亦同儔。儔，衆也。」則爲衆、類之義。

❸ 「羅」假借爲「離」。「羅」，方言七：「羅謂之離。」注：「羅、離皆行列物也。」史記五帝紀：「旁羅日月星辰。」索隱：「離卽羅也。」「羅」、「離」古通。

「離」，周易集解引九家易曰：「離，附也。」李道平纂疏曰：「離，象傳曰：『離，麗也。』訓離爲附，謂附著也。故離義與麗同也。」「離」訓「附」，當讀爲「麗」。釋名釋天：「離，麗也。物皆附麗陽氣以茂也。」戰國策燕策「高漸離」，論衡書虛作「高漸麗」。「離」作「麗」，附麗之義。

❹「齒」假借爲「祉」。「齒」，說文「口齗骨也。象口齒之形，止聲。凡齒之屬皆从齒。古文齒字。」「祉」，說文：「福也。从示止聲。」「齒」、「祉」古同聲系而通。「祉」，周易集解引九家易曰：「祉，福也。」爾雅釋詁：「祉，福也。」詩六月：「旣多受祉。」毛傳：「祉，福也。」詩皇矣「旣受帝祉」鄭箋、詩江漢「用錫爾祉」釋文並云：「祉，福也。」左傳哀公九年：「祉，祿也。」

今譯

九四，天有使命，則無災患。衆人附麗天的使命而得福祿。

九五，休婦（否）❶，大人吉。其亡其亡❷，擊（繫）❸，于枹（苞）桑❹。

注釋

❶「休否」。「休」，釋文：「美也。又許求反，息也。」爾雅釋詁：「休，息也。」詩瞻卬「休其蠶織」毛傳、國語晉語「休以擇利」韋昭注、左傳襄公二十八年「吾乃休吾民矣」杜預注並云：「休，息也。」息，止息之義。詩民勞鄭箋：「休，止息也。」周易集解纂

疏：「休者，止息。」是其義。

「否」，漢書薛宣傳顏注：「否，閉也。」廣雅釋詁一：「否，隔也。」否，閉隔之義。周易集解纂疏：「否者，閉隔。」禮記月令：「天氣下降，地氣上騰。」疏：「否，塞也。」列子天瑞：「聖有所否。」釋文：「否，塞也。」

❷「其亡其亡」，王引之曰：「其，猶將也。」易繫辭下則解爲：「存而不忘亡，治而不忘亂。」故周易集解纂疏云：「存不忘亡，故曰其亡其亡，猶曰豈其亡乎？豈其亡乎？」

❸「擊」假借爲「繫」。詳見第七無妄六三爻辭解。

❹「枹」假借爲「苞」。詩下泉「浸彼苞稂」毛傳、詩斯干「如竹苞矣」毛傳並云：「苞，本也。」小爾雅廣言：「苞，本也。」周易正義孔疏：「苞，本也。」周易集解引荀爽曰：「包者，乾坤相包也。桑者，上玄下黃，以象乾坤也。乾職在上，坤體在下，雖欲消乾，繫其本體，不能亡也。」又陸績曰：「包，本也。言其堅固不亡，如以巽繩繫也。」以「苞」爲「本」。又「苞」有草木茂盛叢生之意。詩行葦：「方苞方體。」鄭箋：「苞，茂也。」爾雅釋詁：「苞，豐也。」注：「苞，叢也。」書禹貢：「草木漸苞。」釋文：「苞，叢生也。」朱駿聲六十四卦經解：「又叢生也，無主幹之名，言苞桑微弱，不堪重繫也。與詩『苞杞苞栩』同。苞，稹也，謂條也。」此兩解於義均可通。

李鼎祚案：「其亡其亡，繫于苞桑，言二五包繫，根深蒂固，若山之堅，如地之厚者也，雖遭危亂物，莫能害矣。」

今譯

尚（上）九，頃（傾）婦（否）❶，先不（否）後喜❷。

九五，閉塞要止息，大人吉祥，難道要亡嗎？難道要亡嗎？猶繫於植桑本固而未亡。

注釋

❶「頃」假借爲「傾」，「傾」，說文：「仄也。从人从頃，頃亦聲。」「頃」、「傾」古同聲系相通。漢書文帝紀：「頃王后。」顏師古注：「諸謚爲傾者，漢書例作頃字，讀皆曰頃。」漢書王褒傳：「不單頃耳而聽已聰。」顏師古注：「頃讀曰傾。」「頃」、「傾」古相訓相通。

「傾」，淮南子原道：「持盈而不傾」。高誘注：「傾，覆也。」周易集解引侯果曰：「傾爲覆也。」纂疏曰：「中庸曰：『傾者覆之。』故云傾爲覆也。」爲傾覆、顛倒之義。高亨周易古經今注：「傾疑讀爲頃。說文：『頃，頭不正也。』蓋側首謂之頃，因而一側首之時間亦謂之頃。……荀子正論篇：『蹎跌碎折，不待頃矣。』性惡篇：『天下之悖亂而相亡，不待頃矣。』楊注並云：『頃，少頃也。』戰國策秦策：『莅政有頃。』高注：『有頃，言未久。』並此義。頃否猶言暫否也。」義亦通。

❷「先否後喜」，王弼周易注：「先傾後通，故後喜也。始以傾爲否，後得通乃喜。」周易集解引侯果曰：「否窮則傾矣，傾猶否，故先否也。傾畢則通，故後喜也。」

今譯

上九，傾覆閉塞不通。先閉塞，後得通而喜悅。

總釋

否卦意旨是講閉塞不通，上下不交的問題。人們對閉塞不通應持甚麼態度，閉塞不通對政治、社會有何影響等。否卦卦辭是對閉塞性質、作用的總評價。認爲不應閉隔人，使之上下溝通。閉隔，不利於君子；言下之意，有利於姦佞之人。實爲失大得小。九五爻辭指出，只有休止閉塞，大人才吉祥，否則是要亡國的。這便是後來儒家任賢人，遠小人的任人唯賢思想的萌芽。任賢，必須傾覆閉塞不通，賢人才能上來，故後喜悅。遠小人，而不能包容，不僅要知道包容是羞恥的，而且不懲止應懲止的人，是有利於小人，而不利君子。

九四爻辭講天有使命，衆人附麗天命而得福祿。卜以決疑，當然是以超人間的力量來決斷人間的疑惑，這是易經的基本傾向。

掾（遯）第三

䷠ **掾（遯）亨❶，小利貞❷。**

注釋

❶ 遯，卦名。卦名和卦辭相重合。

「掾」假借爲「遯」。「掾」，說文：「緣也。从手彖聲。」段玉裁注曰：「緣者，衣純也。既夕禮注：飾衣領袂口曰純。引申爲凡夤緣邊際之稱。掾者，緣其邊際而陳掾也。陳掾猶經營也。易卦辭曰彖，謂文王緣卦以得其義。然則彖者掾之叚借字與！」「彖」假借爲「掾」。掾，彖聲。「彖」，集韻、韻會：「土玩切。」正韻：「吐玩切。」「遯」，釋文：「徒巽反。」又：「徒困切。」音鈍。掾、彖、遯音近古通。

「遯」，釋文：「字又作遂，又作遁，同隱退也。匿亦避時，奉身退隱之謂也。鄭云：『逃去之名。』序卦云：『遯者，退也。』」「遂」，說文：「古文遁字。」遁之古文爲遂、遯、遯，與掾形近。遯有隱退、退避之義，亦有遁逃、遁避之意。「遯亨」，古今人有斷爲「遯，亨」。朱熹周易本義、馬王堆帛書六十四卦釋文即爲此斷。然象傳曰：「遯亨，遯而亨也。」王弼周易注曰：「遯之爲義，遯乃通也。」便以「遯亨」爲斷。周易正義孔疏：「遯亨者，遯者隱退逃避之名。陰長之卦。小人方用，君子日消。君子當此之時，若不隱遯避世，即受其害，須遯而後得通，故曰遯亨。」周易集解引虞翻曰：「小人道長，避之乃通，故遯而通。」從象傳以至唐，均以「遯亨」爲斷，此斷爲是。

❷ 利，宜也。貞，正也，卜問也。

今譯

遯，退避而亨通，宜於小卜問。

初六，掾（遯）尾厲❶，勿用有攸往❷。

注釋

❶「尾」，廣雅釋詁四：「尾，後也。」戰國策秦策曰：「王若能爲此尾。」注：「尾，後

也。」

「厲」，廣雅釋詁曰：「厲，危也。」詩民勞：「以謹醜厲。」毛傳：「厲，危也。」周易集解引虞翻曰：「厲，危也。」

「遯尾厲」，周易集解引陸績曰：「避難當在前而在後故厲。」周易正義孔疏：「遯尾厲者，爲遯之尾，最在後遯者也。……逃遯之世，宜速遠而居先，而爲遯尾禍所及也，故曰遯尾厲也。」意謂後退避有危險。

❷「勿用有攸往」。「勿」，論語雍也：「雖欲勿用。」皇侃疏：「勿，猶不也。」「用」，方言六「用，行也。」「攸」，所也。「往」，論語述而：「不得其往也。」集解引鄭玄注：「往，猶去也。」

今譯

初六，退避在後者則危險，不要有所往。

六二，共（執）❶之用黃牛之勒（革）❷，莫之勝奪（說）❸。

注釋

❶「共」假借爲「執」。「共」，荀子榮辱曰：「受小共大共。」楊倞注：「共，執也。」「執」，詩執競：「執競武王。」鄭箋：「執，持也。」論語堯曰：「允執其中。」皇侃疏：「執，持也。」荀子禮論：「始卒，沐浴、鬠體、飯唅，象生執也。」楊倞注：「執或爲持。」大戴禮記夏小正：「執養宮事。」傳：「執，操也。」共和執古義同而通。此處爲執持之義。周易集解引虞翻曰：「艮爲手，稱執，卽手執持也。」

❷「勒」假借爲「革」。詩斯干曰：「如鳥斯革。」釋文云：「革，韓詩作勒。」是勒和革古通用。

「勒」，說文：「馬頭絡銜也。从革力聲。」漢書匈奴傳下：「鞍勒一具。」顏師古注：「勒，馬轡也。」後漢書崔寔傳：「方將柑勒鞬輈以救之。」李賢等注：「勒，馬轡。」「革」，爾雅釋器：「轡首謂之革。」勒、革爲馬轡首，義同而通。

❸「莫」，無也。周易集解引虞翻曰：「莫，无也。」易漸九五：「終莫之勝。」集解引虞翻曰：「莫，无也。」詩谷風：「德音莫違」。鄭箋：「莫，無也。」論語雍也：「何莫由斯道也。」皇侃疏：「莫，無也。」廣雅釋言：「莫，無也。」

「勝」，能也。周易集解引虞翻曰：「勝，能也。」周易集解纂疏：「勝訓能。」

「奪」假借爲「說」。周易集解纂疏曰：「說，讀若脫。」禮記少儀：「說屨于戶內。」釋文：「說本亦作脫。」禮記檀弓下注：「脫君祭服。」釋文：「脫本亦作說。」儀禮士昏禮：「主人說服于房。」釋文：「說言脫也。」說卽脫也。

「脫」，史記陳涉世家：「尉劍挺。」集解：「徐廣曰：『挺，猶脫也。』」索隱：「按脫，即奪也。」故「說」、「脫」、「奪」古通。且脫、奪音同。「脫」，唐韻、韻會、正韻：「脫，徒活切。」音奪。「奪」，唐韻、集韻、韻會、正韻：「奪，徒活切。」音脫。脫、奪古音同而通。「脫」，既有「奪」義，亦有「解」義。周易集解引虞翻曰：「說，解也。」解脫的意思。

今譯

六二，手執持着黃牛鞶頭，不能解脫。

九三，爲掾（遯）❶，有疾厲❷。畜僕妾吉❸。

注釋

❶ 帛書「爲掾（遯）」，「石經、岳本、閩、監、毛本同。釋文：『本或作繫。』」（見阮元周易正義校勘記）。校勘記曰：「按，凡相連屬謂之係，此『係遯』是也」。按，「繫」借爲「係」，故周易正義、周易集解均作「係遯」。然王弼所見周易，則爲「繫遯」。周易注

曰：「在內近二，以陽附陰，宜遯而繫，故曰繫遯。」

「繫」，類篇：「一曰維也。」廣韻、集韻、韻會：「胡計切。」音系。釋文：「繫，本作係。」「或作係。」即維係也。

「繫」和「維」相假。詩小雅：「縶之維之。」毛傳：「維，繫也。」廣雅釋詁：「維，係也。」「維」，猶言連結也。故「繫」、「維」、「係」古通。「爲」、「維」一聲之轉，古相通，故「爲」和「係」相假借。

「爲」猶「如」也。假設之詞也。國語晉語：「叔向曰：『荊若襲我，是自背其信，而塞其忠也。爲此行也，荊敗我，諸侯必叛之。』」爲，言如此行也。管子戒曰：「夫江、黃之國近於楚，爲臣死乎，君必歸之楚而寄之。」爲，言如臣死。「爲遯」，言如退避。

❷ 「疾」，論語陽貨：「古者民有三疾。」皇侃疏：「疾，病也。」國語晉語：「吾不幸有疾。」韋昭注：「疾，病也」。李道平周易集解纂疏：「四變則三體成坎，坎爲心病稱疾。」

「厲」，危也。周易集解引虞翻曰：「厲，危也。」

❸ 「畜」，養也。易離卦卦辭：「畜牝牛吉。」周易集解引虞翻曰：「畜，養也。」詩日月：「畜我不卒。」鄭箋：「畜，養也。」詩我行其野：「爾不我畜。」毛傳：「畜，養也。」廣雅釋詁、釋名釋言義同。

「僕」，象傳作「臣」，曰：「畜臣妾吉。」王弼周易注作「臣」：「繫於所生，畜臣妾可也。」周易集解引虞翻曰：「坤爲臣，兌爲妾，上來之三，據坤應兌，故畜臣妾吉也。」

可知，漢魏均有作「臣妾」者。「臣」與「僕」，古義同而假。「僕」，說文：「給事者。从人菐，菐亦聲。[illegible]古文从臣。」段玉裁注曰：「周禮注曰：『僕，侍御於尊者之名。』然則大僕、戎僕，以及易之童僕、詩之臣僕、左傳『人有十等……僕第九，臺第十』，皆是大雅『景命有僕』毛傳『僕，附也』。是其引伸之義也」。

今譯

九三，如若退避，有病則危險。畜養僕妾則吉祥。

九四，好掾（遯）❶，君子吉，小人不（否）❷。

注釋

❶「好遯」。「好」，楚辭惜誦：「父信讒而不好」。注：「好，愛也。」亦有「喜」之義。荀子解蔽：「其爲人也善射而好思。」楊倞注：「好，喜也。」呂氏春秋壅塞：「齊宣王好射。」高誘注：「好，喜也。」有喜愛之意。

❷「不」假借爲「否」。「否」，說文：「不也。从口从不。」禮記哀公問：「君曰否。」

疏：「否，不也。」易否六二象傳：「大人否，亨。」周易集解引虞翻曰：「否，不也。」
書堯典：「否德忝帝位。」釋文：「否，不也。」不、否古相假。
「否」，釋文：「惡也。徐方有反，鄭王肅備鄙反，云：『塞也。』」「塞」即不通也。
詩何人斯：「否難知也。」鄭箋：「否，不通也。」

今譯

九四：喜愛退避，對有才德的君子來說，則吉祥，對無才德的小人來說，則不通。

九五，嘉掾（遯），貞吉❶。

注釋

❶「嘉」，說文：「嘉，美也。从壴，加聲。」周易正義孔疏：「嘉，美也。」「嘉」亦有「善」義。爾雅釋詁：「嘉，善也。」詩東山曰：「其新孔嘉。」鄭箋：「嘉，善也。」
國語鄭語：「以生柔嘉材者也。」韋昭注：「嘉，善也。」左傳桓公六年：「嘉栗旨酒。」
杜預注：「嘉，善也。」嘉遯，即善於退避，退隱也。

「貞」，占問，正也。兩解均可。

今譯

九五，善於退隱，守正則吉。

尚（上）九，肥掾（遯）❶，先（无）不利❷。

注釋

❶「肥遯」，釋文：「子夏傳云：『肥，饒裕。』」說文：「肥，多肉也。从肉從卪」。多肉，猶厚也。戰國策秦策：「而肥仁義之誡。」注：「肥，猶厚也。」猶「盈」也。周易集解引虞翻曰：「乾盈爲肥。」又「盛」也。廣雅釋詁：「肥，盛也。」「厚」、「盈」、「饒裕」、「盛」，卽豐盛、盈滿或多之義。肥遯，有多次退隱之意。

「肥」，有作「飛」。焦循周易補疏曰：「張衡思玄賦：『欲飛遯以保名。』曹植七啓：『飛遯離俗。』文選注引淮南九師曰：『遯而能肥，吉敦大焉。』後漢書注引作『遯而能飛』（姚寬西溪叢話云：「周易遯卦『肥遯无不利。』『肥』字古作『𩇯』，與古『蜚』

字相似，即今之『飛』字，後世遂改爲『肥』。」——焦注）。王氏此注云：『矰繳不能及。』則是以『肥遯』爲『飛遯』也。」按，焦說可參考。王弼周易注：「憂患不能累，矰繳不能及，是以肥遯，无不利也。」「矰繳」，帶絲線的矢，有「飛遯」之意。然帛書作「肥遯」，可見漢有作「肥遯」者。按，今依「肥遯」解。

❷「先」爲「无」之誤。「先」，帛書周易作「旡」，「无」作「旡」，形近而譌。

今譯

上九，多次退隱，沒有不利。

總釋

本卦主旨講遯，遯有退避，俗言退隱、隱居之意。古代士大夫之所以退隱，其原因很複雜，或因政治上奸佞當道，君主昏亂；或因政治抱負不能實現，灰心意懶；或因政見不合，未遇明主；或因時處亂世，朝不夕保。殷、周之時，亦是一個大變動的時代，因此周易作者認爲退隱便亨通。早退隱比晚退隱好，晚退隱可能有危險。要善於退隱，退隱以後便須守正道，不守正道可能有危險，退隱以後有病也不好。當然，退隱對於不同的人來說，是不同的，對於有才德的君子來說，有保持名節的問題，對於無才德的小人來說，亦就無所謂名節，所以退隱對他們來說是不通的。卽使多次退隱，也沒有不利。當然退隱有時也有事與愿違的情況，自己主觀愿望想退隱，但由於各種因素束縛着自己而退隱不下來，猶如手執着黃牛轡頭，不能解脫一樣。

總之，周易作者旣認爲退隱好，而又爲國家之危亡而憂心。

禮（履）第四

䷉ 禮（履）虎尾❶，不眞（咥）人❷，亨。

注釋

❶「履」，卦名。卦名和卦辭相重合。

「禮」假借爲「履」。釋文：「履，禮也。」周易集解引崔憬曰：「履，禮也。」故序卦傳曰：「物畜然後有禮，故受之以履。」又詩經東方之日曰：「履我卽兮。」詩經長發云：「率履不越。」毛傳均曰：「履，禮也。」禮記坊記曰：「履無咎言。」鄭注：「履，禮也。」爾雅釋言：「履，禮也。」釋名釋衣服：「履，禮也。飾足所以爲禮也。」是「履」可訓爲「禮」。

白虎通情性曰：「禮者，履也。」白虎通禮樂曰：「禮之爲言履也。」禮記祭義曰：「禮者履此者也。」是「禮」可訓爲「履」之證。故詩經長發曰：「率履不越。」韓詩、漢書宣帝紀、漢書蕭望之傳皆引作「率禮不越」。「禮」「履」古互訓相通。「履」，說文曰：「足所依也。凡履之屬皆從履。䫌古文履，从頁从足。」小爾雅廣服云：「在足謂之履。」今謂鞋子。另周易正義孔疏曰：「履，謂履踐也。」莊子知北游云：「正獲之問于監市履狶也。」釋文引李注：「履，踐也。」履有踐履，踐蹈之義。如本卦卦辭「履虎尾」，卽此義，而非禮之意。履象傳孔疏：「履，卦名，合二義。若以爻言之，則在上履踐于下，六三履九二也。若以二卦上下之象言之，則履，禮也。在下以禮承事於上。」以禮承事於上。履在本卦，既有在足謂之履，卽鞋子的意思，亦有踐踏之義。

❷ 「不眞（咥）人」。釋文：「咥，齧也。馬云：『齕』。」說文：「眞，僊人變形而登天也，从七目乚，‖所以乘載也。」段玉裁注：「眞，側鄰切，十二部。」「咥」，說文：「大笑也，从口至聲。詩曰：『咥其笑矣』。」段玉裁注：「咥，許旣切，又直結切，古音在十二部。」「眞」、「咥」古音同屬十二部，音近相通。「咥」，文選西征賦：「履虎尾而不噬。」李善注：「周易：『不咥人，亨。』鄭玄注本爲噬。噬，齧也。」淮南子修務訓：「齕咋足以嗜肌碎骨。」高誘注：「齕，齧也。」廣雅釋詁三：「咥，齧也。」咥、噬、齕，皆可訓齧。周易集解引九家易曰：「咥，噬也，太平之代，虎不食人。」咥，噬均有咬義。

今譯

履，踩着老虎的尾巴，人沒有被老虎所咬，故亨通。

初九，錯（素）禮（履）❶，往无咎。

注釋

❶「錯（素）禮（履）」。「錯」假借爲「素」。「錯」，廣韻、集韻、韻會、正韻：「倉故切。」音措。古音屬遇韻。「素」，廣韻：「桑故切。」集韻、韻會、正韻：「蘇故切。」音訴。古音屬遇韻。錯、素韻同，音近相通。

「禮」假借爲「履」。說詳卦辭。「素履」，周易集解引虞翻曰：「應在巽爲白，故素履。」又引荀爽曰：「素履者，謂布衣之士，未得居位，獨行禮義，不失其正。」虞氏以「素」爲白色無文彩，「履」訓鞋，引伸爲行爲。王弼周易注曰：「履道惡華，故素乃无咎。」意和虞氏同，喻人以樸質坦白而非浮飾行事。荀訓素爲無文飾之布衣，履訓禮，兩義均通。

聞一多周易義證類纂：「呂氏春秋離俗篇曰：『夢有壯子，白縞之冠，丹績之袧。東布之衣，新素履，墨劍室。』素履卽絲履。」義亦通。周禮屨人：「掌王及后之服屨，爲赤舄，黑舄，赤繶、黃繶、靑句、素屨、葛屨。」儀禮士冠禮：「素積白屨」。古有素履，爲質樸無文采之意。

今譯

初九，以質樸的態度去做事，有所往而無災患。

九二，禮（履）道壹（坦）壹（坦）❶，幽人貞吉❷。

注釋

❶ 禮（履）道壹（坦）壹（坦）」。「禮」假借爲「履」。履，踐也。說文：「壹，多穀也。从亩旦聲。」文選羽獵賦：「壹觀夫剽禽之紲踰。」李善注：「壹，古但字。」說文：「坦，安也。从土旦聲。」「壹」、「坦」同聲系，古相通。「坦坦」，釋文：「廣雅云：『平也，明也。』蒼頡篇云：『著也。』管子樞言：「坦坦之利不以功，坦坦之備不爲用。」房注：「坦坦謂平平。」「履道坦坦」，謂道路平坦易

行。

❷「幽人貞吉」，周易集解引虞翻曰：「訟時二在坎獄中，故稱幽人。」幽人即囚人。

今譯

九二，走在寬平的道路上，囚人占問則吉祥。

六三，𥄂（眇）能視❶，跛能利❷，禮（履）虎尾❸，眞（咥）人❹，兇。武人迵于大君❺。

注釋

❶「𥄂（眇）能視」。「𥄂」假借爲「眇」。說文：「眇，一目小也。从目从少，少亦聲。」𥄂，从目从小。「𥄂」「眇」左偏旁均从目，右偏旁小與少通。國語晉語「少溶於豕牢而得文王」韋注、史記秦始皇紀「少近官」司馬貞索隱、呂氏春秋當務「甚少矣」高誘注，並曰：「少，小也。」禮記少儀釋文：「少猶小也。」左傳定公十四年：「從我而朝少君。」釋文：「少本作小。」「小」、「少」義同相通，故「𥄂」、「眇」亦相通。「眇」，釋名釋疾病：「目匡陷急曰眇。眇，小也。」釋文：「眇，字書云：『盲也。』」

方言十三、廣雅釋詁二並曰：「眇，小也。」小視猶盲也，亦可謂一目盲也。「能」，猶而也。周易集解本「能」作「而」，云：「眇而視，跛能履。」王引之經傳釋詞云：「能與而古聲相近（說見唐韻正），故義亦相通。詩芄蘭曰：『雖則佩觿，能不我知。』能當讀爲而。」「眇能視」謂目偏盲而視物。

❷「跛能利」，王弼本作「跛能履」，集解本作「跛而履」。釋文：「跛，足跛也。依字作彼。」阮元周易釋文校勘記：「宋本閩監本『彼』作『跛』，盧本『破』改『彼』，云：『舊本作「破」，譌，今從雅雨本正。』案，所改是也。彼，正字，隸變而爲跛。」考帛書周易作「跛」，從足，甚清楚，爲「跛」無疑。

「能」，猶而也。能與而通。

「利」，通行本均作「履」，今從帛書作「利」。利、履義同古相通。說詳歸妹初九「跛能利（履）」。戰國策西周策：「西周弗利。」注：「利，便也」。漢書薛宣傳：「利用而省費」。顏注：「利，便也。」國語魯語：「唯子所利。」韋注：「利，猶便也。」荀子王制：「尚完利。」楊倞注：「利，謂便於用。」「跛能利」，謂脚跛而行路便利。

❸「禮（履）虎尾」。「禮」假借爲「履」。履，踐也。說詳卦辭。

❹「眞（咥）人」。「眞」假借爲「咥」。說詳卦辭。咥，噬也，咬也。

❺「武人迵于大君」，通行本作「武人爲于大君」。周易集解引虞翻曰：「乾象在上，爲武人，三失位，變而得正成乾，故曰武人爲于大君。」王弼周易注曰：「欲以陵武於人，爲于大

君。」周易正義孔疏曰：「行此威武加陵於人，欲自爲大君。」于邕香草校書不同意王注、孔疏，並曰：「武人當從朱（熹）義釋爲剛武之人。國語晉語云：『武人不亂。』亦謂剛武之人不亂也，是其證也。爲當訓用。王引之釋詞云：『爲，猶用也。』……彼所引雖皆用字虛義，然義之虛實乃一理之通轉。古人訓詁之法初无拘滯，爲可訓虛義之用，即可訓實義之用矣。『武人爲于大君』，言武人用于大君也，如此則于字方著實。」虞、王、孔之說與于氏之說均可通。

帛書周易「爲」作「迵」。說文：「迵，迵迭也。从辵同聲。」太玄達：「迵迵不屈。」注：「迵，通也。」玉篇：「迵，通達也。」且于邕：「爲當訓用」，則乾卦「用九」帛書作「迵九」，是爲、迵相通之證。「武人迵于大君」，謂剛武之人通達於大君也。

今譯

六三，目偏盲而視物，足跛而走路便利，踩着老虎的尾巴，被老虎所咬，便有禍殃。武人通達於大君。

九四，禮（履）虎尾❶，朔（愬）朔（愬）❷，終吉。

注釋

❶「禮（履）虎尾」。「禮」假借爲「履」。履，踐也。

❷「朔（愬）朔（愬）」，「朔」假借爲「愬」。說文：「朔，月一日始蘇也。从月屰聲。」段玉裁注：「所角切，古音在五部。」「愬」，說文：「訴，告也。从言㡿聲。訴，或从言朔，作𧦝；或从朔心，作愬。」段玉裁注：「桑故切，五部。」「朔」、「愬」古音同部，音近相通。

「愬愬」，釋文曰：「子夏傳云：『恐懼貌。』何休注公羊傳云：『驚愕也』。馬本作虩虩，音許逆反，云：『恐懼也。』說文同。廣雅云：『懼也。』」周易集解引侯果曰：「愬愬，恐懼也。」阮元校勘記曰：「愬愬、虩虩，並訓恐懼。說文引亦作虩，與馬本同。」「愬愬」，恐懼貌。

今譯

九四，踩着老虎的尾巴，雖很恐懼，結果吉祥。

九五，夬禮（履）❶，貞厲。

注釋

❶「夬禮（履）」。周易集解引干寶曰：「夬，決也。」王弼周易注：「得位處尊，以剛決正。」亦以夬訓決。「夬履」，言決然而行也。釋名釋言語：「夬，決也。有所破壞決裂之於終始也。」易彖下傳注：「夬者，明法而決斷之象也。」夬有破壞、決裂、決斷之義。「夬履」，謂決裂或破的鞋。

聞一多周易義證類纂：「夬讀爲葛。詩葛屨、大東並曰：『糾糾葛屨，可以履霜。』說文曰：『屨，履也。』夬履卽葛屨。周禮屨人曰：『掌王后之服屨。……素履、葛履。』易以素屨、葛屨列舉，猶周官以素屨、葛屨連稱。絲貴葛賤，故曰：『素履往无咎。』『葛履貞厲。』」義亦可通。

今譯

九五，穿破鞋走路，占問則有危險。

尚（上）九，視禮（履）❶，巧（考）翔（祥）❷，其還（旋）❸，元吉。

注釋

❶「視禮（履）」。說文：「視，瞻也。从見示聲。」廣韻：「眡，古文視。」國語晉語：「叔魚生其母視之。」韋注：「視，猶相察也。」史記晉世家：「河伯視之。」司馬貞索隱：「視，猶見也。」詩棫樸鄭箋：「相視也。」孔疏：「視者，以目覩物從目生名。」按，視，目覩物也。

「禮」假借爲「履」。說詳卦辭。

❷「巧（考）翔（祥）」。「巧」假借爲「考」。「巧」，說文：「从工丂聲。」「考」古文作「攷」。說文：「考，从老省，丂聲。攷，从攴丂聲。」「攷」、「考」同聲系，古相通。且兩字義亦相同。釋名釋言語：「巧，攷也，攷合異類共成一體也」。參見蠱初六「幹父之箇（蠱），有子巧（考）」。

「考」，淮南子精神訓：「考世俗之行。」高誘注：「考，觀。」詩文王有聲：「考卜維王。」鄭箋：「考，猶稽也。」周易集解引虞翻曰：「考，稽。」易復象傳：「中以自考也。」釋文：「考，向云：『察也。』」「考」有考察、觀察之義。

「翔」假借爲「祥」。釋文：「祥，本亦作詳。」阮元校勘記：「石經、岳本、閩、監、毛本同。釋文：『祥，本亦作詳。』」集解本作「詳」。「翔」，帛書周易原作「⿱羽羊」。說文：「翔，回飛也，从羽羊聲。祥，福也，从示羊聲。詳，審議也，从言羊聲。」「翔」、「祥」、「詳」同聲系，古音同屬陽韻，故相通。易豐象傳：「天際翔也。」釋文：「翔，鄭王肅作祥。」吳仲山碑：「出入敖詳。」翔作詳。漢修堯廟碑：「翔風膏雨，祥作翔。」孟子

「申詳」，禮記檀弓作「申祥」。荀子成相：「愼墨季惠百家之說誠不詳。」楊倞注：「詳或爲祥。」荀子修身：「則可謂不詳少者矣。」楊注：「詳當爲祥。」是爲「翔」、「祥」、「詳」相通之證也。

「祥」，王弼周易注：「禍福之祥，生乎所履，處履之極，履道成矣，故可視履而考詳也。」周易正義孔疏：「祥謂徵祥」。「祥」訓爲徵兆。意爲視屨先考察禍福之征兆而後動。此其一。周易集解引虞翻曰：「詳，善也。」爾雅釋詁：「祥，善也。」意謂視履先考察其爲善事而後動。此其二。古易音訓引晁說之曰：「祥，荀作詳，審也。鄭作詳，云：『考正詳備』。」荀爽、鄭玄訓考爲考察，詳爲詳審、詳備。「視履考祥」，謂人視履先考察詳備而後動。此其三。兪樾群經平議曰：「爾雅釋詁曰：『考，成也。』詳者，善也。」意謂視履以成其善事。此其四。毛奇齡仲氏易用虞翻說：「蓋祥卽吉也。」意謂視履先考察其爲吉祥而後動。此其五。此五說均可通。

❸「其睘（旋）元吉」，「睘」假借爲「旋」，「睘」當作「環」，帛書周易省作睘。說文：「環，从玉睘聲。」睘、環同聲系，古相通。「環」與「旋」義同。周禮樂師：「環拜以鐘鼓爲節」。鄭司農注：「環，謂旋也。」戰國策齊策「環山者三」注、大戴禮記保傅「亟顧環苗」注、楚辭天問「環理天下」注並曰：「環，旋也。」山海經大荒北經：「相繇九首蛇身自環。」郭璞注：「環言轉旋也。」是其證也。「旋」，說文：「周旋旌旗之指麾也。」史記日者列傳：「旋式正棊。」司馬貞索隱：

旋，轉也。」廣雅釋詁四、小爾雅廣言並曰：「旋，還也。」華嚴經音義下引切韻：「旋，還也。」周易正義孔疏：「旋謂施反也。」「其旋元吉」，謂其還始而吉。

今譯

上九，眼睛見物而後踐履，考察禍福的徵兆而後行動，其還回而始吉祥。

總釋

本卦較系統地說明了履的各種不同情況，通行本履字八見，帛書周易履字七見，卦爻辭各一。其中三次出現「履虎尾」，却反映三種不同的主客觀條件和結果。卦辭「履虎尾，不咥人」，謂雖踩着老虎的尾巴，而沒有被老虎所咬，是由於事先有所準備和警惕，結果亨通。六三：「履虎尾，咥人」，謂踩着老虎的尾巴，被老虎所噬，是因爲這個人不僅事先無警惕，而且眼睛幾乎是盲的，足是跛的，看不清楚，跑不快，故被老虎所噬，結果凶。九四：「履虎尾，愬愬。」踩着老虎的尾巴，沒有被老虎所傷，是因爲有很高的恐懼感和警惕性，結果吉祥。這三種不同結果，是在同一前提下產生的，說明人們主觀努力可以左右或改變其結果。另初九、九五、上九爻辭講「素履」、「夬履」、「視履」三履，此三履與上面所分析的三見「履虎尾」不同，此三履有鞋子的意思，引伸爲踐履，「素履」卽樸素無華或白色的鞋子，比喻以質樸地做事；

「夬履」謂斷裂的鞋子，比喻把事情辦壞了；上九「視履」，謂看着鞋子，比喻能先觀察、調查、研究而後做事。以物喻人事，啓人之思，發人之想。九二：「履道坦坦」，此履爲走路，即走在平坦的大道上。上述對履三種不同的理解和訓釋，說明當時人們思想的豐富和一字多義已形成。

訟 第五

䷅ **訟❶，有復**（孚）**❷，洫**（窒）**寧**（惕）**❸，克**〈中〉**吉❹，冬**（終）**兇❺。利用見大人❻，不利涉大川。**

注釋

❶「訟」卦名。
「訟」，雜卦傳：「訟，不親也。」說文：「訟，爭也。」淮南子俶眞訓：「分徒而訟。」高誘注：「訟，爭是非也。」釋文：「訟，爭也。鄭云：『辯財曰訟。』」按，訟，爭辯之義。故朱熹周易本義曰：「訟，爭辯也。」

❷「有復（孚）」。「復」假借爲「孚」。集韻、韻會、正韻：「復，浮富切。」浮去聲。復、孚，並母雙聲。禮記聘義：「孚，尹旁達。」孔穎達疏：「孚，俘也。」「復」、「孚」音近，古相通。且「復」、「孚」義同。國語周語：「信文之孚也。」韋注：「孚，

覆。」國語魯語：「夕而習復。」韋注：「復，覆也。」集韻：「覆通作復。」故「覆」、「復」、「孚」相通。

「孚」，說文：「卵孚也。从爪从子。一曰信也。」釋文：「孚，信也。」朱駿聲六十四卦經解：「孚，卵孚也。从爪从子。……鳥之孚卵，皆爲期不失，故轉訓爲信。」古人訓孚爲誠，爲信。詩下武：「永言配命，成王之孚。」詩文王：「儀刑文王，萬邦作孚。」皆訓「孚」爲「信」。左傳莊公十年：「小信未孚，神弗福也。」杜注：「孚，大信。」程頤伊川易傳：「誠信充實其中，中實有孚也。」朱熹周易本義：「孚，信之在中者也。」均釋孚爲誠、信。亦可訓「孚」爲「俘」，林義光文源：「孚卽俘之古文，象爪持子。」小盂鼎曰：「孚人萬三千八十一人……。」孚作俘，俘虜、俘獲人物之意。

③「洫（窒）寧（惕）」。「洫」，集韻：「弋質切。」音逸。古音屬質韻。「窒」，唐韻、集韻、韻會：「陟栗切。」音挃。古音屬質韻。「洫」、「窒」同韻，音近相通。「窒」，說文：「塞也。从穴至聲。」王弼周易注：「窒，謂窒塞也。」周易正義孔疏：「被物止塞而能惕懼。」爾雅釋言：「窒，塞也。」聞一多以「窒」借爲「恎」，懼也，言恐懼警惕。如訓「窒」爲「塞」，文意迂曲。帛書周易作「洫」。「洫」借爲「恤」，同聲系，古相通。爾雅釋詁：「恤，憂也。」詩桑柔：「告爾憂恤。」鄭箋：「恤，亦憂也。」左傳昭公十二年：「恤恤乎。」杜注：「恤恤憂患。」恤又通作「卹」。文選七發：「則卹然足以駭矣。」李善注：「卹然驚恐貌。」太玄失：「卹而竦而。」注：「卹憂懼卒至

之貌也。」按，恤，憂懼、驚恐之義。「洫」與「窒」義通。「寧」假借爲「惕」。「寧」，帛書周易作「𡩄」當讀爲惕。惕，說文：「敬也。」廣雅釋詁二：「惕，懼也。」國語周語：「惕惕然恐懼也。」對事似恐懼貌，便能戒懼警惕，才能安寧而無咎。易乾九三：「君子終日乾乾，夕惕若厲，无咎。」懼而後寧，故借「惕」爲「寧」，反其義而借也。且爾雅釋訓：「惕惕愛也。」與寧義近。「窒惕」，謂恐懼警惕。

❹「克〈中〉吉」。「克」爲「中」之譌。釋文：「如是，馬丁仲反。」象傳曰：「窒惕，中吉，剛來而得中也。」作「中吉」。周易集解引虞翻曰：「三來之二得中，弒不得行，故中吉也。」王弼周易注曰：「能惕，然後可以獲中吉。」漢魏皆作「中吉」。「中吉」對「終凶」言，文意較通。

❺「冬（終）兇」。「冬」假借爲「終」，說文：「冬，四時盡也。从仌从夂。夂，古文終字。」段玉裁注曰：「冬，會意，夂（𠂔）亦聲。冬之爲言終也。」白虎通五行：「冬之爲言終也。」廣雅釋詁：「冬，終也。」按，冬本從古文終字得聲，且冬亦有終意，故二字通用。

「兇」與「凶」通。國語晉語：「敵入而凶。」韋昭注：「凶，猶凶凶恐懼，亦作兇。」說文：「凶，惡也。象地穿交陷其中也。」

❻「利用見大人」。王弼本、周易集解本都作「利見大人」，無用字。今從帛書周易作利用

見大人。「用」，詞之「爲」也。詩雄雉曰：「不忮不求，何用不臧。」言何爲不臧也。「用」、「以」、「爲」皆一聲之轉，故「何以」謂之「何用」，「何爲」亦謂之「何用」。（採王引之說。）

今譯

訟，要有誠信，亦要有恐懼警惕的樣子。在爭訟中雖有吉祥，最終卻是凶。有利於見上位的人，不宜涉越大河。

初六，不永所事❶，少（小）有言❷，冬（終）吉❸。

注釋

❶「不永所事」，周易集解引虞翻曰：「永，長也。」周易正義孔疏：「不永所事者，永，長也。不可長久爲鬬訟之事。」「不永所事」，謂不可長久於爭訟之事。

❷「少（小）有言」，「少」與「小」古通用。爾雅釋木：「小而散、榎。」邢昺疏引樊光云：「小，少也。」說文：「小，物之微也。」繫辭傳：「知小而謀大，力小而任重。」

唐石經作「力少」。說文：「少，不多也。」段玉裁注：不多則小，故古少、小互訓通用。」馬王堆漢墓帛書戰國縱橫家書須賈說穰侯章：「魏方疑而得以小（少）割爲和。」「小」皆借爲「少」。「小有言」，聞一多周易義證類纂曰：「言皆讀爲愆。言、平古當同字，說文曰：『辛、平也，讀若愆。』詩雲漢『昭假無贏』，馬瑞辰釋無贏爲無過，余謂語與烈祖『昭假無言』同，無言卽無愆，愆亦過也。字或逕作愆。抑『不遐有愆』，猶下武『不遐有佐（差）』，泉水『不瑕有害』，有愆亦謂有過。又或作遣。卜辭『叀畀不盆，往之有遣』（後下三・一〇），『㞢祟，……亡終遣』（北大藏骨），金文『大保克敬，亡遣』（大保𣪘），『王饗酒，遹御，亡遣』（遹𣪘），遣卽譴字。愆譴音義不殊，當係同語。論衡累害篇曰：『孔子之所罪，孟軻之所愆也。』所愆猶所譴矣。易凡言『有言』，讀爲有愆，揆諸辭義，無不允洽。」聞說義亦通。

③「多」假借爲「終」。說詳卦辭。

今譯

初六，不可長久於爭訟之事，要少有言語之非，最終則吉祥。

九二，不克訟❶，歸而逋❷，其邑人三百戶❸，无省（眚）❹。

注釋

❶「不克訟」。周易正義孔疏：「克，勝也。」禮記禮器：「我戰則克」。鄭注：「克，勝也。」「不克訟」，謂爭訟不勝也。

❷「歸而逋」。周易集解引荀爽曰：「逋，逃也。」李道平纂疏曰：「泰誓：『多罪逋逃。』左傳文公六年：『董逋逃。』皆逋逃連文，故云『逋，逃也。』」說文：「逋，亡也。」「亡，逃也。」「歸而逋」，謂歸來就要逃避。

❸「其邑人三百戶」。周禮里宰：「掌比其邑之衆寡。」鄭注：「邑，猶里也。」周禮小司徒：「四井爲邑。」廣雅釋地：「五里爲邑。」「三百戶」，周易正義孔疏：「三百戶者，鄭注禮記云：小國下大夫之制。又鄭注周禮小司徒云：「方十里爲成。」

❹「无省（眚）」。「省」與「眚」古通用。釋名釋天：「眚，省也。」公羊傳莊公二十二年：「王正月，肆大省。」左傳作「王正月，肆大眚」。穀梁傳亦作「王正月，肆大眚」。是其證也。

「眚」，左傳莊公二十二年孔疏：「眚，過也。」釋文：「眚，子夏傳云：『妖祥』眚，馬云：『災也。』鄭云：『過也。』」按眚有災禍、災過之義。

今譯

九二，爭訟不勝，歸來就要逃避，其邑人三百戶，才能沒有災禍。

六三，食舊德❶，貞厲❷。或從王事❸，无成。

注釋

❶「食舊德」。「食」，朱熹周易本義曰：「猶食邑之食，言所享也。」周易集解纂疏引乾鑿度曰：「三爲三公，食舊德，食父故祿也。」卽享受故有的蔭恩也。

❷「貞厲」，周易正義孔疏：「貞，正也。厲，危也。居爭訟之時，處兩剛之間，故須貞正自危厲。」謂居正自守也。貞，亦可作占問講。「貞厲」，謂占問則有危險。

❸「或從王事」，王弼本、周易集解本「貞厲」下，「或從王事」上，有「終吉」兩字。帛書周易無。

今譯

六三，享受舊有的蔭德，要居正自守。或為王做事，無所成就。

九四，不克訟❶，復卽命俞（渝）❷，安貞吉❸。

注釋

❶「不克訟」。克，勝也。

❷「復卽命俞（渝）」。周易正義孔疏：「復，反也；卽，就也。」命，令也。「俞」與「渝」通用。「俞」俗作「兪」。史記司馬相如傳：「巴兪宋蔡。」文選：「兪作渝。」朱駿聲六十四卦經解曰：「渝與兪同。」說文：「渝，變汚也。」文選補亡詩：「涅而不渝。」李善注：「渝，變也。」釋文：「渝，變也。馬同。鄭云：『然也。』」程頤周易程氏傳、朱熹周易本義均釋渝爲變。「復卽命渝」，謂返回來能夠變得聽從命令。

❸「安貞吉」，貞，正也。

「復卽命渝安貞吉」，歷來標點不一，解釋亦異。十三經注疏周易正義斷爲：「復卽命渝，安貞，吉。」周易集解斷爲：「復即命渝，安貞吉。」周易本義斷爲：「復即命，渝。安貞，吉。」馬王堆漢墓帛書整理小組馬王堆帛書六十四卦釋文斷爲：「復即命，俞（渝）安，貞吉。」今據文意斷爲「復即命渝，安貞吉。」

今譯

九四，爭訟不勝，返回來能變得聽從命令，並能自守正道，便吉祥。

九五，訟，元吉❶。

注釋

❶「元吉」，周易正義孔疏：「訟得大吉。」程頤周易程氏傳：「元吉，大吉而盡善也。」

今譯

九五，爭訟得伸，大吉。

尚（上）九，或賜之般（鞶）帶❶，終朝三摅（褫）之❷。

注釋

❶「或賜之般（鞶）帶」，周易集解本、王弼本「賜」均作「錫」。「錫」假借爲「賜」。「錫」「賜」同聲系，古相通。錫爲賜或字，作賜是也。說文：「賜，予也。」「般」假借爲「鞶」。春秋穀梁傳桓公三年：「諸母般申之曰」。范甯集解曰：「般，步干反。一本作鞶。音同。」爲「般」、「鞶」相通之證。說文：「鞶，大帶也。易曰：『或錫之鞶帶。』男子帶鞶，婦人帶絲。从革般聲。」「鞶」與「般」同聲系。周易集解引虞翻曰：「鞶帶，大帶。」釋文：「鞶，馬云：『大也』。」白虎通衣裳：「男子所以有鞶帶者，示有金革之事也。」儀禮士昏禮：「施鞶。」鄭注：「鞶，鞶囊也。男鞶革，女鞶絲，所以盛帨巾之屬」。按，鞶帶，卽用革制的腰帶，爲男子所繫。

❷「終朝三摅（褫）之」。釋文：「褫，鄭本作拕。」周易集解亦作「拕」。李道平纂疏引侯果注曰：「拕，本亦作褫。荀子非相篇：『極禮而褫。』褫亦訓解，義與此同。」「摅」疑作「摕」或「擨」。正字通曰：「摕或擨爲俗搋字。」「搋」與「褫」形近而譌。「褫」，說文：「奪衣也。」淮南子人間訓：「解其橐笥，拖其衣被。」高誘注：「拖，

奪也。」拖，俗拕字。周易本義：「褫，奪也。」「終朝三褫之」謂一天之內三賜三奪。

今譯

上九，王賜給表示爵位的腰帶，一天之內三賜三奪。

總釋

本卦主旨是講訟，如果說訟是爭是非、爭辯，由此引伸而有訴訟，卽俗謂打官司的話，那麼，殷周之際已有法律思想以及法律的價值觀念。對於是與非區分，既有分別是非觀念的道德判斷，又有分辨是非行爲的法的判斷。訟卦主要講後一種情況。行爲的是非，當然也不是都構成法的判斷。雖周易所反映的殷周之際，還沒有成文法，但維持一個像殷周那樣的大國的統治，沒有一定的反映當時是非標準的法律形式，也是不可思議的。因此，人們的是非曲直可以通過一定形式而得到解決。卦辭認爲爭訟不僅要有誠信，而且要惟惶惟恐，以防不測。因爲在爭訟中往往會出現你所意料不到的情況，吉凶的變化可能很迅速，所以，不可長久於爭訟，要避免有言語之是非。如果爭訟不勝而失敗，回來就要逃避，否則就要牽連全邑三百戶人家，只有暫時躲起來，避過風頭，才不會連累邑人。這裏已可窺見一人或一家犯罪，而誅連全邑的情況；亦有爭訟不勝而失敗，回來後變得安分守己，而不繼續胡鬧，這大概是官司不大，經過爭訟或有所悔悟，或有所改過，因而便吉祥；也有爭訟得勝，打贏官司，正義得到伸張，自是大吉大利之事。卦辭、初六、九二、九四、九五爻辭反映了爭訟中應注意的問題以及爭訟的勝利和失敗，通過此而描述了人們的精神心理狀態以及吉凶等結果。六三：「食舊德」，是說明爵位官職蔭恩世襲。這是血緣宗法制關係的反映，這種蔭恩的世襲制度承繼很久。但周易作者對此是持批判態度的，認為享受舊有蔭恩的人，大多不學無術，或為王做事，都無所成就，是一批成事不足敗事有餘的人。

同人　第六

☰☲　同人于野❶亨。利涉大川❷，利君子貞❸。

注　釋

❶「同人」，卦名。卦名和卦辭相重合。「同人」，序卦傳曰：「物不可以終否，故受之以同人。」周易集解引崔憬曰：「否終則傾，故同于人通而利涉矣。」程頤：「上下相同則爲同人。」（周易程氏傳卷一，中華書局一九八一年版，第七六三頁。）朱熹周易本義：「同人，與人同也。」說文：「同，合會也。从冃从口。」儀禮少牢饋食禮：「同祭于豆祭。」鄭玄注：「同，合也。」與人同合，必能和。周易集解引鄭玄曰：「乾爲天，離爲火。……火得風然後炎上益熾，是猶人君在上施政教，使天下之人和同而事之，以是爲人和同者，君之所爲也，故謂之同人。」是此「同」訓爲「和」。周易正義孔疏：「同人謂和同于人。」釋文：「同，和同也。」是

「同」有「合會」、「和」、「通」之義。然此處訓「聚」較合上下文意。詩吉日：「獸之所同。」鄭箋：「同，聚也。」詩豳風：「我稼既同。」鄭箋：「既同言已聚也。」是同有聚合、會合之義。「野」，說文：「郊外也。从里予聲。壄，古文野。从里省，从林。」古文作壄，亦作埜。尚書牧誓曰：「王朝至于商郊牧野。」鄭注：「郊外曰野。」周禮士師：「及郊野。」鄭玄注：「去國百里爲郊，郊外謂之野。」周禮縣士：「掌野。」鄭玄注：「地距王城二百里以外至三百里曰野。」「野」是距王城二百里以外的地方。

❷「利涉大川」。「涉」，說文：「𣥠，徒行厲水也。从沝从步。涉，篆文。从水。」廣雅釋詁：「涉，渡也。」渡水曰涉。左傳襄公二十八年：「跋涉山川。」釋文：「水行爲涉。」漢書黥布傳：「使布先涉河。」顏師古曰：「涉謂無舟楫而渡也。」按，指無舟楫而渡水。

❸「貞」，正也。

今譯

同人，聚合衆士卒於郊野，無有不通。宜於渡大江，也有利於君子守正道。

初九，同人于門❶，无咎。

注釋

❶「同人」，聚衆也。門，爲「出入之正道」（周易撮要陸傳）。說文：「門，聞也。从二戶，象形。」一切經音義引字書曰：「一扇曰戶，兩扇曰門。又在于堂室曰戶，在于宅區域曰門。」可引伸爲關塞要口爲門，如玉門、雁門等。此處「門」是指王門。周禮大司徒：「若國有大故，則致萬民於王門。」小司寇：「掌外朝之政，以致萬民而詢焉，一曰詢國危，二曰詢國遷，三曰詢立君。其位王南鄉，三公及州長百姓北面，群臣西面，群吏東面，小司寇擯以敍進而問焉，以衆輔志而弊謀。」「外朝」，卽王門之外。周禮閽人注：「王有五門，外曰皐門，二曰雉門，三曰庫門，四曰應門，五曰路門。路門一曰畢門。」聚集衆人於王門之外，以行訓誡或激勵。

今譯

初九，聚集衆士卒於王門，以行訓誡，則無患。

六二，同人于宗❶，閵（吝）❷。

注釋

❶「宗」，說文：「尊祖廟也。从宀从示。」爲宗廟。周禮肆師：「凡師甸用牲于社宗。」鄭玄注：「宗，謂宗廟。」戰前祭祀於宗廟，以求保祐。左傳莊公八年：「治兵于廟，禮也。」卦辭「同人于野」，卽聚合衆兵於郊野，以事訓練。此「治兵于廟」，指授兵於宗廟。五經異義引左氏說，甲午治兵爲「授兵于廟。」戰前祭祀宗廟，其義有二：一是授兵於廟；二是祈求祖宗的保祐。

❷「閵」假借爲「吝」。唐韻、集韻、韻會、正韻：「吝，良刄切。」音閵。閵，古文閵。廣韻、集韻、正韻：「良刄切。」音吝。「閵」、「吝」古音同而通。「吝」，難也。

今譯

六二，聚集衆人於宗廟，是因國家有危難。

九三，服（伏）❶容（戎）〔于〕莽❷，登（升）其高〔陵〕❸，三歲不興❹。

注釋

❶「服」假借爲「伏」。「服」，古文肰、𦨈。唐韻、集韻、韻會、正韻：「服，房六切。」音伏。「伏」，唐韻、集韻、韻會、正韻：「房六切。」音服。「服」、「伏」古音同相通。文選陸士衡吳王郎中時從梁陳詩：「誰謂伏事淺。」注：「服與伏同，古字通。」韓昌黎集卷十七與崔群書：「伏其爲人。」注：「伏或作服。」古「服」、「伏」通假。「伏」，說文：「伏，司也。從人從犬。」國語晉語：「龍尾伏辰。」韋昭注：「伏，隱也。」廣雅釋詁：「伏，藏也。」國語晉語：「物莫伏於蠱。」韋昭注：「伏，藏也。」「伏」，卽隱藏之義。周易集解引虞翻曰：「三在坎中，隱伏自藏，故伏戎于莽也。」周易正義孔疏：「九五剛健，九三力不能敵，故伏潛兵戎於草莽之中。」亦爲隱藏，潛伏之義。

❷「容」假借爲「戎」。「容」，廣韻、集韻、韻會：「餘封切。」音融。「戎」，唐韻：「如融切。」集韻、韻會：「而融切。」「容」和「戎」一聲之轉，古音近相假。「容」、「戎」義亦相似。「容」，詩芄蘭：「容兮遂兮。」鄭箋：「容，容刀也。」釋名釋兵：「佩刀或曰容刀，有刀形而無刃，備儀容而已。」卽爲一種兵器。「戎」，禮記王制：「戎器不粥於市。」鄭玄注：「戎器，軍器也。」卽兵器。呂氏春秋季秋紀季秋：「以習五戎。」高誘注：「五戎、五兵謂刀劍矛戟矢也。」「容」、「戎」均指兵器，故古義同而

通。

「戎」，說文：「戒兵也。从戈从甲。」廣韻：「戎戒同。」尚書康誥：「殪戎殷。」孔穎達疏：「戎，兵也。」詩雨無正：「戎成不退。」毛傳：「戎，兵也。」國語周語：「以致戎於商牧。」韋昭注：「戎，兵也。」此處「兵」，卽軍旅、軍隊也。

❸「登」假借爲「升」。「登」，周禮羊人：「登其首。」鄭玄注：「登，升也。」小爾雅廣言：「登，升也。」孟子滕文公上：「五穀不登。」趙岐注：「登，升也。」左傳隱公五年：「不登於俎。」服虔注：「登爲升。」「登」、「升」，義同相假。故儀禮喪服：「冠六升。」鄭玄注：「升字當爲登。」左傳僖公二十二年：「及邾師戰于登陘。」釋文：「登陘，本亦作升陘。」又禮記文王世子：「其登餕獻受爵則以上嗣。」公羊傳宣公六年注作：「升餕受爵以上嗣」。禮記樂記：「男女無辨則亂升。」史記樂書作「男女無別則亂登」。是爲「登」、「升」古通用之證。

❹「升」，此處非廣雅釋器「合十曰升」之義，而是「登」義，意謂由低處升到高處。「三」，虛數，虛言長時間。

今譯

九三，隱伏軍隊於草木叢中，有人擅自登上高處，（暴露了目標，戰爭失敗），國家元氣多年不能復興。

〔九四，乘❶其〕庸（墉）❷，弗克攻❸，吉。

注釋

❶「乘」，詩七月：「亟其乘屋。」毛傳：「乘，升也。」國語晉語：「郤叔虎將乘城。」韋昭注：「乘，升也。」左傳襄公二十三年：「欒氏乘公門。」杜預注：「乘，登也。」「乘」，有「升」、「登」之義。聞一多周易義證類纂：「乘猶增也。淮南子記論篇注曰：『乘，加也。』廣雅釋詁二曰：『增，加也。』乘、增聲類同，詩七月：『亟其乘屋。』乘亦訓增，謂增加其屋之苫蓋。蓋屋用茅，此與上『晝爾于茅，宵爾索綯』，應屬同類，故連言之。『乘其墉，弗克攻』，謂增高其城墉，使敵來不能攻，故爲吉占。」按，此說頗有道理。然王弼周易注：「處上攻下，力能乘墉者也。」周易正義曰：「乘上其墉，欲攻之也。」皆訓乘爲升。而以攻我爲攻人。既謂「弗克攻，吉」，則爲人攻我，而未克，故吉。

❷「庸」，阮元周易注疏校勘記：「石經、岳本、閩、監、毛本同。釋文：『墉，鄭作庸。』」王弼本作「墉」。周易集解本仍作「庸」。李道平纂疏云：「今作庸者，從鄭本也。」帛書

周易亦作「庸」。可知漢時作「庸」。

「庸」假借為「墉」。詩崧高：「以作爾庸。」釋文：「庸本作墉。」左傳襄公九年：「祝宗用馬于四庸。」釋文：「庸本作墉。」「庸」、「墉」古通。

「庸」，詩崧高：「以作爾庸。」毛傳：「庸，城也。」禮記王制：「附庸。」鄭注：「庸，小城也。」

「墉」，說文：「墉，城垣也。从土庸聲。」指城牆。儀禮既夕禮記：「乃寢于適室。」疏：「墉，謂之牆。」爾雅釋宮：「牆之謂墉。」疏引李注：「墉謂垣墻也。」「庸」、「墉」均可作城牆講。古義同。

❸「弗」，廣雅釋詁：「弗，不也。」周禮諸子：「司馬弗正。」鄭玄注：「弗，不也。」

今譯

九四，增高城牆，使來敵攻不克，則吉祥。

九五，同人，先號桃（咷）❶後芺❷，大師克相遇。

注釋

❶ 「桃」，「咷」的假借字。「桃」，唐韻、集韻、韻會、正韻：「徒刀切。」音陶。「咷」，唐韻、集韻、韻會、正韻：「徒刀切。」音陶。「桃」、「咷」古音同而通。古義亦相近。「桃」，爾雅釋鳥：「桃，蟲鷦。」詩小毖：「肇允彼桃蟲。」毛傳：「桃，蟲鷦也。」文選鷦鷯賦題注引毛詩義疏：「桃蟲，今鷦鷯，微小黃雀也。」「桃」是一種微小的黃雀。「咷」，說文：「楚謂兒泣不止曰嗷咷。从口兆聲。」廣雅釋詁：「咷，鳴也。」「桃」爲小黃雀，黃雀會鳴。兒爲人之小者，也可謂之鳴泣。此處「號咷」，釋文云：「啼呼也。」爲呼號大哭。

❷ 「芺」，帛書周易作「芺」，疑爲「笑」字。旅上九：「旅人先芺後摅（號）挑（咷）。」亦以芺爲笑，爲漢簡化字或形近而訛。「芺」，爾雅釋草：「芺薊其實荂。」說文：「芺，艸也。味苦，江南食以下气。从艸夭聲。」義與「笑」異。「笑」，爾雅釋詁舍人注：「笑，心樂也。」素問陰陽應象大論：「在聲爲笑。」注：「笑，喜聲也。」

今譯

衆士卒被圍，先號咷大哭，後奮力突圍，與大部隊援軍相遇，轉敗為勝，故後笑。

尚(上)九，同人于茭(郊)❶，无悔。

注釋

❶「茭」假借爲「郊」。「茭」，唐韻：「古肴切。」正韻：「居肴切。」音交。「郊」，唐韻：「古肴切。」集韻、韻會、正韻：「居肴切。」音交。「茭」、「郊」，古音同而通。「郊」，史記魯世家：「魯人三郊三隧。」集解引：「邑外曰郊。」漢書郊祀志：「邑外謂之郊。」「郊」，有作郊祀。書召誥：「越三日丁巳，用牲于郊，牛二。」漢書郊祀志上：「古者天子夏親郊祀上帝於郊，故曰郊。」周禮內宰注：「郊謂祀天。」然「郊祀」有一定時間。禮記月令曰：「立春之日，天子親帥三公九卿諸侯大夫以迎春于東郊。立夏之日，天子親帥三公九卿大夫以迎夏於南郊。立秋之日，天子親帥三公九卿諸侯大夫以迎秋於西郊。立冬之日，天子親帥三公九卿大夫以迎冬於北郊。」「尚九」爻辭，聯繫整個同人卦爻辭意思來看，戰爭轉敗爲勝後之日，不一定是郊祀之日，故訓「郊祀」欠妥。

今譯

聚集衆士卒於城郊，不會有困厄。

總釋

同人卦爻辭相互聯繫，有一整體思想。它敍述了古代一次戰爭的前前後後。戰爭是古代經常發生而又關係到國家存亡的大事。在長期的戰爭中，積累了相當豐富的經驗，同人卦爻辭既是當時戰爭經驗的運用，亦是戰爭經驗的積累。要取得戰爭的勝利，需要建立一支訓練有素的軍隊，卦辭「同人于野，利涉大川」，便是在郊外進行演習的情況。當發生戰事，在出征前天子在王門前訓誡衆士兵，要奮擊敵人，並祭奠宗廟，祈求祖宗的保祐，以求戰爭的勝利。在戰爭中，防禦和進攻，是基本戰爭方式。爲避免損失，保存實力，不僅要遵守軍紀，而且要善於隱閉自己。但由於在伏擊戰中，暴露了目標，而導致戰爭的失敗。因而退而守城，增高城牆，致使敵人攻不克，所以吉祥。高亨先生以爲是進攻，故將九四爻辭斷爲：「乘其墉，弗克，攻，吉。」意謂：「攻城者已登其墉，而守者未退，城猶未克，則亟攻之，必拔矣。」如以「乘其墉，弗克攻，吉」爲斷，則作防守較順。因守城之勝利，便有再次較量，而發生了一股軍隊，被敵所圍困，將行殲滅，士卒有號咷大哭者。後因大部隊的援軍趕到，被圍之軍奮力突圍，轉敗爲勝，故開懷大笑。得勝之軍回到城郊休整。

无孟（妄） 第七

䷘ **无孟（妄）❶，元亨，利貞。非（匪）❷正有省（眚）❸，不利有攸往。**

注釋

❶ 无孟（妄），卦名。

「孟」假借爲「妄」。廣韻、集韻、韻會、正韻：「妄，巫放切。」音望。「妄」猶「望」。大戴禮記文王官人：「故得望譽。」注：「妄當聲誤爲望。」易無妄，釋文：「无妄，馬鄭王肅皆云：『妄猶望，謂无所希望也。』」

「孟」，可作「望」。書禹貢：「被孟豬。」孔安國傳：「孟豬，左傳及爾雅皆作孟諸。」孔穎達疏：「左傳爾雅作孟諸，周禮作望諸。」周禮鄭注：「澤藪曰望諸卽孟諸也。」是「妄」、「望」、「孟」古通。

另，「妄」，說文：「亂也。从女亡聲。」說文解字注段玉裁曰：「孟，莫更切，古音在十部，讀如芒。」「芒」，說文：「草端也。从艸亡聲。」則「妄」、「孟」、「芒」古皆從亡聲，音同相假。

「无妄」。「妄」，廣雅釋詁：「亂也。」春秋繁露天道施：「妄者，亂之始也。」此爲一義。釋文：「无妄，无虛妄也。」周易集解引崔憬曰：「物復其本則爲誠實，故言復則无妄矣。」無虛妄，卽誠實無妄。此二義。釋文引馬、鄭、王肅曰：「无妄，謂无所希望也。」此三義。一義、二義均可解。按，今依一義。

❷ 「非」、「匪」古通假。廣雅釋詁：「匪，非也。」詩四月：「先祖匪人。」鄭箋：「匪，非也。」詩氓：「匪來貿絲。」詩出其東門：「匪我思存。」詩株林：「匪適株林。」詩六月：「玁狁匪茹。」詩蒸民：「夙夜匪解。」詩江漢：「匪安匪遊。」以上諸「匪」，鄭箋均云：「匪，非也。」「非」卽「匪」。

「非」，說文：「違也。从飛下狡取其相背。」漢書蕭望之傳集注引服虔：「非，不也。」禮記檀弓下：「非刀七星是共。」疏引皇氏：「非，不也。」按，此處作「不」字講。

❸ 「省」假借爲「眚」，「省」，唐韻、集韻、韻會、正韻：「所景切。」生上聲。「眚」，唐韻、集韻、韻會、正韻：「所景切。」生上聲。「省」、「眚」古聲同而通。故書盤庚：「惟干戈省厥躬。」釋文：「省本作眚。」周禮小宗伯釋文：「省本作眚。」書洪範：「王省惟歲。」史記宋微子世家作：「王眚惟歲。」書康誥：「人有小罪，非眚。」釋文：「眚，本作省。」「省」、「眚」古通。

「眚」，說文：「目病生翳也。从目生聲。」釋文：「子夏傳云：『傷害曰災，妖祥曰眚。』鄭云：『異自內生曰眚，自外曰祥，害物曰災。』」眚即由內而生的病殃，爲災禍。易訟九二：「其邑人三百戶无眚。」釋文引馬注：「眚，災也。」國語周語：「脉其滿眚。」韋昭注：「眚，災也。」

「非正有省（眚）。」周易正義、集解、本義本「非」字上均有「其」字。

今譯

無妄。始卽通順，有利於守正道。行為不正便有災禍，則不利於有所往。

初九，无孟（妄），往吉❶。

注釋

❶ 此爻辭古今有斷爲「无妄往，吉」。象傳：「无妄之往，得志也。」以「得志」釋「吉」。以「无妄往，吉」爲斷。今人高亨周易古經今注同。

按，「往」字屬下讀爲妥。易經之例，皆以「往吉」連讀。譬如屯六四：「乘馬班如，求婚媾，往吉，无不利。」晉六五：「悔亡，矢得勿恤，往吉，无不利。」反之，則言「往吝」。如屯六三：「君子幾不如舍，往吝。」咸九三：「咸其股，執其隨，往吝。」王弼周易注：「行不犯妄，故往得其志。」以「往吉」爲釋。周易集解引虞翻曰：「四變得位，承五應初，故往吉。在外稱往。」

今譯

初九，行為不亂來，出門在外則吉祥。

六二，不耕穫❶，不菑餘（畬）❷，利（有攸）往❸。

注釋

❶「不耕穫」，釋文：「或依注作『不耕而穫』。」王弼周易注：「不耕而穫。」按，此釋是。

❷「不菑餘（畬）」。「菑」，說文：「菑，不耕田也。」即荒田。釋文：「菑，馬云：『田一歲也。』董云：『反草也。』」爾雅釋地：「田一歲曰菑，二歲曰新，三歲曰畬。」則

菑爲一歲初耕的荒地。

「餘」假借爲「畬」。「餘」，唐韻：「以諸切。」集韻、韻會：「羊諸切。」正韻：「雲俱切。」音余。「畬」，唐韻：「以諸切。」音余。說文：「畬，三歲治田也。易曰：『不菑畬。』从田余聲。」「餘」，說文：「饒也。从食余聲。」「餘」、「畬」古音同相假。故釋文：「畬，音餘。」

「畬」，釋文：「馬曰：『田三歲也。』」詩臣工：「如何新畬。」毛傳：「三歲曰畬。」禮記坊記引「不菑畬」鄭注：「田一歲曰菑，二歲曰畬，三歲曰新」。南懷瑾、徐芹庭周易今注今譯從此說。然此說與說文、爾雅、釋文等異。按，今從爾雅、說文、釋文以三歲曰畬，卽熟田。

❸「利有攸往」，王弼周易注本，周易集解本，朱熹周易本義本，「利」字上均有「則」字，帛書周易「利」字上無「則」字。按，不耕而獲，不菑而畬，本爲悖理之行爲，何言利有攸往？俞樾群經賸義以爲此句爲反語，「則」猶「豈」也，於義可通。

今譯

六二，不耕而獲，不墾荒田而治熟田，豈能利於有所往。

六三，无（妄之災）❶，或擊（繫）（之牛❷，行人）之得，邑人之茲（災）❸。

注釋

❶「妄之災」，帛書缺，按通行本補。依後「邑人之茲（災）」句，此「災」亦應作「茲」。「災」，廣韻：「災同烖。」說文：「天火曰烖。从火𢦏聲。灾，或從宀火。……災，籀文。从巛。」說文以天火為烖。然亦有以水災謂烖。周禮大宗伯注：「故謂凶烖。」賈公彥疏：「烖謂水災也。」因有以水火為災。禮記曲禮下注：「故謂災患喪病。」孔穎達疏：「災，水火也。」故烖為泛指災害、災禍。玉篇：「災，害也。」易復上六：「有災眚，用行師。」釋文：「鄭云：『害物曰災。』」無妄之災，言未嘗妄行而遭受災禍。

❷「或」，疑也，疑而未定之辭。李鏡池先生曰：「或，指貴族，邑主。」（周易通義，中華書局一九八一年版，第五一頁。）按，如依文意言，或即後文之邑人。此處可作疑釋。「擊」假借為「繫」。「擊」，說文：「攴也。从手毄聲。」「繫」，說文：「䌈也。一曰惡絮。從糸毄聲。」「擊」、「繫」古同聲相假。故易蒙上九：「擊蒙。」釋文：「擊，本作繫。」「繫」又作「毄」。漢書景帝紀：「無所農桑毄畜。」顏師古注：「毄謂食養之。毄古繫字。」周禮校人：「三皁為毄。」釋文：「毄，本又作繫。」「擊」亦又作「毄」。郭仲奇碑：「鷹侍電毄，擊作毄。」故「擊」、「繫」古通。

「繫」，周禮大宰：「以九兩繫邦國之民。」鄭注：「繫，聯綴也。」易繫辭，釋文：「繫，系也。」言繫牛於外。

❸ 邑人之茲（災）。「茲」假借爲「災」。詩下武：「昭茲來許。」東觀漢記：「茲作哉。」「茲」可通作「哉」。「哉」，說文：「从口𢦏聲。」「烖」（災），說文：「烖，从火，𢦏聲。」「哉」「烖」（災）同从𢦏聲，則「哉」「烖」（災）古通。故「茲」、「哉」、「烖」（災）古通。

今譯

六三，沒有妄行而遭災害，邑人把牛繫在外面，過路人順手牽走了。過路人則有所得，邑人却遭災害。

九四，可貞❶，无咎。

注釋

❶ 「可」，後漢書皇甫規傳注：「可猶宜也。」亦可作「善」講。禮記壇弓：「不亦可乎。」

釋文：「可本作善。」「貞」，正也。

今譯

九四，善於恪守正道，無災患。

九五，无孟（妄）之疾，勿樂（藥）有喜❶。

注釋

❶「樂」假借爲「藥」。「藥」，說文：「治病草，从艸樂聲。」「藥」、「樂」古同聲系，可通假。

「藥」，孔子家語正論：「不如吾聞而藥之。」注：「藥，療也。」荀子富國：「彼得之不足以藥傷補敗。」楊倞注：「藥猶醫也。」言治療、醫治之意。

「有喜」，謂病愈也（見高亨：周易古經今注，中華書局一九八四年版，第二三三頁）。易經謂「有喜」者皆爲此義。損六四：「損其疾，使遄有喜，无咎。」兌九四：「介疾有喜。」

「勿藥有喜」，周易正義孔穎達疏曰：「勿藥有喜者，若疾自己招，或寒暑飲食所致，當須治療，若其自然之疾，非己所致，疾當自損，勿須藥療而有喜也。」是其意。

今譯

九五，未曾妄行而得的疾病，不用治療也會自愈。

尚（上）九，无孟（妄）之行❶，有省（眚）❷，無攸利。

注釋

❶「无妄之行」。王弼本、周易集解本，周易本義本均無「之」字，作「无妄行」王弼周易注：「處不可妄之極，唯宜靜保其身而已，故不可以行也。」高亨認爲：「此爻无字疑衍。蓋後人見卦名无妄，初九、六三、九五皆有无妄二字，因於此爻增无字耳。」按，今帛書周易不僅有「无」字，且有「之」字。「无妄之行」爲一完整句，則高氏以「无」字衍，非也。

❷「有眚」，按，此句當爲「妄行則有眚」之省。楊樹達古書疑義擧例續補省句例曰：「古

人文中，常有省略一句者。其所以省略之故，有由於說者語急不及盡言，而記事者據其本眞以達之者；有由於執筆者因避繁而省去者。茲擧數例明之。」「管子立政九敗解云：『人君唯毋聽寢兵，則群臣賓客莫敢言兵。』上下二句，文義不貫。王氏念孫乃謂：『毋爲語詞，本無意義。』樹達按，王說非也，此本當云：『人君唯毋聽寢兵。聽寢兵，則群臣賓客莫敢言兵。』」此爻「有眚」，正同此例。

今譯

上九，不要妄行，若妄行便有災殃，沒有什麼好處。

總釋

如何做人？在與人相處的社會中，個人的行爲準則是什麼？易經卦爻辭已經提出。拙著周易思想研究上篇第七章第三節說：「易經中記載了在當時起着維持社會秩序和公共利益的道德觀念和行爲規範。」（湖北人民出版社一九八〇年版，第一八六頁）無妄從正反兩個方面說明了人們行爲的當和否。無妄卦辭開門見山對妄行和不妄行作了比較。行爲守正道，便通達；不正，便有災禍。接着，在爻辭中作了具體說明：初九和九四爻辭勸誡人們應做到「无妄」、「可貞」，其結果就會「往吉」和「无咎」。上九爻辭指出妄行的結果是「有眚」、「无攸利」。

這種悖理的行爲，在當時表現在人與自然、人與人關係上的不耕而獲，不菑而畬。

當然，在守正道與妄行這兩種行爲之外，也有第三種情況，這便是「无妄之災」、「无妄之疾」。既說明了人們還不能掌握自然、社會和自身，亦說明了人事還要受客觀自然、社會存在的影響，而不是自身行爲的直接後果。

狗(姤) 第八

䷫ 〔狗〕(姤)❶,**女壯❷,勿用取女❸**。

注釋

❶ 「姤」,卦名。

「狗」,帛書周易缺損,依上九「狗(姤)其角」補。「狗」假借爲「姤」。「狗」,集韻、韻會、正韻:「舉后切。」音茍。古音屬有韻。「姤」,集韻:「很口切。」音厚。古音屬有韻。又「狗」,集韻:「許候切。」音訽。古音屬宥韻。「姤」,廣韻、集韻、韻會、正韻:「古候切。」音構。古音屬宥韻。「狗」、「姤」古音同爲有韻或宥韻,音近而通。「姤」,說文新附:「偶也。从女后聲。」序卦傳:「姤者,遇也。」周易集解引崔憬曰:「君子夬夬,獨行遇雨,故言決必有遇也。」釋文:「姤,薛云:古文作遘,鄭同。序卦及彖皆云遇也。」廣雅釋言:「姤,遇也。」遘,說文:「遇也。」「偶」、「遇」義均可通。

姤，歸藏作夜。古代娶女必在夜，故曰昏。姤陰遇陽，即女遇男，亦婚姤也。是姤與夜義近。

❷「女壯」，周易集解引虞翻曰：「巽長女，女壯傷也。陰傷陽，柔消剛，故女壯也。」李道平篹疏曰：「內卦巽，巽一索得女爲長女。壯，傷也。」謂女已壯大，爲陰傷陽也。

❸「取」，釋文作「娶」，云：「娶，本亦作取。」「娶」、「取」古通，「取」借爲「娶」。

今譯

姤，女已壯大，不用娶女。

初六，擊（繫）于金梯（柅）❶，貞吉。有攸往，見兇。羸豨（豕）❷復（孚）❸適（蹢）❹屬（躅）❺。

注釋

❶「擊」假借爲「繫」。詳見无妄六三爻辭。

「梯」假借爲「柅」。「梯」，說文：「木階也。从木弟聲。」段玉裁注：「土雞切，十五部。」「柅」，說文：「木也，實如棃。从木尼聲。」段玉裁注：「女履切，十五部。」「弟」、「尼」古音同屬第十五部，音近而通。

「柅」，釋文：「廣雅云：止也。說文作檷，云『絡絲趺（柎）也。』讀若昵。王肅作柅，从手。子夏作鑈，蜀才作尼，止也。」周易正義孔疏：「柅之爲物，衆說不同。王肅之徒，皆爲織績之器，婦人所用。惟馬云柅者，在車之下，所以止輪令不動者也。王注云：『柅，制動之主。』蓋與馬同。」爲紡車轉輪之把。太平御覽八百廿五引通俗文：「張絲曰柅。」聞一多周易義證類纂曰：「正義引馬注曰：『柅者，在車之下，所以止輪令不動者也。』王注曰：『柅，制動之主。』說與馬同。說文曰：『軔，礙車木也。』又曰：『杒，桎杒也。』詩節南山箋：『氏當爲桎鎋之桎。』釋文曰：『桎，礙也。』杒、軔同，是柅卽軔，毛公鼎番生段所言鴐具有『金義』，卽金柅。說文忍讀若毅，而忍、忍實一字，義轉爲軔，猶忍轉爲忍也。然柅所以止車，不當云繫。繫當讀爲擊。漢書游俠陳遵傳引揚雄酒箴曰：『一曰軎礙。』軎，古擊字。軎礙連文，亦礙也。齊策一『轄擊摩車而相過』注曰：『擊，閡也。』廣雅釋言曰：『礙，閡也。』擊礙同訓閡，是擊亦可訓礙。『擊于金柅』，謂車礙於金柅而不能行耳。」義亦通，且較勝「繫當讀爲擊」，與帛書合。

❷ 「羸豨（豕）」，王弼周易注：「羸豕，謂牝豕也。」是爲母猪。周易集解引宋衷曰：「羸，大索，所以繫豕者也。」李道平纂疏曰：「陸績云：羸讀爲累，卽縲絏之縲，古字

通也。……釋文：羸，鄭虞作纍，馬君以爲大索，是也。」謂以索繫豕。兩說均可通。

❸「復」假借爲「孚」。詳訟卦卦辭「有復(孚)」。王弼周易注：「孚，猶務躁也。」郭京周易擧正「務」作「鶩」，並云：「字義恰作鶩字。」則務借爲鶩，亂馳之義。張載橫渠易說云：「孚，信也。豕方羸時，力未能動，然至誠在于蹢躅，得申則中矣。」義亦可通。

❹「適」假借爲「蹢」。「適」，古文䢰。說文：「䢰，之也。从辵啻聲。」蹢，古文𨂂。說文：「逗足也。从足啻聲。或曰蹢躅。賈侍中說足垢也。」「適」、「蹢」同聲系，古相通。「蹢」，唐韻、集韻：「直炙切。」正韻：「直隻切。」音擲。古音屬陌韻。又集韻、韻會、正韻：「丁歷切。」音的。古音屬錫韻。「適」，唐韻、集韻、韻會、正韻：「施隻切。」音釋。古音屬陌韻。又集韻、韻會：「丁歷切。」音的。古音屬錫韻。「適」、「蹢」古音同爲陌韻或錫韻，音近相通。「蹢」，廣雅釋獸：「蹢，足也。」禮記三年問：「蹢躅焉。」釋文：「蹢躅不行也。」足不行之意。

❺「屬」假借爲「躅」。「躅」，釋文：「本亦作蠋。滴蠋，不靜也。古文作䠱。」䠱爲蹢之譌。阮元周易注疏校勘記曰：「石經、岳本、閩、監、毛本同。釋文：蹢，一本作擲，古文作𨂂。躅，本亦作蠋，古文作䠱。」故周易集解「蹢躅」作「𨂂䠱」。「屬」，說文：「連也。从尾蜀聲。」「躅」，說文：「躅，蹢躅也。从足蜀聲。」「屬」、

「蹋」同聲系，古相通。

「蹢蹋」，說文「蹢」下云：「住足也。」住足不進之義。釋文：「蹢蹋，不靜也。」不靜，卽動。周易集解引宋衷曰：「巽爲股，又爲進退，股而進退，則蹢躅也。」纂疏曰：「巽爲風，說卦文其象動搖，故稱蹢躅。」「蹢蹋」則爲不靜而動之義，兩義皆可通。

今譯

初六，阻止車輪轉動的黃銅把手，守正道則吉祥，有所前往則凶。粗繩索繫着豬，但豬仍然不安靜地亂動。

九二，枹（包）有魚❶，无咎，不利賓❷。

注釋

❶ 「枹」假借爲「包」。詳見否卦六二爻辭。

「包有魚」。釋文：「包，本亦作庖。虞云：白茅苞之。荀作胞。」阮元周易注疏校勘記：「石經、岳本、閩、監、毛本同。釋文：『包本亦作庖。……荀作胞。』按，正義作庖。」王弼周易注：「初自樂來應己之廚，非爲犯奪，故无咎也。」以「廚」釋「包」，則「包」借爲「庖」。「包有魚」，謂廚中有魚。周易集解引虞翻曰：「詩云：『白茅包之。』魚謂初陰，巽爲魚，二雖失位，陰陽相承，故『包有魚，无咎』。……或以包爲庖廚也。」兩說皆通。

❷「賓」，作它人之客。王弼周易注曰：「擅人之物，以爲己惠，義所不爲，故『不利賓』也。」

今譯

九二，廚中有魚則無災患，不利於出外作客。

九三，〔臀无膚❶，其行次且❷。厲，无大〕咎。

注釋

❶「臀」，說文作「𡱂」。國語周語：「故名之曰黑臀。」韋昭注：「臀，尻也。」今謂屁股。「膚」，廣雅釋器：「肉也。」

❷「次且」，釋文：「本亦作趦趄，或作跌跙。」說文：「趦趄，行不進也。」

聞一多周易義證類纂曰：「案噬嗑六二『噬膚滅鼻』釋文引馬曰：『柔脆肥美曰膚。』膚卽腴也。論衡語增篇引古語曰：『桀紂之君，垂腴尺餘。』張顯析言論引古諺作『桀紂無道，肥膚三尺』。說文腴訓『腹下肥者』，又以膚爲臚之籀文。而類聚四九引釋名佚文曰：『腹前肥者曰臚。』是膚卽腴決矣。『臀无膚』者，甚言其瘠也。夬九四釋文次本亦作趑，且本亦作趄，引鄭王肅並作趑趄。說文曰：『趑趄行不進也。』體瘠者力弱行遲，故曰：『臀无膚，其行趑趄。』此當斥牲畜而言。姤初六曰：『見羸豕孚蹢躅。』臀無膚卽豕羸瘠之狀，趑趄、蹢躅一語之轉，然則姤初三兩爻辭異而指同。」義亦通。

今譯

九三，臀部沒有肌肉，其行動不進。雖有危險，但沒有大的災患。

九四，枹（包）无魚❶，正兇❷。

注釋

❶「包」借爲「庖」。「枹无魚」與九二爻辭「枹（包）有魚」相應。謂廚中無魚。

❷「正兇」。王弼本、周易集解本、周易本義本「正兇」均作「起凶」。周易正義孔疏曰：「起，動也。无民而動，失應而作，是以凶也。」尚秉和周易尚氏學曰：「起，作也。」帛書周易「起」作「正」，「正」疑借爲「征」。說文曰：「延」，正行也。从辵正聲。征，延。或从彳。」「正」「征」同聲系，古通。孟子盡心下：「征之爲言正也。」正爲征。周禮司門：「正其貨賄。」鄭注：「正讀爲征。」禮記王制：「譏而不征。」釋文：「征本又作正。」

「征」，詩泮水：「桓桓于征。」鄭箋：「征，征伐也。」孟子盡心下曰：「征者上伐下也。」「征」謂征伐。

今譯

九四，厨中無魚，出外征伐則凶。

五〈九〉五❶，以忌（杞）**❷抱**（包）**苽**（瓜）**❸，含章❹，或**（有）**❺塤**（隕）**自天❻。**

注釋

❶「五五」，上「五」爲「九」之譌。

❷「忌」假借爲「杞」。「忌」，說文：「憎惡也。从心己聲。」「杞」，說文：「枸杞也，从木己聲。」「忌」、「杞」同聲系，古相通。

「杞」，釋文：「張云：苟杞。馬云：大木也。鄭云：柳也。薛云：柳柔脆木也。」周易集解引虞翻曰：「杞，杞柳，木名也。」孟子告子上：「性猶杞柳也。」趙注：「杞柳，柜柳也。」「杞」疑借爲「芑」，古相通。爾雅釋草：「芑，白苗。」郭注：「芑，今之白粱粟。」義亦通。

❸「枹」借爲「包」。周易集解本作「苞」。「枹」、「苞」、「包」相通。「包」，釋文：「包，子夏作苞。」阮元周易注疏校勘記：「石經、岳本、閩、監、毛本同。釋文：『包，子夏作苞。』」包，裹也。

「苽」假借爲「瓜」。「苽」，說文：「雕胡。一名蔣。从艸瓜聲。」「瓜」，說文：「蓏也。凡瓜之屬皆从瓜。」「苽」、「瓜」同聲系，古通。

「包瓜」，其解不一。王弼周易注：「包瓜爲物，繫而不食者也。」孔穎達周易正義疏：「以杞匏瓜者，枹之爲物，生于肥地。匏瓜爲物，繫而不食。」包瓜爲不可食之物。則「包瓜」作「匏瓜」。論語陽貨曰：「子曰：『吾豈匏瓜也哉，焉能繫而不食？』」屬於葫蘆之類的東西。近人聞一多亦作匏瓜：「案，子夏傳包作匏，句首無以字。正義亦作匏。義長。杞、繫聲近，疑杞當讀爲繫。論語陽貨篇曰：『予其匏瓜也哉？焉能繫而不食？』此匏瓜言繫之證。繫匏瓜，蓋謂絡綴之以爲樽。莊子逍遙遊篇曰：『今子有五石之匏，何不慮以爲大樽？』瓠卽匏瓜。司馬注曰：『慮猶結綴也。』成疏曰：『慮者繩絡之也。』」(周易義證類纂)

周易集解引虞翻曰：「巽爲杞，爲苞。乾圓稱瓜，故以杞苞瓜矣。」又干寶曰：「初二體巽爲草木，二又爲田，田中之果，柔而蔓者，瓜之象也。」則爲可食之瓜果。今人高亨曰：「以芭包瓜者，拔芭於田中以包瓜也。瓜之旣熟，芭亦將成，芭本嘉穀，所以養生，瓜雖味甘，不能充飢，今爲惜瓜之故，而包以芭，是因其所愛而害其所以養之象也。」(周易古經今注)

按，瓜借爲苽。段玉裁說文解字注：「各本胡字作苽，今依御覽正食醫內則皆有苽食，鄭云：『苽，雕胡也。』廣雅曰：『菰，蔣也。其米謂之雕胡。』然則猶扶渠實名蓮，亦因以爲華葉名也。雕胡，枚乘七發謂之安胡；其葉曰苽，曰蔣，俗曰茭；其中臺如小兒臂，可食，曰苽手；其根曰葑。」王念孫廣雅疏證曰：「菰與苽同。說文云：苽，雕苽。一名蔣。苽、胡，古聲相近。雕苽卽雕胡也。……菰之可食者，小曰菰菜。蘇頌本草圖經所云茭白是也。」苽卽茭白是也。以杞包瓜，猶白苗裹着的茭白。

❹「含章」，周易正義孔疏：「無物發起其美，故曰含章。」周易集解引虞翻曰：「以陰含陽，已得乘之，故曰含章。」含章，猶內含文采或章美。

❺「或」假借爲「有」。「或」，廣雅釋詁一、小爾雅廣言：「或，有也。」周禮考工記梓

人「毋或若女不寧侯。」鄭注、書大禹謨「罔或干予正」孔安國傳、孟子公孫丑下「夫既或治之」趙岐注、淮南子說林「人之從事或時相似」高誘注並曰：「或，有也。」禮記祭義：「庶或饗之。」鄭注：「或猶有也。」「或」、「有」義同，古相通。

❻「有」，說文：「不宜也。春秋傳曰：『日月有食之。』从月又聲。」故「有」讀爲「又」。荀子富國「有掎挈伺詐權謀傾覆以相顚倒」楊倞注、正論「夫有誰與讓矣」楊倞注並曰：「有讀爲又。」

「塤」假借爲「隕」。「塤」，集韻同壎。說文作「壎」：「樂器也。以土作六空。从土熏聲。」段玉裁注：「況袁切，古音在十三部。」「隕」，說文：「從高下也。从𨸏員聲。」段玉裁注：于敏切，十三部。」「塤」、「隕」古音同屬十三部，音近形近相通。「隕」，集韻同「磒」。爾雅釋詁：「隕，落也。」左傳僖公十六「隕石於宋五」杜預注、春秋莊公七年「星隕如雨」釋文並曰：「隕，落也。」周易集解引虞翻曰：「隕，落也。」是也。

今譯

九五，白苗襄着茭白，內含文彩，又似從天上落下來的。

尚(上)九，狗(姤)其角❶，閵(吝)，无咎。

注釋

❶「狗」假借爲「姤」，偶也，遇也。聞一多曰：「姤，釋文引薛云：『古文作遘。』鄭同。又集解及唐石經亦作遘。易林同。此爻蓋讀姤爲搆。卜辭角作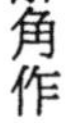，搆作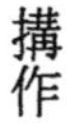，從二角相搆。『姤其角』即搆其角鬥爭之象也。」義亦通。

今譯

上九，兩相角鬥，雖有艱難，但沒有災患。

總釋

姤卦無整體主旨，內容較雜，多次占筮結果的記錄或彙編。

卦辭是講娶女，或女已大而勿娶，或女有傷而勿娶，勿娶原因均由於客觀。但初六至上九爻辭却與婚媾娶女，並無直接關係。初六爻辭之意，是謂靜止。柅雖控制着制動之主，止則吉往則凶，繩索綑着豬，讓其靜止，但仍在亂動。這裏有靜爲躁君的思想。九二和九四爻辭相對應，厨中有魚，是富裕的象徵，無災患；反之，厨中無魚，是艱難的象徵，貧窮的表現，出征則凶。無論出征與否，沒有一定的物質基礎，總是會遇到禍殃的。以人爲例，如若瘦得屁股無肌肉，則行動當然很困難了。然爻辭上九，並不反對兩相角鬥。

對於天，人們總還是默默地期望着，祈求它的福祐，而降下美好的東西。人們對於冥冥之天的幻想，是易經由以存在的基礎。

根(艮)第九

䷳ 根(艮)❶其北(背)❷，不濩(獲)❸其身，行其廷❹，不見其人，无咎。

注釋

❶艮，卦名。卦名和卦辭相重合。

「根」假借爲「艮」。「根」，說文：「木株也。从木艮聲。」「根」、「艮」爲同聲系，古通用。「根」，唐韻、集韻、韻會、正韻：「古痕切。」音跟。「艮」，唐韻、集韻、韻會、正韻：「古恨切。」根去聲。「根」「艮」古音近而通。

「艮」，彖傳、說卦傳、序卦傳、雜卦傳並曰：「艮，止也。」王弼周易注：「艮者，止而不相交通之卦也。」以「止」義釋艮。說文：「皀，很也。从匕目。匕目猶目相匕，不相下也。」釋文引鄭注曰：「艮之言很也。」釋與說文同。段玉裁說文解字注：「目相匕，即目相比，謂若怒目相視也。」故艮有「很視」的意思。很視即盯着不放鬆，極端注意。

既極端注意，可引伸為「顧」。高亨周易古經今注曰：「𥄉，从目从七。七卽人之反文，則艮卽見之反文明矣。故余謂：艮者，顧也。从反見。」便有照顧、注視的意思。

❷ 「艮」，歸藏作狠。「狠」，廣韻「很」之俗字。說文：「很，不聽從也。一曰，行難也。」「艮」，鄭云：「艮之言狠也。」「很」、「艮」義同，古相通。歸藏與周易有相通同者，並非完全相違。「北」假借為「背」。「背」，說文：「背，脊也。从肉北聲。」廣雅釋親：「背，北也。」「北」，說文：「𠦬也。从二人相背。」漢書高帝紀上：「田榮歸，沛公、項羽追北。」注引韋昭曰：「北，古背字也。背去而走也。」「北」、「背」疊韻，同聲系，義近而通，俞樾曰：「疑經傳原文皆作『艮其北』。……『艮其北』，卽艮其背也。」(艮宧易說)「背」，王弼周易注：「背者，无見之物也。」廣雅釋詁四：「背，後也。」人之脊背，於人身之後背，故無見也。按，背為脊背。

❸ 「不濩（獲）其身」。「濩」假借為「獲」。說文：「濩，雨流霤下皃(貌)。从水蒦聲。」「獲」，說文：「獵所獲也。从犬蒦聲。」「濩」、「獲」同聲系，古通用。「獲」，得也。詩皇矣「其政不獲」鄭箋、周禮大司馬「獲者取左耳」鄭注、左傳昭公二十三年「獲陳夏齧」杜預注、論語雍也「仁者先難而後獲」皇侃疏並曰：「獲，得也。」廣雅釋詁三同。

❹ 「行其廷」。「廷」，王弼本、周易集解本、周易本義本，均作「庭」。「廷」「庭」古通。漢書古今人表顏師古注：「廷讀曰庭。」左傳襄公二十三年：「張武軍于熒廷。」釋

文：「廷本亦作庭。」左傳定公十四年：「夫差使人立于廷。」釋文：「廷本又作庭。」庭亦可作廷。詩閔予小子：「陟降庭止。」漢書匡衡傳作「陟降廷止」。「廷」「庭」古相假。

「廷」，釋名釋宮室：「廷，停也。人所停集之處也。」引伸爲朝廷。楚辭逢尤：「虎兕爭兮於廷中。」注：「廷，朝廷也。」荀子儒效：「是君子之所以騁志意於壇宇、宮庭也。」楊倞注：「庭，門屏之內也。」按，廷，門廷之內人所停留的地方。

今譯

艮，只照顧其脊背，而不照顧其身體，到其家而不見其人，雖有困難，但最終沒有災患。

初六，根（艮）其止（趾）❶，无咎，利永貞❸。

注釋

❶「止」假借爲「趾」。「止」，阮元周易注疏校勘記：「石經、岳本、閩、監、毛本同。釋文：『趾，荀作止。』」儀禮士昏禮：「北止。」鄭玄注：「古文止作趾。」詩麟止序釋文：「止，

本作趾。」易噬嗑初九：「屨校滅止。」釋文：「止本作趾。」賁初九：「賁其趾。」釋文：「趾，本作止。」夬初九：「壯于前趾。」釋文：「趾，荀本作止。」「艮其趾」，釋文：「荀作止。」帛書周易作「止」，則與荀爽同。「止」，儀禮士昏禮：「北止。」鄭玄注：「止，足也。」山海經海內經：「韓流豚止。」注：「止，足也。」「趾」，亦爲「足」。詩麟之趾「麟之趾」毛傳、左傳桓公十三年「舉趾高」杜預注、爾雅釋言均訓「趾」爲「足」。「止」、「趾」義同互訓通假。

❷ 貞，正也。

今譯

初六，照顧其足，沒有災患，有利於永遠恪守正道。

六二，根（艮）其肥（腓）❶，不登（拯）其隋❷，其心不快。

注釋

❶ 「肥」假借爲「腓」。釋文：「符非反。本又作腓。義同。」易咸六二：「咸其腓。」釋

文：「荀云：本作肥。」則「肥」、「腓」古通用。阮元周易注疏校勘記：「石經、岳本、閩、監、毛本同。釋文：『腓，本又作肥。』」「腓」，廣雅釋親：「腓，腨也。」易咸六二：「咸其腓。」周易集解引虞翻曰：「腓，脚膊。」朱熹周易本義：「腓，足肚也。」朱解是也。

❷「登」假借爲「拯」。廣韻：「拯與抍、撜同。」「拯」，說文：「抍，上舉上也。从手升聲。易曰：『抍馬壯吉。』撜，抍或从登。」漢書司馬相如傳下顏注：「拯，升也。」淮南子氾論：「則捽其髮而拯。」高誘注：「拯，升也。」「登」，周禮羊人：「登其首。」鄭注：「登，升也。」小爾雅廣言、孟子滕文公上「五穀不登」趙岐注並曰：「登，升也。」「登」、「拯」古疊韻，義同而通假。

「隋」，馬王堆漢墓帛書整理小組帛書六十四卦釋文作「隨」。考帛書周易作「隋」，無「辵」。帛書周易隨卦亦作「隋」。「隋」、「隨」古相通。廣雅釋詁：「隨，行也。」

今譯

六二，照顧其腿肚子，但腿肚肉不隨之增升，心中有所不痛快。

九〔三，艮其限〕❶，戾（列）❷其肥（夤）❸，厲薰心❹。

注釋

❶ 「限」，釋文：「馬云：『限，要也。』鄭、荀、虞同。」王弼周易注：「限，身之中也。」就是腰部。周易集解引虞翻曰：「限，要帶處也。」「要」今俗作「腰」。

❷ 「戾」假借爲「列」。「戾」，廣韻：「練結切。」集韻：「力結切。」音类。古音类屬屑韻。「列」，集韻、韻會並作「力蘖切。」音裂。古音屬屑韻。又，集韻：「力制切。」音例。古音屬霽韻。廣韻、集韻、韻會並作「郎計切。」音麗，古音屬霽韻。「戾」、「列」古音同爲屑韻或霽韻，音近相通。

❸ 「列」，周易正義本作「列」，周易集解本作「裂」。周易集解纂疏：「說文：『列，分解也。』裂從列。」荀子哀公：「兩驂列兩服入廄。」楊倞注：「列與裂同。」「列」，管子法禁：「故下與官列法。」注：「列亦分也。」謂裂開。

❹ 「肥」假借爲「夤」。帛書周易作「肥」右偏旁缺損不清，亦可能是「胂」字。「夤」，釋文：「引眞反。馬云：『夾脊肉也。』鄭本作䏰，徐本又音肩，荀作腎。」丁壽昌曰：「說文：『胂，夾脊肉也。』易蓋假夤爲胂，故馬季長云：『夾脊肉。』康成作演，則胂之或體。」是「夤」、「䏰」、「胂」、「肥」音近義同古通。

「夤」周易集解引虞翻曰：「夤，脊肉。」

「薰」，周易集解作「閽」。虞翻曰：「艮爲閽。閽，守門人。坎盜動門，故厲閽心。古闇作熏字。」「熏」和「薰」通。「熏」，爾雅釋訓：「炎炎熏也。」釋文：「本亦作燻，或作薰。」則薰、熏、闇、勳，古通。薰，周易正義孔疏：「薰，燒灼也。」詩雲漢：「懮心如熏。」毛傳：「熏，灼也。」心中燒灼，卽憂心如焚之意。

今譯

九三，照顧其腰，而不顧脊背，結果脊肉裂開，則有危險而憂心如焚。

六四，根（艮）其𨈬（躬）❶。

注釋

❶「𨈬」爲「躬」之異體字。帛書周易作「竆」。說文：「躳或从弓，身也。」五經文字：「躬，俗躳字，今經通用。」𨈬與躳形近。「躳」，躬本字。說文：「躳，身也。从呂从身。躬，俗从弓身。」段玉裁注：「从呂者，身以呂爲柱也。弓身者，曲之會意也。」𨈬从宮身。「𨈬」、「躬」之偏旁「宮」和「弓」古音同屬東韻，音同而通。

「躬」，王弼本、周易正義本，周易集解本均作「身」。「躬」、「身」義同。「身」，說文：「躳也。象人之身。从人厂聲。」「躳」，詩谷風：「我躳不閱。」鄭箋：「躳，身也。」周禮小司寇「不躳坐獄訟」鄭玄注、儀禮鄉射禮記「倍中以爲躳」鄭注、禮記少儀「不疑在躳」鄭注並曰：「躳，身也。」

躳（身），高亨周易古經今注云：「身就四肢五官百骸而言。」則言全身，恐非。依艮爻辭由「趾」、「腓」、「限」而至「輔」，此「躳」（身）宜作腹義。周易集解引虞翻曰：「身，腹也。……或謂妊身也。五動則四體離，婦離爲大腹，孕之象也。故艮其身，得正承五而受陽施，故无咎。詩曰：『大任有身，生此文王。』李道平周易集解纂疏：「說文：『腹，厚也。一曰，身中。』故云身腹也。」按，訓腹爲是。

通行本「艮其身」後有一斷占之辭「无咎」，帛書周易無。反之，帛書周易有斷占之辭，而通行本無。此爻宜有「无咎」二字爲勝。

今譯

六四，照顧其身腹，則沒有災患。

六五，根（艮）其肞（輔）❶，言有序❷，悔亡。

注釋

❶「肞」假借爲「輔」。「肞」又作「父」，从肉父聲。爾雅釋畜注：「江東呼父馬爲騭。釋文：『父本作駁。』父馬故从馬。是其例。

「父」與「甫」通。儀禮士相見禮：「若父。」鄭注：「今文父爲甫。」漢書武帝紀注、古今人表注、律曆志下注、賈誼傳注、東方朔傳注並曰：「父讀曰甫。」詩緜：「古公亶父。」釋文：「父本作甫。」詩韓奕：「顯父餞之。」釋文：「父本作甫。」則「肞」、「父」、「甫」古通。

「輔」，說文：「人頰車也。从車甫聲。」「輔」、「甫」同聲系，古通，則「肞」、「父」、「甫」、「輔」古通。

「輔」，周易集解引虞翻曰：「輔，面頰骨上頰車者也。」易咸上六：「咸其輔頰舌。」周易集解引虞翻曰：「耳目之間稱輔頰。」「輔」，集韻或作酺。釋文：「輔，馬云：『上頷也。』虞作酺，云：『耳目之間。』」「酺」，說文：「頰也。」「輔」即爲頰腮或臉部。

❷「言有序」，周易集解「序」作「孚」。李道平纂疏曰：「諸本孚作序，虞（翻）義作孚，以序、孚形相近而誤也。」今帛書周易作「序」，是也。

「序」，周禮大宰注：「誨爾序爵。」賈公彥疏：「序先後次弟之言。」

今譯

六五，照顧其臉部，言語有次序，困厄就可除去。

尚（上）九，敦根（艮）❶，吉。

注釋

❶「敦」，荀子彊國：「則不勝夫敦比于小事者矣。」楊倞注：「敦比精審躬親之謂。」敦謂精審之義。詩北門：「王事敦我。」毛傳：「敦，厚也。」左傳成公十六年：「民生敦厖。」杜預注：「敦，厚也。」兩說均通。

今譯

上九，精審所照顧的方面則吉祥。

總釋

艮卦主旨是講照顧身體各個部位問題。卦辭認爲要符合照顧保護身體的原則，而不能與之相背。接着爻辭從初六到六五，由下而上，由足到臉部，說明照顧保護身體的重要性以及如何保護的方法，特別要注意身體各部份的聯繫，而不要顧此失彼，如九三爻辭「艮其限，列其夤，厲薰心。」而帶來危險而憂心如焚。反之則無困厄，如六五爻辭「艮其輔，言有序，悔亡。」說明人身體各部的內在聯繫。上九爻辭是對前五爻辭總結。

易經作者依據觀物取象的原則，通過近取諸身的方法，從保護照顧的觀念出發，按照事物生長遵循從下而上的法則，觀察了人的身體由足到頭的全程，猜測到了事物上升運動的這種帶有必然性的現象。

泰（大）蓄（畜） 第十

☰〈☶〉☰ 泰（大）❶蓄（畜）❷，利貞。不家食❸，吉。利涉大川。

注釋

❶「泰」假借爲「大」。「泰」，說文：「泰，滑也。从廾从水，大聲。夳古文泰。」集韻、韻會、正韻：「他蓋切。」音忲。易大和、大極、書詩大王、大師，禮大羹、大牢，音泰。左傳哀公九年：「遇泰之需。」孔穎達疏：「泰者，大也。」穀梁傳桓公元年：「而祭大山之邑也。」釋文：「大，本亦作泰。」易泰釋文：「馬云：『泰，大也。』」則「泰」、「大」古相通。「大」，說文：「天大、地大、人亦大，故大象人形。」徐鍇說文繫傳：「經史大、太、泰通。」則「泰」、「大」、「太」古相假。

❷「蓄」假借爲「畜」。「蓄」，說文：「積也。从艸，畜聲。」「蓄」、「畜」同聲系。

漢書景帝紀：「素有畜積，以備災害。」顏師古注：「畜讀曰蓄。」易小畜，釋文：「本又作蓄。」易大畜釋文：「本又作蓄。」詩鳲鳩：「予所畜租。」釋文：「畜，本亦作蓄。」「蓄」亦作「畜」。詩谷風：「我有旨蓄。」釋文：「蓄，本亦作畜。」則「蓄」「畜」古相通。

「大畜」，卦名。釋文：「畜，積也，聚也。卦內皆同。鄭許六反，養也。」序卦傳曰：「有无妄，然後可畜，故受之以大畜。」程頤周易程氏傳曰：「无妄則爲有實，故可畜聚。……畜爲畜止，又爲畜聚，止則聚矣。取天在山中之象，則爲蘊畜，取艮之止乾，則爲畜止。止而後有積，故止爲畜義。」（二程集，中華書局一九八一年版，第八二七頁）畜爲積、爲聚、爲止，均可解。然此處依鄭說：「畜，養也。」詩日月：「畜我不卒。」鄭箋：「畜，養也。」廣雅釋詁、釋名釋言語均作：「畜，養也。」左傳宣公四年「從其母畜于邳」杜預注、左傳成公八年「武從姬氏畜于公宮」杜預注：「畜，養也。」「大畜」，即大量畜養。漢書西域傳下：「發畜食迎漢軍。」顏師古注：「畜，謂馬牛羊等也。」是大量畜養馬牛羊等。

❸「食」，左傳文公十八年：「功以食民。」杜預注：「食，養也。」「食」疑作「飤」。爾雅釋器注：「見公食大夫禮。」釋文：「食本作飤。」爾雅釋鳥注：「鳥子須鳥飼之。」釋文：「食本作飤。」不家食，言不在家畜養牲畜。

今譯

大畜，大量畜養牲畜，宜於守正道。不在家裏畜養則吉祥。宜於涉越大河。

初九，有厲❶，利已❷。

注釋

❶「厲」，危也。

❷「利已」。「已」，有作「己」，亦有作「巳」。阮元周易注疏校勘記卷三云：「岳本、閩、監、毛本同。釋文：『利已，夷止反。或音紀。姚同。』案，音紀則字當作己。石經作巳。」故古來作「己」、「巳」均有。王弼周易注：「四乃畜己，未可犯也。故進則有厲，巳則利也。」周易集解引作：「進則災危，有厲則止，故能利己。」周易本義：「巳，夷止反。初九爲六四所止，故其占往則有危，而利于止也。」按，作「巳」是，止也。

今譯

初九，有危險，則宜在停止。

九二，車❶說❷緮（輹）❸。

注釋

❶「車」，通行本作輿。釋文：「音餘。本或作轝。」阮元周易注疏校勘記：「石經、岳本、閩、監、毛本同。釋文：『輿，本或作轝。』」羅振玉敦煌古寫本周易王注校勘記：「輿作車。」同帛書周易本。左傳僖公十五年亦引作：「車脫其輹。」

「車」、「輿」古通。「輿」，說文：「車輿也。从車舁聲。」漢書嚴助傳：「輿轎而隃領。」注引服虔曰：「輿，車也。」漢書梁孝王武傳：「景帝使使持乘輿駟。」顏師古注：「輿，卽車也。」易剝上九：「君子得輿。」釋文：「輿，董本作車。」論語鄉黨：「輿中不內顧。」釋文：「輿，本作車。」老子：「雖有舟輿。」釋文：「河上本作車。」易大有九二：「大車以載。」釋文：「車，蜀才本作輿。」賁初九：「舍車而徒。」釋文：「車，張本作輿。」困九四：「困于金車。」釋文：「車，本作輿。」則「車」、「輿」古相通假。集韻「輿」作「轝」，則「車」、「輿」、「轝」古相通。

「車」，釋名釋車：「古者曰車，聲如居，言行所以居人也。今曰車，聲近舍。車，舍也，行者所處若居舍也。」周禮考工記輿人：「輿人爲車。」鄭玄注：「車，輿也。」

❷「說」，釋文：「吐活反。馬云：『解也。』」讀爲脫。荀子正名：「說故喜怒哀樂愛惡欲以心異。」楊倞注：「說，讀爲脫。」詩甘棠釋文：「說，本作脫。」說文引小畜「說」作「脫」。「說」、「脫」同聲系，古相假。

「脫」，國語齊語：「脫衣就功。」韋昭注：「脫，解也。」解脫，引申爲離，脫離。廣雅釋詁：「脫，離也。」

❸「緮」假借爲「輹」。釋文：「輹，音服，又音福。蜀才本同。或作輻。一云，車旁作复，音服，車下縛也。作畐者，音福。」周易集解本作「輿說腹」，引虞翻曰：「萃坤爲車，爲腹。坤消乾成，故車說腹。腹或作輹也。」說文：「輹，車軸縛也。从車复聲。易曰：『輿脫輹。』」「腹」，說文：「腹，厚也。从肉复聲。」「緮」，从糸复聲。「輹」、「腹」、「緮」同聲系，古相通。「緮」，玉篇：「扶又切。」篇海：「絹緮。」

「輹」爲車下縛。左傳僖公十五年：「車脫其輹。」杜預注：「輹，車下縛也。」孔穎達疏引子夏傳曰：『輹，車下伏免也。今人謂之車屐。形如伏菟，以繩縛於軸，因名縛也。」「輹」是縛車身與車軸使之相聯的繩，故帛書作「緮」，从糸。

今譯

九二，車身與車軸脫離。

九三，良馬遂❶，利根（艱）貞❷。日闌（閑）❸車（衛）❹，利有攸往。

注釋

❶「良馬遂」，釋文作「良馬逐」，云：「逐，鄭本作逐逐，云：『兩馬走也。』姚云：『逐逐，疾並驅之貌。』」顏氏家訓書證篇引亦作「逐逐」。阮元周易注疏校勘記：「石經、岳本、閩、監、毛本同。釋文：『鄭本作逐逐。』」

帛書「逐」作「遂」，疑爲形近而譌。作「遂」義亦通。廣雅釋詁：「遂，行也。」國語晉語：「無不遂也。」韋昭注：「遂，行也。」言良馬行走迅速，「逐」亦有行走迅速之意，故「遂」、「逐」義亦相近。

❷「利根（艱）貞」。「根」假借爲「艱」。說文：「根，木株也。从木艮聲。」艱，說文：「𡏵，上難治也。从堇，艮聲。」「根」、「艱」同聲系古通。釋名釋言語：「艱，根也，如物根也。」書益稷：「奏庶艱食。」釋文：「艱，馬本作根。」爲「根」、「艱」相通假之佐證。

「艱」，爾雅釋詁：「艱，難也。」詩北門：「莫知我艱。」鄭箋：「艱，難也。」詩鳧

❸

驚：「無有後艱。」鄭箋：「艱，難也。」國語魯語：「固國之艱急是爲。」韋昭注：「艱，難也。」則艱爲艱難之義。

「曰」，釋文：「音越。劉云：『曰，猶言也。』鄭人實反，云日。」阮元周易注疏校勘記：「石經、岳本、閩、監、毛本同。釋文音越，鄭人實反。按，人實反，則當爲日月字。」則「曰」有作言也，卽曰；有作日月之日。周易集解引虞翻曰：「離爲日，二至五體師象坎爲閑習，坤爲車輿，乾人在上，震爲驚衞，講武閑兵，故曰日閑輿衞也。」朱熹周易本義：「曰，當爲日月之日。」按，作日是。日曰形近而譌。

高亨周易古經今註云：「曰疑當作四，形近而譌。四借爲駟。說文：『駟，馬一乘也。』」今不採。

「闌」假借爲「閑」。「闌」，廣雅釋言：「闌，閑也。」「閑」，說文：「閑，闌也。从門，中有木。」「闌」、「閑」義同而通。故易家人初九：「閑有家。」釋文：「馬云：『閑，闌也。』」國語楚語：「而遠備閑之。」韋昭注：「閑，闌也。」

「閑」，聞一多周易義證類纂：「案，釋文引鄭本曰作日，注曰：『日習車徒。』於義爲長。閑讀爲簡，校閱也。校閱之亦卽習之。公羊傳桓公六年曰：『大閱者何？簡車徒也。』『日閑輿衞』，猶日簡車徒矣。」備考。

「閑」，釋文：「馬鄭云：『習。』」詩卷阿：「旣閑且馳。」鄭箋：「閑，習也。」爾雅釋詁：「閑，習也。」孟子滕文公下「閑先聖之道」趙岐注、荀子修身「多見曰閑」楊倞注：「閑，習也。」

❹「衞」，帛書遺缺，據通行本補。王弼周易注：「衞，護也。」漢書張良傳：「煩公辛卒調護公子。」顏師古注：「護，謂保安也。」于鬯香草校書：「輿衞，官名也。」王夫之周易稗疏：「輿，司車者；衞，徒之從車者。」

今譯

九三，良馬行走迅速，宜於走艱難的路或正道。每日練習駕馭之道，車又保護得好，利於駕駛而有所往。

六四，童牛之鞫（牿）❶**，元吉。**

注釋

❶「童牛」，釋文：「無角牛也，廣蒼作犝。」童、犝義同。「鞫」假借爲「牿」。釋文：「劉云：『牿之言角也。』陸云：『牿當作角。』九家作告，說文同，云：『牛觸人，角著橫木，所以告人。』段玉裁曾指出「告人」之誤，謂：「牛

與人口非一體，牛口爲文，未見告義。」牿，說文：「从牛，告聲。」「牿」、「告」同聲系，則古相通。

「鞫」，爾雅釋言：「鞫究窮也。」釋文：「鞫，本又作鞠。」詩公劉：「芮鞫之卽。」漢書地理志上作「芮鞠之卽」。則「鞫」與「鞠」通。「鞠」，告也。詩采芑：「陳師鞠旅。」毛傳：「鞠，告也。」漢書劉向傳：「日月鞠凶。」顏師古注曰：「鞠，告也。」漢書敘傳上：「許相理鞠條。」師古注：「鞠，告也。」則「鞠」、「鞫」、「告」、「牿」古通假。

「牿」，說文：「牛馬牢也。」史記魯周公世家：「無敢傷牿。」正義：「牿，中馬牢也。」周易集解引虞翻曰：「告，謂以木楅其角，大畜畜物之家，惡其觸害。艮爲手，爲小木，巽爲繩，繩縛小木，橫著牛角，故曰童牛之告。」言用木架架牛角。

今譯

六四，在童牛角上加橫木，始便吉祥。

六五，哭（吠）❶豨（豕）❷之牙❸，吉。

注釋

❶「哭」，帛書周易作「哭」。王弼本、周易集解本均作「豶」。釋文亦引作「豶」：「豶，劉云：『豕去勢曰豶。』」周易集解引虞翻曰：「二變時坎爲豕，劇豕稱豶，令不害物。」周易正義孔疏：「爾雅云：『豶，大防。』則豶是隄防之義。」阮元周易注疏校勘記補：「案，此兩豶字，當依爾雅作墳，下所謂豕旁土邊之異也。」

帛書周易作「哭」，借爲吠。「哭」「吠」形近。「哭」，說文：「哀聲也。从吅獄省聲。」素問陰陽應象大論：「在聲爲哭。」注：「哭，哀聲也。」「吠」，說文：「犬鳴也。从口犬。」廣雅釋詁：「吠，鳴也。」吠鳴爲大聲，哭亦爲大聲。徐鍇說文繫傳云：「哭聲繁，故从二口。大聲曰哭。」「哭」、「吠」義近而通。

❷「豨」假借爲「豕」。「豨」，方言：「豬，南楚謂之豨。」淮南子本經：「封豨脩蛇。」高誘注：「楚人謂豕爲豨。」列子黃帝：「食豨如食人。」釋文：「楚人呼豬作豨。」廣雅釋獸：「豨，豕也。」

「豕」，說文：「彘也。竭其尾故謂之豕。象毛足而後有尾。讀與豨同。按，今世字誤以豕爲彘，以彘爲豕。」方言：「豬，關東、西或謂之豕。」

按，帛書周易出土於長沙馬王堆第三號漢墓，據出土的記事木牘表明，該墓葬於漢文帝前元十二年（公元前一六八年）。湖南長沙古屬楚，故謂「豕」爲「豨」，則方言、淮南子高誘注、唐陸德明經典釋文所釋楚人謂「豕」（豬）為「豨」（豨）為確。故「豨」、「豕」古義同相假。「豨」，則為大豕。莊子知北遊：「履豨也，每下愈況。」釋文引李注：「豨，大豕也。」漢書食貨志下：「名曰豬突豨勇。」顏師古注：「豨，豕走也。」

❷ 「牙」，釋文：「鄭讀為互。」漢書劉向傳：「宗族盤互。」顏師古注：「互字或作牙。」「互」，即交木為闌以閑豕也。王弼周易注：「豕牙橫猾，剛暴難制之物。」故需交木為閑，以防傷人。

今譯

六五，把大叫的大豬欄起來，則吉祥。

尚（上）九，何天❶之瞿（衢）❷，亨。

注釋

❶ 「何天」，王弼周易注：「何，辭也。猶云：何畜乃天之衢亨也。」周易集解引虞翻曰：「何，當也。」釋文：「何，梁武帝音賀。」李道平周易集解纂疏曰：「何與荷通。梁武

帝讀音賀，是也。訓當者，猶擔當也。剛在上，能勝其任，故爲何，與商頌：『何天之休』『何天之寵』同義。」按，此處依王注，疑問辭也。如史記陳涉世家：「若爲傭耕，何富貴也。」

❷「瞿」與「衢」通。說文：「四達謂之衢。从行瞿聲。」「瞿」和「衢」同聲系，古通假。爾雅釋宮：「四達謂之衢。」作「四達之衢」似嫌迂曲。依帛書作瞿。「瞿」，禮記曲禮注：「聞名心瞿。」釋文：「瞿，本作懼。」禮記檀弓：「公瞿然失席曰。」釋文：「瞿本作懼。」瞿有懼怕、畏懼之義。故漢書惠帝紀：「聞叔孫通之諫則懼然。」顏師古注：「懼讀曰瞿。瞿然，失守貌。」漢書吳王濞傳「膠西王瞿然駭曰」師古注：「瞿然，無守之貌。」漢書鄒陽傳：「長君懼然曰。」師古注：「懼讀曰瞿，音居具反。瞿然，無守之貌。」

今譯

上九，天有什麼可畏懼的，（知道此理）便通達。

總釋

大畜反映當時牧畜的情況。在殷周時，牧畜業是發達的。卜辭記載：「卜貞从牧，六月。」

（龜甲獸骨文字一、二六、一）「甲戌卜㝊貞，在易牧，獲羌。」「貞：𠂤，御牛三百。」（殷墟書契前編四、八、四）牧畜的數量已相當可觀。大畜便是講大量養牧牲畜。大量牧畜，就有一個方法問題，即牧畜的經驗技術。大畜認爲在家裏圈養是不行的，必須在水草豐盛的地方放牧。對於童牛初生角，好觸物，而必須以木牿，既可防止觸傷人或物，亦可保衛初生之角受折。對於由於去勢或其他原因而引起大豬的狂鳴，其牙齒剛突，亦容易傷人。也需要用木爲闌，即欄起來，這些都是牧畜經驗之談。在放牧中，如果遇到危險，便需要停止前進，以免發生意外。只要掌握了牧畜的正道，即正當的方法，「天」（指自然災害）有什麼可怕的呢？

牧畜業又是與當時運輸或作戰的車輿相聯繫。大畜認爲好的馬車有兩個條件：一是馬要優良，良馬才能跑得快；二是車要保衛好。具備這兩件，便可以在艱難的道路行走。如果車沒有保衛好，發生車身和車軸相脫離，便不好了。

剝　第十一

䷖

剝❶，不利有攸往。

注釋

❶

「剝」，卦名。

「剝」，序卦傳曰：「剝者，剝也。」彖傳同。周易正義孔穎達疏：「剝者，剝落也。」雜卦傳：「剝，爛也。」尚秉和周易尚氏學云：「蓋陰消陽，柔變剛，皆以漸而及，非猝然爲之，有似於樹木老皮之剝落。歸藏作僕。僕與撲通。莊子人間世：『蚉䖟僕緣。』僕緣卽撲緣。撲，擊也。而豳風：『八月剝棗。』傳：『剝，擊也。』是僕與剝義同也。」「剝」，則有「剝」、「擊」等義。

今譯

剝，不宜於有所前往。

初六，剝臧（牀）❶以足，𢧵（蔑）貞❷，兇。

注釋

❶「臧」假借爲「牀」。「臧」，集韻、韻會、正韻：「兹郎切。」音臟。古音屬陽韻。「牀」，唐韻、集韻：「仕莊切。」正韻：「助莊切，狀平聲。」古音屬陽韻。「臧」、「牀」古音同屬陽韻，音近相通。「牀」，說文：「安身之坐也。从木爿聲。」王弼周易注：「牀者，人之所以安也。」釋名釋牀帳：「人所坐臥曰牀。牀，裝也。」是謂人所坐臥的床。「剝牀以足」，王弼周易注：「猶云削牀之足也。」

❷「𢧵貞」，通行本作「蔑貞」，馬王堆漢墓帛書整理小組公布之馬王堆帛書六十四卦釋文作「薎」，考帛書周易本爻和六二，均作「𢧵」或「蔑」，而非作「薎」。今人于豪亮帛書周易曰：「𢧵是薎的或體字。把薎字所从的橫目改寫成竪目並移于下部，再把上部省寫成𢦏，即成𢧵字。由於𢧵是薎的或體，所以可假爲蔑。」（文物，一九八四年第三期）「𢧵」是「薎」的或體字，「薎」亦可作「幭」。說文：「幭，蓋幭也。从巾蔑聲。一曰禪被。」

管子小稱：「乃援素幭以裹首而絕。」房注：「幭，所以覆軨也。」「幭」、「蔑」同聲系，古相通。

「蔑」釋文：「猶削也。楚俗有削蔑之言。馬云：無也。鄭云：輕慢。荀作滅。」詩板「喪亂蔑資」毛傳、國語晉語「吾蔑從之矣」韋昭注並曰：「蔑，無也。」王弼周易注：「蔑，猶削也。」國語周語：「而蔑殺其民人。」韋昭注：「蔑，猶滅也。」詩桑柔：「國步蔑資。」鄭箋：「蔑，猶輕也。」蔑有削、無、滅等義。

今譯

初六，剝落牀之足，猶如蔑滅正道，則有禍殃。

六二，剝臧（牀）以辯（辨）❶，蔑（蔑）貞，兇。

注釋

❶「辯」假借爲「辨」。「辯」「辨」，古音同在銑韻，音近相通。禮記喪服四制注：「謂喪事辨所不當共也。」釋文：「本又作辯。」戰國策齊策：「齊貌辨。」古今人表作「昆辯」，

呂氏春秋作「劑貌辯」。是「辯」當借爲「辨」。「辯」，說文：「治也。」段玉裁注：「治者，理也。俗多與辨不別，辨者，判也。」

「辨」，釋文：「徐音辨具之。辨，足上也。馬、鄭同。黃云：牀簀也。薛、虞膝下也。」周禮天官序官「辨方正位」鄭注、左傳襄公二十五年「辨京陵」杜預注、荀子非相「以其有辨也」楊倞注並曰：「辨，別也。」荀子王霸：「加有治辨彊固之道焉。」楊倞注：「辨，分別事。」周易集解引鄭玄曰：「辨，分也。」是辨有分別義。集解引崔憬曰：「今以牀言之，則辨當在第足之間，是牀梐也。」牀梐卽牀版，其說是。王弼周易注：「辨者，足之上也。」周易正義孔穎達疏：「辨，謂牀身之下，牀足之上，足與身分辨之處也。」義亦通。

今譯

六二，剝落下床版，猶如蔑棄正道，而有禍殃。

六三，剝无咎❶。

注釋

❶「剝无咎」，王弼周易注作「剝之无咎」。釋文：「剝无咎，一本作剝之无咎，非。」阮元周易注疏校勘記：「石經、岳本、閩、監、毛本同。釋文出剝無咎，云：一本作剝之无咎，非。」釋文與帛書周易合，無「之」字。

今譯

六三，剝落則無災患。

六四，剝臧（牀）以膚❶，兇。

注釋

❶「膚」，王弼周易注：「剝道浸長，牀既剝盡，以及人身，小人遂盛。」周易集解引王肅曰：「在下而安人者牀也，在上而處牀者人也。坤以象牀，艮以象人，牀剝盡以及人身，爲敗滋深，害莫盡焉，故曰剝牀以膚凶也。」剝牀盡而及於人膚。釋文：「膚，京作簠，謂祭器。」「膚」、「簠」古音相近而通。「簠」疑讀爲「簿」。「簠」、「簿」皆从甫

得聲，古可通用。禮記曲禮：「帷薄之外。」釋文：「薄，簾也。」莊子達生：「高門縣薄，無不走也。」釋文引司馬云：「薄，簾也。」卽懸於門的門簾。或謂之薄。鋪於床謂之荐。荐有草編，亦有竹編。荀子禮論：「薄器不成內。」楊倞注：「薄器，竹葦之器。」是其證。今謂草荐爲草簾子。周易集解引崔憬曰：「牀之膚謂薦席，若獸之有皮毛也。牀以剝盡，次及其膚。」李道平纂疏云：「玉篇：席，牀席也。增韻。藁秸曰薦，莞蒲曰席。薦席所以覆牀，故云牀之膚謂薦席；薦草在牀外，故云獸之有皮毛也。」膚，人膚或牀席，此處義皆可通。

今譯

六四，剝落床席，則有禍殃。

六五，貫魚❶，食（以）❷宮人籠（寵）❸，无不利。

注釋

❶「貫魚」釋文：「徐音官，穿也。」廣雅釋言：「貫，穿也。」周易集解引虞翻曰：「巽

爲魚，爲繩，艮手持繩貫。」卽謂繩穿魚。王弼周易注：「駢頭相次，似貫魚也。」謂一個挨着一個，不得相越。

❷「食」假借爲「以」。食，說文：「亼米也。从皀亼聲。或說亼皀也。凡食之屬皆从食。」段玉裁曰：「乘力切，一部。」「㠯」說文：「用也。从反巳。賈侍中說已意巳實也。象形。」段玉裁注：「與巳篆形勢略相反也。巳主乎止，㠯主乎行，故形相反。二字古有通用者。羊止切，一部。又按，今字皆作以，由隸變加人于右也。」「食」「以」古音同屬一部，音近相通。㠯與食之古文𠊊相似。另「食」有「用」之義。戰國策衞策：「始君之所行於世者食高麗也。」注：「食，用也。」老子：「而貴食母。」注：「食，用也。」易象：「井泥不食。」周易集解引虞翻曰：「食，用也。」「以」，詩谷風「不我屑以」鄭箋、詩大東「不以服箱」鄭箋、周禮鄉大夫「退而以鄉射之禮，五物詢衆庶」鄭注、論語爲政「視其所以」皇侃疏並曰：「以，用也。」廣雅釋詁四：「以，用也。」「食」、「以」義同而通。

「以」，此處作「用」。

❸「籠」假借爲「寵」。「籠」說文：「舉土器也。一曰：笭也。从竹龍聲。」漢書衞靑傳：「靑至籠城。」顏師古注：「籠讀與龍同。」「寵」說文：「尊居也。从宀龍聲。」詩酌箋：「龍，寵也」孔穎達疏：「寵字以龍爲聲。」「籠」、「寵」同聲系，古相通。

「寵」，廣韻：「愛也。」

「宮人」，周易集解引何妥曰：「夫宮人者，后夫人嬪妾，各有次序，不相瀆亂，此則貴賤有章，寵御有序。」王弼周易注：「若能施寵小人于宮人而已，不害於正，則所寵雖衆，終無尤也。」高亨周易古經今注：「君使用宮人如貫魚，輪流當夕，則宮人無怨言，雖寵之亦無不利。」是其意也。

今　譯

六五，一個挨一個地排好次序，用宮人而寵愛她，沒有不利的。

尚（上）九，石（碩）❶果不食，君子得車❷，小人剝蘆（盧）❸。

注　釋

❶「石」假借爲「碩」。「碩」，說文：「頭大也。从頁石聲。」「碩」、「石」同聲系，古相通。莊子外物：「無石師而能言。」釋文：「石本作碩。」文選爲曹公作書與孫權：「明棄碩交。」注：「碩與石古字通。」周易集解纂疏曰：「碩與石同，艮爲石，爲果蓏，故爲碩果。」是石借爲碩也。

「碩」，詩碩人「碩人其頎」鄭箋、詩碩鼠「碩鼠碩鼠」鄭箋、詩白華「念彼碩人」鄭箋、左傳桓公六年「博碩肥腯」杜預注並曰：「碩，大也。」爾雅釋詁：「碩，大也。」方言一：「碩，大也。齊宋之間曰碩。」

❷ 「君子得車」。釋文：「京作德輿，董作德車。」阮元周易注疏校勘記：「石經輿字漫漶，岳本、閩、監、毛本同。釋文：得輿，京作德輿，董作德車。」王弼本作「得輿」，周易集解作「德車」。德與得，古通用。禮記玉藻：「立容德。」孔穎達疏：「德，得也。」廣雅釋詁三：「德，得也。」車與輿古相通。

「得」，說文：「得，行有所得也。从彳㝵聲。㝵，古文，省彳。又，㝵，取也。从見从寸。寸度之，亦手也。」呂氏春秋報更：「臣弗得也。」高誘注：「得，猶取也。」

❸ 「蘆」、「廬」古相通。「廬」，說文：「寄也。秋冬去，春夏居。从广盧聲。」「蘆」，說文：「蘆菔也。一曰：薺根。从艸盧聲。」「蘆」、「廬」同聲系，古相通。考工記總目：「秦無廬。」釋文：「廬本作蘆。」

「廬」疑讀爲「蘆」，依帛書周易作「蘆」。「蘆」，說文謂「薺根」。「薺」，詩谷風：「其甘如薺。」釋文：「薺，菜也。」春秋繁露天地之行：「薺，甘味也。」薺根亦名爲蘆，可食。

今譯

上九，碩大的果實而不能食，君子取得果實以車載，小人被剝去果實以薺根裹腹。

總釋

本卦基本思想是講剝落。剝落從總體上說是不利的，當然也可以有例外的情況。如六三爻辭：「剝无咎。」但從初六、六二、六四及上九爻辭來看，則屬於凶多吉少。自去掉床脚到床板再到床席，亦從下而上，自低到高，逐漸剝落，以及於床草。既連人之坐臥之物也被剝掉，則便無安身之地了。因而剝床「以足」、「以辨」、「以膚」，是一種蔑滅正道的行爲，故凶。此凶雖是指被剝落者而言，然剝落者也是一種輕蔑正道的行爲，其結果恐怕亦是凶的。如果說，床被剝掉，則必然牽及其他，因而被剝者雖有碩大的果實而自己不能食，相反去取薺根充饑，而君子（似指剝者）却用車來裝載果實，反映了治人和治於人者社會地位和生活狀況。至於君主則是淫樂無度，嬪妾爭寵，只有一個挨一個地各依次序，輪流當夕，不相瀆亂，也就無不利了，反映了當時君主生活的一個側面和道德觀念。

損　第十二

䷨ **損❶，有復（孚）❷，元吉，無（无）❸咎。可貞，〔利〕有攸往。畜（曷）❹之用二巧（簋）❺，可用芳（享）❻。**

注釋

❶

「損」，卦名

「損」，序卦傳曰：「緩必有所失，故受之以損。」「損」有「失」義。周易集解引崔憬曰：「宥罪緩死，失之僥倖，有損于政刑，故言緩必有所失。」程頤周易程氏傳：「損，減損也。」朱熹周易本義：「損，減省也。」義同。

「損」，歸藏作「員」，朱彝尊謂卽「損卦」。說文：「損，減也。从手員聲。」「損」、「員」同聲系，古相通。尙秉和周易尙氏學曰：「然歸藏以益爲誠，則此未必取義於損。按員古作云，商頌：『景員維何？』箋：『員，古文作云。』以此例之，歸藏必原作云也。」

按，損與員同聲系，義相近，未必作云。

❷ 「復」假借爲「孚」。詳見訟卦卦辭「有復（孚）」。信也，誠也。高亨周易古經今注曰：「孚卽俘字，虜獲敵方之人員財物也。」義亦可通。

❸ 「無」與「无」通。說文：「𣞤，亾也。从亾𣞤聲。无，奇字。無通於无者，虛無道也。」玉篇：「無，虛无也。周易無字俱作无。」是無作无。

❹ 「禼」假借爲「曷」。于豪亮帛書周易曰：「帛書損卦卦辭『禼之用二巧』，通行本作『曷之用二簋』。大有之初九『无交禼』，通行本作『无交害』。按，禼字是舝字的簡體。說文云：『舝，車軸耑鍵也。兩穿相背。从舛，𡿺省聲。𡿺，古文偰字。』舝字中部所从的『𡿺』或『卨』省寫爲呙，再省去下部所从的廾，就成爲禼字。這是車轄的轄字。舝、禼是本字，轄是異體字。在損卦中禼讀爲曷，在大有中禼讀爲害。禼與曷、害同爲匣母，又同爲祭部字，故得通假。」

「曷」，王弼周易注：「曷，辭也。曷之用，言何用豐爲也。」周易集解引崔憬曰：「曷，何也。言其道上行，將何所用。」王引之經傳釋詞曰：「曷，何也；常語也。字亦作『害』。詩葛覃曰『害澣害否』是也。 家大人（王念孫）曰：爾雅曰：『曷，盍也。』郭注曰：『盍，何不也。』書湯誓曰：『時日曷喪！』詩有杕之杜曰：『中心好之，曷飲食之？』曷，皆謂『何不』也。說者並訓爲『何』，失之。」

聞一多周易義證類纂曰：「曷讀爲匄。漢書廣川惠王越傳：『盡取善繒匄諸宮人。』注曰：

『匃，乞遺之也。』金文匃字亦多用此義。追𣪘：『用亯孝于前文人，用旂匃眉壽永命。』言求前文人遺我以眉壽永命，即其一例。此曰『曷之用二簋』，猶言遺之以二簋，與六五『益之十朋之龜』語例略同。諸家讀『曷之用』句，『二簋可用享』句，又訓『曷』爲何。審如其說，則『之』字無著，而全句亦詰籒爲病，殆不可從。」義亦通。

❺ 「巧」假借爲「簋」。「巧」說文：「技也。从工丂聲。」段玉裁注曰：「苦浩切，古音在三部丂部。」「簋」，說文：「黍稷方器也。从竹皿皀。匭，古文簋，从匚食九。」段玉裁注曰：「居洧切，古音在三部，讀如九。」「巧」「簋」古音同在三部，音近相通。「簋」，周禮舍人：「凡祭祀共簠簋。」鄭玄注曰：「方曰簠，圓曰簋。盛黍稷稻粱器。」孝經：「陳其簠簋而哀慼之。」鄭注：『簠、簋，祭器。圓曰簋。」周禮掌客：「鼎簋十有二。」鄭注曰：「簋，黍稷器也。」盛黍稷的祭器，其形爲內圓外方。詩權輿釋文曰：「內圓外方曰簋。」

❻ 「芳」假借爲「享」。「芳」，說文：「香艸也。从艸方聲。」段玉裁注曰：「敷方切，十部。」「享」，說文：「獻也。从高省。曰象孰物形。孝經曰：祭則鬼亯之。凡亯之屬皆从亯。𦎫，篆文亯。」段玉裁注：「禮經言饋食者，薦孰也。許兩切，十部。亯象薦孰，因以爲飪物之稱，故又讀普庚切；亯之義訓薦神，誠意可通於神，故又讀許庚切。古音則皆在十部。」「芳」「享」古音皆在十部，音近相通。「享」，祭享，享祀。

「曷之用二簋可用享」，王弼本、周易集解本、周易本義本均以「曷之用，二簋可用享」爲斷。今依聞一多說，斷爲「曷之用二簋，可用享。」

今譯

損，有誠信，開始便吉祥而沒有災患。可以占問所行的事，宜於有所往。有人送來二簋的黍稷，便可進行享祭。

初九，巳❶事端（遄）❷往，无咎，酌損之❸。

注釋

❶「巳」，釋文：「音以，本亦作以。虞作祀。」王弼本作「已事」，周易集解本作「祀事」，周易本義本作「已」。阮元周易注疏校勘記：「石經、岳本、閩、監、毛本同。釋文：巳本亦作以，虞作祀。」

「已事」，王弼周易注：「事已則往，不敢宴安，乃獲无咎也。」以已釋往，疑此爻「巳」

作「祀」。周易集解引虞翻曰：「祀，祭祀。」李道平周易集解纂疏曰：「釋詁曰：『祀，祭也。』故云：祀，祭祀。……祀舊作巳也者，鄭詩譜云：子思論詩『於穆不巳』。孟仲子曰：『於穆不祀。』是巳、祀古字通用也。劉熙釋名：殷曰祀。祀，巳也。伊訓『惟元祀』，傳云：『取四時祭祀一訖也。』是祀有巳義，故巳與祀通。又巳本亦作以，說文引作㠯。虞因卦辭言二簋用享，故不從舊本作巳，直從古義作祀，訓祭祀也。」李說是也。

❷「端」假借爲「遄」。「端」，說文：「直也。从立耑聲。」「遄」，說文：「往來數也。从辵耑聲。」釋文：「遄，荀作顓。」說文：「顓，頭顓顓謹皃。从頁耑聲。」「端」、「遄」、「顓」同聲系，古道。

「遄」，爾雅釋詁：「遄，速也。」詩相鼠「胡不遄死」毛傳、詩崧高「式遄其行」鄭箋、文選寡婦賦「曜靈曄而遄矣哉」李善注並曰：「遄，速也。」周易集解引虞翻曰：「遄，速也。」

❸「酌損之」。周易集解纂疏曰：「坊記：『上酌民言。』鄭注云：『酌，猶取也。』酌與勺同。說文云：『勺，挹取也。』故云酌取也。」

今譯

初九，祭祀的事，應速往行之，則無災患，可以酌取減損其祭品。

九二，利貞❶，正（征）兇❷，弗損，益之。

注　釋

❶「貞」，正也。

❷「正」假借爲「征」，征伐也。詳見姤九四「正兇」。

今　譯

九二，宜於恪守正道，征伐他國則凶，不能減損，只能增益。

六三，三人行則損一人，一人行則得其友❶。

注　釋

❶「一人行則得其友」。友爲朋友之友。坤卦辭曰：「君子有攸往，先迷，後得主，利。西南得朋，東北喪朋。」「得朋」、「喪朋」，諸家有解爲「朋友」者。既易經以「朋友」

爲「友」，則「朋」爲朋貝之朋，十貝爲朋爲妥。

今譯

六三，三人出門行走則損失一人，一人出門行走則得其朋友。

六四，損其疾❶，事（使）端（遄）有喜❷，无咎。

注釋

❶「疾」，病也。說文：「疾，病也。从疒矢聲。」論語陽貨「古者民有三疾」皇侃疏、國語晉語「吾不幸有疾」韋昭注並曰：「疾，病也。」

❷「事」假借爲「使」。「事」古文作叓、𠃯，集韻、韻會：「仕吏切。」音示。古音屬寘韻。「使」古文作㞢、岦，集韻：「疎吏切。」音駛。古音屬寘韻。「事」「使」形近音近相通。「事」，國語魯語：「備承事也。」韋昭注：「事，使也。」荀子正名：「不事而自然謂之性。」楊倞注：「事，任使也。」「事」、「使」義同而通。「使」，說文：「伶也。从人吏聲。」爾雅釋詁：「使，從也。」

今譯

六四，損減人的疾病，使他迅速癒痊則有喜，沒有災患。

六五，益之❶十傰（朋）之龜❷弗克回（違）❸，元吉。

注釋

❶「益之」，周易正義本、周易集解本、周易本義本皆作「或益之」。帛書周易本無「或」字。

❷「傰」假借爲「朋」，集韻、韻會：傰、朋均作「蒲登切」，音朋或鵬。古音同屬蒸韻。古音同相通。周禮士師：「七日爲邦朋。」鄭玄注：「朋黨相阿，使政不平者，故書朋作傰。鄭司農云：『傰讀如朋友之朋。』」管子幼官：「練之以散群傰署。」劉績注：「傰即朋字。」帛書周易「朋」均作「傰」或「堋」，均通朋。

「十朋之龜」。周易正義孔穎達疏引馬、鄭等引爾雅釋魚「十朋之龜」爲：「一曰神龜，二曰靈龜，三曰攝龜，四曰寶龜，五曰文龜，六曰筮龜，七曰山龜，八曰澤龜，九曰水龜，十曰火龜。」王引之經義述聞曰：「集解引崔憬曰：『元龜價值二十大貝，龜之最神貴者，雙貝曰朋也。』引之僅案，爾雅龜名有十，然無稱朋之文。……馬、鄭之說殆不可從。崔氏之說，本於漢書食貨志，王莽所定。（志曰：『元龜距（岠）冉長尺二寸，直二千一百六十，爲大貝十朋。公龜九寸，直五百，爲壯貝十朋。侯龜七寸以上，直三百，爲幺貝十朋。子龜五寸以上，直百，爲小貝十朋，是爲龜寶四品。』）莽作事多依經說，蓋當時施、孟、梁邱諸家有訓朋爲兩貝者，故莽用之。尋繹文義，此說爲長。……十朋之龜，猶言百金之魚耳，不當如馬、鄭所說。」漢書食貨志下：「爲大貝十朋。」蘇林注曰：「兩貝爲朋。朋直二百一十六，元龜十朋，故二千一百六十也。」此釋兩貝爲朋，有釋五貝爲朋者。詩菁菁者莪：「錫我百朋。」鄭箋：「古者貨貝五貝爲朋。」王國維觀堂集林釋貝曰：「古貝五枚爲系，二系爲朋，釋二貝者言其系，釋五貝者舉其一系之數也。」按，王引之考「十朋之龜」之意爲是，王國維釋兩貝、五貝爲朋義通。

❸「回」假借爲「違」。書堯典：「靜言庸違。」論衡恢國作「靖言庸回」，三國志陸抗傳作「靖譖庸回」。是「違」可作爲「回」。「違」、「回」古相通。又詩大明「厥德不回」毛傳、左傳昭公二十六年「厥德不回」杜預注、後漢書蘇竟傳「葛纍之詩，『求福不回』」李賢注並曰：「回，違也。」「違」、「回」古義同相通。

「違」，說文：「離也。从辵韋聲。」廣雅釋詁三：「違，離也。」詩谷風：「中心有違。」毛傳：「違，離也。」又國語魯語：「則請納祿與車馬而違署。」韋昭注：「違，去也。」左傳閔公二年：「不如違之。」杜預注、左傳成公十七年「吾能違兵」杜預注並曰：「違，去也。」是「違」有離去之義。

今譯

六五，龜之價值增益到百貝，但不能離去不買，買它始吉祥。

尚（上）九，弗損，益之❶，无（咎），貞吉，有攸往。得僕无家❷。

注釋

❶「弗損，益之」，周易集解引王肅曰：「處損之極，損極則益，故曰弗損益之。」王弼周易注曰：「處損之終，上無所奉，損終反益，剛德不損，乃反益之，而不憂於咎。」「弗損，益之」，有以「弗損益之」爲斷，則解爲弗損弗益。按，依下文義「貞吉」，則斷爲「弗損，益之」爲勝。

❷「得僕无家」，通行本皆作「得臣无家」、「僕」作「臣」，古義同相假。詳見遯九三：「畜僕妾吉」解。帛書周易皆以「臣」作「僕」，而與通行本異。

僕。

今譯

上九，不損減人，而增益他，則無災患，占問則吉祥，利於有所往，獲得一沒有家室的臣僕。

總釋

本卦主旨是講損減、損失，但損與益是相對待的範疇，因此易經在講損時離不開益，講益時亦離不開損。

對待損，應根據不同情況採取不同的態度。譬如，對於祭祀，易經作者似主張不要太豐厚，初九爻辭「酌損之」，便是減損祭品，卦辭「曷之用二簋，可用享」，送來二簋黍稷，就可享祭。古代祭祀的頻繁和祭品的豐厚，已成爲國家沉重的負擔，因此主張減損祭品，便成爲當時一些政治家的主張，而反映到卜筮中來，然而，對於占卜活動，以及占筮所需的龜，則是祈求神靈所必須的工具。即使價錢很昂貴，亦不能拒而不買，否則便不能進行占卜。神的意志是通過占卜工具在占卜過程中的變化而表現出來的，換句話說，龜殼在占卜中傳達了神的意志。所以，儘管祭品可以減少，但不能怠慢，應謹愼進行，而無災患。

對於國與國、人與人之間，宜於恪守正道，九三爻辭：「征凶，弗損，益之。」征伐別國則凶，不能損害他國，而只能增益他，這樣國與國之間便能誠信和睦相處，而不相互侵犯。上九爻辭：「弗損，益之」。不減損他人，而增益他。是處理人與人之間關係的道德準則。

從整個卦爻辭來看，似認爲「弗損、益之」是吉祥和無咎的，反之「損」而「弗益」則凶，由而可窺見易經的道德觀念。然而亦有例外，如六四爻辭：「損其疾，使遄有喜。」損減人的疾病，使他的身體迅速癒痊，這種損減則是減少人的疾病的痛苦，當然是喜事。因此不能籠統地講「損」是凶，「益」是吉，要具體對象具體分析，不能做概然性的結論。

蒙　第十三

䷃

〔蒙❶，亨。匪我〕**求童蒙❷，童蒙求我❸。初筮吉❹，再參**（三）**擯**（瀆）❺，**擯**（瀆）**卽**（則）**不吉❻。利貞。**

注釋

❶ 「蒙」，卦名。

「蒙」，序卦傳曰：「蒙者，蒙也，物之穉也。」釋文：「蒙，蒙也，稚也。方言云：『蒙，萌也。』」周易集解引鄭玄曰：「蒙，幼小之貌，齊人謂萌爲蒙也。」故萌與蒙通。說文：「萌，草生芽也。」蓋萌、蒙有始生之意。說文：「穉，幼禾也。」詩載馳：「衆穉且狂。」毛傳：「穉，幼穉，是人生之蒙也。」謂蒙昧幼稚之意。

❷ 「匪我求童蒙」。匪，非也。

「童蒙」，李道平周易集解纂疏曰：「物之長穉，施之于人，則幼穉爲童蒙也。」釋文：

「童，字書作僮。鄭云：『未冠之稱。』」意爲幼稚的兒童。

❸「童蒙求我」，釋文：「一本作來求我。」呂氏春秋勸學：「故往教者不化，召師者不化。」高誘注曰：「易曰：『匪我求童蒙，童蒙來求我。』故往教之。」王弼周易注：「童蒙之來求我，欲決所惑也。」按，漢代有的本子有「來」字，今從帛書周易。

❹「初筮吉」，王弼本、周易集解本「吉」字均作「告」。禮記表記引此文，公羊傳定公十五年何休注引易此文，漢書藝文志引易此文，亦均作「告」。惟漢石經殘字只存下文「瀆則不吉」之「不吉」兩字。今從帛書周易作「吉」，下文作「不吉」。

❺「再參（三）擅（瀆）」。「參」與「三」古相通。廣雅釋言曰：「參，三也。」國語周語：「王御不參一族。」韋注：「參，三也。」說卦傳：「參天兩地而倚數。」虞翻注：「參，三也。」是其證。

「擅」假借爲「瀆」。「擅」集韻：「徒谷切。」音牘。「瀆」，唐韻、集韻、韻會都作：「徒谷切。」音牘。「擅」「瀆」音同韻同，古相通。

「瀆」，釋文：「音獨，亂也。鄭云：『褻也。』」瀆又與黷通。集韻：「黷通作瀆。」說文引易亦作「黷」，並云：「黷，握持垢也。……易曰：『再三黷。』」周易集解引崔憬曰：「瀆，古黷字也。」李道平纂疏曰：「瀆、黷古字通也。」亦與擅通。擅、瀆、黷均取賣得聲，故相通。「瀆」，禮記表記：「夏道未瀆辭。」孔疏：「瀆謂褻瀆。」國語晉語：「瀆其信也。」韋昭注：「瀆，輕也。」

❻「擯（瀆）卽（則）不吉」。「擯」假借爲「瀆」，褻瀆、輕也。「卽」假借爲「則」。「卽」，唐韻：「子力切。」集韻、韻會、正韻：「節力切。」音稷。古音屬職韻。「則」，唐韻、正韻：「子德切。」韻會：「卽德切。」音側。古音屬職韻。兩字韻同，音近古相通。詩終風：「願言則嚏。」一切經音義十五作「願言卽疐」。禮記王制：「必卽天倫。」鄭注：「卽或爲則。」廣雅釋言：「則，卽也。」漢書王莽傳：「應聲滌地則時成創。」顏注：「則時猶卽時也。」並其證也。「不吉」，通行本作「告」，今從帛書周易。

今譯

蒙，享祭占問，不是我求幼稚的孩童，是年少無知的孩童求我。初次占筮吉祥，第二、第三次來筮占便是褻瀆了，輕慢則不吉祥，宜於恪守正道。

初六，廢（發）蒙❶，利用刑人❷，用說桎梏❸，已（以）往閵（吝）❹。

注釋

❶「廢（發）蒙」。「廢」假借爲「發」。說文：「廢，固病也。从疒發聲。」「廢」、「發」同聲系，古相通。論語微子：「身中清，廢中權。」釋文：「廢，鄭作發。」荀子禮論：「大昏之未發齊也。」史記禮書「發齊」作「廢齊」。並其證也。

「發」，廣雅釋詁：「開也。」書武成：「發鉅橋之粟。」孔疏：「發，謂開出也。」文選東京賦：「發京倉。」薛注：「發，開也。」「發蒙」，謂開發童蒙或蒙昧者。又書微子：「我其發出狂。」鄭注：「發，起也。」國語周語：「土氣震發。」韋昭注：「發，起也。」意爲起發也。

❷「刑人」，受刑罰之人。

❸「用說桎梏」。「說」讀如「脫」。焦循易章句：「說，讀如脫去之脫。」古「說」、「脫」通用。韻會：「挩亦作說，與脫通。」

「桎梏」，說文：「桎，足械也。梏，手械也。」甲骨文，釋爲㚔，隸書爲幸，爲手銬。从幸的執字，甲骨文，象人手戴梏而跽跪；另从幸的圉，甲骨文作、。說文：「圉，囹圄，所以拘罪人也。」象人手戴梏在監牢裏。在殷墟小屯一處窖穴裏出土的陶俑中，就有戴桎梏的。男俑手梏在背後，女俑手梏在身前。

❹「已（以）往閵（吝）」。「已」與「以」通。荀子非相：「人之所以爲人者何已也。」楊倞注：「已與以同，問何以謂之人而貴於禽獸也。」詩卷伯：「亦已太甚。」白帖九十三作「亦以太甚」。是其證也。

「閵」假借爲「吝」。唐韻、集韻、韻會、正韻：「吝，良刄切。」音閵。「閵」，古文作藺。廣韻、集韻、正韻：「良刄切。」音吝。「閵」、「吝」音同韻同，古相通。「吝」，難也。說文：「吝，恨惜也。」論語堯曰：「出納之吝。」皇疏：「吝，難惜之也。」吝訓難，借爲遴。易說卦傳：「爲吝。」釋文：「吝，京本作遴。」說文：「遴，行難也。从辵粦聲。易曰：『以往遴。』僯，或从人。」廣雅釋詁：「遴，難也。」本爻許愼引爲「遴」。吝，艱難也。

今譯

初六，開發蒙昧者，宜於受刑的人，可以脫去脚鐐手銬，然有所往，仍很困難。

九二，枹（包）蒙吉❶，入（納）婦吉❷，子克家❸。

注釋

❶「枹（包）蒙吉」。說文：「枹，擊鼓杖也。从木包聲。」「枹」、「包」同聲系，古相通。韻會：「枹，班交切。」音包。「包」，集韻：「班交切。」音苞。韻補：「包，房

尤切，音浮。地名。春秋：公及莒人盟于包來，左氏作孚。」通雅：「古呼包如孚。脬與胞、桴與枹、莩與苞、浮與抱之類同原相因，故互通。」是枹與包古通。「枹（包）蒙」，釋文作「苞蒙」。唐石經亦作「苞蒙」。故包、枹、苞古均通用。

「包」，說文：「妊也。象人懷妊，巳在中。象子未成形也。」蒙，萌也，稚也。「包蒙」，謂剛懷妊，子萌未成形。

❷ 「入（納）婦吉」。「入」假借爲「納」。廣韻：「入，納也，得也。」「納」，博雅：「入也。」「入」、「納」義同互訓相通。

「婦」，爾雅釋親：「子之妻爲婦。」「納婦」，謂娶兒媳婦也。

❸ 「子克家」，左傳宣公八年：「日中而克葬。」杜預注：「克，成也。」「子克家」，謂子成家也。

今譯

九二，剛剛懷姙，胎兒雖未成形，則福祥，娶兒媳婦亦吉祥，兒子便可成家。

六三，勿用取（女❶，見金）夫❷，不有躳（躬）❸，无攸利。

注釋

❶「勿用取〔女〕」，釋文：「取，七住反，本又作娶。」阮元周易注疏校勘記：「石經、岳本、閩、監、毛本同。釋文：取，本又作娶。」說文：「娶，取婦也。」「取」、「娶」古相通。

❷「〔見金〕夫」，程頤周易程氏傳：「女之從人，當由正禮，乃見人之多金，說而從之，不能保有其身者也。」是說女人見了有金錢的男人，便失身於他。此爲一解。金亦可訓爲武。史記樂書：「復辭以飭歸。」張守節正義曰：「飭歸者，武王伐勝，鳴金鐃整武而歸也。以去奏皮鼓，歸奏金鐃者。皮，文也。金，武也。」「金夫」，即武夫。此爲二解。均可通。

❸「不有躳（躬）」。「躳」爲「躬」之異體字。說詳艮六四「根（艮）其躳（躬）」。

今譯

六三，不可娶這個女人，遇見武夫，將有喪身之禍，沒有什麼利益。

〔六四，困〕蒙❶，閵（吝）❷。

注釋

❶「困蒙」，周易正義孔疏：「困於蒙昧而有鄙吝。」困，難也。管子地圖：「困殖之地。」房玄齡注：「困謂其地墝埆不可種藝。」「困蒙」，謂困於蒙昧。

❷「閵（吝）」，「閵」假借爲「吝」。說詳姤上九「閵（吝），无咎」。

今譯

六四，困於蒙昧，而有艱難。

六五，童蒙❶，〔吉〕。

注釋

❶「童蒙」，猶如赤子之無知也。

今譯

六五，孩童蒙昧無知，無禍殃而福祥。

〔尚（上）九，擊蒙❶，不利為寇〕**利所寇**❷。

注釋

❶「擊蒙」，釋文：王肅云：『治也。』馬、鄭作繫。」古「擊」與「繫」通用。王弼周易注：「能擊去童蒙，以發其昧者。」

❷「利所寇」，王弼本、集解本均作「利禦寇」，帛書周易「禦」作「所」。象傳：「利用禦寇。」作「禦寇」。阮元校勘記曰：「古本禦上有用字。」以古本為「禦寇」。作「利禦寇」，文意通。今從帛書周易作「所寇」。「所」，說文：「伐木聲也。」書無逸「君子所其無逸」鄭注、詩殷武「有截其所」鄭箋並曰：「所猶處也。」一切經音義二引三蒼：「所，處也。」「所寇」，猶言處寇。有被寇而能防衛，不被所害也。

今譯

上九，除去人的蒙昧無知，不利於使蒙昧的人成為盜寇，而利於使其成為處寇而抵寇的人。

總釋

本卦圍繞着蒙昧、幼稚問題，而反映各層面的人物面貌以及巫史者的社會職責。卦辭巫者以我的第一人稱講述童蒙來求我占筮，不是我去求童蒙，以明主從關係，第一次占筮爲吉祥，然而與所占之事的實際不符，因此有再筮、三筮，在筮者看來這是對神靈的輕慢和褻瀆，「卜以決疑」，若對神靈輕慢，何以決疑，因而是不吉利的。初六：「發蒙」、九二：「包蒙」，六四：「困蒙」，六五：「童蒙」，上九：「擊蒙」，此五蒙，論述各種蒙昧的情況，初六啓發蒙昧者，對於有罪的刑人來說，啓蒙而悔改，則可以脫去脚鐐手銬；「包蒙」是謂懷妊而胎兒未成形，以懷孕爲福祥；六四困於蒙昧，而不能覺悟，自有艱難；但孩童的蒙昧無知，便無禍殃而吉祥，與困蒙的情況不同，故結果相反；「擊蒙」，意謂去除蒙昧無知，目的是使他成爲恪守正道的善人，而不是成爲盜寇。六三爻辭雖無蒙字，但觀其意亦含蒙義。女人見金錢而失身，這是蒙於錢；或遇見武夫而失身，這是屈於力，無論那種情況，都是一種蒙昧無知的表現。雖然本卦除六三外，都直接論蒙，但不像艮、漸、乾等卦有次序，而無系統性和整體性。

蘩（賁）第十四

〔三三蘩（賁）❶，亨，小利〕有攸往❷。

注釋

❶

「賁」，卦名。

「蘩」假借爲「賁」。「蘩」，集韻：「符袁切。」音煩，元韻。說文：「蘩，白蒿也。从艸緐聲。」「賁」，集韻：「孚袁切。」音翻，元韻。「蘩」、「賁」古韻同爲元部上平聲，音近相通。

「蘩」，爾雅釋草：「蘩，皤蒿。」郭璞注：「白蒿。」又「蔠葵」「蘩露」，邢昺疏：「葵類，一名蔠葵，一名蘩露。郭云：『承露也。』大莖，小葉，花紫黃色。」蒿有青蒿、白蒿，花有紫黃色、紫赤色，故「蘩」可引伸爲文飾之義。

「賁」，釋文：「傅氏云：『賁，古斑字，文章貌。』鄭云：『變也，文飾之貌。』王肅符文反，云：『有文飾，黃白色。』」說文：「賁，飾也。从貝卉聲。」「賁」、「蘩」皆有文飾之義。

「賁」，序卦曰：「物不可以苟合而已，故受之以賁。賁者，飾也。」周易集解引崔憬曰：「言物不可苟合于刑，當須以文飾之，故受之以賁。」又引鄭玄曰：「賁，文飾也。」「賁」，歸藏作熒惑。熒惑，火星。史記：察剛氣以處熒惑，曰南方火，主夏日，丙丁是也。卦上艮爲星，離亦爲星；下離爲火，艮亦爲火。離主夏，位南，艮納丙，亦南，故曰熒惑，與周易賁義異。

❷ 「小利有攸往」，阮元校勘記曰：「岳本、閩、監、毛本同。石經利字旁添貞字。」按，今依帛書周易本。

今譯

賁，亨通，有小利可以有所往。

〔初九，蘩（賁）其趾〕❶，舍車而徒❷。

注釋

❶「蘩」，疑爲「繁」。詩采蘩釋文：「蘩，本作繁。」爾雅釋草：「蘩由胡。」釋文：「蘩，本作繁。」「繁」，左傳成公二年：「繁纓以朝。」杜預注：「繁纓、馬飾。」左傳哀公二十三年：「其可以稱旌繁乎。」杜預注：「馬飾，繁纓也。」繁爲馬之文飾。「趾」，釋文：「一本作止。鄭云：『趾，足。』」止本字，趾俗字。阮元周易注疏校勘記：「石經、岳本、閩、監、毛本同。釋文：趾，一本作止。」趾。謂足。爾雅釋言：「趾，足也。」詩麟之趾：「麟之趾。」毛傳：「趾，足也。」

❷「舍車而徒」。「車」，釋文：「鄭、張本作輿。」「徒」，說文：「徒，步行也。」徒或作從。詩經載驅鄭箋：「徒爲淫亂之行。」釋文：「徒本作從。」列子天端：「食於道徒者。」釋文：「徒或作從。」「從」讀爲「縱」。論語八佾：「從之。」何晏集解：「從讀曰縱。」漢書鼂錯傳：「非以忿怒妄誅而從暴心也。」顏師古注：「從讀曰縱。」漢書杜欽傳：「無欲是從。」師古注：「從讀曰縱。不縱心於所欲也。」」「舍車而徒」，捨棄車，縱馬而馳也。

今譯

初九，把馬從頭至足文飾起來，捨車而縱馬奔馳。

六二，蘩（賁）❶其（須）❷。

注釋

❶「賁」，文飾，釋文引王肅為「黃白色」。呂氏春秋壹行：「孔子卜得賁。孔子曰：『不吉。』子貢曰：『夫賁亦好，何謂不吉乎？』孔子曰：『夫白而白，黑而黑，夫賁又何好乎！』」依此，賁為黑白雜色文飾也。

❷「須」，周易集解引侯果曰：「二在頤下，須之象也。」王弼周易注：「須之為物，上附者也。」正義孔疏：「須是上，須於面。」逸雅曰：「頤下曰須，須秀也。別作䰅，俗作鬚。」鬚眉之鬚。釋名釋形體：「頤下曰鬚。鬚秀也。物成乃秀，人成而須生也。」鬚即鬍鬚。「賁其須」，謂鬍鬚黑白相雜，如文飾貌。

今譯

九二，鬍鬚斑白。

九三，蘩（賁）茹（如）❶濡茹（如）❷，永貞吉。

注釋

❶「茹」假借爲「如」。「茹」，說文：「飲馬也。从艸如聲。」唐韻：「人諸切。」音如。「茹」「如」音同而通。「如」，此處爲助辭。易屯六二：「屯如邅如。」釋文：「子夏傳云：『如，辭也。』」晉初六：「晉如摧如。」周易正義孔穎達疏：「如，辭也。」太玄飾：「言無追如。」注：「如，辭也。」是如爲助辭。

❷「濡」，周易集解引盧氏曰：「有坎之水以自潤，故曰濡如也。」周易正義孔穎達疏：「濡如潤澤之理。」詩羔裘：「羔裘如濡。」毛傳：「如濡潤澤也。」詩皇皇者華：「六轡如濡。」鄭箋：「如濡，言鮮澤也。」則濡爲潤澤，鮮澤之義。故李道平周易集解纂疏：「有坎之水以自潤，爲濡如。詩小雅：『六轡如濡。』亦言其光美而沃澤也。」言鬚雖斑白，然潤澤光美也。

今譯

九三，班白的鬍鬚潤澤光美，永遠守正道則吉祥。

六四，蘩（賁）茹（如）蕃（皤）茹（如）❶，白馬榦（翰）茹（如）❷，非寇閩（婚）❸詬（媾）❹。

注釋

❶「蕃」假借爲「皤」。「蕃」，說文：「蕃，艸茂也。从艸番聲。」「皤」，說文：「老人白也。从白番聲。」「蕃」「皤」古同聲系，故相通假。「皤」，周易正義孔疏：「皤是素白之色。」周易集解李鼎祚案：「皤亦白素之貌。」周易集解纂疏：「或飾而賁如，或素而皤如。」以「素」釋「皤」，同王弼周易注：「或飾或素。」素爲潔白之義。

❷「榦」借爲「翰」。榦疑爲榦，說文：「榦，築墻耑木也。从木倝聲。」「翰」，說文：「翰，天雞赤羽也。从羽倝聲。」「榦」、「翰」同聲系古通。爾雅釋詁：「楨，榦也。」釋文：「榦，本又作幹，又作翰。」詩崧高：「戎有良翰。」鄭箋：「翰，幹也。」「幹」、「翰」古通。

「翰」，高也。詩小宛：「翰飛戾天。」毛傳：「翰，高也。」詩四月：「翰飛戾天。」鄭箋同。易中孚：「翰音登于天。」周易集解引虞翻曰：「翰，高也。」本爻「白馬翰如」釋文：「董、黃云：『馬擧頭高卬也。』馬、荀云：『高也。』」言白馬高昂着頭。

❸

「閩」假借爲「婚」。「婚」，說文：「婦家也。禮娶婦以昏時。婦人，陰也，故曰婚从女从昏，昏亦聲（呼昆切）。」清汪憲說文繫傳考異：「昏，此字本作昬。此尙仍唐本避諱之舊，未及更正，故仍从昏。說文同。」（徐氏八杉齋刻本）沈濤說文古本考：「婚，从女从昬，民亦聲。，籀文婚。濤案，一切經音義卷二引：婚，婦嫁也。禮記取婦以昬時入，故曰婚。」（光緒甲申潘氏滂喜齋刻本）丁福保案，昏「六書故稱唐本是昬字，从日民聲，是也。考漢碑昬爲正字，昏爲別體。如劉熊碑：『陰故守東昬。』長尹宙碑：『早即幽昬。』孫叔敖碑：『幽日昬而照明。』劉曜碑：『三履宗伯婚□□□。』孔宙碑：『闇□是虔。』皆从民。……舊唐書高宗紀昬字改昏，在顯慶二年十二月。據此，知昬字因廟諱故改从昬之別體昏。試觀唐顯慶前之魏碑凡昬字皆从民，顯慶後之唐碑因避諱皆作昏。可知竄改說文亦在中唐以後，然說文中尙有遺漏未改之字。如殙、敯、䐿、惽、蟁……故改作从日民聲。』（說文解字詁林曰部）王筠說文釋例：「鄭康成讀昬作暋。釋文：『昬，馬同。本或作暋，音敏。』」容庚金文編：「毛公鼎婚字重文，昬與婚爲一字。」則昏，婚、昬、婚相通。林義光文源：「，音泯。說文云：『昬，日冥也，从日氐省。氐者，下也。一曰：民聲。』按，昬古音如閔。左傳緡，僖二十三年。穀梁作閔書。昬不畏死，康誥、孟子作閔，當从民聲。民、閔雙聲旁轉。」是「昬」、「昏」、「閔」、「暋」、「緡」亦相通。

「閩」，說文：「東南越蛇種，从虫門聲。」席世昌席氏讀說文記：「閩，如淳曰：音緡，

❹ 應劭曰：「音文飾之文。」（借月山房叢書本）朱駿聲說文通訓定聲：「閩，段借爲蟁。夏小正傳：『白鳥也者。』謂閩蚋也。」「蟁」，說文：「齧人飛虫。从䖵民聲。」昬、蟁、閩音近而通。正韻：「閩，彌鄰切。」音珉。是也。

「詬」假借爲「媾」。「詬」，集韻、韻會、正韻：「許候切。」又廣韻：「苦候切。」集韻：「丘候切。」「媾」，廣韻：「古候切。」集韻、韻會、正韻：「居候切。」古韻同屬宥部，音近相通。另「媾」，厚也。詩候人：「不遂其媾。」毛傳：「媾，厚也。」國語晉語：「不遂其媾。」韋昭注：「媾，厚於其寵也。」「厚」，古文作垕，唐韻、正韻：「胡口切。」集韻、韻會：「很口切，候上聲。」「詬」，集韻、韻會：「很口切。」正韻：「胡口切。」音厚。「厚」、「詬」音同而通，故「媾」、「厚」、「詬」古通假。「媾」，國語晉語：「會將婚媾以從秦。」韋昭注：「重婚曰媾。」左傳隱公十一年「如舊昏媾」、左傳昭公二十五年「爲父子兄弟姑姊甥舅昏媾姻亞」杜預並注：「重昏曰媾。」易屯六二：「匪寇婚媾。」釋文：「媾，馬云：『重婚。』」

今譯

六四，裝飾得很素白的樣子，白馬高昂著頭走來，不是寇賊，而是來迎親的。

六五，蘩（賁）于〔丘園❶，束〕白（帛）❷戔戔❸，閵（吝）❹，終〔吉〕。

注釋

❶「丘園」，周易集解引虞翻曰：「艮為山，五半山，故稱丘。木果曰園，故賁于丘園也。」以「丘園」為山丘園圃。故又引荀爽曰：「艮山震林，……賁飾丘陵，以為園圃，隱士之象也。」周易正義孔疏：「賁于丘園者，丘園是質素之處。」把丘墟裝飾為園圃，其故何在？高亨、李鏡池以為丘園是女家結綵飾門。丘園便指女家，可通解。

❷「束」，釋文：「子夏傳云：『五匹為束，三玄二纁，象陰陽。』」尚秉和周易尚氏學曰：「儀禮士冠士虞禮、周禮大宗伯注，皆以束帛為十端，每端丈八尺，兩端合卷，總為五匹。」「白」假借為「帛」。「白」，唐韻：「旁陌切。」集韻、韻會、正韻：「薄陌切。」音帛。「帛」，唐韻：「旁陌切。」集韻、韻會：「薄陌切。」音白。「白」、「帛」古音同而通。故詩六月：「白旆央央。」爾雅釋天孫注：「帛旆英英。」「白」、「帛」相假。「帛」，說文：「帛，繒也。从巾白聲。」漢書婁敬傳：「臣衣帛衣帛見。」顏師古注：「帛謂繒也。」論語陽貨：「玉帛云乎哉！」何晏集解引鄭注：「帛，束帛之屬也。」

❸「戔戔」。釋文：「馬云：『委積皃（貌）。』薛、虞云：『禮之多也。』又音牋。黃云：『狠積皃（貌）。』一云：『顯見皃（貌）。』子夏傳作殘殘。」王弼周易注以「戔戔」

爲「過儉泰而能約」。朱熹周易本義：「束帛薄物。戔戔，淺小之意。」此二解義均可通。

❹「閵」假借爲「吝」。「吝」，唐韻、集韻、韻會、正韻：「吝，良刃切。」音閵。閵，古文藺，唐韻、集韻、正韻：「良刃切。」音吝。故音同而通。「吝」，說文：「恨惜也。从口文聲。」段玉裁注：「慳吝，亦恨惜也。」

今譯

六五，女家結綵丘園，男家聘物有帛一束，戔戔甚少，女方嫌男方吝嗇，但結果吉祥。

〔尚（上）九，白賁❶，无〕咎。

注釋

❶「白賁」，周易集解引干寶：「白素也。」李道平周易集解纂疏案：「考工記曰：『畫繪之事後素功。』鄭彼注云：『素者，白采也；功者，工也。』後工者謂後布之。恐其漬汙也。賁終于白，即後素功之謂也。」謂潔白、質樸加以文飾，沒有患殃。

今譯

上九，文飾素白之質，沒有災患。

總釋

本卦是講文飾，它包括衣、住、行各方面：衣的文飾如六四爻辭「賁如皤如」，住的裝飾如六五「賁于丘園」，行的文飾有車和馬，如初九爻辭「賁其趾」和六四爻辭「白馬翰如」。上九爻辭總括本卦文飾之意，認爲沒有災患。

爲什麼要文飾，其原因是多方面的。爻辭舉了婚媾的事例。反映了人們對對偶婚的重視與禮節。迎親雙方不僅要裝飾得很漂亮，而且要質樸莊嚴，男方還要出動很多乘坐白色的高頭大馬，帶着聘物到女家去，女方亦要結綵迎接，很講究排場（參見拙著周易思想研究，湖北人民出版社一九八〇年版，第七四—八〇頁）。同時，亦反映了人們的審美觀念，美的價值的認識。古代遇見喜慶之事，總要文飾一番，這不僅表示了人們的歡樂的心情，而且亦表示了人們對美的追求。美作爲自然美是客觀存在的，但作爲審美的客體是與審美主體相聯繫的，兩者相對待統一而存在。中國古代的美學思想，在其自身的發展中，形成了自己獨特的概念、範疇和神韻、風格。

頤第十五

〔䷚〕頤❶，貞吉。觀頤❷，自求〕口實❸。

注釋

❶「頤」，卦名，廣雅釋親：「頤，頷也。」方言十同。漢書東方朔傳：「擢項頤。」顏師古注：「頤，頷下也。」後漢書周燮傳注：「頤，頷也。」易頤鄭注：「頤者，口車輔之名也。」周易集解纂疏曰：「僖五年左傳『輔車相依』注云：『輔，頰、輔；車，牙車。』疏云：『輔爲外表，車爲內骨。』故云口車輔之名也。」「頤」爲頷爲本義。因牙車動而上行輔頰，嚼物以養人，故名爲「頤」。引伸爲「養」義。序卦傳：「頤者，養也。」釋文：「以之反，養也。」爾雅釋詁、廣雅釋詁均訓「頤」爲「養」。禮記曲禮上：「百年日期頤。」鄭玄注：「頤，養也。」本卦「頤」訓養，於義可通。

❷「觀頤」，彖傳曰：「觀頤，觀其所養也。」「觀」，「穀梁傳桓公六年：「觀婦人也。」

釋文：「觀，視也。」呂氏春秋愼小：「卑則不能以小觀上。」高誘注：「觀，視也。」廣雅釋詁同，「觀」亦有見的意思。漢書敍傳上：「朝貞觀而夕化兮。」應劭注曰：「觀，見也。」「觀頤」謂觀其所食之物。

❸「口實」，周易集解引鄭玄曰：「頤中有物曰口實。」周易正義孔疏：「自求口實者，觀其自養求其口中之實也。」「口中之實」，卽口中之物，故周易集解纂疏引宋衷曰：「木實謂之果，草實謂之蓏，口實果蓏之屬，故云頤中物也，求口實所以自養也。」「實」，說文：「富也。」廣雅釋詁：「滿也。」

今譯

頤，守正道則吉祥。視其口中所嚼食物，則自取蓏果以自養。

初九，舍而（爾）❶靈龜❷，（觀）我朶（朵）頤❸，凶。

注釋

❶「舍」，釋文：「音捨。注同。」讀如捨。說文：「捨，釋也。从手舍聲。」「舍」、「捨」

同聲系，古通，故「捨」亦作「舍」。漢書賈誼傳：「莫如先審取捨。」顏師古注：「捨謂所弃置也。」漢書匈奴傳下：「今舍貴立賤。」師古注：「舍謂棄置也。」舍棄也有廢義。史記李斯列傳：「則舍爲天下役。」索隱：「舍猶廢也。」有舍棄、廢止之義。

「而」假借爲「爾」。「而」，小爾雅廣詁：「而，汝也。」易解九四：「解而拇。」周易正義孔疏：「而，汝也。」國語楚語：「今而敢來，何也？」韋昭注：「而，汝也。」又，國語魯語「將易而次」、國語吳語「余一人兼受而介福」、晉語「吾定而爵」韋昭注同。

「爾」，周禮大司徒：「各其爾職。」賈公彥疏：「爾，汝也。」詩雄雉「百爾君子」、詩載馳「視爾不臧」、詩氓「爾卜爾筮」鄭並箋：「爾，汝也。」則「而」、「爾」義同而通。

❷ 「靈龜」，周禮龜人：「龜人掌六龜之屬，各有名物。天龜曰靈屬；地龜曰繹屬；東龜曰果屬；西龜曰靁屬，南龜曰獵屬；北龜曰若屬。各以其方之色，與其體辨之。」賈公彥疏：「鄭亦取爾雅云：『俯者靈。』此云天龜曰靈屬。」龜殼用於占卜，故曰靈。周禮占人：「占人掌占龜，以八簭占八頌，以八卦占簭之八故，以眡吉凶。」鄭玄注：「言掌占龜者，筮短龜長。」因此有「凡國之大事，先筮而後卜者。」鄭注：「當用卜者，先筮之卽事有漸也。」左傳僖公四年：「晉獻公欲以驪姬爲夫人，卜之，不吉；筮之，吉。公曰：『從筮。』卜人曰：『筮短龜長，不如從長。』」故有以筮輕龜重」者。因占卜能預知「天意」

❸以斷事之吉凶，故龜被視爲神物，而爲靈龜。禮記禮運：「龜謂靈射之屬。」「搄」假借爲「朶」。搄，疑讀若短。短亦作拞。逢盛碑：「命有悠拞。」短作拞。集韻：「拞同短。」短、短、搄古通。「短」，唐韻、正韻：「都管切。」「朶」，集韻：「都果切。」古音近而通。「朶」，釋文：「朶，動也。」周易集解李鼎祚案：「朶頤垂下，動之貌也。」周易正義孔疏：「朶頤謂朶動之頤以嚼物。」「朶頤」謂兩頤在動。本爻辭之意，姚配中周易姚氏學云：「靈龜猶神龜。舍爾靈龜，謂舍爾靈龜不卜。朶，動也。觀我朶頤，謂觀我動頰而談。人遇有疑事，不用龜以卜，而聽人之口談，是凶矣。」此解義通。

今　譯

初九，汝捨棄龜卜，而看人（兩腮不停地）談論，則凶。

六二，曰顚頤❶，栿（拂）經❷于北〈丘〉頤❸。正（征）凶❹。

注　釋

❶ 「曰顚頤」。「曰」字，王弼本，周易集解本，正義本均無，六四亦作「顚頤」，故無「曰」字，疑爲衍文。

「顚」，王弼周易注：「養下曰顚。」周易集解引王肅曰：「養下曰顚。」下不奉上，而以上養下爲顚倒其事。故顚亦有倒義。楚辭愍命：「顚衣以爲裳。」注：「顚，倒也。」釋名同。

❷ 「柫」假借爲「拂」。「柫」，說文：「擊禾連枷也。从木弗聲。」荀子性惡：「則兄弟相柫奪矣。」楊倞注：「自關而西謂之柫，今之農器連枷也。」「拂」，說文：「過擊也。从手弗聲。」漢書王莽傳中：「必躬載拂。」顏師古注：「拂，所以擊治禾者也。今謂之連枷。」則「柫」、「拂」同聲系、同義，古通用。

「拂」，此處訓爲「違」。王弼周易注：「拂，違也。」釋文：「拂，違也。薛同。」詩皇矣：「四方以無拂。」釋文：「王云：拂，違也。」

「經」，王弼周易注：「經，猶義也。」周易集解引王肅曰：「經，常也。」

❸ 「北（丘）頤」。「北」爲「丘」之誤，形近而譌。「丘頤」，王弼周易注：「邱，所履之常也。」周易集解引王肅：「丘，小山。」尙秉和周易尙氏學訓「丘」爲「空」。高亨周易古經今注：「丘頤者，殆丘之兩坡也，口之兩旁爲頤，因而丘之兩坡曰丘頤。」謂養上也。

❹ 「正」假借爲「征」。「征」，說文：「𨑓，正行也。从辵正聲。」「正」「征」同聲系，

古通。周禮司門：「正其貨賄。」鄭玄注：「正讀爲征。」呂氏春秋孟秋：「以征不義。」高誘注：「征，正也。」周禮司勳：「惟加田無國正。」釋文：「正，本亦作征。」禮記王制：「譏而不征。」釋文：「征，本又作正。」則「征」、「正」互訓通假。「征」，伐也、討也、行也。詩泮水：「桓桓于征。」鄭箋：「征，征伐也。」孟子，盡心下：「征者，上伐下也。」國語周語：「穆王將征犬戎。」韋昭注：「征，正也，上討下之稱。」爾雅釋言：「征，行也。」此三義古書皆用。

今譯

六二，以上養下，違背常理而不養上，此行則凶。

六三，拂（拂）頤❶，貞凶❷。十年勿用❸，无攸利。

注釋

❶「拂」假借爲「拂」。拂，違也。「拂頤」謂違背頤養之道。

❷「貞」，占問。周易正義孔疏：「拂頤貞凶者，拂，違也。履夫不正以養上九，是自納於

上以諂媚者也。違養正之義，故曰拂頤貞而有凶也。」周易集解引虞翻曰：「三失位體剝，不正相應，弑父弑君，故貞凶。」

❸「勿用」。「用」，說文：「可施行也。」方言六：「用，行也。」王弼周易注：「處頤而爲此行，十年見棄者也。立行於斯，无施而利。」是用訓行。

今譯

六三，違背頤養之道，占問則凶。十年不可施行，沒有什麼利益。

六四，顚頤❶，吉。虎視沈（眈）沈（眈）❷，其容（欲）❸笛（逐）笛（逐）❹，无咎。

注釋

❶「顚頤」，王弼周易注：「以上養下，得頤之義，故曰顚頤吉。」此爻辭似與六二相戾。而實以上養下，亦是人生中必不可缺少的一方面。六二是說「拂經于丘頤，征凶」，即違背常理而不養上，這種行爲當然不好，故凶。此爻辭是說以上養下，得頤之義。

❷「虎視沈（眈）沈（眈）」。「沈」假借爲「眈」。「沈」，說文：「陵上滈水也。一曰：

濁黕也。从水冘聲。」「眈」，說文：「視近而志遠。从目冘聲。易曰：『虎視眈眈。』」「沈」、「眈」古同聲故通。詩賓之初筵序：「沈湎淫液。」釋文：「沈字或作眈。」一切經音義二：「耽，古文媅眈二形，諸書作酖沈二形，同。」文選魏都賦：「眈眈帝宇。」注：「沈與眈音義同。」

「眈眈」，周易集解引虞翻注：「眈眈，下眎貌。」釋文：「眈眈，威而不猛也。馬云：『虎下視貌。』」虎視眈眈謂像老虎那樣下視。

❸ 「容」假借為「欲」。「容」，說文：「盛也。从宀谷。」「欲」，說文：「貪欲也。从欠谷聲。」容，正字通：「余壟切，音涌。」「欲」，集韻、韻會：「俞玉切。」又：「俞戍切。」正韻：「余玉切。」「容」、「欲」古音近而相通。

「欲」，廣雅釋詁：「貪也。」孟子萬章：「人之所欲也。」趙岐注：「欲，貪也。」論語憲問：「克伐怨欲。」何晏集解：「馬云：『欲，貪欲也。』」皇侃疏同。

❹ 「笛笛」假借為「逐逐」。「逐逐」，釋文：「子夏傳作攸攸。志林云：攸當作逐。蘇林音迪。荀作悠悠。劉作跾，云：遠也。說文：跾，音式六反。」

「笛」，說文：「七孔筩也。」段玉裁注：「周禮笙師字作『篴』。大鄭云：『杜子春讀篴蕩滌之滌。』今人所吹五空竹笛。按，篴、笛古今字。大鄭注上作『篴』，下作『笛』，後人妄改一之。」「篴」和「逐」形近。說文「笛」：「从竹由聲。」段玉裁注：「由與逐皆三部聲也。古音如逐，今音徒歷切。」「笛」、「逐」古音相近而通。

「逐逐」，釋文：「敦實也。薛云：速也。」

今譯

六四，以上養下，吉祥。像虎那樣下視，以實其貪欲，沒有災患。

六（五，拂經）❶，居貞吉。（不可涉大）川。

注釋

❶「拂經」，帛書周易缺，據通行本補。原文依六二爻辭，應作「柫經」。「柫」、「拂」古通。「拂」，違也；「經」，常也。六五，陰居陽位，失其正位。順上上九則可，下涉則不可。

今譯

六五，違背常理，若能自守居正則吉，不可以渡越大河。

〔尚（上）九，由頤❶，厲吉，利〕涉大川。

注釋

❶「由」，爾雅釋詁：「由，自也。」詩君子陽陽：「右招我由房。」鄭箋：「由，從也。」故周易集解引虞翻曰：「由，自從也。」方言六：「由，輔也。」廣雅釋詁：「由，助也。」

今譯

上九，自己頤養自己，雖有危險亦吉祥，宜於渡大河。

總釋

本卦主旨是說明頤養問題。卦辭「自求口實」和上九爻辭「由頤」，主張自己動手取物頤養自己。由此而說明正道和違反常道的兩種不同作法：六二：「顛頤，拂經于丘頤」和六三爻辭：「拂頤，貞凶。」顛倒了頤養的常道，是由於光由上養下，而不以下養上，這種作法其結果都是凶的；六四爻辭：「顛頤，吉。」六五爻辭：「拂經，居貞吉。」雖然亦顛倒了頤養的常道，但由於能自守居正，而最終能守正道，因此是吉利的。

當然，初九爻辭亦說明了對於占筮的重視，說明只聽人滔滔議論，而不去占卜，以斷疑決惑，那是凶的。殷周時，凡國之大事，戰爭、建諸侯、築城、祭祀、農業、水旱，都需要占筮以斷吉凶，才能決定實行或不施行。由此，是不能捨棄靈龜的。

箇（蠱） 第十六

䷑ 箇（蠱）❶，〔元〕吉，亨❷。利涉大川。先甲三日，後甲三日❸。

注釋

❶「蠱」，卦名。

「箇」假借爲「蠱」。「箇」，說文：「竹枝也。从竹固聲。」段玉裁注：「古賀切，古音在五部。」「蠱」，說文：「腹中蟲也。从蟲从皿。」段玉裁注：「公戶切，亦去聲，五部。」「箇」、「蠱」古音同爲五部，音近而通。字林：「蠱，音固。」則與「箇」爲同聲系。「箇」廣韻：「古賀切。」正韻：「古荷切。」「蠱」，集韻：「古慕切。」「箇」、「蠱」同聲系古音近而相通。

「蠱」，釋文：「事也，惑也，亂也。左傳云：『於文皿蟲爲蠱。』又云：『女惑男風落山謂之蠱。』此解與說文合。說文：「春秋傳曰：『皿蟲爲蠱。』晦淫之所生也。梟桀死之鬼亦爲蠱。」食物在器皿之中，腐而生蟲，故字從皿從蟲。物腐而生蟲，便是物內生蟲也。生蟲非正常現象，卽亂也。周易集解引伏曼容曰：「蠱惑亂也。萬事從惑而起，故以蠱爲事也。」「蠱」，事也。

「蠱」，歸藏作「蜀」。詩豳風：「蜎蜎者蠋。」蠋，葵中蠶也。詩詁：蜀已有蟲，再加虫，俗字。然蜀亦蠱也，與蠱義近。

❷ 「元吉，亨。」王弼本、周易集解本、周易本義本，均作「元亨」，而無「吉」字。帛書周易本有「吉」字。今依帛書本。

「元」，始也。亨，通也。謂其事開始便吉祥而亨通。

❸ 「先甲三日，後甲三日」，周易正義孔穎達疏曰：「甲前三日，取改過自新，故用辛也。甲後三日，取丁寧之義，故用丁也。」周易本義曰：「先甲三日，辛也；後甲三日，丁也。」我國古代曆法，每年十二月（閏月置於歲末），每月三旬，每旬十日。以天干、甲、乙、丙、丁、戊、己、庚、辛、壬、癸記。凡逢天干某字可簡稱某日。先甲三日爲辛日，後甲三日爲丁日。例圖如下：

據甲骨文記載，殷代已用此曆法。古人以辛日和丁日爲吉日。巽九五：「先庚三日，後庚三日，吉。」先庚三日卽癸日，後庚三日即丁日。癸日亦爲吉日。由此而觀，蠱卦卦辭帛書周易較通行本多「吉」字爲勝。禮記郊特牲曰：「郊之用辛也。周之始郊日以至。」春秋宣公八年：「六月辛巳，有事于大廟。」昭公二十五年：「秋七月上辛，大雩；季辛，又雩。」夏小正曰：「二月丁亥，萬用入學。」書召誥：「丁巳，用牲於郊。」春秋桓公十七年：「秋八月癸巳，葬蔡桓侯。」是辛、丁、癸爲吉日之證。漢書武帝記：「辛卯夜若有景光，十月二明。易曰：先甲三日，後甲三日。朕甚念年歲未咸登，飭躬齋戒，丁酉拜況於郊。」顏師古注：「辛夜有光，是先甲三日也。丁日拜況，是後甲三日也。」（參見王引之：經義述聞，清經解本）

今譯

蠱，始而吉祥亨通，利於渡大河，宜在甲前三日的辛日與甲後三日的丁日。

初六，榦父之箇（蠱）❶，有子，巧（考）❷无咎，厲終吉。

注釋

❶ 榦，王弼本、周易集解本均作幹。榦與幹同。爾雅釋詁：「楨，榦也。」釋文：「榦，本又作幹。」集韻：「榦與韓、幹同。」「榦」，文選西京賦注引韓詩章句：「榦，正也。」廣雅釋詁：「幹，正也。」周易集解引虞翻曰：「幹，正也。」乾文言曰：「貞者，事之幹。」可知糾正幹爲正也。爲匡正、之義。「榦父之蠱」，謂匡正父親的事。

聞一多、李鏡池訓「幹」爲「貫」。聞一多周易義證類纂曰：「余謂幹讀爲貫。爾雅釋詁曰：『貫，習也。』說文曰：『遦，習也。』貫、遦字同。廣雅釋詁一曰：『貫，行也。』習、行義近。今天謂行事曰幹事、嫺習於事者曰幹材，字均當作貫。牧毀曰：『乃毌政事，毌敢不尹其不中不刑。』毌，古貫字。毌政事猶習政事，行政事也。漢書谷永傳曰：『以次貫行，固執無違。』貫行猶習行也。『幹父之蠱』卽貫父之故，『幹母之蠱』卽貫母之故，謂習行父若毌之故事也。」聞解義亦通。

❷ 「有子巧（考）」。「巧」假借爲「考」。「巧」，古文作「丂」、「扝」。說文：「巧，技也。从工丂聲。」「考」，古文作「攷」。說文：「攷，敂也。从攴丂聲。」「考」，說文：「老也。从老省，丂聲。」則「巧」、「攷」、「考」古同聲系而通假。

「考」，爾雅釋親：「父爲考。」書舜典：「如喪考妣。」釋文：「父曰考。」公羊傳隱公元年：「隱之考也。」注：「生稱父，死稱考。」易蠱象傳：「意承考也。」孔疏：「對文父沒稱考，若散而言之生亦稱考。」故古代父在父沒皆可稱考。

聞一多周易義證類纂：「初六曰：『幹父之蠱，有子考。』于省吾氏讀考爲孝（按，參見于氏易經新證），至確。」亦可通。

「有子考，无咎」，此句有以「有子，考无咎」斷句。周易集解纂疏：「陽伏于下爲考，艮子成于上，是有子考也。此從『有子考』斷句也。王弼注云：『任爲事首，能堪其事，考乃无咎也，故曰：有子，考无咎也。』此以『考无咎』斷句也。王注是也。」這兩種句斷均通。六十四卦經文中，九十三處言「無咎」，絕大多數以「無咎」爲斷。然直指人而言者，則有作某某无咎。如觀初九：「童觀，小人无咎，君子吝。」觀九五：「觀我生，君子无咎。」觀上九：「觀其生，君子无咎。」與「考无咎」同例。

今譯

初六，匡正其父親的弊事，有子這樣，則父無災患。雖有危險，結果吉祥。

〔九二〕，幹母之箇（蠱），不可貞❶。

注釋

❶「貞」，周書謚法：「清白守節曰貞。」司徒椽梁休碑：「守節曰貞。」引伸爲貞操。

今譯

九二，匡正其母親的弊事，但不可干預母親的貞操。

九三，榦父之箇（蠱），少（小）有悔❶，无大咎。

注釋

❶「少」假借爲「小」。詳見訟初六：「少（小）有言。」

今譯

九三，匡正其父親的弊事，雖有小小的困厄，但無大的災患。

六四，浴（裕）❶父之箇（蠱），往見閵（吝）❷。

注釋

❶「浴」假借爲「裕」。「浴」，說文：「浴，洒身也。从水谷聲。」「裕」，說文：「衣物饒也。从衣谷聲。」「浴」、「裕」同聲系，古通用。

「裕」，釋文：「馬云：寬也。」周易集解引虞翻：「裕，不能爭也。」廣雅釋詁四：「裕，容也。」

❷「閵」假借爲「吝」。詳見同人六二。「吝」，說文：「恨惜也，从口文聲。」易屯六三：「往吝。」釋文：「馬云：恨也。」後漢書馬援傳注：「吝，猶恨也。」

今譯

六四，寬容父親弊事，前往將遇見悔恨。

六五，榦父之箇（蠱），用輿（譽）❶。

注釋

❶「輿」假借爲「譽」。「輿」讀若與。集韻：或作轝。輿和與通。左傳襄公二年：「使正輿子賂夙沙衞。」釋文：「輿，本作與。」左傳襄公十年「王叔陳生與伯輿爭政」、襄公三十一年「生去疾及展輿」、莊子逍遙遊：「吾聞言於接輿」釋文並釋爲：「輿，本作與。」史記孔子弟子列傳：「曾參，字子輿。」家語作「字子與」。古「輿」和「與」通假。「譽」，說文：「稱也。从言與聲。」「譽」和「與」同聲系，古通用。則「輿」、「與」、「譽」古通。「譽」，善也。淮南子本經：「經誹譽。」高誘注：「譽，善。」詩振鷺：「以永終譽。」鄭箋：「譽，聲美也。」周易集解引荀爽曰：「體和應中，承陽有實，用斯幹事，榮譽之道也。」訓「譽」爲「榮」。「榮」、「善」「美」，義相近可通。

今譯

六五，匡正父親的弊事，因而有榮譽。

尚（上）九，不事王侯❶，高尚其德❷，兇❸。

注釋

❶ 「侯」，侯之本字。意爲諸侯。
「事」，說文：「職也。从史之省聲。叓，古文事。」荀子大略：「臣道知事。」楊倞注：「事謂職守。」荀子性惡：「不可學不可事。」楊倞注：「事，爲也，任也。」有任使之意。荀子正名：「不事而自然謂之性。」楊倞注：「事，使也。」

❷ 「高尚其德」。王弼本作「高尚其事」。周易注云：「不事王侯，高尚其事也。」周易集解本亦作「事」。周易本義本同。有鑒於前有「不事」，「高尚其事」，意亦迂曲。孟子外書文說篇引「事」作「志」，即「高尚其志」，似據象傳「不事王侯，志可則也」而改。帛書周易「事」爲「德」，較通行本佳。
「德」、德行。論語爲政：「導之以德。」何晏集解引包注：「德謂道德也。」孝經：「非先王之德行不敢行。」邢昺注：「德行謂道德行。」

❸ 「兇」，王弼本，周易集解本、周易本義本均無「兇」字。增韻：「凶，通作兇。」作凶。

今譯

上九，不任使於王侯，自以德行高尚則凶。

總釋

蠱卦的主旨，是講匡正父母的弊事，卽過錯或不符合正道的行爲。從卦辭，初六到六五基本上貫穿了這個思想，故雜卦傳曰：「蠱則飭也。」王弼曰：「飭，整治也。」便是這個意思。此是帛書周易和通行本周易相同之處。然亦有相異之處。這主要是上九爻辭。此條爻辭通行本爲：「不事王侯，高尙其事。」不爲王侯任使，則是高尙的事，是對於隱者、不仕者的贊揚。然帛書周易作「不事王侯，高尙其德，兇。」則是對不爲王侯任使，自以德行高尙的譴責，一褒一貶，意思完全相反。

蠱卦認爲對父母不合正道的匡正是符合道德的行爲，如「榦父之蠱」和「榦母之蠱」。反之，寬容父母不合正道的行爲，則是悔恨或有恥的。但對母親的匡正要視其具體事而定，有的則不可干預。這種態度與孔子「父爲子隱，子爲父隱，直在其中矣」的觀點顯然相戾。

贛（坎） 第十七

䷜ **習贛（坎）❶，有復（孚）❷，嶲（維）心❸，亨，行有尚。**

注釋

❶「坎」，卦名。一曰「習坎」。王弼周易注卦名作「習坎」。周易正義孔穎達疏云：「案，諸卦之名皆於卦上不加其字，此坎卦之名，特加習者，以坎爲險難，故特加習名。」與帛書周易合。然而，作「習坎」乃是由初六爻辭和彖傳「習坎」二字而衍。八經卦自重爲八別卦，卦名不變。乾、坤、震、巽、離、艮、兌自重爲別卦，其名同。坎自重當亦爲坎，而不爲「習坎」。習坎爲卦名，當亦由來久焉。然而序卦、說卦、雜卦解釋坎卦，均稱坎卦爲坎，而不稱「習坎」，可見稱「習坎」約始於漢。彖傳曰：「習坎，重險也。」是以「習坎」解釋本卦卦體，並非卦名爲「習坎」。巽彖傳曰：「重巽以申命。」是以「重巽」解釋巽卦卦體䷸，卦名並不是「重巽」。「習」，釋文云：「重也。」「習坎」猶如「重

巽」，都是指坎或巽的自重。不過「習」字誤入坎之卦名，而「重」字未誤入巽之卦名而已。故坎卦名仍稱，不稱「習坎」。

「贛」假借爲「坎」。「贛」，集韻：「古禫切。」音感。古音屬感韻。又，集韻：「古暗切。」音紺。古音屬勘韻。「坎」，唐韻、集韻、韻會、正韻：「苦感切。」音欿。古音屬感韻。又，集韻：「苦紺切。」音勘。古音屬勘韻。「贛」、「坎」，古音同屬感韻或勘韻，音近相通，且又義同。「贛」，書顧命：「爾無以釗冒貢于非幾。」馬注：「贛，陷也。」「坎」，說文：「陷也。从土欠聲。」「坎」或作「埳」。廣雅釋詁四：「埳，陷也。」「贛」、「坎」義同而通。

「習贛」，釋文云：「習，便習也，重也。劉云：水流行不休，故曰習。坎，本亦作陷，京劉作欿，險也，陷也。」王弼周易注：「坎，險陷之名也。」周易正義孔穎達疏曰：「習有二義：一者，習重也，謂上下俱坎，是重疊有險，險之重疊乃成險之用也；一者，人之行險，先使習其事，乃可得通，故云習也。」孔謂「重疊有險」，即易損象之言「習坎，重險也。」意謂陷阱連着陷阱，或陷阱中又有陷阱，爲重險。省「習」稱「坎」，易於稱謂，或與八經卦相應而已。

「坎」，歸藏作「犖」。李過曰：『犖者，勞也。』黃宗炎曰：「物莫勞於牛。」牛爲動物中最勞苦者。農耕用牛，中國古代便已使用。故說文：「犖，駁牛也，从牛勞省聲。」駁，牛色不純也。坤爲牛，陽入坤中，故爲駁。義與周易坎異。

❷「有復」，「復」假借爲「孚」。詳見訟卦辭。孚，信也，誠也，訓俘虜之俘，義亦可通。

❸「巂」假借爲「維」。「巂」，帛書周易作「𢁒」于豪亮帛書周易曰：「雟與巂並爲巂的異體字，假作纗。」（文物，一九八四年第三期）高亨周易大傳今注：「維，漢帛書周易作雋。維與雋均借爲纗。」二解於義均可通。按，「巂」，或作嶲，本作巂。集韻：「選委切。」音瀡。紙韻，古音屬十六部。「維」，集韻、韻會：「夷隹切。」音惟。支韻，古音屬十六部。「巂」「維」古音同屬十六部，音近而通。「巂」假作「纗」。說文曰：「纗維網中繩。从系巂聲。讀若畫，或讀若維。」「巂」、「纗」、「維」音近相通。「纗」、「維」音近相通。「纗」，文選思玄賦：「纗幽蘭之秋華兮。」舊注：「纗，系也。」李善注曰：「纗者，即係囊之繩也。」意謂係連、維繫、維系之義。廣雅釋詁二：「維，係也。」詩白駒曰：「縶之維之。」毛傳：「維，繫也。」儀禮士相見禮：「維之以索。」按，此處可作維系解。維心即維系人心。

今譯

習坎，有誠信，才能維繫人心，作事亨通，行為莊重。

初六，習贛（坎）❶，人（入）贛（坎）閻（窞）❷，凶。

注釋

❶「習贛（坎）」。「習」，周易集解引陸績曰：「習，重也。」論語學而：「學而時習之。」皇侃疏：「習，重也。」周易集解纂疏曰：「書大禹謨：『卜不習吉。』哀十年左傳：『卜不襲吉。』襲古文作戳。褶襲，重衣也。褶與習通，故云：習，重也。」習坎，卽坎中又有坎。

❷「人」與「入」古爲假借字，馬王堆漢墓帛書整理小組以爲是明顯的誤字，以〈〉符號表示改正，然禮記表記：「大言入則望大利。」鄭注：「入或爲人。」漢書武帝紀：「因遭虜之方入。」顏注引晉灼曰：「入或作人。」爲「人」、「入」相假之證。「入」，說文：「內也。象从上俱下也。」左傳昭公廿一年：「自陳入於宋南里以叛。」杜預注：「自外至故曰入。」

「閻」假借爲「窞」。「閻」，說文：「里中門也。从門臽聲。」「窞」，說文：「坎中小坎也。从穴從臽，臽亦聲。易曰：入於坎㕟。一曰：㫄入也。」「閻」、「窞」同聲系，古相通。「閻」窞均借爲臽。說文：「臽，小阱也。从人在臼上。」意謂人墜坎阱中。「窞」，廣雅釋水：「窞，坑也。」周易集解引干寶曰：「窞，坎之深者也。」虞翻曰：「坎中小穴稱窞。」釋文曰：「字林云：『坎中小坎。』爲陷阱中的小陷阱，雖小而深，小與深並非矛盾。

「入贛（坎）」，通行本作「入於坎」，帛書周易缺「於」字。缺「於」無害於義。

今譯

初六，陷阱中又有陷阱，人墜入陷阱中，則凶。

九二，贛（坎）**有訦**（險）❶，**求少**（小）**得**❷。

注釋

❶「訦」假借爲「險」。「訦」，說文：「燕代東齊謂信，訦也。从言冘聲。」段玉裁注：「方言：允、訦、恂、展諒、穆，信也。燕代東齊曰訦。是吟切，古音在八部。」六三爻辭「噞（險）且訦（枕）」，「訦」作「枕」。「枕」，說文：「臥所薦者也。从木冘聲。」「訦」、「枕」同聲系，古相通。「險」，說文：「阻難也。从𨸏僉聲。」段玉裁注：「虛檢切。」坎六三爻辭「險」作「噞」。廣雅釋言：「噞，喁也。」說文新附：「噞喁，魚口見也。从口僉聲。」噞，「魚檢切」。「險」、「噞」同聲系，古相通。「險」，釋文：「鄭向本作檢。鄭云：木在手曰撿。」阮元周易注疏校勘記：「石經、岳本、

閩、監、毛本同。釋文：險且古文及鄭向本作檢。」「險」「檢」同聲系，古相通。「枕」「檢」古義同。釋名釋牀帳曰：「枕，檢也，所以檢項也。」「枕」、「檢」義同而通。「枕」「險」古義亦同。漢上易傳引陸績曰：「枕險礙險害之貌。」釋文：「枕，陸云：閑礙險害之皃。」「枕」有險義。故「險」「檢」、「枕」、「訦」古相通。

❷「險」，國語晉語「必內險之」韋昭注、國語周語「君子將險哀之不暇」韋昭注、荀子儒效「持險應變曲當」楊倞注並曰：「險，危也。」左傳昭公十二年：「易不可以占險。」孔穎達疏：「險謂危險。」險，危險之義。

「少」與「小」通。詳見訟初六「少（小）有言」解。

今譯

九二，墜入陷阱有危險，只求小得。

六三，來之贛（坎）贛（坎）❶，嶮（險）且訦（枕）❷。人（入）〔于〕贛（坎）閻（窞）❸〔勿用〕。

注釋

❶「贛」假借爲「坎」，「來之坎坎」，王弼周易注：「出則之坎，居則亦坎，故曰『來之坎坎』也。」周易集解引虞翻曰：「坎在內稱來，在坎終坎，故來之坎坎。」「坎坎」，意謂一坎連接一坎，或坎中又有坎。

❷噞（險）且訦（枕）。「噞」、「險」同聲系，古相通。險，危也。「訦」、「枕」同聲系，古相通。

「枕」，釋文：「陸云：閑礙險害之皃。」王弼周易注：「枕者，枕枝而不安之謂也。」「枝」與「支」通，撐持支柱，亦臨險之意。周易集解引虞翻曰：「枕，止也。」釋文：「枕，古文作沈。」俞樾群經平議曰：「枕當爲沈。釋文謂古文作沈，是也。莊子外物篇：『慰暋沈屯。』釋文引司馬注曰：『沈，深也。』險且沈者，險且深也。」按，枕有臨險，止、深等義。

「來之坎坎，險且枕」，高亨周易古經今注斷爲「來之坎，坎險且枕」。漢人均以「來之坎坎，險且枕」爲斷。今從漢。

❸「閻」假借爲「窞」。窞，小阱也。

今譯

六三，來到此坎連坎的地方，面臨危險而應停止行動；墜入陷阱中，不可能復出了。

六四，奠（樽）❶酒，巧（簋）跡（貳）❷，用缶❸，人（入）葯（約）❹自牖❺，終无咎。

注釋

❶「奠」假借爲「樽」。「樽」，說文作「尊」。釋文：「音尊。」正韻：「从木者，後人所加。亦作罇。」「樽」，淮南子詮言：「樽之上元樽。」高誘注曰：「樽，酒器。」爾雅釋器注：「皆盛酒尊。」釋文曰：「尊，酒器也。尊，本作樽。」莊子馬蹄曰：「孰爲犧尊。」釋文曰：「尊，本作樽。」左傳襄公二十三年：「新樽絜之。」釋文：「樽，本作尊。」莊子逍遙遊：「何不慮以爲大樽。」釋文曰：「樽，本作尊。」是「樽」作「尊」。奠，猶尊也。儀禮士喪禮：「幂奠用功布。」鄭玄注曰：「古文奠爲尊。」按，「奠」、「樽」均作「尊」。

「尊」，說文曰：「酒器也。从酋廾以奉之。周禮司尊彝謂六尊：犧尊、象尊、箸尊、壺尊、太尊、山尊，以待祭祀賓客之禮。」樽酒，即以樽盛酒。

❷「巧」假借爲「簋」。詳見損卦卦辭「曷之用二巧（簋）」解。

「跡」，通行本作「貳」。「跡」，从言亦聲，當讀爲亦。說文：「亦，人之臂亦也。从大象兩亦之形。凡亦之屬皆从亦。」左傳昭公二十年：「亦者，兩相須之意也。」公羊傳昭公十七年：「北辰亦爲大辰。」何休注：「亦者兩相須之意。」兩即貳也。「亦」也有重義。論語學而：「不亦說乎。」皇侃疏：「亦猶重也。」貳，說文：「副益也。从貝式聲。式，古文二。」文選西京賦：「察貳廉空。」薛注：「貳爲兼重也。」亦有重義。「⿰言亦」、「貳」義同相通。

❸ 于豪亮帛書周易曰：「帛書贛（坎）之六四：『奠（尊）酒巧訣用缶。』通行本作『尊酒簋二用缶』。帛書的巧與簋同爲幽部字，巧當讀爲簋。訣从夫聲，當讀爲簠。說文繫傳：『簠，古文簠，从匚夫。臣鍇曰：夫聲。』陳逆簠的簠字也從夫聲作笑。所以訣可以假爲簠。帛書作巧（簋）訣（簠），通行本作簋二，文字雖有差異，文義的差別却不大，都能講得通。」按，帛書周易作「⿰言亦」。井卦辭「汔至亦未汲井」之亦字，帛書作「亦」，與「⿰言亦」之右偏旁同。于釋爲「訣」誤也。

「缶」，說文：「瓦器所以盛酒漿，秦人鼓之以節謌。象形。」爾雅釋器：「盎謂之缶。」漢書五行志上：「季桓子穿井得土缶。」顏師古注：「缶，盎也。即今之盆。」謂盛黍稷於盆。

❹ 「葯」假借爲「約」。「葯」，韻會、正韻：「乙却切。」音約。「葯」、「約」音同古相通。約，周易集解引虞翻曰：「坎爲內也，四陰小故約。」按，「約」訓「小」。聞一多周易義證類纂：「約猶取也。約從勺聲，勺訓挹取（說文），酌、釣並訓取。汋訓盜取，又杓訓掔，掔訓牽引，引亦取也，是約亦有取義。『納約自牖。』即納取自牖酒食而必自牖納取之者，蓋亦就在獄中者言之。古獄鑿地爲窖，故牖在室上，如今之天窗然。

以地窖爲獄，則獄全不可見，惟見其牖，書傳稱殷獄曰『牖里』，或以此歟？」高亨周易古經今注曰：「約讀爲擢。擢，取出也。」義通。

❺「自牖」。「牖」，說文曰：「穿壁也。以木爲交窗也。从片戶甫。」漢書兩龔傳：「爲牀室中戶西南牖下。」顏師古注：「牖，窗也。」

帛書周易：「入約自牖。」通行本作「納約自牖」。「入」、「納」義近。

今譯

六四，以樽盛酒，二簋盛黍稷，用盆盛食物，送入取出皆從窗戶通過，結果沒有災患。

九五，贛（坎）不盈❶，堤（坻）既平❷，无咎。

注釋

❶「坎不盈」。周易集解引虞翻曰：「盈，溢也。」「不盈」謂未盈滿而溢出也。

❷「堤」假借爲「坻」。「堤」爲「堤」之誤。「堤」，集韻、韻會、正韻：「都黎切。」音氐。「坻」，說文：「箸也。从土氏聲。」「堤」、「坻」音近而通。又「堤」，說文：

「滯也。从土是聲。」「坻」，文選解嘲：「響若坻隤。」注引韋昭：「坻音若是理之是。」亦音近而通。

「祗」，阮元周易注疏校勘記曰：「閩、監、毛本同。石經、岳本祗作祇，是也。」釋文：「祇，鄭云：『當爲坻。小丘也。』京作禔。」說文亦作禔，曰：「禔，安福也。从示是聲。易曰：『禔既平。』」古韻氏屬支部，氐屬脂部，二部音常相轉，从毛得聲及从氏得聲字可通用。禔、祗依鄭說當作坻。詩蒹葭：「宛在水中坻。」毛傳：「坻，小渚也。」詩甫曰：「如坻如梁。」鄭箋：「坻，水中之高地也。」爾雅釋水：「水中可居者曰洲，小洲曰陼，小陼曰沚，小沚曰坻。」邢昺疏曰：「李巡云：四方皆有水，中央獨可居，但大小異其名耳。」，小沚便是水中的高地。後漢書張衡傳：「伏靈龜以負坻兮。」李賢注曰：「小沚曰坻，謂水中高地。」方言六：「坻，塲也。梁宋之間蚍蜉犁鼠之塲謂之坻。」廣雅釋詁三：「坻，塲也。」此坻塲乃地上小丘。帛書周易塭爲堤之誤，借爲堤，當讀爲坻。意謂陷下之坑雖未盈滿，而隆起之坻則已平復。聞一多周易義證類纂曰：「案，于省吾氏讀祗爲災，云災既平猶言患既平，是也。此爻之坎，但指坑谷。水溢出坑谷，則氾濫爲患，今坑谷不溢而災患已平，故曰无咎。」義亦通。

今譯

九五，陷下的坎坑雖未盈滿，隆起的高地則已平整，沒有災患。

尚（上）六，系（係）❶用諱（徽）❷纆（纆）❸，親（寘）❹之于繐（叢）❺勒（棘）❻，三歲弗得❼，兇。

注釋

❶「系」與「係」爲通假字。說文：「系，繫也。从系，聲。凡系之屬皆从系。」釋名釋衣服：「系，繫也。相聯繫也。」後漢書張衡傳：「系曰。」李賢注曰：「系，繫也。」「係」，說文：「絜束也。从人从系，系亦聲。」國語越語：「係妻孥。」韋昭注：「係，繫也。」「系」、「係」同聲系，義同古相通。按，作繫解是。

❷「諱」假借爲「徽」。說文：「諱，誋也。从言韋聲。」段玉裁注：「許貴切，十五部。」「徽」，說文：「衺幅也。一曰：三糾繩也。从系微省聲。」段玉裁注：「許歸切，十五部。」「諱」、「徽」古音同屬十五部。音近相通。諱，借爲禕。禕與徽通。爾雅釋器：「婦人之禕謂之褵。」釋文：「禕，又作徽。」阮元爾雅注疏校勘記曰：「唐石經單疏本、雪牎本同。」釋文：「幃，本或作禕，又作徽。……李善注文選思玄賦云：爾雅曰：婦人之幃謂之縭。今之香囊，在男曰幃，在女曰縭。與陸本正合，知舊本爾雅从巾不从衣也。思

玄賦注又引爾雅婦人之徽謂之褵。」則「諱」、「褘」、「幃」「徽」古相通。

「徽」，陸德明音義：「三糾繩曰徽，穀梁疏引。」穀梁傳宣公三年注：「繼用徽纆。」釋文：「三股曰徽。」周易集解李鼎祚引：「馬融云：『徽纆，索也。』劉表云：『三股爲徽，兩股爲纆，皆索名，以繫縛其罪人矣。』」按，徽卽三股的繩索。

❸ 「⿰糸黑」假借爲「纆」。「⿰糸黑」，說文：「索也。从糸黑聲。」「纆」，廣雅釋器：「纆，索也。」史記屈原賈生傳：「何異糾纆，裴駰集解引臣瓚曰：「纆，索也。」「⿰糸黑」、「纆」義同相通。又「⿰糸黑」，集韻：「密北切。」音墨。類篇：「或从墨作纆。」「纆」，集韻、韻會、正韻：「密北切。」音墨。玉篇：「纆，亦作⿰糸黑。」「纆」、「⿰糸黑」音同相通。「纆」，華嚴經音義下引珠叢曰：「纆，繩索也。」穀梁傳宣公三年注：「繼用徽纆。」釋文曰：「纆，繩名。」周易集解引虞翻曰：「徽纆，黑索也。」按，徽纆，卽繩索。係用徽纆，意謂以繩索拘繫罪人。

❹ 「親」假借爲「寘」。「親」，說文：「至也。从見亲聲。」段玉裁注：「親，七人切，十二部。」眞韻。「寘」，說文新附：「置也。從宀眞聲。」古音屬眞韻，十二部。「親」、「寘」，古音同屬十二部，音近而通。詩谷風曰：「寘予于懷。」鄭箋曰：「寘，置也。置我于懷，言至親已也。」則寘亦有親義。「親」、「寘」相通。「寘」，釋文曰：「置也。注同。劉作示，言衆議於九棘之下也。子夏傳作湜。姚作寔，置也。張作置。」詩卷耳：「寘彼周行。」毛傳：「寘，置也。」

❺「繱」假借爲「叢」。「繱」，說文：「帛青色，从糸蔥聲。」倉紅切，東韻。「叢」，說文：「聚也。从丵取聲。」唐韻、正韻：「徂紅切。」東韻。「繱」、「叢」韻同，古音近相通。

「叢」，楚辭招魂：「叢菅是食些。」注：「柴棘爲叢。」

❻「勒」假借爲「棘」。「勒」，說文：「馬頭絡銜也。从革力聲。」集韻、韻會、正韻：「歷德切，楞入聲。」職韻。「棘」，說文：「小棗叢生者，从竝束。」唐韻、集韻、韻會：「紀力切。」音殛。職韻，「勒」、「棘」同韻，音近相通。

「棘」，方言三曰：「凡草木刺人，江湘之間謂之棘。」

「叢棘」，王弼周易注：「宜其囚執，寘於思過之地。」周易正義孔穎達疏：「被繫用其徽纆之繩，置於叢棘，謂囚執之處以棘叢而禁之也。」周易集解引虞翻曰：「叢棘，獄外種九棘，故稱叢棘。」意謂監獄外種九棘，禁防罪人越獄逃跑。叢棘卽囹圄、監獄。周禮朝士：「掌建邦外朝之法，左九棘，孤卿大夫位焉，群士在其後；右九棘，公侯伯子男位焉，群吏在其後。面三槐，三公位焉，州長衆庶在其後，左嘉石，平罷民焉。右肺石，達窮民焉。」禮記王制：「正以獄成告於大司寇。大司寇聽之棘木之下。」「九棘」爲聽獄的場所。周易集解纂疏曰：「鄭氏謂罷民，邪惡之民也。外朝爲詢事之處，故使司寇公卿議獄於下。」按，叢棘，古之監獄。

聞一多曰：「案古者執罪人，周其身置以棘，所以壅遏之也。左傳哀公八年曰：『邾子又無道，吳子使太宰子餘討之，囚諸樓臺，囚之以棘。』僖十五年曰：『穆姬聞晉侯將至，以太子罃弘與女簡璧登臺而履薪焉。』注曰：『穆姬欲自罪，故登臺而荐之以薪，左右上下者皆履柴乃得通。』此言。薪蓋謂棘薪。易曰：『係用徽纆，寘於叢棘。』亦此類也。厥後俗變而意存，則獄前猶種棘焉。」（周易義證類纂）義亦可通。

❼「三歲弗得」。高亨周易大傳今注：「得，疑借為置。說文：『置，赦也。』即釋放。」聞一多周易義證類纂曰：「得疑讀為直。晉語九曰：『邢侯與雍子爭田，雍子納其女于叔魚以求直。』『三歲不直』，猶言三歲不得其平。鄭云：『不自思以得正道。』王云：『不得自脩。』虞云：『不得出獄。』均失之鑿。」高、聞二解皆可通。

今譯

上六，有人被繩索捆綁拘系，置於監獄，歷時三年，案情不得其平，則凶。

總釋

本卦並非貫穿一完整思想，但主旨在講「坎」。說明「坎」的條件的變化與人事之間的關係。初六爻辭：「習坎，入坎窞，凶」。人墜入陷阱，也許是由於人的冒失，或由於人的不知而造成，其結果是「凶」。如果人們事先知道危險，行為謹慎，不僅可避免凶，而且能有所得。九二爻辭：「坎有險，求小得。」雖險而有小得。這便是有認識，便有所準備，而無患的意思。六三爻辭：「來之坎坎，險且枕，入于坎窞，勿用。」說明條件，卽客觀環境變化，人的行爲也應變化，如果到了陷阱連着陷阱的地方，而不停止前進，那麼墜入陷阱中就出不來了。易經作者認爲，宇宙自然，卽中國古人所謂的天地，總是不停地變化的，「坎不盈，祇既平」陷下的坎坑雖未盈滿，隆起的高地則已平復，此未盈滿，其發展趨勢是要盈滿的。

坎卦的六四爻辭是講與祭祀有關的事，上六則講斷獄。易經作者認爲，斷獄應嚴肅認眞，盡量做到迅速處理。如果五花大綁把人拘繫來，投之於監獄，而遲遲不判決，以致拖延三年，案情不得其平，勢將引起百姓怨望，這當然是「凶」的。

襦（需）第十八

䷄襦（需）❶，有復（孚）❷，光亨❸，貞吉。利涉大川❹。

注釋

❶「需」，卦名。

「襦」假借爲「需」。說文：「襦，从衣，需聲。」「襦」、「需」同聲系，且音同。「襦」，集韻：「音須。」釋文：「襦，女俱反。或音須。」釋文：「需，音須。」音同，古相通。

「需」，序卦傳曰：「物穉不可不養也，故受之以需。需者，飲食之道也。」言養物之所需爲飲食，需爲需要之需。彖傳曰：「需，須也。」雜卦傳：「需，不進也。」不進卽等待之意，故京房易傳曰：「需，雲上於天，凝於陰而待於陽。故曰：需者，待也。」周易正義孔疏：「需者，待也。」說文：「需，𩓣也。遇雨不進止𩓣也。」段玉裁注：「𩓣者，待也。」按，「需」有等待或不進之意。

需，歸藏作「溽」。坎、兌皆水，故溽，溼也。而溽與濡音義並同。楊氏古音云：「溽，人余切。歸藏易需卦作溽，同濡。」帛書周易作「襦」。通行本既濟六四：「繻有衣袽。」王弼注：「繻，宜曰濡。」釋文：「繻，子夏作𧞤（即襦字），王廙同。」說文絮下引繻作需，說文繫傳引繻作濡，帛書周易「繻有衣袽」作「襦有衣袽」。故「襦」、「繻」、「濡」、「需」古相通。歸藏「需」作「溽」，則「溽」與「濡」、「襦」、「繻」相通。濡滯亦有須義。

❷「有復（孚）。」「復」假借爲「孚」。說詳訟卦辭「有復（孚）」孚，誠也，信也。

❸「光亨」。說文：「光，明也。从火在儿上，光明意也。」周易集解引虞翻曰：「離日爲光。」說卦傳：「離爲火，爲日。」即日光。引伸爲光明。周易正義孔疏：「若能有信，即需道光明，物得亨通。」程頤周易程氏傳曰：「有孚則光明而能亨通，得貞正而吉也。」訓爲光明。亦有訓光爲廣。古光、廣通用。

❹「大川」大河也。釋文：「大川，河也。」

今　譯

需，有誠信而能光明亨通，恪守正道則吉，宜於涉渡大河。

初九，襦（需）于茭（郊）❶，利用恒❷，无咎。

注釋

❶「襦（需）于茭（郊）」，「襦」假借爲「需」，需，等待，停留。

「茭」假借爲「郊」。「茭」，唐韻：「古肴切。」正韻：「居肴切。」音交。「郊」，唐韻：「古肴切。」集韻、韻會、正韻：「居肴切。」音交。「茭」、「郊」，音同而相通。

「郊」，說文：「距國百里爲郊。」爾雅釋地：「邑外謂之郊。」周禮載師：「近郊遠郊。」鄭注：「五十里爲近郊，百里爲遠郊。」「郊」爲城外百里。

❷「利用恒」。恒象傳、雜卦傳、廣雅釋詁均曰：「恒，久也。」序卦傳：「恒者，久也。」周易正義孔疏：「恒，常也。」「利用恒」，謂利於久留。

今譯

初九，停留於邑外郊野，利於長久駐紮，沒有災患。

九二，襦（需）于沙❶，少（小）有言❷，冬（終）吉❸。

注釋

❶「襦（需）于沙」。「襦」假借爲「需」。需，留待。

❷「少（小）有言」。「少」假借爲「小」。說詳訟初六「少（小）有言」。「少（小）有言」謂少有言語口舌之非。釋名：「言之爲辛也，寓戒也。」引伸爲勸戒。

❸「冬（終）吉」。「冬」假借爲「終」。說詳訟卦辭「冬（終）兇」。終，結果。

今譯

九二，停留於沙灘之中，須給予一些勸戒，結果吉祥。

〔九〕三，襦（需）于泥❶，致寇至。

注釋

❶「繻（需）于泥」。「繻」假借爲「需」，等待停留。「泥」，周易正義孔疏：「泥者，水傍之地，泥溺之處。」朱熹周易本義：「泥，將陷於險矣。」

今譯

九三，停留於泥濘之中，就會招致敵寇的到來。

六四，繻（需）于血❶，出自穴❷。

注釋

❶「繻（需）于血」。「繻」假借爲「需」。需，等待，停留。「血」，說文「祭所薦牲血也。」左傳僖公十五年：「陰血周作。」孔疏：「血在膚內故稱陰血。」王弼周易注：「凡稱血者，陰陽相傷者也。」孔穎達疏：「需于血者，謂陰陽相傷，故有血也。」朱熹周易本義：「血者，殺傷之地。」

❷「出自穴」。說文：「穴，土室也。」墨子辭過：「古之民未知爲宮室，時就阜陵而居，

穴而處。」在西安半坡、寧夏馬家灣等地發現原始社會的住房遺址，都是半地穴式的房屋。詩緜：「陶復陶穴，未有家室。」

今譯

六四，停留在血泊之中，趕快從地穴中逃出。

六〈九〉五，襦（需）于酒食❶，貞吉❷。

注釋

❶「襦（需）于酒食」，周易正義孔疏：「以需待酒食，以遞相宴樂而得貞吉。」朱熹周易本義：「酒食，宴樂之具，言安以待之。」

❷「貞吉」。貞，正也。

今譯

九五，留待於酒食宴樂之中，守正道則吉祥。

尚（上）六，人（入）于穴❶，有不楚（速）客三人來❷，敬之❸，終吉。

注釋

❶「人（入）于穴」，帛書周易作「入于穴」。入字與人字形近，因帛書周易「利見大人」之人亦作「入」，形近相通。

❷「有不楚（速）客三人來」。速，帛書周易作「楚」。「楚」假借爲「速」。今人于豪亮帛書周易曰：「楚字當假爲速。就聲母言，楚爲穿母二等字，速爲心母字，在玉篇和萬象名義集中照系二等和精系常互爲反切上字，故楚字和速字的聲母相近。就韻母言，楚在魚部，速爲侯部入聲，在詩經中侯部字有時同魚部字叶韻。如賓之初筵以語、羖韻；采菽以股、下、紓、予韻；七月以股、羽、野、宇、戶、下、鼠、處韻。到了戰國時期，侯部字同魚部字叶韻更爲普遍。如老子二十六章以主、下韻；逸周書小明武以古、阻、下、主韻；素問示從容論以足、著、索、逆韻；離合眞邪論以處、度、候、路、忤、布、故、處、寫韻，又以怒、下、取韻；鬼谷子捭闔以戶、後韻；陰符以慮、無、銖韻；文子道原以慕、欲、慮韻，又以下、與、後韻：上德以玉、素韻。以上所舉，僅是部分例子，已足以說明

戰國時期侯、魚兩部關係的密切；到了西漢，侯部就幷入魚部了。因此，就韻母言，楚字和速字也相近。既然楚字和速字的聲母和韻母都很相近，楚字就可以假借爲速字。」（文物，一九八四年第三期）于說是也。

「速」，書太甲中「以速戾于厥躬」孔傳、詩行露「何以速我獄」毛傳、詩伐木「以速諸父」鄭箋儀禮鄉酒禮「主人速賓」鄭注、儀禮鄉射禮「乃速賓」鄭注、左傳昭公二十四年「吳不動而速之」杜注並曰：「速，召也。」釋文：「速，馬云：『召也。』釋詁云：『疾也。』釋言云：『徵也，召也。』」按，速，召也。

「有不楚（速）客三人來」，王弼本、集解本客字上有「之」字，帛書周易無「之」字。

❸ 「敬之」。說文：「敬，肅也。从攴从茍。」禮記少儀：「賓客主恭祭祀主敬。」鄭注：「恭在貌也，而敬又在心。」詩文王傳：「翼翼恭敬。」孔疏：「敬是恭之類。」「敬之」謂恭敬。敬又有警之意。詩常武：「既敬既戒。」鄭箋：「敬之言警也。」釋名釋言語：「敬，警也，恆自肅警也。」敬有警惕、敬畏、戒警之意。

聞一多周易義證類纂：「敬、儆、驚本同字，古無儆驚字，但以敬爲之。書盤庚曰：『永敬大恤。』卽永驚大恤。恤與卹通，亦驚也。詩常武一章曰：『整我六師，以修我戎；既敬既戒，惠（唯）此南國。』……（以上以敬爲驚之例）書康誥曰：『惟文王之敬忌，乃裕民。』……是敬忌卽儆（驚）戒。詩沔水曰：『我友敬矣，讒言其興。』敬矣卽儆矣，猶言戒之也。（以上以敬爲儆之例）需上六：『入于穴，有不速之客三人來敬之，終吉。』

敬當讀爲儆，言有不速之客來，當戒備也。」聞說是也。

今譯

上六，回到住的地方，有不召自至的三個客人到來，有所戒備，結果吉祥。

總釋

本卦通過需，即等待在各種不同的場合，說明吉凶。初九：「需於郊」，九二：「需於沙」，九三：「需于泥」，六四：「需于血」，九五：「需于酒食」。此五爻文字較完整，表達思想亦較明確。需之主語有指軍旅，有指商旅，也可能是行旅，從文意來看均可以講得通，然作軍旅似貼切些。在平時，軍隊長久駐紮在郊外，較爲合適。長久駐紮在城裏，不僅對軍隊的訓練有妨，而於人民之間也難處理好關係。周易作者這個思想是長期戰爭經驗的總結，軍隊和平時長期住在城市，往往被都市生活所腐蝕，而成爲少爺兵。軍旅亦不能停留在沙灘中，在沙中車馬難行，就如停留於泥濘或汚泥之中，而不能自拔，便會招致敵寇的襲擊。因不選擇有利的地形地物，「于沙」、「于泥」，自己減弱了戰鬥力，所以遭致「需于血」，由於處不利之地勢，而造成戰爭的失敗，血流成河，此時不能停留在血泊之中，而只能從地穴逃出來，重新組織兵力，停留在血泊中是危險的。六四：「出自穴」和上六：「入於穴」，兩穴文意有別，「出自穴」是指打了敗仗，很多將士被殺，他幸而避在洞穴或隱身地方，而沒被殺，因此須設法離開那個地方。「入于穴」，是指回到居住的地方。雖有三個不召自至的人，只要有所戒備，亦不怕。軍旅、商旅選擇有利的駐地，十分重要。

比　第十九

䷇ 比❶，吉。原筮❷，元永貞❸，无咎，不寧方來❹，後夫凶❺。

注釋

❶「比」，卦名。

「比」，序卦傳曰：「比者，比也。」彖傳曰：「比，吉也；比，輔也。下順從也。」所謂「比者，比也」，周易集解引崔憬曰：「上比相阿黨，下比相和親也。相黨則相親，故言比者比也。」所謂「比，吉也」，集解引子夏傳曰：「今既親比，故云比吉也。」即人相親比則吉，因而，比亦有親的意思。所謂「比，輔也」，爾雅釋詁曰：「比，俌也。」郭注：「俌猶輔。」左傳僖公五年：「輔車相依。」李道平纂疏曰：「比，輔也。」比有比、吉、親、輔之義，即親近、相輔之意，故程頤周易程氏傳曰：「比，親輔也。」朱熹周易本義同。

❷「原筮」，爾雅釋言：「原，再也。」周易集解引虞翻曰：「原筮，再筮也。」周易本義作「必再筮以自審」，訓「原」爲「再」。此爲一解。另訓「原」爲「卜」。周易集解引干寶曰：「原，卜也。周禮三卜，一曰原兆。」此爲二解。周易正義訓原爲窮。孔穎達疏：「原，窮其情；筮，決其意。」程頤周易程氏傳：「必推原占決。」張載橫渠易說：「必原筮者，愼所與也。」張、程以「原筮」爲原占。此爲三解。又王夫之訓原爲本，兪樾釋原爲始，爲本。此爲四解。近人尙秉和周易尙氏學曰：「原者，田也。左傳僖公二十八年『原田每每。』注：『高平曰原』。周禮太卜『原兆』注：『原，原田也。』」此爲五解。通觀比卦辭文義及考蒙卦辭「初筮吉，再三瀆」，可知古人有再筮之例。本爻釋再筮較勝。

❸「元永貞」，高亨周易古經今注曰：「元下疑當有亨字，轉寫挩去。」其證爲：左傳昭公七年云：「衞襄公夫人姜氏無子，嬖人婤始生孟縶。孔成子夢康叔謂己：『立元！余使羈之孫圉與史苟相之。』史朝亦夢康叔謂己：『余將命而子苟與孔烝鉏之曾孫圉相元。』史朝見成子，告之夢，夢協。晉韓宣子爲政聘於諸侯之歲，婤始生子，名之曰元。孟縶之足不良，弱行。孔成子以周易筮之曰：『元尙享衞國，主其社稷。』遇屯䷂。又曰：『余尙立縶，尙克嘉之。』遇屯䷂之比䷇。以示史朝。史朝曰：『元亨。』成子曰：『非長之謂乎？』對曰：『康叔名之，可謂長矣。孟非人也，將不列於宗，不可謂長。且其繇曰：『利建侯。』嗣吉何建，建非嗣也。二卦皆云，子其建之。康叔命之。二卦告之。筮襲於夢，武王所用也，弗從何爲？弱足者居侯，主社稷，臨祭祀，奉民人，事鬼神，從朝

會，又焉得居，各以所用，不亦可乎！』故孔成子立衞靈公。」並謂：「所謂『二卦皆云』者，屯比二卦皆云『元亨』也。今本周易屯卦辭有『元亨』，而比卦辭有『元』無『亨』，此元下挩亨字之鐵證。」其實，「二卦皆云，子其建之」，是指屯、比兩卦卦辭皆有「元」字，是要孔成子立婤姶之子元，非指「元亨」。「康叔命之」，是指孔成子夢康叔謂己「立元」，或「……相元」，非指「元亨」。故不足以爲證。

「元永貞」，在周易卦爻辭中亦非一見。萃卦九五爻辭亦云：「萃有位，无咎，非復(孚)。元永貞，悔亡。」此兩處「元永貞」，帛書周易作「元永貞」和「元永貞」，恐無誤，「元」下當無「亨」字。

元，始也；貞，正也。

❹「不寧方來」，周易集解引虞翻曰：「水性流動故不寧。」李道平纂疏：「方來者，四方來同是也。」荀子致仕：「莫不明通方起，以尚盡矣。」楊倞注：「方起，竝起。」漢書揚雄傳：「雖方徵僑與偓佺兮。」顏注：「方謂幷行也。」淮南子氾論訓：「乃爲窬木方版。」高誘注：「方，並也。」「不寧方來」，謂變動不寧的事並來。

❺「後夫凶」，周易集解纂疏引國語魯語：「仲尼曰：『丘聞之，昔禹致群神於會稽之山，防風氏後至，禹殺而戮。』又引周禮大司馬曰：「建太常比軍衆，誅後至者。」卽後來的人將有凶。

今譯

比，吉。再次占筮，始便永遠守正道，就無災患。變動不寧的事並行而來，後來到的人將有禍殃。

初六，有復（孚）❶，比之，无咎。有復（孚）盈缶❷，冬（終）來或（有）池（它）❸，吉。

注釋

❶「有復（孚）」。「復」假借爲「孚」。說詳訟卦辭「有復（孚）」。「孚」，誠也，信也。

❷「盈缶」，周易集解引虞翻曰：「屯者，盈也，故盈缶。」這裏所謂「屯」，是指比內卦爲坤，外卦爲坎，初動初六陰爻變陽爻，成屯卦。釋文：「缶，瓦器也。鄭云：『汲器也。』爾雅云：『盎謂之缶。』」說文：「缶，瓦器，所以盛酒漿。」漢書五行志：「季桓子穿井，得土缶。」顏注：「缶，盎也，即今之盆。」後漢書魯恭王傳引「易曰：『有孚盈缶，終來有它吉。』言甘雨滿我缶，誠來有它而吉也！」「有孚盈缶」，謂誠信滿出了盆。

❸「冬（終）來或（有）池（它）」，「冬」假借爲「終」，說詳訟卦辭：「冬（終）兇。」

「或」假借為「有」。周易恒九三：「或承之羞。」釋文：「或，有也。」廣雅釋詁、小爾雅廣言：「或，有也。」周禮考工記梓人曰：「毋或若女不寧侯。」鄭注：「或，有也。」禮記月令：「毋或作為淫巧以蕩上心。」孔疏：「或，有也。」詩天保：「無不爾或承。」鄭箋：「或之言有也。」「或」與「有」古通之證也。

「池」假借為「它」。「池」，集韻、韻會：「唐何切。」正韻：「湯河切。」音駝。古音屬歌韻。「它」，集韻、韻會、正韻：「湯河切。」音佗。古音屬歌韻。「池」「它」同韻，音近相通。釋文：「它，本亦作他。」

「它」，說文：「蟲也。上古艸居患它，故相問无它乎？」重文作蛇。玉篇：「它，古文佗字。佗，蛇也。」殷虛卜辭亦有「有它」、「亡它」等記載。若發生意外之患，古人稱為它。大過九四爻辭：「棟隆吉，有它，吝。」中孚初九：「虞吉，有它，不燕。」玉篇：「它，非也，異也。」本田濟易上據王肅本作：「終來有他吉。」(中國古典選2)

今譯

初六，以誠信相輔佐，沒有災患。誠信滿出了盆，最終雖然不好，仍吉祥。

六二，比之（自內❶），貞吉。

注　釋

❶「比之自內」，周易集解引崔憬曰：「自內而比，不失己親也。」「比之自內」，謂內部有親人輔佐也。

❷「貞吉」。貞，占問；亦可訓正。張載橫渠易說：「愛自親始，人道之正，故曰貞吉。」「貞吉」，謂占問便吉祥。

今　譯

六二，內部有親人輔佐，占問便吉祥。

六三，比之非人❶。

注　釋

❶「比之非人」。「非」，周易集解本、周易正義本「非」均作「匪」字。釋文：「馬云：『匪，非也。』王肅本作匪人凶。」帛書周易無「凶」字。

今譯

六三，輔佐的人不是當輔佐的人。

六四，外比之❶，貞吉。

注釋

❶「外比之」，周易集解引虞翻曰：「在外體，故稱外。」

今譯

六四，外部有人輔佐，占問則吉祥。

九五，顯比❶，王用三驅❷，失前禽，邑人不戒（誡）❸，吉。

注釋

❶「顯比」，爾雅釋詁：「顯，光也。」廣雅釋詁：「顯，明也。」玉篇：「顯，明也。」「顯比」，言光明正大地輔佐。

❷「王用三驅」，釋文：「徐云：鄭作敺。馬云：『三驅者，一曰乾豆，二曰賓客，三曰君庖。』」周易集解纂疏：「三敺者，中冬大閱之法。周禮大司馬：中冬教大閱，虞人萊所田之野，爲三表。又五十步爲一表。田之日，司馬建旗於後表之中，乃陳車徒，鼓行鳴鐲，車徒皆行，乃表乃止，爲一敺；鼓進鳴鐲，車驟徒趨，及表乃止，爲二敺；乃鼓，車馳徒走，及表乃止，爲三敺。意主教戰，不在獲禽。」按，「三驅」旨在教戰。「三驅」，漢書五行志：「登車有和鸞之節，田狩有三驅之制。」顏注：「謂田獵三驅也。三驅之禮，一爲乾豆，二爲賓客，三爲充君之庖也。」意在田獵。據後文「失前禽」，本爻訓田獵爲勝。王弼周易注：「夫三驅之禮，禽逆來趣己，則舍之；背己而走，則射之；愛其來而惡於去也；故其所施，常失前禽也。」孔疏曰：「王用三驅失前禽者，此假田獵之道以喻顯比之事。凡三驅之禮，禽向己者則舍之，背己者則射之，是失於前禽也。」「前禽」泛指向己的禽獸。左傳桓公四年：「春，正月，公狩於郎。」杜預注：「冬獵曰狩，行三驅之禮。」孔疏：「狩獵之禮，唯有三驅，故知行三驅之正禮，得田獵之常時。」打獵須三次驅趕禽獸，視其向背而射。

❸「邑人不戒（誡）。」「戒」假借爲「誡」。一切經音義七：「古文戒作誡。」「邑人不誡」和易繫辭下「小懲而大誡」，阮元校勘記均曰：「岳本、閩、監、毛本同。石經初刻戒，後改誡。」戒後改爲誡。爲戒、誡通用之證。「誡」，說文：「敕也。」戒，「警也，敕也」。警，告也。

今譯

九五，光明磊落地輔佐王，王田獵時三面圍驅，而失去前面的禽獸，邑人沒有得到警告，便吉祥。

尚（上）六，比无首❶，兇。

注釋

❶「比无首」，王弼本，集解本均作「比之无首」。帛書周易「比」下无「之」字。通觀比卦爻辭初六「有孚比之」，六二「比之自內」，六三「比之非人」，六四「外比之」，故上六作「比之无首」亦可。今從帛書周易。

「无首」，周易集解引荀爽曰：「陽欲无首，陰以大終。」李道平纂疏：「陽欲无首者，乾用九見群龍无首吉是也。」首，說文：「頭也。」引伸爲首領、元首。

今譯

上六，沒有可以輔佐的首領，便有禍殃。

總釋

本卦主旨是輔佐。輔佐可輔佐的侯王與能否値得輔佐，這是一個擇主的問題。殷、周之際這個問題是存在的，整個春秋戰國時期、三國時期亦存在。同時，輔佐亦來自各個方面。卦辭認爲「比，吉」，得到輔佐，便是吉祥。六二：「比之自內」，輔佐來自內部，說明內部團結，同舟共濟，這是國家富強的基礎，六四：「外比之」，外部亦有人輔佐，說明國君開明，有信譽在外。此兩爻的結果都是「貞吉」。對於輔佐者來說，有一個選擇、尋找被輔佐者的問題，這大概有這樣幾種情況：一是上六「比无首」，尋找不到一個可以輔佐的首領，輔佐者不能施展自己的治國之才，貫徹自己的政治主張和抱負，因此爲凶象；二是六三：「比之非人」，被輔佐者不是應當被輔佐的人，如昏暴之君，奸佞之主，輔佐便是助紂爲虐，或爲虎作倀，應盡快退避；三是找到了明主，輔佐應輔佐者，便要「有復比之」或「顯比」，卽以誠信相輔佐，而不出壞主意，行邪道，要以誠信治國，取信於民；或光明磊落地輔佐君王，而不搞不光明正大的事。這樣卽使有艱難，結果還是沒有災患的。

⿱𡨄走（蹇）　第二十

䷦ **⿱𡨄走**（蹇）❶，**利西南**❷，**不利東北。利見大人。貞吉。**

注釋

❶「蹇」，卦名。帛書周易作「⿱𡨄缶」。「⿱𡨄走」為「蹇」的假借字。「⿱𡨄走」，說文曰：「走皃（貌）。从走，蹇省聲。」古音屬銑韻。「蹇」，說文：「跛也。从足，寒省聲。」古音屬銑韻。「⿱𡨄走」、「蹇」古音近相通。集韻：「蹇行⿺走虒⿺走虒也。⿺走虒或作⿱𡨄走。」故「蹇」、「⿺走虒」、「⿱𡨄走」古相通。「蹇」，廣雅釋詁三：「蹇，難也。」楚辭怨思：「蹇騷騷而不釋。」王注：「蹇，難也。」序卦傳：「乖必有難，故受之以蹇。蹇者，難也。」周易集解引崔憬曰：「二女同居，其志乖而難生，故曰乖必有難也。」以釋「乖必有難」之意。彖曰：「蹇，難也，險在前也。」雜卦傳曰：「蹇，難也。」易傳均釋為難。說文訓「蹇」為「跛」。蹇从足，跛足則難行，

故訓「蹇」為「難」。高亨周易古經今注以「蹇借為謇」，據廣韻訓謇為「正言也」，而引伸為直諫也，非是。帛書周易「蹇」作「蹇」。「蹇」，說文：「走皃。」「蹇」，說文：「跛也。」義近。跛足而走，當有困難，訓「難」較合易經爻辭原意，訓「直諫」則迂曲也。

❷「利西南」，阮元周易注疏校勘記：「石經、岳本、閩、監毛本同。古本利下衍也字。」按，今依帛書周易。

今譯

蹇，利於往西南方向去，不利於東北方向去。利於見大人，占問則吉祥。

初六，往蹇（蹇）**來輿**（譽）❶。

注釋

❶「輿」假借為「譽」。詳見蠱六五爻辭「用輿（譽）」解。王弼周易注曰：「處難之始，居止之初，獨見前識，覩險而止，以待其時，知矣哉！」周易正義孔疏：「往則遇難，來

則得譽。」意謂出門遇到危難，回來却得到榮譽。

聞一多周易義證類纂曰：「案譽讀爲趣。說文曰：『趣，安行也。』論語鄉黨篇「與與如也」。皇疏曰：『與與猶徐徐也。』漢書敘傳：『長倩懙懙。』注曰：『懙懙，行步安舒也。』說文曰：『懇，趣步懇懇也。』趣、與、懇、懙，並字異而義同，然疑此字古讀當如舉，居許切。蹇、趣雙聲連語。象傳、序卦傳並云：『蹇趣難也。』行難與舒遲義相因。管子水地篇：『凝蹇而爲人。』尹注曰：『蹇，停也。』舒與停義亦近。『往蹇來趣』謂往來遲難。遲難者，不利於行之謂，故象傳曰：『宜待也。』」義亦通。按，訓譽爲趣與象傳「往蹇來譽，宜待時也」相合，釋爻辭「往蹇來譽」則顯迂曲。

今譯

初六，出門則遇到困難，回來卻得到榮譽。

六二，王僕𧽊（蹇）𧽊（蹇）❶，非（躬）之故❷。

注釋

❶「王僕蹇蹇」，王弼周易注本，周易集解本、周易本義本「僕」皆作「臣」，與遯九三「畜僕妾吉」、損上九「得僕无家」同。帛書周易「僕」，通行本均作「臣」。「蹇蹇」可作「謇謇」。衡方碑作「謇謇王臣」，楚辭離騷王注、後漢書楊震傳李注、文選辨亡論李注並引「蹇蹇」作「謇謇」。然帛書周易作「蹇蹇」，非作「謇謇」，故仍作「蹇蹇」。意謂王（指九五）僕（六二）兩處於難，是也。

❷「非」，通行本匪。「非」、「匪」古相通。

「躬」，帛書周易缺損，今據通行本補。但馬王堆帛書六十四卦釋文補爲「今」，未知何據。「躬」在帛書作艂或躳。說文：「躳，身也。从身从呂。躳或从弓。」周易正義孔疏：「盡忠於君，匪以私身之故而不往濟君，故曰匪躬之故。」孔疏以「身」訓「躬」。周易集解引侯果曰：「志在匡弼，匪惜其躬。」侯氏亦訓「躬」爲「身」。「匪躬」，風俗通正失：「忠蹇匪躬。」意謂盡忠於君雖有危難而不惜其身。與「今」意不合。

「故」，國語楚語：「夫是誰之故也。」韋昭注曰：「故，事也。」左傳襄公二十六年：「問晉故焉。」杜預注曰：「故，事也。」

今譯

六二，王和僕兩者都有危難，但不因自身有難而不顧君王之難。

〔九三，往蹇來反❶。〕

注釋

❶「往蹇來反」。「蹇」，難也。「反」，說文曰：「覆也。从又厂。象形。反，古文。」左傳昭公二十年：「而欲反其讐。」杜預注：「反，復也。」素問陰陽應象大論：「此陰陽反作。」注：「反謂反覆。」廣雅釋詁三：「反，治也。」義可通。

高亨周易大傳今注曰：「反當讀爲弁（反、弁古通用。詩猗嗟：『四矢反兮。』釋文：『反，韓詩作變。』書堯典：『黎民于變時雍。』漢書地理志引變作卞。卞卽弁字。是其證。玉篇飯亦作飰，作餅，亦其佐證）。詩小弁：『弁彼鸒斯。』毛傳：『弁，樂也。』弁訓樂，實借爲昪。說文：『昪，喜樂貌。』昪卽忭字。玉篇：『忭，喜悅也。』往蹇來反卽往蹇來忭。象傳以『內喜』釋之，可證反當讀爲弁，爲昪，爲忭矣。」按，高氏此訓雖有據，義亦可通，然改「反」爲「弁」，當讀爲弁之證，總覺迂曲。

郭京周易舉正「往蹇來反」之「反」作「正」。云：「經、注、象三正字，並誤作反字。此爻辭注：『爻皆當位，各履其正。』又六四注：『得位履正，當其本實。』九五注：『居不失正。』（按，上引均見王弼周易注）據四節正字義，足明三處反字誤也。」「正」，呂氏春秋順民：「湯克夏而正天下。」高誘注：「正，治也。」漢書陸賈傳：「夫秦失其正。」顏師古注：「正亦政也。」後漢書荀悅傳注引國語韋昭注：「正，國政也。」禮記哀公問：「出以治直言之禮。」鄭注：「正言謂出政教也。」意謂治理國政。此「正」訓「治」，與廣雅訓「反」爲「治」義合。

今譯

九三，出門則遇到困難，回來却得到治理。

〔六四〕，往蹇（蹇）來連❶。

注釋

❶「往蹇來連」。連，釋文：「馬云：亦難也。鄭如字，遲久之意。」王弼周易注：「往來皆難，故曰往蹇來連。」周易集解引虞翻曰：「連，輦也。蹇，難也。」李道平纂疏曰：「馬云：連亦難也，古音輦。輦亦難也。故云：連，輦；蹇，難也。」連、輦古通用。周禮鄉師：「正治其徒役與其輂輦。」鄭司農注：「連讀爲輦。」莊子讓王：「民相連而從

之。」釋文：「司馬云：連讀曰輦。」周禮巾車：「連車組輓。」釋文：「連，本亦作輦。」「連」，說文：「負連也。从辵从車。」管子海王：「行服連軺輦者。」注：「連輦名所以載作器人挽者。」「輦」，說文：「挽車也。从車从扶，在車前引之。」周禮旅師：「及其六畜車輦。」賈公彥疏：「輦，人挽行。」左傳宣公十二年注：「輜重也。」孔穎達疏：「人挽以行謂之輦。」人拉的車謂輦。

今譯

六四，出門則遇到困難，回來却有人拉車。

九五，大蹇（蹇）❶㑜（朋）來❷。

注釋

❶「大蹇」，王弼周易注：「處難之時，獨在險中，難之大者也，故曰『大蹇』。」「大蹇」意卽大難。

聞一多周易義證類纂曰：「案，古字大、天通用，此則當讀爲天。天、蹇疊韻連語。莊子秋水篇曰：『何貴何賤，是謂反衍，無拘而志，與道大蹇。何少何多，是謂謝施，無一而行，與道參差。』釋文曰：『本或作與天道蹇。』馬敍倫氏云，大卽天之譌，天，蹇疊韻連語，謂屈曲也。成本作『與天道蹇』者，讀者不解天蹇之義。移天於道上耳。案馬說是也。天蹇卽蹎蹇，與上反衍義近，猶下文謝施。吳汝綸訓委蛇，則與參差義近也。莊子『反衍』『天蹇』兩詞連用。與易符合，而天字作大，亦與易同，蓋用易語爾。」按，聞氏之說可參考。

❷「⿰亻匈」假借爲「朋」，「⿰亻匈」當讀爲「傰」。帛書周易⿰亻匈作「⿰亻匈」。豫九四：「宂豫，大有得，勿疑，傰（朋）盍簪。」「傰」，帛書周易作「傰」。「⿰亻匈」、「傰」形近。損六五：「益之十傰（朋）之龜弗克。」解九四：「傰（朋）至此孚。」咸九四：「傰（朋）從爾思。」「朋」作「傰」或作「⿰亻匈」，傰⿰亻匈皆從人，⿰亻匈當作傰。

「朋」，釋見損六五。爲朋貝之朋。

聞一多周易義證類纂曰：「蹇九五：『大蹇朋來。』漢石經亦作崩。崩有走義。詩無羊曰：『不騫不崩，畢來旣升。』說文曰：『蹇，走貌。』騫、蹇同。騫、崩並舉是崩亦走也。莊子人間世篇曰：『形就而入，且爲顚，爲滅，爲崩，爲蹶。』說文曰：『顚，走頓也。』顚、⿺走眞通。滅讀爲越。公羊傳桓十六年何注曰：『越猶走也。』越語韋注曰：『蹶，走也。』顚、越、蹶皆走之類，則崩亦走也。字一作蹦。玉篇曰：『蹦，走也。』復與蹇九五兩「崩來」並猶走來，言疾遽而來也。」義亦通。漢石經「朋」作「崩」，與帛書易經「朋」

作「倗」合。「崩」「倗」古通，亦爲「俑」當作「倗」之佐證。

今譯

九五，遇到了大難，終於賺了朋貝回來。

尚（上）六，往蹇（蹇）來石（碩）❶，吉，利見大人。

注釋

❶「往蹇」，馬王堆漢墓帛書整理小組帛書六十四卦釋文作「往寋」。考帛書周易作「往𡨄」。初六「往𡨄」，六二「王僕𡨄」，六四「往𡨄」，九五「大𡨄」，上六作「𡨄」，是「蹇」之簡寫，並非作「寋」。釋「寋」則誤也。

「石」假借爲「碩」。「石」說文：「山石也。在厂之下。口，象形。凡石之屬皆从石。」「碩」，說文：「頭大也。从頁石聲。」「石」、「碩」同聲系，古相通。莊子外物：「無石師而能言。」釋文曰：「石本作碩。」文選爲曹公作書與孫權曰：「明棄碩交。」李善注曰：「碩與石古字通。」且義亦近。「石」，漢書律厤志上曰：「石者，大也。」「碩」，詩考槃「碩人之寬」鄭箋、詩碩人「碩人其頎」鄭箋、碩鼠「碩鼠碩鼠」鄭箋並曰：「碩，大也。」爾雅釋詁：「碩，大也。」方言一曰：「碩，大也。齊宋之間曰碩。」碩，大是也。高亨周易大傳今注曰：「碩，漢帛書周易作石。按，碩、石均借爲摭，拾取也，採用也。」碩、石借爲摭，似乎迂曲。

今譯

上六，出門則遇到困難，回來却大有所獲，則吉祥，利於見大人。

總釋

本卦主旨是講在困難的條件下可以有不同的情況，初六爻辭：「往蹇來譽」，九三爻辭：「往蹇來反」，六四爻辭：「往蹇來連」，上六爻辭：「往蹇來碩。」都是講出門雖然遇到困難或危難，但是回來都得到榮譽，治理或拉車載物，或大有所獲等等。這就是說，出門有難，回來有利。爲什麼由難而轉爲不難，可能是由於環境的變化，也可能是人的主觀努力。古代，出去時困難，而後衣錦還鄉亦是有的。易經卦辭講人事的這種變化，是給問卜者、占筮者以希望或出路。因此九五爻辭：「大蹇朋來」，遇到大難，結果仍然賺了錢財回來。

易經作者認爲，在遇到困難的時候，要講道德。如果是君王和臣僕都遇到困難，做臣僕的基本道德，便是不惜自身遭難而去救君王之難，要求忠於君王或以君王爲代表的國家。而不顧自己。這就是當時的道德價值。

由於蹇卦講由難向不難轉變和強調處難之時的道德，所以卦爻辭皆無厲、咎、凶的斷占之辭。

節　第二十一

䷻ 節❶亨。枯（苦）節❷，不可貞❸。

注　釋

❶「節」，卦名。

「節」，王弼周易注：「節之大者，莫若剛柔兮，男女別也。」故周易正義孔穎達疏云：「節者，制度之名，節止之義。」朱熹周易本義云：「節，有限而止也。」按，此爲釋易傳節之義。易經節爲節儉之意。說文：「節，竹約也。从竹卽聲。」呂氏春秋召類：「其惟仁且節與。」高誘注：「節，儉也。」賈子道術曰：「費弗過適謂之節。」孝經：「制節謹度。」鄭注：「費用儉約，謂之制節。」「節」是指節儉、節約、節制而不過適度之義。「節」亦有禮節之義。禮記文王世子：「興秩節。」鄭注曰：「節猶禮也。」禮記喪服四制：「節者，禮也。」戰國策趙策：「進退之謂節。」按，節卦有節儉和禮節二義。

❷「枯」假借爲「苦」。「枯」，說文曰：「槀也。从木，古聲。」「苦」，說文：「大苦苓也。从艸古聲。」「枯」、「苦」同聲系，古相通。莊子人間世：「此以其能苦其生者也。」釋文：「苦，崔本作枯。」儀禮士虞禮記注：「古文苦爲枯。」是其證。「苦」，漢書韓信傳：「亭長妻苦之。」顏師古注曰：「苦，厭也。」漢書禮樂志：「故婚姻之禮廢，則夫婦之道苦。」師古注曰：「苦，惡也。」淮南子時則：「工事苦慢。」高誘注：「苦，惡也。」「苦」卽厭惡之意。

❸「貞」，左傳襄公九年：「貞，事之幹。」國語晉語：「故利貞。」韋昭注：「貞，事之幹也。」易乾文言：「貞者，事之幹也。」貞爲事之體。程頤周易程氏傳：曰：「貞者，萬物之成。」又，貞爲正。義皆可通。

今譯

節，便能亨通。厭惡節儉，則不可能恪守正道（或成大事，或成事體）。

初九，不出戶牖❶，无咎。

注釋

❶

「不出戶牖」。牖，帛書周易作「𤗪」，通行本「牖」作「庭」。象傳：「不出戶庭，知通塞也。」然觀之九二爻辭「不出門庭」帛書周易亦作「不出門庭」，與通行本合。故帛書周易「不出戶牖」較通行本「不出戶庭」為勝。故從帛書。

「戶」，說文：「護也。半門曰戶。象形。戹，古文戶，从木。」一切經音義十四引字書曰：「一扇曰戶，兩扇曰門。又，在於堂室曰戶，在於宅區域曰門。」戶牖，即堂室也。

今譯

初九，不出家門，沒有災患。

九二，不出門廷❶，凶。

注釋

❶

「廷」，通行本作「庭」。「廷」、「庭」古通。左傳襄公二十三年：「張武軍于熒廷。」

釋文：「廷，本亦作庭。」左傳定公十四年：「夫差使人立於廷。」釋文：「廷本又作庭。」詩閔予小子：「陟降庭止。」漢書匡衡傳作「陟降廷止」。「廷當作庭」。說文：「庭，宮中也。从广廷聲。」荀子儒敎：「是君子之所以騁志意於壇宇宮庭也。」楊倞注：「庭，門屏之內也。」周禮閽人：「掌掃門庭。」鄭注：「門庭門相當之地。」門庭，卽宅內。

今譯

九二，不離家外出，就有禍殃。

六三，不節若❶，則（嗟若❷，无）咎❸。

注釋

❶「不節若」。王弼周易注：「若，辭也。」王引之經傳釋詞卷七曰：「若，詞也。易豐六二『有孚發若』、節六三『不節若，則嗟若』王注並曰：『若，辭也。』書洪範：『曰肅，時雨若。曰乂，時暘若。曰晢，時燠若。曰謀，時寒若。曰聖，時風若。』禮記禮器曰：

『有時竭情盡愼，致其敬而誠若，有美而文而誠若。』」若爲語助詞。

❷「嗟」，王弼周易注：「違節之道，以至哀嗟。」周易集解引虞翻曰：「嗟，哀號聲。」李道平纂疏曰：「不節則嗟，終當變也。釋詁：『嗟，咨嗟也。』故云哀號聲。」

❸「无咎」，高亨周易古經今注曰：「不節則多費，多費則窮困，窮困則愁歎，故曰不節若，則嗟若。既言嗟若，則不宜又言无咎，疑无咎二字衍文。」高氏的根據是：「漢書藝文志曰：『劉向以中古文易經校施、孟、梁丘經，或脫去「无咎」、『悔亡』，唯費氏經與古文同。』據此知古文易中无咎二字有爲今文易所無者，今文未必非，古文未必是也。今所傳者乃費氏本，即古文本。其无咎二字，塙似衍文，當爲今文本所無者。」此說可商榷：漢書藝文志云：「或脫去『无咎』、『悔亡』。」「或」爲疑而未定之辭，疑也，並非肯定全部脫去，事實也並非如此。劉向以中古文易經校施、孟、梁丘經時亦無具體說明節六三「无咎」應脫去。此其一。其二，馬王堆帛書易經節六三有「无咎」二字，帛書周易爲漢初抄本，與費氏本合。周易當爲卜筮之書，有斷占之辭當比無斷占之辭爲佳。其三，高亨先生認爲，大過上六「過涉滅頂，凶，无咎」，困九二「征凶，无咎」，「凶、征凶與无咎相矛盾，无咎當爲衍文」。艮「艮其背，不獲其身，行其庭，不見其人，无咎」，「艮其背」句當爲凶象，與无咎相矛盾，无咎衍文」。高先生以此四例「凶」與「无咎」相矛盾，「无咎」爲衍文，然而易經中此種情況並非僅此四例。如乾九三：「厲，无咎。」噬嗑初九：「屨校滅趾，无咎。」六五：「貞厲，无咎。」復六三：「頻復，厲，无咎。」

睽九四：「厲，无咎。」亦爲矛盾之辭。照高先生四例標準，豈不亦應以无咎爲衍文？按，帛書周易有「无咎」是。

今譯

六三，不節儉則貧窮，貧窮而哀歎，哀歎而悔改，故無災患。

六四，〔安節❶，亨❷〕。

注釋

❶「安」，說文：「靜也。從女在宀下。」爾雅釋詁：「安，定也。」釋名釋言語：「安，晏晏然和喜無動懼也。」安定而晏晏然和喜，安有心和喜而安靜之義。聞一多周易義證類纂：「案，節謂車行之節度。呂氏春秋知分篇曰：『其僕將馳，晏子撫其僕之手，曰：安之毋失節，疾不必生，徐不必死。』晏子春秋雜上篇『安之』作『徐之』，又曰：『按之成節而後去。』韓詩外傳二作『安行成節，然後去之』。史記司馬相如傳：『案節未舒。』索隱曰：『案節言頓轡也。』案，按抑其轡，則馬行遲而車安，是案節卽

安節也。」其義亦通。然以馬行遲而車安釋「安節」，似與節卦的主旨不相合。

❷ 亨，通也。

今譯

六四，心安於節儉，則事事亨通。

〔九五，甘節❶〕，吉，往得尚❷。

注釋

❶ 「甘」，說文：「目美也。从口含一。一，道也。」一切經音義二引廣雅：「安，樂也。」廣雅釋詁一：「甘，美也。」「甘節」，意謂以節儉爲樂，與上六「苦節」恰成反義。周易集解孔穎達疏：「甘者，不苦之名也。」

❷ 「尚」，借爲「賞」。荀子王霸：「賞賢使能以次之。」楊倞注：「賞當爲尚。」說文：「賜有功也。从貝尚聲。」「尚」、「賞」古相通。「賞」，淮南時則：「行慶賞。」高誘注：「賞，賜予。」禮記月令：「賞公卿諸侯大夫於朝。」鄭注：「賞謂有功德者有以顯賜之也。」賞，賜也。

今譯

九五，樂於節儉，則吉祥，有所往能得到賞賜。

尚（上）六，枯（苦）節❶，貞凶。悔亡❷。

注釋

❶「枯」假借爲「苦」。苦，厭也，惡也。「苦節」，厭惡節儉。聞一多周易義證類纂曰：「莊子天道篇曰：『斲輪徐則甘而不固，疾則苦而不入。』釋文引司馬注曰：『甘者，緩也；苦者，急也。』淮南子目應篇作『大疾則苦而不入，大徐則甘而固』。高注曰：『苦，急意也；甘，緩意也。』『苦節』『甘節』即疾節緩節，行節緩則乘者安適，疾則有覆敗之虞，故曰：『甘節貞吉』而『苦節貞凶』也。」義亦可通。

❷「悔亡」，周易集解引干寶曰：「苦節既凶，甘節志得，故曰悔亡。」高亨周易古經今注：「此爻又申之曰：『苦節，貞凶。』既言貞凶，不宜又言悔亡，疑『悔亡』二字衍文，蓋今文經之所無也。」高氏此說不當，理由見六三爻辭「不節若，則嗟若，无咎」解。

今譯

上六，厭惡節儉，占問則凶。若能悔改，便無困厄。

總釋

本卦主旨是講節儉、節省以及禮節。人們對於節儉的不同態度，而有不同的結果。卦辭「苦節，不可貞。」六四爻辭：「安節，亨。」九五爻辭：「甘節，吉。往有尙。」上六爻辭：「苦節，貞凶。悔亡。」以節儉爲心安和喜或以節儉爲樂事，則結果亨通或吉祥。反之，厭惡節儉，其結果是凶。但是，如能悔改，改變以節儉爲苦，那麼，其結果也會是好的。在這裏，易經作者態度十分明確；以節儉爲美德，以靡費爲不道德。告誡人們：「不節若，則嗟若。」不節儉就會貧困，貧困下去而憂愁哀歎。這種重節儉的道德價值，是當時社會存在的反映，據尙書記載，商代統治者鑒於內部的奢侈、淫逸，曾在盤庚下中說：「朕不肩好貨，敢恭生生。」是說不好聲色，不殖財貨。並以貨、色爲「淫風」，伊川曰：「敢於殉於貨色，恒於游畋，時謂淫風。」因此，提出以儉爲德的思想。太甲上記載：「愼乃儉德，惟懷永圖。」把節儉作爲道德規範，作爲長治久安的重要方法，但是，實際並沒有堅持節儉，到了紂王時「淫風」便愈演愈烈，而至亡國。

節卦初九爻辭：「不出戶牖，无咎。」九二：「不出門庭，凶。」大概是指「禮節」說的。節卦認爲，對於禮節不管是出門庭還是不出門庭，都應遵守，而不得違反；否則便凶。當然，家裏馬虎一點，但亦不能眞正馬虎。這便是「不出門庭」，最後還是凶的原因所在。

既濟　第二十二

䷾〈三〉 **既濟❶，亨，小利貞❷。初吉，冬（終）乳（亂）❸。**

注釋

❶

「既濟」，卦名。

「既濟」，序卦曰：「有過物者必濟，故受之以既濟。」周易正義孔穎達疏：「濟者，濟度之名；既者，皆盡之稱。萬事皆濟，故以既濟爲名。」意謂事已皆濟，卽事已成也。周易集解纂疏曰：「既濟者，已濟也。其濟在泰，至既濟而盡，盡則二復於五，終止於泰，而反成否。」釋文曰：「鄭云：既，已也，盡也；濟，度也。」卽已度之意。濟，亦有止義。莊子齊物論：「厲風濟則萬竅爲虛。」郭象注：「濟，止也。」既者，盡也，終也。既濟卽終止之義。亦通。

既濟，歸藏作岑䨓。䨓卽霽字。上坎爲雨，下離爲日，雨過日出，故曰既濟。

❷「既濟，亨小，利貞」，周易正義、周義集解本皆以「既濟，亨，小利貞」爲斷，馬王堆帛書六十四卦釋文沿其斷。釋文曰：「亨小，絕句，以小連利貞者非。」朱熹周易本義依釋文斷爲「亨小，利貞」，意謂小事亨通。

❸「多」假借爲「終」。詳見訟卦卦辭。

「乳」當讀爲「亂」，帛書周易作「乳」。「乳」篆文作乳，亂字篆文作亂，形近。北海景君銘：「𤔔曰亂作𤔔。」亂，似乳之乳偏旁。「乳」，說文：「从孚从乙。乙者，元鳥也。」「亂」，說文：「从乙𤔔。」同從乙，形近相通。

「亂」，說文曰：「不治也。从乙𤔔。乙治之也。」段玉裁注：「各本作治也。从乙，乙治之也。从𤔔，文理不可通，今更正。亂本訓不治，不治則欲其治，故其字从乙。」國語魯語：「亂在前矣。」韋昭注：「亂，惡也。」荀子不苟曰：「非禮義之爲亂也。」

今譯

既濟，亨通。占問有小利，初始吉祥，結果有禍亂。

初六〈九〉，抴（曳）❶其綸（輪）❷，濡其尾❸，无咎。

注釋

❶ 「抴」假借爲「曳」。集韻、韻會、正韻：「以制切。」音裔。古音屬霽韻。「曳」，集韻、韻會：「以制切。」音跇。古音屬霽韻。音同相通。「抴」，說文：「捈也，从手世聲。」段玉裁注：「抴與曳音義皆同。檀弓：『負手曳杖。』釋文：『曳作抴。』俗刻誤从木，非也。」

「曳」，楚辭怨思：「曳彗星之皓旰兮。」注：「曳，引也。」一切經音義十九引廣雅：「曳，引也。」禮記曲禮下：「車輪曳踵。」孔穎達疏：「曳，拽也。」按，意謂以手引之。

❷ 「綸」與「輪」通。「綸」，說文：「青絲綬也。从糸侖聲。」「輪」，說文：「有輻曰輪，無輻曰輇。从車侖聲。」「綸」、「輪」，同聲系，古相通。釋名釋車：「輪，綸也。言彌綸也，周帀之言也。」文選西征賦：「徒觀其鼓世迴輪。」李善注曰：「輪或爲綸。」

「綸」，爾雅釋詁：「絡縮綸也。」郭璞注：「綸者，繩也。謂牽縛縮絡之，今俗語亦然。」禮記表記：「其出如綸。」釋文：「綸，綬也。」法言孝至：「五兩之綸。」李注：「綸，如青絲繩也。」禮記緇衣：「王言如絲，其出如綸。」鄭注：「綸，今有秩嗇夫所佩也。」以絲作繩，用以佩玉佩印，故曰綬或綸。帶之垂穗亦曰綸。爾雅釋草：「綸，今有秩嗇夫所帶糾青絲綸。」綸，音轉爲厲。詩都人士：「垂帶而厲。」毛傳：「厲，帶之垂者。」

左傳桓公二年：「鞶厲游纓。」杜預注：「厲，大帶之垂者。」諸厲字皆綸之轉音。「曳其綸」，謂曳其帶之垂穗。

「輪」，方言九注：「輪，車輅也。」有輻的車輪。高亨周易古經今注曰：「曳其輪，當謂曳其車輪矣。然車陷水中，馬力不足，人或曳其輈轅，或推其輿軫，無曳其輪之理；即或加力於輪，亦推其輪，而不曳其輪。余故謂此輪字，非用其本義，輪疑借爲綸。」高先生之說恰與帛書周易合，故今從帛書周易作「綸」。曳其綸，謂涉水的人手拽腰帶的垂穗。

❸ 「濡其尾」。濡，說文：「水出涿郡，故安東入淶涑。从水需聲。」詩羔裘毛傳：「如濡潤澤也。」孔穎達疏：「濡，濕也。」荀子禮論：「不沐則濡櫛三律而止。」楊倞注：「濡，濕也。」詩匏有苦葉：「濟盈不濡軌。」毛傳：「濡，漬也。」「尾」，說文：「尾，微也。从到毛在尸後。古人或飾尾，西南夷亦然。」尾從尸，古人飾尾。按，尾卽衣後之假尾，西周尙以假尾爲飾。

今譯

初六，涉水的人用手拽着腰帶的垂穗，但後尾被水打濕，沒有災患。

六二，婦亡（喪）❶**其發**（茀）❷，**勿遂**（逐）❸，**七日得**❹。

注釋

❶ 「亡」假借爲「喪」。「亡」，說文：「亾，逃也。从入从乚。凡人之屬皆從亾。」「喪」，說文：「喪，亾也。从哭从亾，會意。亾亦聲。」「喪」、「亡」，同聲系，義同，古相通。文選上林賦：「似若有亡。」李注引司馬彪：「亡，喪也。」論語雍也：「亡之。」何晏集解引孔疏：「亡，喪也。」

「喪」，荀子禮論：「貳之則喪也。」楊倞注：「喪，亡也。」白虎通崩薨：「喪者，亡也。」禮記問喪：「亡矣亡矣。」孔穎達疏：「喪亦亡也。」儀禮目錄：「喪者，棄亡之辭。」喪，丢失也。

❷ 「發」假借爲「茀」。釋文：「其茀，方拂反。首飾也。馬同，干云：『馬髴也。』鄭云：『車蔽也』。子夏作髴，荀作紱，董作髢。」阮元周易注疏校勘記：「石經、岳本、閩、監、毛本同。釋文：茀，子夏作髴，荀作紱，董作髢。」「發」，唐韻、集韻、韻會、正韻：「方伐切。」音髮。古音屬月韻。說文：「發，䠶發也。从弓癹聲。」古音十五部。「茀」，唐韻、正韻：「敷勿切。」韻會：「芳勿切。」音弗。古音屬物韻。說文：「道多艸，不可行。从艸弗聲。」古音十五部。「發」、「茀」古音同屬十五部，音近相通。又，「發」和「髮」古音同相通。「茀」，子夏傳作「髴」，周易集解引虞翻曰：「離爲婦，泰坤爲喪。髴，髮，謂鬒髮也。一名婦人之首飾。坎爲玄雲，故稱髴。詩曰：『鬒髮如雲』……

鬅或作茀。俗說以鬅爲婦人蔽膝之茀，非也。」李鼎祚周易集解「婦喪其茀」作「婦喪其鬅」，並訓「鬅」爲「髮」，並云鬅髮爲鬒髮。故「發」、「鬅」、「茀」古相通。「茀」，王弼周易注：「茀，首飾也。」爲何首飾？詩君子偕老：「鬒髮如雲，不屑髢也。」鄭箋：「髢，髲也。」禮記曲禮上：「斂髮毋髢。」鄭注：「髢，髲也。」左傳哀公十七年：「衞莊公見已氏之妻髮美，使髡以爲呂姜髢。」杜注：「髢，髲也。」是髢也。即今所謂假髮。

③ 「遂」假借爲「逐」。帛書周易大畜九三：「良馬遂。」釋文作「良馬逐」，並云：「逐，鄭本作逐逐，云：『兩馬走也。』姚云：『逐逐，疾並驅之貌。』」帛書周易「逐」作「遂」，「遂」與逐義近相通。

「遂」，說文：「亾也。从辵㒸聲。」廣雅釋詁一：「遂，往也。」楚辭天問：「遂古之初。」注：「遂，往也。」漢書藝文志顏師古注：「遂，猶究也。」勿遂，謂勿往究也。「逐」，說文：「追也。从辵从豚省。」國語晉語：「厭邇逐遠。」韋昭注：「逐，求也。」勿逐，謂勿追求。「遂」、「逐」義皆可通。

④ 「七日得」。帛書周易「七」作「十」，六十四卦釋文，通行本均作「七」。帛書作「十」，疑帛書沿襲數字卦「十」釋爲「七」。說詳乾卦。

今譯

六二，婦人丟失首飾，不必去追究，七日內可得到。

〔九三〕，高宗❶伐鬼方❷，三年克之❸，小人勿用。

注釋

❶「高宗」，周易集解引虞翻曰：「高宗，殷王武丁。」又引干寶曰：「高宗，殷中興之君。」周易正義孔穎達疏：「高宗者，殷王武丁之號也。」高宗武丁，是帝小乙之子，盤庚之侄。卜辭記載：「己酉卜，內貞：鬼方昜，〔亡〕囚。五月。」（殷虛文字甲編三三四三）爲武丁伐鬼方的記事。

❷「鬼方」，周易集解引虞翻曰：「鬼方，國名。」又引干寶曰：「鬼，北方國也。」詩蕩曰：「文王曰咨，咨女殷商，內奰於中國，覃及鬼方。」竹書紀年云：「武丁三十二年伐鬼方，次於荆。三十四年，王師克鬼方，氐羌來賓。」鬼方，據王國維鬼方昆夷玁狁考云：「鬼方之名，易、詩作鬼，然古金文作䰝，或作魃。……二字不同，皆爲古文畏字，……鬼方之名，當作畏方。」（觀堂集林，卷十三）卽後來的玁狁。

❸「三年克之」，據竹書紀年記載，從三十二年到三十四年，恰好三年，三十三年征伐荊楚，大概是爲了打擊鬼方和荊楚的聯盟。詩殷武：「撻彼殷武，奮伐荊楚。深入其阻，裒荊之旅。有截其所，湯孫之緒。維女荊楚，居國南鄉。昔有成湯，自彼氐羌。莫敢不來享，莫敢不來王。」毛傳：「殷武，殷王武丁也。荊楚，荊州之楚國也。」高亨周易古經今注：「荊當是西北地名，非荊楚之荊也。」恐非是。高先生謂荊是西北地名，但無具體所指。按，國語鄭語、世本、大戴禮記帝系篇、史記楚世家記載，楚是顓頊曾孫陸終的後裔。陸終娶鬼方之妹女隤，生子六。楚祖季連是最小一個。可見楚與鬼方爲姻族，高宗伐荊楚，無疑同鬼方相聯係。

今譯

九三，殷王高宗征伐鬼方，經三年而戰勝，小人則不可任使。

六四，襦❶有衣茹（袽）❷，冬（終）日戒❸。

注釋

❶ 「襦」，王弼本、周易集解本、周易本義本皆作「繻」。釋文云：「繻有，鄭王肅云：音須。子夏作⿰衤焉（按，卽襦字），王廙同。薛云：古文作繻。」子夏傳和王廙「繻」作「襦」，恰與帛書周易合。今從帛書。

「襦」，說文：「短衣也。从衣需聲。一曰：曰難衣。」周禮羅氏鄭司農注：「襦讀爲繻有衣袽之繻。」周易集解引盧氏曰：「繻者，布帛端末之識也。」李道平集解纂疏：「漢書終軍傳：『關吏與軍繻。』蘇林云：『繻，帛邊也。』舊關出入皆以傳，傳還，因裂繻頭合以符信也。繻頭卽帛邊，卽端末之識也。」說文：「繻，繒采色。从糸需聲。」短衣和帛邊二說皆可通。又「襦」、「繻」同聲系，古相通。

王弼周易注：「繻，宜曰濡。衣袽，所以塞舟漏也。」高亨周易古經今注曰：「濡有衣袽者，水漬於衣裳，指多日渡水而言也。」濡，漬也，濕也。按，今帛書周易作「襦」，與子夏傳、王廙同，故不從作濡解。

❷ 「茹」，王弼本，周易集解本、周易本義本皆作「袽」。釋文云：「衣袽，絲茹也。王肅音如。說文作絮，云：『緼也。』廣雅云：『絮，塞也。』子夏作茹，京作絮。」帛書周易作「茹」，與子夏傳合。

「茹」，呂氏春秋功名：「以茹魚去蠅。」高誘注：「茹讀茹船漏之茹字。」「茹」，說文：「飤馬也。从艸如聲。」「袽」應從衣如聲，古相通。說文：「袽」作「絮」。「袽」，周易集解引虞翻曰：「袽，敗衣也。」又引盧氏曰：「袽者，殘幣帛可拂拭器物也。」按，此處茹當讀爲袽，敗衣也。

❸「冬」假借爲「終」。

「戒」，說文：「警也。从廾持戈，以戒不虞。」左傳襄公三年：「不虞之不戒。」杜預注：「戒，備也。」方言十三，廣雅釋詁二同。儀禮鄉射禮：「主人戒賓。」鄭注：「戒猶警也。」意爲戒備、警惕。

今譯

六四，用短衣或破絮去堵塞船的漏洞，整天戒備。

九五，東鄰殺牛以祭❶，不若西鄰之濯（禴）祭❷，實受其福，吉。

注釋

❶「東鄰殺牛以祭」，通行本作「東鄰殺牛」，無「以祭」二字。今帛書有「以祭」二字。王弼周易注：「牛，祭之盛者也。」

❷「不若西鄰之濯（禴）祭」。「不若」，通行本作「不如」，義無異。

「濯」假借爲「禴」。「濯」，孟子音義上：「濯丁，音作瀹。」「瀹」，說文：「漬也。从水龠聲。」「瀹」，唐韻：「以灼切。」集韻、韻會、正韻：「弋灼切。」音藥。古音屬藥韻。「禴」，集韻同「礿」。「礿」、集韻、正韻：「弋灼切。」唐韻：「以灼切。」音藥。「瀹」、「禴」古音同屬藥韻，音同相通。故漢書郊祀志下引作「西鄰之瀹祭」。則「濯」、「瀹」、「禴」音同相通。

「禴祭」，王弼周易注：「禴，祭之薄者也。居既濟之時，而處尊位，物皆濟矣。將何爲焉？其所務者，祭祀而已。」周易正義孔疏：「禴，殷春祭之名，祭之薄者也。」釋文：「祭之薄者。」周易集解引虞翻曰：「禴，夏祭也。」萃六二：「孚乃利用禴。」釋文：「殷春祭名。馬、王肅同。鄭云：夏祭名。」爾雅釋詁：「禴，祭名。」爾雅釋天：「夏祭曰禴。」詩天保：「禴祠烝嘗。」毛傳：「夏日禴。」周禮大司馬：「獻禽以享禴。」鄭注：「禴，宗廟之夏祭也。」白虎通義宗廟：「夏曰禴者，麥熟進之。」漢人以禴爲夏祭。王弼周易注：「禴，殷春祭名也。」（按，「春」據阮元周易注疏校勘記補：「毛本者作春。」當作春。）以王弼後改爲春祭。周易集解引唐崔憬曰：「禴，殷春祭之名。案，尚書克殷之歲，厥四月，哉生明，王來自商，至於豐。丁未祀於周廟。四月，殷之三月春也。則明西鄰之禴祭，得其時而受祉福也。」李道平集解纂疏：「王制，天子四時之祭，春曰礿。鄭氏以爲夏殷之禮。故曰禴。殷春祭之名。厥四月至祀於周廟，皆書武成文，引之以明周四月，卽殷之三月春時也。言周克殷之歲，四月祀廟。」按，殷曆、周曆有差，殷三月爲周四月，故殷春祭爲周之夏祭。「禴祭」，王注等僅言「祭之薄者」，而並未言薄爲何物。周禮大司馬：「獻禽以享礿。」則可用牲祭。所謂「薄」，似相對於「東鄰殺牛以祭」說。周易集解引干寶曰：「九五坎，坎爲豕，然則禴祭以豕而已，不奢盈於禮。」李道平纂疏曰：「九五體坎，坎爲豕，說卦文。曲禮：凡宗廟之祭，牛曰一元大武，豕曰剛鬣，首以牛大牲也。次以豕禴祭也，故鄭君亦以爲禴祭，不殺牛而用豕也。」按，「禴祭」旣可用麥、菜，亦可用禽，也可用豕等牲以祭。

今譯

九五，東鄰殺牛祭祀宗廟，不如西鄰用豕祭祀宗廟，可以實在得到福祉，則吉祥。

尚（上）六，濡其首❶，厲。

注釋

❶ 濡，漬也，濕也。上六處極位，過進則遇難也。

今譯

上六，渡水而水濕他的頭，則有危險。

總釋

本卦講行旅、丟失首飾等日常生活以至征伐、祭祀等國家大事，都有所涉及。但主旨是講濟和不濟的問題。初九爻辭：「曳其輪，濡其尾。」六四：「繻有衣袽，終日戒。」上六：「濡其首。」是講人們行旅渡水的情況。譬如涉水，顧了腰帶的重穗，而顧不了衣後尾；顧了堵塞船漏洞，就不能顧短衣破絮；顧了水濕其頭的危險，便顧不了其他。顧與不顧，就是濟與不濟的意思。當然濟與不濟是變化的。有不濟而濟。如六二：「婦喪其茀，勿逐，七日得。」婦女的首飾失而復得。有濟而不濟。如九三「高宗伐鬼方，三年克之」為濟，然而，不能使用小人，為不濟。有相互以濟。如九五：「東鄰殺牛以祭，不若西鄰之禴祭，實受其福。」東西祭品有異，而實都受福，這裏並無東鄰不受其福的意思，雖未明言，實含其中。濟與不濟，是要說明，最終要同舟共濟。

屯　第二十三

䷂　**屯❶，元亨，利貞。勿用有攸往❷，利律〈建〉矦❸。**

注釋

❶「屯」，卦名。
「屯」，序卦傳曰：「屯者，盈也。屯者，物之始生也。」周易集解本「物」字上有「萬」字，作「萬物之始生也」。故屯有兩義：一爲盈聚，二爲始生。由始生而引伸爲難。周易正義孔疏：「屯，難也。剛柔始交而難生。」故釋文：「屯，難也，盈也。」本卦有盈聚和難之義。

❷「勿用有攸往」。爾雅釋言：「攸，所也。」

❸「利律（建）矦」。帛書周易律作「律」，爲建之誤。初九：「利居貞，利建矦」，建作「律」，爲其證。

「矦」。爲「侯」之古文。說文：「侯，本作矦，从人从厂，象張布，矢在其下。天子射熊虎豹服猛也，諸侯射熊虎，大夫射麋，麋惑也。」古者以射選賢，射中者獲封爵，故因謂之諸侯。建侯，封侯建國。通行本作「侯」。

今譯

屯，始而通暢，並宜於占問。不可有所往，利於封建立國。

初九，半（磐）遠（桓）❶，利居貞❷，利建矦。

注釋

❶「半（磐）遠（桓）」。釋文：「磐，本亦作盤，又作槃。」荀子富國：「國安於磐石。」文選海賦注引聲類：「磐，大石也。」磐借爲砰。篇海：「砰，大石也。」義同。砰，从石半聲，與半同聲系，古相通，故磐、盤、槃、砰、半相通。

「磐」，後漢書宋意傳：「久磐京邑。」李賢注：「磐謂磐桓不去。」釋文：「盤桓，馬云：『施也。』」磐，言磐桓不去之意。

「遠」假借爲「桓」。說文：「遠，遼也。从辵袁聲。」段玉裁注：「雲阮切，十四部。」「桓」，說文：「桓，亭郵表也。从木亘聲。」段玉裁注：「胡官切，十四部。」遠、桓古音同屬十四部，音近相通。

❷「磐桓」，周易集解纂疏李道平曰：「盤桓，難進之象。」爾雅釋水：「鉤盤。」郭璞注：「水曲如鉤流，盤桓也。」按，囘旋不直前或徘徊不進之貌曰磐桓。「利居貞」，利，宜也；貞，正也。

今譯

初九，徘徊不進，宜在居於正道，利於封侯建國。

六二，屯如壇（邅）如❶，乘馬煩（班）如❷，非寇閩（婚）厚（媾）❸。（女）子貞不字，十年乃字。

注釋

❶「屯如壇（邅）如」。說文：「壇，祭壇場也。从土亶聲。」「壇」和「亶」通。漢書敘

傳上：「紛屯亶與蹇連兮，何艱多而智寡！」顏注：「易屯卦六二爻辭曰：『屯如亶如。』」邅可作亶。荀子彊國注：「亶讀爲檀，本亦作檀。」高彪碑：「質皆蘁檀。」壇通作檀。「邅」，廣雅釋詁：「邅，轉也。」釋文：「邅如，馬云：『難行不進之貌。』」「屯邅」，則壇、亶、邅、檀同聲系，古相通。謂欲進而難行不進也。

「如」，釋文：「子夏傳云：如，辭也。」爲助詞。

❷ 「乘馬煩（班）如」。說文：「煩，熱頭痛也。从頁火。一曰：焚省聲。」段玉裁注：「附袁切，十四部。」「焚省聲」，古音則在十三部。「班」，說文：「分瑞玉。从珏刀。」段玉裁注：「布還切，古音在十三部，讀如文質份份之份。」班與煩聲，古音則同在十四部。「煩」、「班」音近相通。

「班」，釋文：「班如，子夏傳云：『相牽不進貌。』鄭本作般。」周易集解引虞翻曰：「班，躓也。」又引馬季長云：「班，班旋不進也。」「乘馬班如」，言騎馬在那裏般旋回轉。

❸ 「非寇閩（婚）厚（媾）」。「非」，岳本、閩、監、毛本、王弼本、集解本均作匪。虞翻曰：「匪，非也。」匪、非古今字。

「閩」假借爲「婚」。說詳賁六四「非寇閩（婚）詬（媾）」。

「厚」假借爲「媾」。說文：「媾，重婚也。」釋文：「媾，馬云：『重婚。』」故引伸爲厚。一切經音義廿二引白虎通義：「媾，厚也。重婚曰媾也。」詩候人：「彼其之子，不遂其媾。」毛傳：「媾，厚也。」周易正義孔疏：「重昏媾者，以情必深厚，故媾爲厚也。」是爲「厚」、「媾」古相通之證。

「厚」，重也。

❹「〔女〕子貞不字」，貞，正也。

「字」，儀禮士昏禮：「女子許嫁，笄而醴之，稱字。」禮記曲禮上：「女子許嫁，笄而字。」朱熹周易本義：「字，許嫁也。」說文：「字，乳也。」周易集解引虞翻曰：「字，妊娠也。三失位，變復體離，離爲女子，爲大腹，故稱字。」按：本爻作許嫁。作妊娠亦可通。

今譯

六二，欲進而難行不進，騎着馬在那裏般旋回轉。不是寇盜來搶劫，而是來娶親的。女子要守正，不許嫁人，十年後才許嫁。

六三，即鹿毋（无）華（虞）❶，唯人（入）于林中❷，君子幾不如舍❸，往⿱吅文（吝）❹。

注釋

❶「卽鹿毋（无）華（虞）」。廣雅釋詁：「卽，就也。」周易集解引虞翻曰：「卽，就也。」象傳曰：「卽鹿无虞，以從禽也。」白虎通義曰：「禽者何？鳥獸之總名。」此「鹿」是指禽獸。淮南子繆稱：「『卽鹿无虞，惟入於林中，君子幾不如舍，往吝。』其施厚者其報美。」高誘注：「卽，就也。鹿以喻民。虞，欺也。」

「鹿」，有訓麋鹿。三國志魏書陳琳傳：「易稱『卽鹿无虞』，諺有『掩目捕雀』。夫微物尚不可欺以得志，況國之大事。」按，鹿和雀對舉爲「微物」，鹿爲麋鹿爲是。有訓鹿爲「麓」。釋文：「王肅作麓，云：山足。」周易集解引虞翻曰：「山足稱鹿。鹿，林也。」詩旱麓「麓」毛傳曰：「麓音鹿。本亦作鹿。」國語周語引作「旱鹿」。是鹿、麓古通用。兩說均可通。

❷「毋」讀與「無」同。儀禮士昏禮：「夙夜毋違命。」賈公彥疏：「古文毋爲無。」詩白駒：「毋金王爾音。」釋文：「毋音無，本亦作無。」是其證也。

「華」與「虞」古通。周易集解引虞翻曰：「虞謂虞人，掌禽獸者。」周禮山虞：「山虞，掌山林之政令。」「卽鹿无虞」，謂追逐麋鹿，而無山虞的嚮導。

「唯人（入）於林中」。王弼本、集解本作「惟」。韻會：「惟、維、唯三字皆通作語辭。」故唯、惟通。「人《入》」，帛書周易作「𠆢」，「人」、「入」形近。

❸「君子幾不如舍」釋文：「幾音機。近也，速也。」又：「徐音祈。辭也。注同。」讀祈爲是。周禮肆師：「及其祈珥。」鄭注：「故書祈爲幾。杜子春讀幾當爲祈，珥當爲餌。」

莊子人間世：「不爲社者，且幾有翦乎！」釋文：「且幾，音機或音祈。」幾訓爲祈。說文：「祈，求福也。」廣雅釋詁：「祈求也。」

又，幾，當讀作「冀」。漢書五行志中：「以成王之寶圭湛於河，幾以獲神助。」顏注：「幾，讀曰冀。」漢書郊祀志下：「將以望祀蓬萊之屬，幾至殊庭焉。」顏注：「幾，讀曰冀。」又：「天子猶羈縻不絕，幾遇其直。」顏注：「幾，讀曰冀。」故「幾」可作「冀」解。說文段玉裁注：「冀，假借爲望也，幸也。」「舍」，釋文：「徐音捨。」「君子幾不如舍」，謂君子希望求得鹿，不如捨棄它。

❹「往⿱吅文（吝）」。「⿱吅文」爲「吝」的異體字。吝之口移到文上加一口即成⿱吅文。帛書周易中偏旁位置的顛倒屢見。比之上卦節卦上六「苦節，貞凶，悔亡」之「悔」字，帛書周易作「」，忄之左偏旁移到毋的下部。「往吝」，釋文引孟喜易作「往遴」：「遴，行難也。」漢書王莽傳：「莽好空言，慕古法，多封爵人，性實遴嗇。」顏注：「遴讀與吝同。」

今譯

六三，追逐麋鹿，而無掌握禽獸情況的人為嚮導，鹿入於林中，君子希望求得鹿，不如捨棄它，否則前往就有困難了。

六四，乘馬〔煩（班）〕如❶，求閫（婚）厚（媾）❷，往吉，无不利❸。

注釋

❶「乘馬〔煩（班）〕如」。煩假借爲班。說詳六二。

❷「求閫（婚）厚（媾）」，說詳六二「匪寇閫（婚）厚（媾）」。

❸「无不利」，王弼周易注：「二雖比初，執貞不從，不害己志者也。」周易集解引崔憬曰：「初雖作應，班如不進。」六二與初九比或應，結果是乘馬徘徊旋轉不進，女孩子不許嫁，不婚不成。旣比於五，五來求婚，四與初應，則往必見納，五爲得中正，猶男求女，往吉，無不利。

今譯

六四，騎馬旋轉難進，前往求婚，福祥而沒有不利。

九五，屯其膏❶，小貞吉❷，大貞凶。

注釋

❶「屯其膏」。「屯」，廣雅釋詁：「聚也。」

「膏」，說文：「肥也。」國語晉語：「不能爲膏而祇離咎也。」韋注：「膏，肥也。」史記田敬仲完世家：「淳於髡曰：豨膏棘軸，所以爲滑也。」司馬貞索隱：「豨膏，猪脂也。」膏卽肉之肥。

❷「小貞吉」。小與少通。說詳訟初六「少（小）有言」。

今譯

九五，屯聚肥肉，數量不多，占問則吉祥，大量積聚，占問則有禍殃。

尚（上）六，乘馬煩（班）如❶，汲（泣）血連（漣）如❷。

注釋

❶「乘馬煩（班）如」。「煩」假借爲「班」。

❷「汲（泣）血連（漣）如」。「汲」假借爲「泣」。說文：「汲，引水也，从及水，及亦聲。」段玉裁注：「汲，居立切，七部。小徐本从水及聲。」「泣」，說文：「無聲出涕者曰泣。从水立聲。」段玉裁注：「去急切，七部。」「汲」、「泣」同部字，音近相通，「泣」，禮記檀弓上：「泣血三年。」鄭注：「言泣無聲如血出。」故曰泣血。「連」假借爲「漣」。釋文：「漣如，音連。說文云：『泣下也。』」正韻：「連，靈年切。」音漣。音同相通。詩氓：「泣涕漣漣。」毛傳：「漣音連。泣貌。」楚辭憂苦：「涕流交集兮，泣下漣漣。」王注：「漣漣，流貌也。」按卽流淚不斷貌。

今譯

上六，騎着馬旋轉難進，流淚不斷。

總釋

本卦通過屯，說明兩個意思，一是屯聚，積聚，二是難進之意。就第一義而言，九五：「屯其膏，」卽屯聚肥肉。周易作者認爲，肥肉積聚數量不多，可以銷售出去，如果大量積聚，一時銷售不出去，便會變質腐爛。於是便由吉而變爲凶。如果九五是從經商的方面說明屯聚要依銷售的情況而定的話，那麼封建立國，亦是元亨而利貞的，以明封建立國亦有一個積聚的進程，這與經商不一樣，不是數量的聚積，而是戰功與道德的積累。

屯的第二義，是明難進，屯卦「乘馬班如」三見，但所涉及的事件並不相同。六二：「屯如亶如，乘馬班如」，是講騎着馬在那裏徘徊難進，是因迎親之難和許嫁之難，許嫁之難有種種不同的情況或複雜的原因。六四：「乘馬班如，求婚媾」，騎着馬在那裏徘徊難進，終於前往求婚，而得到允許，十年後出嫁了，因而「往吉，无不利。」小女在家十年才出嫁，在當時看來年紀就大了，不得不嫁。上六：「乘馬班如，汲血漣如」。騎着馬徘徊難進，也許家裏有變故，有禍殃、災患等等危事發生，因此「泣血漣如」。天下難事重重，要之在立志。

本卦六三「卽鹿无虞」，是講狩獵之難。如果無熟悉狩獵地區地勢、道路的人爲嚮導，就有可能在深山老林中迷路；或者誤落陷阱，就有生命的危險。因此，君子不要迷戀獵物，於窮追不捨，而應該捨棄獵物，適可而止；否則，可能會遇難。

井 第二十四

䷯

井❶，苣（改）邑不苣（改）井❷，无亡（喪）无得❸。往來井井，[illegible]（汔）❹至亦未汲井，纍（羸）❺其刑垪（瓶）❻，凶。

注釋

❶「井」，卦名。

「井」，釋文：「雜卦云：『通也。』彖云：『養而不窮。』周書云：『黃帝穿井。』世本云：『化益作井。』宋衷云：『化益，伯益也，堯臣。』廣雅云：『井，深。』又鄭云：『井，法也。』字林作井，子挺反。周云：『井以不安（變）更爲義。』師說：『井以清潔爲義。』」周易正義孔疏：「井者，物象之名也。古者穿地取水，以瓶引汲，謂之爲井。」說文：「井，八家一井。象構韓形，罋之象也。古者伯益初作井。」詩甫田：「歲取十千。」鄭箋：「九夫爲井。」左傳襄公二十五年：「井衍沃買。」杜預注：「衍沃之地畝百爲夫九夫爲井。」意爲井田。漢書貨殖傳：「商相與語，財利於市井。」顔師古注：「井，共汲之所。」管子小匡：「處商必就市井。」房玄齡、尹知章注：「立市必四方，若造井之制，故曰市井。」本卦井有井田、水井、陷阱之義。

❷「苣（改）邑不苣（改）井」。「苣」假借爲「改」。「苣」當讀爲「茝」。說文：「茝，虈也，从艸𦣞聲。」形近相通。「茝」，韻會、集韻：「昌亥切。」古音屬䏲韻。「改」，說文：「更也，从攴己。」唐韻：「古亥切。」集韻、韻會：「己亥切。」古音屬䏲韻。「茝」、「改」古音同屬䏲韻，音近相通。鉅宋廣韻：「改、茝均在海韻。」故「苣」、「茝」、「改」相通。

「改」，詩緇衣：「敝子又改爲兮。」毛傳：「改，更也。」儀禮鄉射禮「改取一个挾之」鄭注、儀禮少牢饋食禮「改饌豆籩於房中」鄭注並曰：「改，更也。」廣雅釋詁三同。「邑」，說文：「國也。从口，先王之制尊卑有大小，从卪。凡邑之屬皆从邑。」廣雅釋詁四：「邑，國也。」周禮里宰：「掌比其邑之衆寡。」鄭注：「邑猶里也。」釋名釋州國：「四井爲邑。」周禮小司徒：「四井爲里。」鄭注：「四井爲邑方二里。」

❸「亡」假借爲「喪」。詳見既濟六二「婦亡（喪）其發（茀）」解。

❹「𪗾」假借爲「汽」。「𪗾至亦未汲井」之「𪗾」，通行本作「汽」。未濟卦辭通行本作「小狐汔濟」，帛書「汔」作「气」。「𪘂」卽「气」。「𪘂」，「气」聲，與汽相通。「汽」，唐韻：「許訖切。」音迄。與汔同。詩民勞：「汽可小康。」爾雅釋詁：「𧯷汽

也。」疏引詩民勞作「汔可小康」。故「𣢾」、「气」、「汽」、「汔」古相通。
「汔」，說文：「汽，水涸也。或曰：泣下。从水气聲。詩曰：汽可小康。」廣雅釋詁一：
「汔，盡也。」周易集解：「汔，幾也。」
「汲井」，通行本作「繘井」。釋文云：「鄭云：綆也。方言云：關西謂綆爲繘。郭璞云：汲水索也。」說文：「繘，綆也。」聞一多周易義證類纂：「繘讀爲矞。廣雅釋詁三矞掘並訓穿，『矞井』猶掘井也。」帛書周易「繘」作「汲」。可見「繘」在此文意不諧，作「汲」爲勝。「汲」，說文：「汲引水於井也。从水从及，及亦聲。」周禮考工記匠人：「大汲其版。」鄭注：「汲，引也。」廣雅釋詁一：「汲，取也。」「𣢾（汽）至亦未汲井」，意謂井水已乾涸，便不能從井中汲水。

❺

「纍」假借爲「羸」。釋文：「羸，蜀才作累，鄭讀曰虆。」按，羸與累、虆古通用，累正字纍。漢書五行志下之顏師古注：「累讀曰纍。」釋名釋言語：「羸，累也。恒累於人也。」易姤：「羸豕。」釋文引「陸注『羸讀爲累』」。與帛書周易「羸」作「纍」合。「羸」，說文：「瘦也。从羊㐮聲。」漢書南粵王傳：「其衆半羸。」顏師古注：「羸謂劣弱也。」國語魯語：「民羸幾卒。」韋昭注：「羸，病也。」「羸」謂劣弱，病弱之義，引伸爲敗壞之意。
聞一多周易義證類纂：「羸，蜀才作累，鄭讀曰虆。案，當讀爲傫。說文曰：『傫，相敗也。』漢書游俠陳遵傳引揚雄酒箴曰：『爲嘗所轠。』轠與傫通。瓶傫猶九二曰『甕敝』

矣。既至新邑，井猶未掘，而瓶已先敝，故凶。」義亦通。

❻「嬴其刑垪。」通行本無「刑」字。今從帛書。刑，左傳昭公六年：「以鑄刑器。」杜預注：「刑器鼎也。」漢書司馬遷傳：「歠土刑。」顏師古注：「刑，所以盛羹也。」盛羹之土器。刑垪（瓶）亦可作「頸瓶」。禮記月令：「百官靜事毋刑。」鄭注：「今月令刑爲徑。」徑當讀爲頸，音近相通。頸瓶猶瓶之頸也。意謂瓶頸已敗壞。

「垪」爲瓶之異體字。帛書周易作「垪」。「瓶」，說文：「缾甖也。从缶并聲。瓶缻或从瓦。」左傳昭公二十四年：「瓶之罄矣。」釋文：「本又作缾。」垪，从土并聲。古代汲水之瓶，皆爲土製之陶器，故从土，作「垪」。與「瓶」同聲系，爲瓶之異體。

「瓶」，儀禮士喪禮：「新盆槃瓶廢敦重鬲皆濯。」鄭注：「瓶以汲水也。」左傳昭公二十四年：「缾之罄矣。」杜預注：「缾，小器。」瓶卽汲水之器。

今譯

井，改建其邑，不改其井，無失亦無得。衆人來來往往，在井上汲水。然而，井水已經乾涸，不能從井中汲水，且汲水之瓶頸已壞，亦不能盛水，則凶。

初六，井泥不食❶，舊井无禽❷。

注釋

❶「井泥不食」，井爲水井之井。周易集解引干寶曰：「井而爲泥，則不可食，故曰不食。」又引虞翻曰：「食，用也。」意謂井而有泥，水不潔故不可食用。

❷「舊井无禽」。井爲陷阱之阱。王引之曰：「易爻凡言『田有禽』『田无禽』『失前禽』，皆指獸言之。此禽字不當有異。井當讀爲阱。阱字以井爲聲，故阱通作井，與井泥不食之井不同。井泥不食，一義也。舊阱无禽，又一義也。阱與井相似，故因井而類言之耳。柴誓：『杜乃擭，敜乃穽。』鄭注曰：『山林之田，春始穿地爲阱，或投擭其中以遮獸。』秋官雝氏：『春令爲阱擭溝瀆之利於民者，秋令塞阱杜擭。』鄭注曰：『阱，穿地爲塹，所以禦禽獸，其或超踰，則陷焉，世謂之陷阱。』又冥氏：『爲阱擭以攻猛獸，以靈鼓敺之。』注曰：「敺之使驚趨阱擭。」魯語：『鳥獸成，於是乎設穽鄂，以實廟庖。』韋注曰：『穽，陷也，鄂作格，所以誤獸也，謂立夏鳥獸已成，設取獸之物。』是阱所以陷獸也。舊阱，湮廢之阱也。阱久則淤淺，不足以陷獸，故無禽也。」按，王說是。古代水井、陷阱形似名同，故爲一字，後別爲阱。

今譯

初六，井水有泥而不能食用，陷阱湮廢而不能得獸禽。

九二，井瀆（谷）❶射付（鮒）❷，唯敝句❸。

注釋

❶「瀆」假借爲「谷」。「瀆」，唐韻、集韻、韻會：「徒谷切。」正韻：「杜谷切。」音牘。古音屬屋韻。「谷」，唐韻、集韻、韻會、正韻：「古祿切。」音穀。古音屬屋韻。「瀆」、「谷」古音同屬屋韻，音近相通。瀆谷義亦相近。瀆，說文：「溝也。从水賣聲，一曰邑中溝。」爾雅釋水：「注澮曰瀆。」荀子脩身：「開其瀆。」楊倞注：「瀆，水竇也。」水經河水注：「自河入濟，自濟入淮，自淮達沪，水徑周通，故有四瀆之名也。」「瀆」是溝瀆，是河水入口處。「谷」，說文：「泉水出通川爲谷。从水半見出於口。凡谷之屬皆从谷。」漢書司馬如傳上：「振溪通谷。」顏師古注引張揖：「水注谿曰谷。」爾雅釋水：「水注谿曰谷。」楚辭招魂：「川谷徑復。」注：「注谿爲谷。」按，河水注入谿曰谷。「瀆」、「谷」意同而通。

❷「射付（鮒）」于豪亮帛書周易：「付讀爲鮒。文選吳都賦劉逵注引鄭玄：『山下有井，必因谷水，所生魚无大魚，但多鮒魚耳。』鮒魚就是鯽魚。」周易集解引虞翻曰：「鮒，

小鮮也。」太平御覽九三七引王肅注：「鮒，小魚也。」莊子外物：「守鯢鮒。」釋文引李注：「鮒，小魚。」說文：「鮒，魚名。」「射鮒」，意謂以弓矢射井裏的鯽魚。

❸「唯敝句」，通行本作「甕敝漏」。于豪亮帛書周易：「唯應讀爲維。廣雅釋詁二：『維，系也。』敝句即敝笱。詩：『敝笱在梁。』說文：『笱，曲竹捕魚器也。』古人或以弓矢射魚。春秋隱公五年：『公矢魚於棠。』呂氏春秋知度：『非其人而欲有功，譬之若……射魚指天而欲發之當也。』『井瀆射付唯敝句』的意思是，井溝之中只能生長小鯽魚，以弓矢射魚，又安設破笱捕魚，弓矢不能射中小魚，破笱也無法捕小魚。這是比喻勞而無功。所以象傳說：『井谷射鮒，无與也。』與讀爲用，也言其勞而无功。」馬王堆三號漢墓出土的戰國縱橫家書蘇秦自齊獻書於燕王章：「句得時見。」通行本作「茍得見」。「茍」、「笱」，帛書均作「句」。「唯敝句」通行本作「甕敝漏」，意謂射著瓮，被射破，文義有異，意皆可通。

今譯

九二，從井口射井裏的小鮒魚，沒有射中，系放破笱亦無法捕得魚。

九三，井莛（渫）❶不食，爲我心塞（惻）❷，可用汲，王明並受其福。

注釋

❶「芷」，疑當作「葉」。猶「蝶」一作蜨。說文：「蜨，蛺蜨也。从虫疌聲。」「蝶」、「蜨」从虫不變，枼作疌，世木作疌。帛書芷，亦可作「枼」。「枼」，說文：「楄也。枼，薄也。从木世聲。」唐韻：「與涉切。」集韻：「弋涉切。」音葉。古音屬葉韻。「渫」，集韻、韻會：「達協切。」音牒。古音屬葉韻。「枼」、「渫」古音同屬葉韻，音近相通。「渫」，說文：「除去也。从水枼聲。」故「芷」、「枼」、「渫」古相通。「渫」，王弼周易注：「渫，不停污之謂也。」周易正義孔疏：「渫，治去穢污之名也。」故釋文引「黃云：治也」，謂除去或治理穢污。周易集解引荀爽曰：「渫去穢濁，清潔之意也。」史記屈原列傳裴駰集解引易井「井渫不食」向秀注曰：「渫者，浚治去泥濁也。」按，渫，除去井裏的穢污或污泥，使井水清潔，即今所謂浚治或掏井。

❷「塞」假借為「惻」。「塞」廣韻：「蘇則切。」集韻、韻會、正韻：「悉則切。」音㥶。古音屬職韻。「惻」，古文作「悳」集韻、韻會：「察色切。」音測。古音屬職韻。「塞」「測」古音同屬職韻，音近相通。「惻」，說文：「痛也。从心則聲。」漢書鮑宣傳：「豈有肯加惻隱於細民。」顏師古注：「惻隱皆痛也。」廣雅釋詁三：「惻，悲也。」文選洞簫賦：「悲愴怳以惻惐兮。」李善注：「惻惐，傷痛也。」「為我心惻」，意謂此乃我心悲痛之事。

「塞」，說文：「𡨄，窒也。从㠭从廾。窒宀中㠭猶齊也。」漢書爰盎傳：「其後語塞。」顏師古注：「塞，不行也。」漢書刑法志：「疑塞治道。」顏注：「塞，謂不通也。」荀子王霸：「涂薉則塞。」楊倞注：「塞謂行不通也。」意謂井水清潔而人不食，乃我心想不通之事。依帛書作「塞」亦通。

聞一多周易義證類纂曰：「心讀爲沁。韓昌黎集八同宿聯句：『義泉雖至近，盜索不敢沁。』舊注曰：『北方以物探水曰沁。』字一作深。爾雅釋言曰：『深，測也。』商子禁使篇曰：『深淵者知千仞之深。』上深訓測，謂測淵者也。惻讀爲測。此言井水汙渫，爲我沁測之，尚可以汲。舊說訓渫爲不停污，又讀心測如字，大繆。」義亦可通。

今譯

九三，井水清潔而人不食，則我心想不通，井水可以汲取，國王明察，則王與臣民俱受其福。

六四，井椒（甃）❶，无咎。

注釋

❶「井椒」，帛書周易作「梂」。于豪亮帛書周易曰：「帛書井之六四：『井椽，无咎。』通行本作『井甃，无咎』。按，漢印中叔字的左偏旁作豙，知椽字即梂字，也就是椒字。椒字古常與从秋聲之字通假。如左傳文公九年『楚子使越椒來聘』，「椒」字穀梁傳作「萩」；左傳襄公二十六年『椒舉娶於申公子牟』，「椒」字國語楚語上作「湫」。椒字既然常與从秋聲之字假借，當然可以假爲甃。」于說是也。

「甃」，周易集解引虞翻曰：「以瓦甓壘井稱甃。」說文：「甃，井壁也。」釋文曰：「甃，馬云：『爲瓦裹下達上也。』子夏傳云：『脩治也。』于云：『以甎壘井曰甃。』字林云：『井壁也。』」井壁曰甃，以甎壘造井壁亦爲甃。

今譯

六四，用磚瓦砌井壁，（水清人食無害），无災患。

九五，井戾（洌）❶寒湶（泉）❷，食。

注釋

❶

「戾」假借爲「洌」。帛書周易作「𡰥」。釋文云：「洌，音列。潔也。說文云：『水清也。』王肅音例。」「洌」，說文曰：「洌，水清也。从水𠛱聲。易曰：『井洌寒泉食。』」「例」，說文曰：「例，比也。从人𠛱聲。」「洌」、「例」同聲系，音同相通。「戾」，廣韻、集韻、韻會：「郎計切。」正韻：「力霽切。」音麗。古音屬霽韻。「例」，唐韻、集韻、韻會：「力制切。」音厲。古音屬霽韻。「戾」、「例」古音同屬霽韻，音近相假。又，「戾」，廣韻：「練結切。」集韻：「力結切」。正韻：「良薛切。」音奊。古音屬屑韻。「洌」，唐韻、正韻：「良薛切。」集韻、韻會：「力蘖切。」音列。古音屬屑韻。「戾」、「洌」古音同屬屑韻，音近相假。

「洌」，廣雅釋詁一：「洌，清也。」王弼周易注：「洌，絜也。」（按，阮元周易注疏校勘記曰：「石經、岳本、閩本同。監、毛本洌誤冽。釋文出洌字。」王弼：「井洌寒泉食。」冽爲洌之誤。然王氏釋「冽」爲「絜」，「絜」卽「潔」，似爲「洌」，而非「冽」。「冽」、玉篇：「寒氣也。」）周易集解引崔憬曰：「洌，清潔也。」按洌爲清潔之義。

❷

「湶」爲「泉」之異體字。字牖引漢相孫君碑：「波鄣湶漑。」「湶」與「泉」同。楊君石門頌：「平阿湶泥。」泉作湶。故湶與泉相假。

泉，說文曰：「泉，水原也。象水流出成川形。」詩召旻：「泉之竭矣。」毛傳：「泉，水從中以益者也。」詩竹竿：「泉源在左。」毛傳：「泉源小水之源。」

今譯

九五，井水清，泉水寒，則可食用。

尚（上）六，井收❶，勿幕❷，有復（孚）❸，元吉。

注釋

❶「井收」，周易集解引虞翻曰：「收，謂以轆轤收繘也。」釋文：「井收，馬云：『汲也。』陸云：『井幹也。』」周易集解纂疏云：「謂汲而收之於瓶也。」意謂汲水畢，而收井繩與瓶。

❷勿幕。釋文：「音莫。覆也。干本勿作网。」勿猶不也。王弼周易注：「幕，猶覆也。」周易集解引虞翻曰：「幕，蓋也。」幕，覆蓋之義。古代井汲水畢，則需覆蓋。

❸「復」假借爲「孚」。解見訟卦卦辭。孚，誠也，罰也。二義皆通。

今譯

上六，汲水畢，收好井繩與瓶，蓋好井蓋。如不蓋好則有罰，始吉祥。

總釋

本卦主旨講井。井有三義：井田、水井、陷阱，本卦從這三方面來講而主要講水井。古代水是人們生活所不可缺少的自然資源，無水便無法生存，或聚居於大河流域，或掘地取水，聚居於有水源的地方。本卦所反映的是後一種情況。卦辭曰：「汔至亦未汲井，羸其刑瓶，凶。」初六：「井泥不食。」九二、九三、六四、九五、上六爻辭皆講水井。由於井水乾涸，已不能從井中汲水，且汲水的瓶已壞，人們食水發生困難，所以是凶。爲了食水需要，就要掘新井，但挖的井不好，井水泥濁不堪，不能食用，故曰「井泥不食」。反之，如果井水清潔而不食，「井渫不食」，那麼，便「爲我心塞」，是想不通的，終於人們想出了使井不被淤塞的辦法，這便用磚或瓦來砌井壁，這樣既可以防止井壁泥土傾塌而淤塞水井，又可以避免水的混濁。經過這樣不斷的改造，終於「井洌寒泉」，達到井水清，泉水寒，人們可食用甘甜之水了。爲保持井水的清潔，避免穢物、雜物掉到井裏去，便規定人們打水以後，「井收，勿幕，有孚，元吉。」收好井繩與瓶，蓋好井蓋，如不蓋好則有罰，始吉祥。說明人們在爭生存的過程中，積累了豐富的生活經驗，在陝西發掘出周人用平瓦壘井的遺址，可見古時人們已知道必須依賴自然，才能取得人們生活必須的資料，又必須改變自然條件以滿足人們生活的要求。改邑不改井，反映了土地所有權歸國家（國王）所有，國王有封邑權，故可改邑，井田制不需改的情形。

辰（震） 第二十五

䷲ 辰（震）❶，亨。辰（震）來朔（虩）朔（虩）❷，芺言亞（啞）亞（啞）❸，辰（震）敬（驚）❹百里，不亡（喪）釶（匕）❺觴（鬯）❻。

注釋

❶「震」，卦名。

「辰」假借為「震」。說文：「辰，震也。三月陽氣動，雷電振民農時也。」白虎通義五行：「辰者，震也。」是辰可作為震。說文：「震，劈歷振物者。从雨辰聲。」漢書刑法志：「以類天之震曜殺戮也。」顏注：「震謂靁電也。」按，「辰」、「震」同聲系且義同而通。

「震」，詩十月之交「爗爗震電」毛傳、公羊傳，隱公九年「大雨震電」何休注並曰：「震，雷也。」爾雅釋天同。周易集解引鄭玄曰：「震為雷。雷，動物之氣也。」釋文：「震，動也。」說卦傳、序卦傳：「震，動也。」雜卦傳：「震，起也。」謂雷聲起動或振物之意。

震，歸藏作釐。李過曰：「釐者，理也。」黃宗炎曰：「謂雷釐地而出以作聲。」尚秉和周易尚氏學曰：「震爲笑樂，爲喜，而釐與僖通。史記以魯僖公爲釐公，是其證。說文：『僖樂也。』與喜同。又震爲生爲福，而釐亦爲福。前漢文帝紀詞官祝釐如淳曰：『福也。』是釐與震義多同。故歸藏作釐，周易作震。」尚說是也。

❷「朔朔」假借爲「虩虩」。釋文：「虩虩，馬云：『恐懼皃（貌）。』鄭同。荀作愬愬。」阮元周易注疏校勘記：「岳本、閩、監、毛本同。釋文：虩虩，荀作愬愬。」「虩虩」，說文：「恐懼。一曰：「蠅虎也。从虎𡭴聲。」廣雅釋訓：「虩虩，懼也。」「愬愬」，呂氏春秋慎大：「故易曰：愬愬履虎尾。」王注：「愬，懼也。」易象傳：「愬愬結吉。」周易集解引侯果曰：「愬愬，恐懼貌。」釋文引子夏傳同。則「虩虩」與「愬愬」義同。愬愬从心朔，與朔形近，故以「愬」簡作「朔」。履九四：「履虎尾，愬愬。」「愬」，帛書周易作「朔」。形近相通。

❸「笑言啞啞」。帛書周易「笑」作「芺」。「笑」，一切經音義二引字林曰：「喜也。字从竹从夭，夭聲。竹爲樂器，君子樂然後笑也。」「芺」，說文：「芺，草也。味苦，江南食之以下氣。从艸夭聲。」「笑」、「芺」，形近同聲系，古相假。「言」，釋文：「言亦作語。」

「亞亞」假借為「啞啞」。「亞」，說文：「醜也。象人局背之形。賈侍中說，以為次第也。凡亞之屬皆从亞。」「啞」，說文：「笑也。从口亞聲。」「亞」、「啞」同聲系，古相通。「啞啞」，廣雅釋訓：「笑也。」一切經音義六引字林：「啞，笑聲也。」釋文：「馬云：笑聲。鄭云：樂也。」笑言啞啞，謂歡笑言語。高亨周易古經今注曰：「震來虩虩，笑言啞啞八字，疑涉初九爻辭而衍。」今帛書周易有此八字，非後人涉入。

❹ 「敬」假借為「驚」。「驚」，說文曰：「馬駭也。从馬敬聲。」「敬」「驚」同聲系，且義同。「敬」，詩常武：「既敬既戒。」鄭玄箋：「敬之言警也。」周書謚法：「夙夜警戒曰敬。」「震驚百里」，鄭玄注：「驚之言警戒也。」故「敬」「驚」古相通。「震驚百里」意謂巨雷震驚百里之外。

❺ 「亡」假借為「喪」。亡與喪通。「釓」假借「匕」。「釓」，玉篇：「箭也。」左傳昭公二十六年：「匕入者三寸。」杜預注：「匕，矢鏃也。」「釓」、「匕」皆有「箭」之意，後來箭頭為金屬所製，故增金字偏旁，義同而通。

「匕」，說文：「匕亦所以用比取飯。一名柶。」左傳昭公二十七年杜注：「全魚炙。」孔穎達疏：「匕首者，劍首如匕匙。」按，匕即用以取飯的勺、匙之類。

❻ 「觴」假借為「鬯」。帛書周易作「觴」。莊子徐无鬼：「楚王觴之。」釋文引李注：「觴，酒器之總名也。」呂氏春秋義賞：「斷其頭以為賞。」高誘注：「觴，酒器也。」鬯，孔

子家語哀公問：「明加以鬱鬯。」王肅注：「鬯，樽也。」樽卽酒器。「觴」、「鬯」皆可爲酒器之名，義同相假。又，「觴」，說文：「實曰觴；虛曰觶。从角煬聲。」段玉裁注：「式陽切，十部。」「鬯」，說文：「㠯秬釀鬱艸芬芳攸服㠯降神也。从凵。凵，器也，中象米。匕所㠯扱之。易曰：不喪匕鬯。」段玉裁注：「丑諒切，十部。」「觴」，「鬯」古音同屬十部，音近而通。

「鬯」，釋文：「香酒。」周易集解引鄭玄曰：「鬯秬酒，芬芳條鬯，因名焉。」王弼周易注：「鬯，香酒。奉宗廟之盛也。」禮記曲禮下：「凡摯天子鬯。」孔疏：「鬯者，釀黑黍爲酒其氣芬芳調暢。」爲香酒的一種。盛鬯酒之器亦名鬯。卦辭鬯作酒器解。毛公鼎銘鬯作，盂鼎銘鬯作，其形象器，毛公鼎銘曰：「錫女秬鬯一卣。」故帛書周易借爲酒器「觴」。

今譯

震，祭祀時，巨雷響，人們很恐懼，後又歡笑言語，雖然巨雷震驚百里之外，但仍不失手中的勺子和酒器。

初九，辰（震）來朔（虩）朔（虩），後芺（言）啞啞，吉❶。

注釋

❶ 詮訓見卦辭。阮元周易注疏校勘記：「言亦作語。下同。石經初刻語，後改言。下唯象傳句漫滅不可識，餘並改語爲言。」

今譯

巨雷響，人們很恐懼，後又歡快地言笑，則吉祥。

六二，辰（震）來厲❶，意（億）亡（喪）貝❷，齍（躋）❸于九陵，勿遂（逐）七日得❹。

注釋

❶「厲」，廣雅釋詁：「危也。」周易集解引虞翻曰：「厲，危也。」竹書紀年武乙三十五年：「王畋於河渭，大雷震死。」古人恐懼巨雷，因巨雷常爲災。

❷「意」與「億」古通。「意」，禮記少儀注：「意，度也。」釋文：「意，本作億。」「億」，左傳襄公二十五年：「不可億逞。」杜預注：「億，度也。」論語先進：「億則屢

中。」釋文：「億，度也。」荀子賦：「暴至殺傷而不億忌者與。」楊倞注：「億，謂以意度之。」「意」、億義同而通。張納功德敍：「光乎意載。」魯峻碑：「永傳意齡。」孔宙碑：「意載揚聲。」億俱作意。漢時「億」通作「意」，帛書「億」亦作「意」。「億」，王弼周易注：「辭也。」釋文曰：「億，本又作噫，辭也。」禮記文王世子：「注億可以爲之也。」孔疏：「發語爲億。」周易集解引虞翻曰：「億，惜辭也。」按，億、噫爲語氣辭。

「貝」，廣雅釋詁四：「貝，貨也。」

❸ 「齍」假借爲「躋」。齍，說文：「黍稷在器以祀者。从皿齊聲。」「躋」，說文：「躋，登也。从足齊聲。」齍躋同聲系，古相通。

「躋」，爾雅釋詁：「躋，陞也。」詩斯干：「君子攸躋。」毛傳：「躋，升也。」釋文：「躋，本又作隮，升也。」詩蝃蝀：「朝隮於西。」毛傳：「隮，升。」「隮於九陵」意謂登上九陵之時。

❹ 「遂」假借爲「逐」。解見既濟六二「婦喪其茀，勿遂（逐）七日得」。逐，國語晉語：「厭邇逐遠。」韋昭注：「逐，求也。」帛書六十四卦釋文、通行本均作「七日得」，帛書周易作「十」，帛書作「十日得」。疑帛書沿襲數字卦「十」釋爲「七」。說詳乾卦。

今譯

六二，出門遇巨雷，很危險，在驚慌中喪失了貨貝，這時正登於九陵之上，不要去尋求七日後可以得到。

六三，辰（震）疏（蘇）疏（蘇）❶，辰（震）行無（无）❷省（眚）❸。

注釋

❶「疏疏」假借爲「蘇蘇」。疏與蔬通。荀子富國：「然後葷菜百疏以澤量。」楊倞注：「疏與蔬通。」禮記射義禮注：「樹著蔬曰圃。」釋文：「蔬，本作疏。」「蔬」，禮記月令：「有能取蔬食田獵禽獸者。」孔疏：「蔬謂菜也。」漢書元帝紀：「救民饑饉。」顏師古注：「蔬，菜也。」淮南子主術：「秋畜疏食。」高誘注：「菜蔬曰疏。」「蘇」方言三注：「蘇，或言菜也。」「蔬」、「蘇」義同相通。故「疏」、「蔬」、「蘇」音近義近相通。高亨曰：「左傳定公四年：『申包胥如秦乞師。』戰國策楚策申包胥作棼冒勃蘇。文選吳都賦：『造姑蘇之高臺。』李注：『越絕書曰：吳王夫差起姑蘇之臺。姑胥卽姑蘇也。』胥、疏皆从疋聲，胥、蘇既可通用，則疏、蘇亦可通用矣。」高氏

說亦可。按，通行本「蘇蘇」，帛書周易作「疏疏」，義比作「蘇蘇」勝。「疏疏」，有稀疏之義。楚辭東皇太一：「疏緩節兮安歌。」注：「疏，稀也。」呂氏春秋辯士：「不知其稼之疏而不適也。」高誘注：「疏，希也。」鄭穀詩江祭：「杳杳漁舟破暝煙，疏疏蘆葦舊江天。」陸游漁翁：「江煙淡淡雨疏疏。」疏疏卽疏稀。「震疏疏」意謂雷聲稀疏，與六二「震來厲」相對。

「蘇蘇」，王弼周易注：「懼蘇蘇也。」周易正義孔穎達疏：「蘇蘇，畏懼不安之貌。」釋文：「蘇蘇，疑懼貌。王肅云：躁動貌。鄭云：不安貌。馬云：尸祿素餐貌。」意謂巨雷響，使人恐懼不安。義亦通。然與下文「震行无眚」不諧。作「疏疏」則相諧。

❷ 「無」與「无」通。說文：「無通於无者，虛無道也。」易乾：「厲无咎。」釋文：「無，无通於元者，虛无通也。」通行本周易無俱作无。

❸ 「省」假借爲「眚」。書康誥：「人有小罪非眚。」釋文：「眚，本作省。」「省」與「眚」通。

「眚」，災也。詳見訟九二「不克訟，歸而逋，其邑人三百戶，无眚」。帛書周易「眚」皆寫作「省」。

今譯

六三，雷聲稀疏，則雷行不致震死人，所以無災。

九四，辰（震）遂泥❶。

注釋

❶「遂」，釋文：「遂泥，荀本遂作隊。泥音乃低反。」阮元周易注疏校勘記：「石經、岳本、閩、監、毛本同。釋文：荀本遂作隊。」「隊」，說文：「從高隊（隕）也。从𠂤㒸聲。」左傳僖公二十八年：「俾隊其師。」杜預注：「隊，隕也。」漢書翟義傳：「隊極厥命。」顏師古注：「隊，隕也。」淮南子天文：「丙子干壬子星隊。」高誘注：「隊，落也。」

今譯

九四，巨雷作，人驚恐墜落泥中。

六五，辰（震）往來厲，意（億）无亡（喪）❶，有事❷。

注釋

❶ 億，意度之義。周易正義作「意无喪有事」，與帛書同。

❷ 「有」，語助辭。王引之經傳釋詞曰：「一字不成詞，則加有字以配之，故邦曰有邦，家曰有家（皋陶謨曰：『夙夜浚明有家。』易家人初九曰：『閑有家。』），……事曰有事（易震六五曰：『无喪有事。』）。」王說是也。

今譯

六五，巨雷往來，其勢危險，但意想不會於事有所損失。

尚（上）六，辰（震）昔（索）昔（索）❶，視懼（矍）懼（矍）❷，正（征）凶❸。辰（震）不于其躳（躬）❹，于其鄰，往无咎。閩（婚）❺詬（媾）❻有言。

注釋

❶ 「昔」，疑借爲「蜡」。說文曰：「蜡，蠅胆也。周禮：蜡氏掌除骴。从虫昔聲。」「蜡」

「昔」同聲系，古相通。禮記禮運：「昔者仲尼與於蜡賓。」鄭玄注：「蜡者，索也。」禮記雜記：「子貢觀蜡。」鄭注：「蜡也者，索也。」廣雅釋天：「蜡，索也。」則「昔」、「蜡」、「索」相通。

「索索」釋文曰：「懼也。馬云：內不安貌。鄭云：猶縮縮，足不正也。」周易正義孔穎達疏：「索索，心不安貌。」

❷「懼懼」假借爲「矍矍」。「懼」，莊子天運：「吾始聞之懼。」釋文：「懼，本作戄。」莊子庚桑楚：「南榮趎懼然顧其後。」釋文：「懼，本作戄。」「懼」與「戄」古相通。又，「戄」與「矍」通。廣雅釋詁一：「戄，驚也。」「矍」，管子戒：「君請矍己乎。」房玄齡、尹知章注：「矍己謂有所驚懼，而問未止也。」「戄」、矍義同相通，故韻會：「矍或作戄。」則「懼」、戄、矍相通。

「矍矍」，釋文：「馬云：中未得之皃。鄭云：目不正。」廣雅釋訓：「矍矍，視也。」說文：「矍，隹欲逸去也。从又持之矍矍也。一曰：視遽皃。」按，矍矍，驚視貌。

❸「正」假借爲「征」。說見損九二「正（征）兇」。

❹「躳」假借爲「躬」。說見艮六四「艮其躳（躬）」。

❺「閩」假借爲「婚」。說見賁六四「非寇閩（婚）詬（媾）」。

❻「詬」假借爲「媾」。見賁六四。屯六二、六四「媾」作「厚」，則厚、詬、媾古相通。

今譯

上六，巨雷響，內心索索不安，而又驚視四顧，如若出征，則有禍殃。巨雷雖沒有震害自身，卻震害了鄰居，出門則無災患。筮遇此爻，婚媾之家將被議論。

總釋

本卦主旨是講打雷這種自然現象所引起不同的後果以及人們不同的心理反響。古代，人們對於自然界的刮風、暴雨、地震、海嘯、雷電等人們所不能支配和解釋的現象，看作與人類一樣，是有意志的活動。譬如雷電是「天」的震怒，地震、天旱是「天」的譴告等等，人們還沒有把自己同自然界區分開來。後來，則慢慢地把自己從自然界中區別出來。卦辭和初九爻辭是說，起始以爲雷能打死人獸，人們很恐懼；後來，打雷見得多了，也積累了一些有關雷電的知識，因此就覺得不害怕，而歡快地言笑了。人們又進一步知道出門遇巨雷，很危險。六二爻辭登九陵時遇巨雷，在驚慌中丟失貨貝。上六，出征則凶。九四，墜於泥中。如果雷聲稀疏，則雷行亦不致打死人，也便無災患。後來又知道，出門在途遇巨雷容易打死人，在家裏就好一些，可以避雷霹，六五爻辭就說巨雷往來，雖然危險，但想來於事不會有所損失。卦辭說「震驚百里，不喪匕鬯。」鎮定自若，毫不恐懼。然而，不害怕打雷，並不是不在乎。打雷時走路作事，要謹愼小心，才能避免災禍，因爲巨雷畢竟是能斃人傷物的，六上記載：「震不於其躬，於其鄰」，鄰居或鄰里由於疏忽大意，結果被雷所傷害。這就是說，對打雷這種現象要認識它，才能掌握它，既不要害怕，又要注意，這才是好的態度。

泰（大）壯　第二十六

䷡　**泰**（大）**壯**❶，**利貞**。

注釋

❶「大壯」，卦名。

「泰」與「大」通。說見大畜卦名。「大壯」，說文：「壯，大也。从士爿聲。」周易正義孔穎達疏：「大者，壯也。」又，疏：「壯者，強盛之名。」「大壯」意謂強盛之義。釋文：「鄭云：氣力浸強之名。王肅云：壯盛也。廣雅云：健也。馬云：傷也。郭璞云：今淮南人呼壯爲傷。」周易集解引虞翻曰：「壯，傷也。」又引侯果曰：「剛大長壯，故曰大壯也。」故「大壯」有兩義：一曰傷，一曰強盛、強壯。

今譯

大壯，有利於占問。

初九，壯于止（趾）❶，正（征）凶，有復（孚）❷。

注釋

❶「止」假借爲「趾」。「止」，說文：「下基也。象艸木出有址，故以止爲足。凡止之屬皆从止。」儀禮士昏禮：「北止。」鄭注：「古文止作趾。」噬嗑初九：「屨校滅止。」釋文：「止，本作趾。」詩麟止序釋文：「止，本作趾。」禮記內則：「奉席請何止。」釋文：「止，本作趾。」釋名釋形體：「趾，止也。言一進一止也。」左傳桓公十三年：「舉趾高。」漢書五行志中之上作「舉止高」。賁初九：「賁其趾。」釋文：「趾，本作止。」故「止」與「趾」通。

「趾」，左傳昭公七年傳：「今君若步玉趾。」杜預注：「趾，足也。」禮記曲禮上：「請衽何趾。」孔疏：「趾，足也。」

❷「復」借爲「孚」。說見訟卦卦辭。孚，古俘字，俘獲。

今譯

初九，傷了脚趾，出去征伐則凶，但仍有所俘獲。

九二，貞吉。

今譯

九二，占問則吉祥。

九三，小人用壯，君子用亡（罔）❶，貞厲。羝羊觸藩❷，羸其角❸。

注釋

❶「亡」假借爲「罔」。「亡」，唐韻、集韻、韻會：「武方切。」音忘。古音屬陽韻。

「罔」，集韻：「武方切。」音亡。古音屬陽韻。「亡」、「罔」，音同疊韻古相通，且義亦同。「亡」，詩葛生：「予美亡此。」鄭箋：「亡，無也。」禮記檀弓：「稱家之有亡。」釋文引皇注：「亡，無也。」「罔」，詩民勞「以謹罔極」鄭箋、左傳文公十年「以謹罔極」杜預注並曰：「罔，無也。」爾雅釋言同。故「亡」、「罔」義同而假。「罔」，釋文：「羅也。馬、王肅云：无。」「罔」，古「网」字。說文：「庖犧所結繩以漁。从冂，下象网交文。凡网之屬皆从网。罔，或从亾。䍏，或从糸。冈，古文网。」易繫辭下：「以為网罟。」釋文引黃注：「取獸曰网。」漢書刑法志：「以死网民。」顏師古注：「罔謂羅網也。」羅，說文：「以絲罟鳥也。」即以羅網捕鳥。捕獸也可用羅網。尚秉和周易尚氏學：「罔猶否也。」義亦可通。

❷ 「羝羊觸藩」。釋文：「羝羊，音低。張云：羖羊也。廣雅云：吳羊曰羝。」說文：「羖，夏羊牡曰羖。」說文：「羝，牡羊也。」即公羊。

「藩」，說文：「屏也，从艸潘聲。」釋文：「馬云：籬落也。」周易正義孔疏：「藩，籬也。」即藩籬。意謂公羊牴觸藩籬。

❸ 「羸其角」。釋文：「馬云：大索也。王肅作縲，音螺。鄭、虞作纍，蜀才作累，張作虆。」帛書井卦辭「羸其刑瓶」，「羸」作「纍」。說與鄭、虞同。周易正義孔疏：「羸，拘纍纏繞也。」焦循周易補疏：「羸為弱，與壯對謂。強壯如羝羊，藩不能決，觸之亦無所用其力，而角為之羸弱，羸由於觸，不因羅罔也。若云『拘纍纏繞』，於義為不貫矣。」焦

氏以「羸」訓「弱」。義亦可通。

今譯

九三，小人使用强力，君子使用法網，占問則有危險。公羊用角抵觸藩籬，其角被藩籬纏繞。

九四，貞吉，悔亡。璠（藩）❶**块**（決）❷**不羸，壯於泰**（大）**車之緮**（輹）❸。

注釋

❶「藩」疑作「璠」。顏氏家訓音辭曰：「璵璠，魯之寶玉，當音餘煩，江南皆音藩屛之藩。」則「璠」與「藩」音同，古相通。

❷「块」疑讀爲「玦」。後漢書齊武王縯傳：「繡衣御史申屠建隨獻玉玦。」李賢注：「玦，決也。國語晉語：「而玦之以金銑者寒甚矣。」韋昭注：「玦，猶決也。」詩芄蘭箋：「韘玦也。」釋文：「玦，本又作决。」故玦與決古相通。「決」，俗作决。左傳成公十五年：「則決睢澨。」杜預注：「決，壞也。」淮南子時則：

「審決獄。」高誘注：「決，斷也。」決即破壞之義。

❸「壯於大車之緮（輹）」。王弼本作「壯於大輿之輹」。周易集解本作「壯於大轝之腹。」釋文引作「大輿之輹」，並曰：「輹，本又作輻。」阮元周易注疏校勘記：「石經、岳本、閩、監、毛本同。釋文：輹，本作輻。」則「事」、「輿」、「轝」古通。說見大畜九二爻辭「車說緮（輹）」。「輹」「腹」「緮」古通。說見大畜。

今譯

九四，貞問則吉祥，沒有困厄。公羊抵觸藩籬，藩籬已被破壞，如不繫羊之角，則將觸壞大車的輻條。

六五，亡（喪）羊于易❶，无悔。

注釋

❶「亡」與「喪」相通。喪，失也。「喪羊于易」，記載了殷先王王亥的事蹟。但這個事蹟，象傳作者已失。王弼朱熹作注，也不明白。王弼周易注曰：「羊，壯也。必喪其羊，失其

所居也。能喪壯於易，不於險難，故得無悔。」朱熹周易本義曰：「易，容易之易，言忽然不覺其亡也。或作疆場之場，亦通。漢食貨志場作易。」據近人考證，爲殷先王王亥喪牛羊於有易的故事。殷契佚存：「辛巳卜貞，王隹亥，上甲，卽于河。」（八六八）山海經大荒東經：「有人曰王亥，兩手操鳥，方食其頭。王亥託於有易，河伯僕牛。有易殺王亥，取僕牛。」殷虛書契前編：「貞於王亥，𣎆年。」（一、一）殷虛書契後編：「貞㞢於王亥。」（下、九）郭璞引古本竹書紀年：「殷王子亥，賓於有易而淫焉。有易之君緜臣殺而放之。是故殷主主甲微假師於河伯，以伐有易。滅之。遂殺其君緜臣也。」楚辭天問：「該秉季德，厥父是臧。胡終弊於有扈，牧夫牛羊。」呂氏春秋物躬：「王冰作服牛。」世本作篇：「胲作服牛。」王隹亥，據丁山先生說卽王亥（見商周史料考證，第二十一頁）；王冰，王國維先生在殷卜辭中所見先公先王考中認爲冰「篆文作仌，與亥字相似，王冰亦王亥之譌」。則該、胲、眩皆爲王亥。有易，有扈爲一國。古「狄」、「易」音近而通。史記殷本記：「帝嚳妃簡狄。」索隱：「狄，舊本作易。」有狄卽有易，亦卽有扈。殷先王王亥旅居有易，牧畜牛羊，爲什麼被緜臣所殺？或說「賓於有易而淫焉」。此「淫」可能是男女之事，也可能是貪婪放恣。或說「有易殺王亥，取僕牛」，則是爲奪王亥財產而被殺。說明商與有易曾發生過鬥爭。

今譯

六五，殷先王王亥喪失羊於有易，沒有困厄。

尚（上）六，羝羊觸藩，不能退，不能遂❶，无攸利，根（艱）則吉❷。

注釋

❶「退」，帛書周易作「㯟」。似復，又與復稍異。
「遂」，周易集解引虞翻曰：「遂，進也。」按，虞說是。

❷「根」假借爲「艱」。「根」，說文：「木株也。从木艮聲。」
「艱」，說文：「艱土難治也，从堇艮聲。」「根」、「艱」同聲系，古相通。書益稷：「奏庶艱食。」釋文：「艱，馬本作根。」釋名釋言語：「艱，根也，如物根也。」
「艱」，詩北門「莫知我艱」鄭箋、詩何人斯「其心孔艱」鄭箋、國語魯語「固國之艱急是爲」韋昭注並曰：「艱，難也。」即艱難之義。意謂公羊用角抵觸籬笆，結果兩角被籬笆卡住，退不得，進不成，沒有所利，雖處境艱難，結果則吉。

則吉祥。

上六，公羊羝觸籬笆，角被籬笆卡住，不能退，也不能進，沒有什麼利，雖有艱難，結果

今譯

總釋

本卦主旨是講畜牧中發生的事情，但也有與此不相關的爻辭，毋需強拉到牧畜上來。如大壯卦辭「利貞」，初九「壯於趾，征凶，有孚」，九二「貞吉」，講占問之事和傷了腳趾，出征則凶。因爲自己有傷而不強盛，征伐他國，當然不吉利。而處理事務，亦不能只講一面，如果小人光使用強力，君子光使用法網，而不使用說理和教化，那麼，則有危險。這是從廣泛的意義上說的。從九三爻辭：「羝羊觸藩，羸其角」始，至上六，都講畜牧中的事情。六五爻辭：「喪羊於易，」說明了殷先王王亥牧牛羊於有易，而被殺和喪失牛羊的事。人們在長期畜牧中，觀察到公羊喜用角去觸物，傷角傷物，因此需把角繫住，九四：「藩決」和「壯於大輿之輹」是傷籬笆和大車輻條，上六：公羊的兩角被籬笆卡住，不能退，不能進，進退兩難，不傷角卽傷籬笆。完美之計，在於避免這種事的發生，事先把公羊角繫起來。

餘（豫）　第二十七

䷏　**餘（豫）❶，利建侯❷，行師。**

注釋

❶「豫」，卦名。

「餘」與「豫」相通。「餘」，集韻、韻會：「羊諸切。」徐鉉說文注：「以諸切。」音余，古音屬魚韻。「豫」，集韻：「商居切。」音書。古音屬魚韻。「餘」、「豫」古音同屬魚韻，音近相通。釋文：「餘慮反。」

「豫」，釋文：「馬云，樂也。」周易集解引鄭玄曰：「豫，喜佚說樂之貌也。」國語晉語：「母老子彊故曰豫。」韋昭注：「豫，樂也。」爾雅釋詁同。雜卦傳：「豫，怠也。」爾雅釋詁：「豫，厭也。」楚辭惜誦：「行婞直而不豫兮。」注：「豫，厭也。」按，此二義皆通。

「豫」，歸藏作「分」，言震雷上出，與地分離也。又一陽界於五陰之間，使上下分別，與周易義異。

❷「利建矦」。解見屯卦辭「利建矦」。聞一多周易義證類纂：「案，說文曰：『豫，象之大者。』象、豫一聲之轉，古蓋本爲一字。豫卦字當讀爲象，謂象樂也。墨子三辯篇曰：『武王勝殷殺紂，環天下自立以爲王。事成功立，無大後患，因先王之樂。又自作樂，命曰象。』字一作予。……案，周武舞卽象舞，晉雜用漢之巴渝與周之武舞以爲大豫，是大豫之源出於象，實則象與予豫一語之轉，晉之大豫卽漢之大予，漢之大予卽周之象。晉舞不但未變周、漢之實，兼亦承用其名也。『豫，利建侯。行師』者，豫爲武王舞名，建侯行師卽舞中所象之事。」聞一多又曰：「案，西溪易說引歸藏有夜卦，于省吾『夜』卽『豫』，引繫辭傳『重門擊㯻，以待虣客，蓋取諸豫』，並九家易說『夜者，兩木相擊以行夜也』，以證豫卦正字當爲『夜』。案，于說歸藏夜卽豫，是也。謂夜爲正字，則非。」聞說義亦可通。歸藏夜卦卽豫卦，可參考。

今譯

豫，利於建立諸侯國和出兵征伐。

初六，鳴餘（豫）❶，凶。

注釋

❶「鳴」，廣雅釋詁三：「鳴，名也。」謙六二：「鳴謙。」王弼周易注：「鳴者，聲名聞之謂也。」「鳴」，阮元周易注疏校勘記：「釋文作名」。「鳴豫」，王弼周易注：「樂過則淫，志窮則凶。」按，鳴豫即有聲名而享樂。

今譯

初六，有聲名而享樂，則有禍殃。

六二，疥(介)❶于石，不終日，貞吉。

注釋

❶「疥」假借為「介」。說文：「疥，搔也。从疒介聲。」疥、介同聲系，古相通。「介」，釋文：「古文作砎。鄭云：謂磨砎也。馬作扴，云：觸小石聲。」晉書音義下引字林：「砎，堅也。」王弼周易注：「順不苟從，豫不違中，是以上交不諂，下交不瀆。明禍福之所生。故不苟說；辨必然之理，故不改其操，介如石焉。」意謂上交不阿諛迎奉，與下不輕蔑侮辱。不求苟且豫悅，正直不移，猶如石子一樣堅硬。

聞一多周易義證類纂：「介疑讀爲忦。說文曰：『忦，憂也。』方言十二曰：『忦，恨也。』漢書陳湯傳：『百姓介然有秦民之恨。』字正作介。憂恨與困辱義相因，『忦於石』亦猶『困於石』也。然而坐石之期暫，至『不終日』，則是過小而罰輕，故又爲吉占。」義亦可通。

今譯

六二，剛强如堅石，雖不能堅持長久，但恪守正道則吉祥。

六三，杅（盱）餘（豫）❶，悔，遲有悔❷。

注釋

❶「杅」與「盱」通。釋文：「盱，香于反。睢盱也。向云：『睢盱，小人喜悅之貌。』子夏作紆，京作汙，姚作盱，云：『日始出』。引詩曰：『盱日始旦。』」「杅」、「盱」、「紆」、「汙」、「盱」音同。集韻、韻會、正韻：「雲俱切。」音于。「盱」，集韻：「雲俱切。」音于。「紆」，廣韻：「憶俱切。」集韻、韻會：「邕俱切。」音迂。「汙」，

唐韻、韻會：「雲俱切。」音于。「盱」，晉灼曰：「盱音吁。大也。」故相通。「盱」，說文：「張目也。」周易正義孔疏：「盱謂睢盱。睢盱者，喜說（悅）之貌。」莊子寓言：「而睢睢盱盱。」郭象注：「睢睢盱盱跋扈之貌。」盱豫謂跋扈而有享樂。

❷「遲有悔」，「遲」，爾雅釋訓：「徐也。」釋文：「緩也。」有讀爲又。詩終風：「不日有曀。」鄭箋：「有，又也。」王引之經義述聞：「此與他卦言有悔者不同。他卦有悔對无悔言之也，此有字則當讀爲又，古字有與又通，言盱豫既悔遲又悔也。困上六：『困於葛藟，於臲卼，曰動悔有悔。』曰之言聿，語助也。有亦當讀又。」按，王說是。

今譯

六三，跋扈而享樂，則有困厄，稍後又有困厄。

九四，允（尣）餘（豫）❶，大有得，勿疑，倗（朋）❷甲（盍）❸讒（簪）❹。

注釋

❶「允」，說文：「信也。」玉篇：「當也。」於意不屬，故「允」爲「尣」之譌。「尣」，

通行本作「由」。「冘」，唐韻：「以周切。」集韻、韻會：「夷周切。」正韻：「于求切。」並音由。「冘」、「由」古音同，相通。朱駿聲說文通訓定聲曰：「冘，轉聲亦讀如由。緩行之狀也。」高亨周易大傳今注：「由疑當作田，形似而誤。田，田獵，豫，享樂。田獵大有得。言人田獵以行樂。」此說迂曲。按釋文：「馬作猶，云：猶，豫疑也。」冘豫，卽猶豫。後漢書來歙傳：「冘豫不決。」李賢注：「冘豫，狐疑也。」後漢書竇武傳：「太后冘豫未忍。」李注曰：「冘豫不定也。」後漢書馬援傳：「冘豫未決。」李注：「遲疑未定也。」說文解字段注曰：「古籍內冘豫義同猶豫。」是冘豫爲猶豫。

❷ 「傰」假借爲「朋」。說見損六五「十朋之龜弗克」。此處可作朋友之朋解，亦可作朋貝之朋解。

❸ 「甲」假借爲「盍」。說文：「甲，東方之孟昜氣萌動。从木戴孚甲之象。」段玉裁注：「古狎切，八部。」「盍」，說文作盇：「覆也。」故周易集解盍作盇。盇音屬七、八部。「甲」、「盍」古音同屬八部，音近相通。又正韻：「甲，古洽切；盍，胡閤切。」「甲」、「盍」皆取合聲，音近而假。

「盍」，釋文：「合也。」爾雅釋詁：「盍，合也。」王弼周易注：「盍，合也。」周易集解引虞翻曰：「盇，合也。」卽滙合，聚合之意。

❹ 「讒」假借爲「簪」。釋文：「簪，徐、子夏傳同，疾也。鄭云：速也。埤蒼同。王肅：古文作貸。京作撍，馬作臧，荀作宗，虞作戠。戠，叢合也。蜀才本依京，義從鄭。」阮元周

易注疏校勘記：「簪，古文作貸，京作撍。」下同釋文。按，簪借爲「譖」。唐韻：「莊蔭切。」集韻、正韻：「側禁切。」韻會：「側瞻切。」並音簪去聲。「簪」「譖」古音近而假，簪、譖、撍爲同聲系，其作貸、臧、宗、戠，亦一音之轉，古相通。「譖」，玉篇：「讒也。」一切經音義十七引三蒼：「譖，讒也。」「讒」，說文：「譖也。从言毚聲。」詩桑柔鄭箋：「譖不信也。」孔穎達疏：「讒譖是僞妄之言。」「譖」、「讒」義同相通。故禮記緇衣鄭注：「取彼讒人。」釋文：「本亦依詩作譖人。」則「讒」、「簪」、「譖」古相通。

「簪」，王弼周易注：「疾也。」周易正義孔疏同。帛書周易「簪」作「讒」，義亦通。左傳昭公五年：「敗言爲讒。」莊子漁父：「好言人惡謂之讒。」荀子脩身：「傷良曰讒。」廣雅釋詁三：「讒，賊也。」按，惡言以賊人也。

今譯

九四，猶豫不決，既得到這樣大的收穫，就不應該狐疑朋友的忠告是讒言。（猶豫不定。既然大有收穫，就不要懷疑不決，迅速聚合錢財去做事。）

六五，貞疾❶，恒不死❷。

注釋

❶ 貞，占問。

❷ 恒，周易集解引虞翻曰：「恒，常也。」爾雅釋詁：「恒，常也。」常久、恒久。

今譯

六五，占問疾病，則常久不死。

尚（上）六，冥餘（豫）❶，成或（有）❷諭（渝）❸，无咎。

注釋

❶ 冥，釋文：「馬云：『冥昧，耽於樂也。』王廙云：『深也。』鄭讀爲鳴。」說文：「冥，幽也。」日在冂中。廣雅釋訓：「冥冥，暗也。」周易正義孔疏：「冥昧之豫。」詩斯干：「噦噦其冥。」鄭箋：「夜也。」即冥昧、幽暗。

❷ 或與有通。書大禹謨：「罔，或干予正。」孔傳：「或，有也。」周禮考工記梓人：「毋

或若女不寧侯。」鄭注：「或，有也。」廣雅釋詁一同。書無逸：「亦罔或克壽。」漢書鄭崇傳作「亦罔有克壽」。此處，有讀爲或。

❸「諭」假借爲「渝」。「諭」，說文：「告也，从言俞聲。」「渝」，說文：「變汚也。从水俞聲。」「諭」、「渝」同聲系，古通。「諭」廣雅釋言：「曉也。」周禮掌交：「以諭九稅之利。」鄭玄注：「諭，告曉也。」漢書文帝紀：「又不能諭其內志。」顏師古注：「諭，曉告也。」此處作諭，義通，意謂對所成之事或將知曉。「渝」，訟九四：「不克訟，復卽命，俞（渝）安。」周易集解引虞翻曰：「渝，變也。」詩羔裘：「舍命不渝。」毛傳：「渝，變也。」與訟卦解同。作「諭」較「渝」義勝。「冥豫成有諭」，王弼本和周易正義皆以「冥豫成，有渝」爲斷，故王弼注曰：「處動豫之極，極豫盡樂，故至於冥豫成也。」周易本義則斷爲「冥豫，成有渝」。今依朱熹斷。

今譯

上六，夜晚而享樂，事有成就，或能知曉，則無災患。

總釋

本卦主旨是講「豫」，以及豫在不同情況下所產生的不同後果。豫，樂也，快樂、歡樂並不是壞事。猶豫，可以包含着深思熟慮。但猶豫也不一定是好事。史記李斯列傳曰：「狐疑猶豫，後必有悔」，即爲其例。豫卦提出了「鳴豫」、「盱豫」、「冘豫」、「冥豫」等四種情況，前兩種情況，或獲得聲名之後，沾沾自喜，不求前進而貪圖享樂，結果學業荒廢、事業衰敗，其後果則凶，或飛揚跋扈，不可一世而貪圖享樂，無疑要倒楣，接着還是倒楣，沒有好結果。易經作者告誡人們，有了名聲以後，要更加謙虛，這便是謙卦的「鳴謙」，才能不斷進步。要待人以誠，要小心謹愼，才能化凶爲吉，化悔爲喜。這就是要注意自身的道德修養，即主體修養的道德價值問題。後兩種情況，或猶豫不決，或夜晚享樂，雖都有收穫或有成，但都認爲既有成，便不應再狐疑不定或不知道理，結果還算沒有災患。總的來說，快樂是好事，故利於建諸侯國和出兵征伐。六二：「介於石，不終日」和六五：「貞疾，恒不死」，似同豫的本旨不相關，認爲剛強是不能持久的。「貞疾」，如依聞一多說：「案此爻讀豫爲除，晉語八曰：『寡君之疾久矣，上下神祇，無不徧諭，而除』，是其義。書金縢『王有疾弗豫』，說文引豫作悆，悆亦通除，言有疾除也。問疾而恒不至死，是疾將除。」疾除而恒不死。「不終日」、「恒不死」恰爲相反而相成。

少（小）過　第二十八

䷽ **少（小）過❶，亨，利貞。可小事，不可大事。翡（飛）鳥遺之音❷，不宜上，宜下。泰（大）吉❸。**

注釋

❶「小過」，卦名。

「少」與「小」相通。說見訟初六「少（小）有言」解。釋文：「義與大過同。」大過釋文曰：「罪過也，超過也。」雜卦傳：「小過，過也。」周易正義孔穎達疏：「過之小事謂之小過，卽行過乎恭，喪過乎哀之謂是也。」此「過」有過越的意思，故程頤釋「過」爲「過常」。程氏云：「過者，過其常也。若矯枉而過正，過所以就正也。」（見周易程氏傳，卷四）尚秉和周易尚氏學曰：「過之爲義，彖傳卽不明釋，故訖無定解。後儒於是有以經過爲說者。端木國瑚謂兌、巽過乾之左右，故曰大過；艮震過坤之左右，故曰小過。

有以過越爲說者。朱震謂大過陽過陰，大者過越也；小過四陰二陽，小者過越也。前一說祇見於端木氏，後一說則易家多從之。……大小過純以卦義言，不以陰陽多少言。」按，後說爲是，然「過」亦有過失之意。

❷ 「翡」假借爲「飛」。說見乾九五「飛龍在天」解。「遺」，周易集解引虞翻曰：「鳥飛而音止，故飛鳥遺之音。」周易正義孔疏：「鳥之失聲，必是窮迫未得安處。論語曰：『鳥之將死，其鳴也哀。』故知遺音卽哀聲也。」釋「遺」爲「失」。廣雅釋詁：「遺，予也。」周易集解纂疏：「遺，存也。」按，「遺」釋「予」或「存」是也。

❸ 泰與大通。大吉是也。

今譯

小過，亨通，有利於占問，可以做小事，不可以做大事，猶如飛鳥留存下好音，不宜於向上飛，而宜於向下飛，使人聽見，大吉。

初六，翡（飛）鳥以凶❶。

注釋

❶「翡」，帛書六十四卦釋文作「翡」。考帛書作「翡」，與乾九五「翡」字同。說詳乾九五。

高亨周易古經今注曰：「此句義不可通，疑以下當有矢字，轉寫挩去。飛鳥以矢者，鳥帶矢而飛也。國語魯語：『仲尼在陳，有隼集於陳侯之庭而死。楛矢貫之。石砮，其長尺有咫。陳惠公使人以隼如仲尼之館問之。仲尼曰：「隼之來也，遠矣。此肅愼氏之矢也。」』此隼中矢於肅愼，死於陳庭，是帶矢飛數千里也。」高說於義亦通。然帛書周易無「矢」字，今從帛書。

今譯

初六，飛鳥(受傷)謂凶。

六二，過其祖❶，愚(遇)❷其比(妣)❸，不及其君，愚(遇)其僕❹，无咎。

注釋

❶「過其祖」。「過」，說文：「度也。从辵咼聲。」廣雅釋詁二：「過，渡也。」呂氏春秋異寶：「五員過於吳。」高誘注：「過猶至也。」過即渡過，到過等義。
「祖」，周易集解引虞翻曰：「祖謂祖母。」王弼周易注：「祖，始也。謂初也。」此爻「祖」與「妣」對言，應爲祖父。「過其祖」，意謂走過他的祖父的前面。

❷「愚」與「遇」通。「愚」，說文：「戇也。从心从禺。禺，母猴，屬獸之愚者。」段玉裁注：「愚，會意，禺亦聲，麌俱切，古音在四部。」「遇」，說文：「逢也。从辵禺聲。」「愚」「遇」同聲系，古相通。莊子則陽：「匿爲物而遇不識」。釋文：「愚，本作遇。」詩巧言：「遇犬獲之。」釋文：「世讀作愚。」是其證。
「遇」，呂氏春秋淫辭：「空雄之遇。」高誘注：「會也。」論語微子：「遇丈人以杖荷篠。」皇疏：「遇者，不期而會之也。」左傳莊公二十二年：「遇觀之否。」孔穎達疏：「遇者，不期而會之名。」引伸爲期而會亦可稱遇。

❸「比」假借爲「妣」。說文：「比，密也。凡比之屬皆从比。」「妣」，說文：「歿母也。从女比聲。」「比」、「妣」爲同聲系，古相通。故釋名釋喪制：「妣，比也。比之於父亦然也。」詩豐年：「烝畀祖妣。」文選注：一作「烝畀祖比」。是其證。
「妣」，爾雅釋親：「母爲妣。」國語周語：「則我皇妣太姜之姪。」韋昭注：「生曰母，

死曰妣。」釋名釋喪制：「母死曰妣。」周易集解引虞翻曰：「母死稱妣。」此爻「妣」，泛指其祖母。

❹「愚（遇）其僕」，王弼本、周易集解本，周易本義本「僕」均作「臣」，帛書周易「臣」均作「僕」。「臣」、「僕」義同。

今譯

六二，渡越他的祖父，遇見他的祖母，落在其君之後，而遇到君的臣僕，則沒有災患。

九三，弗過仿（防）之❶，從或臧（戕）之❷，凶。

注釋

❶「仿」假借爲「防」。說文：「仿，相似也。从人方聲。」說文：「防，隄也。从自方聲。」「仿」、「防」同聲系，古相通。「防」，淮南子脩務：「陰以防雨。」高誘注：「防，衞也。」荀子儒效：「行有防表。」楊倞注：「防，隄防。」防禦、預防。

❷「臧」假借爲「戕」。戕，廣韻：「則郎切。」集韻：「茲郎切。」並音臧。古音屬陽韻。「臧」，唐韻：「則郎切。」集韻、韻會、正韻：「茲郎切。」並音贓，古音屬陽韻。「臧」、「戕」音同相通。詩十月之交：「曰予不戕。」釋文：「王本作臧。」「戕」，周易集解引虞翻曰：「戕，殺也。」穀梁傳宣公十八年：「邾人戕繒子於繒。」釋文：「戕，猶殺也。」國語晉語：「可以小戕。」韋昭注：「戕，猶傷也。」即殺害，傷害也。

今譯

九三，沒有過失時須預防過失，如放縱其過失，則便傷害自身。故凶。

九四，无咎，弗過愚（遇）之❶，往厲必革（戒）❷，勿用永貞。

注釋

❶「愚」和「遇」通。「弗過遇之」，周易正義孔疏：「居小過之世，小人有過差之行，須大德之人防使無過。」「過」，過差，過失；遇，防使，防止。

❷「往厲必革」。厲，危也。「革」假借爲「戒」。「革」，禮記檀弓：「夫子之病革矣。」鄭注：「革，急也。」釋文：「革，紀力切。」音極。集韻極或作亟。「戒」，韻補：「紀力切。」音亟，詩小雅：「豈不日戒玁狁孔棘。」「革」、「戒」古音近相通。淮南子精神：「且人有戒形。」高誘注：「戒或作革。」文選三國名臣序贊李善注引蒼頡：「革，戒也。」

「戒」，說文：「警也。从廾持戈，以戒不虞。」國語吳語：「息民不戒。」韋昭注：「戒，儆也。」儀禮士冠禮：「主人戒賓。」鄭注：「戒，警也，告也。」左傳襄公三年：「不虞之不戒。」杜預注：「戒，備也。」按，戒爲警告，戒備之義。

今譯

九四，筮遇此爻，沒有災患，沒有過失之時，宜應防止。出門有危險，宜應戒備。不可用於占問永久的事。

六五，密雲不雨❶，自我西茭（郊）❷，公射取皮（彼）❸在穴。

注釋

❶ 「密雲不雨」，王弼周易注：「夫雨者，陰在於上，而陽薄之而不得通，則蒸而爲雨。」（阮元周易注疏校勘記：「岳本、足利本『在』作『布』，『烝』作『蒸』。宋本亦作『布』。古本同。『陽』下有『上』字。錢本亦作『蒸』。釋文出『則蒸』」）意爲陰雲密布而無雨。

❷ 「自我西茭（郊）」。茭與郊音同，古相通。說見需卦初九爻辭。

❸ 「公射取彼在穴」。「公射」，王弼本、周易集解本等通行本皆作「公弋」。周易集解引虞翻曰：「公謂三也。弋，矰繳射也。」王弼周易注：「弋，射也。」周易集解纂疏：「夏官司弓矢：矰矢茀矢，用諸弋射。鄭注：結繳於矢，謂之矰矢。故云：弋，矰繳射也。」即繫細繩於矢以射鳥。後漢書班彪傳：「御矰繳。」李賢注：「矰，弋矢也。繳，以繫箭也。」弋、射義同。今從帛書周易。

「皮」與「彼」相通。「彼」，說文：「往有所加也。从彳皮聲。」「皮」、「彼」同聲系，古相通。彼，指鳥。

「穴」，王弼周易注：「在穴者，隱伏之物也。」

今譯

六五，陰雲密布而不下雨，起自我的西郊。其公射鳥而中，逃入穴中，故取鳥於穴中。

尚(上)六，弗愚(遇)過之❶，翡(飛)鳥羅之❷，凶。是謂茲(災)❸省(眚)❹。

注釋

❶「弗愚過之」，與九四：「弗過愚之」義反。謂不事先防止，就會發生過失。

❷「翡」帛書六十四卦釋文作翡。考帛書作「翡」，與乾九五「翡」字同。

「羅」假借爲「離」。說文：「羅，以絲罟鳥也。从网从維。古者芒氏初作羅。」集韻：「羅，鄰知切。」音離，義同。「離」，集韻、韻會：「鄰知切。」音驪。「羅」、「離」古音同，通用。方言七：「羅謂之離，離謂之羅。」

「羅」，通行本作「離」。此爻作羅義較離勝，今用帛書。「羅」，詩兎爰：「雉離於羅。」毛傳：「鳥網曰羅。」爾雅釋器：「鳥罟謂之羅。」禮記月令：「田臘罝罘羅網。」鄭注：「鳥罟曰羅網。」以羅網捕鳥爲羅。

❸「茲」與「災」相通。說見无妄六三「邑人之茲（災）」。

❹「省」與眚相通。說見訟九二「无省（眚）」。

今譯

上六，不事先防止，就會發生過錯，猶張羅網而捕鳥，結果凶，是謂災禍。

總釋

本卦主旨是講過和遇的關係。過有過越之意，後儒釋爲過其常，即是無過不及之過的意思。無過不及便是中。因而程頤周易程氏傳曰：「陽失位而不中，小者過其常也。」又說：「過，所以求就中也。然從小過的卦義看，並沒有此義，不過在易傳中也許包含這個意思，但亦是後人的引伸。彖曰：「柔得中，是以小事吉也。剛失位而不中，是以不可大事也。」周易集解引虞翻曰：「謂五也，陰稱小，故小事吉也。」小過六二爲陰爻，六五爲陰爻，居上下之中位，故曰：「柔得中」。九四爲陽爻而居陰位，故曰：「剛失位」。九四不居上卦之中位，九三爲陽爻亦不居下卦之中位，是爲剛「不中」，所以「得中」和「失中」是指卦位而言，而非「無過不及」之中。

過爲過失，遇爲防止。易經認爲：「弗過遇之」和「弗遇過之」，沒有過失時須預防過失，不事先防止，便會發生過錯。因此「過」的發生與「遇」和「不遇」有很大的關係。易經認爲如果通過自我修養，以防止過失的發生則是消災的重要條件。所以放縱過失，既傷害自身，又是凶。易經作者在說明「過」和「遇」的關係時遠取自然界飛鳥之事，近取祖妣、君僕之事。卦辭「飛鳥遺之音」和「飛鳥以凶」，「飛鳥羅之」以及「公射取彼在穴。」飛鳥飛不高而宜下，故或被射中，或被網所捕，或受傷，皆是凶的象徵。需要防止。

歸妹 第二十九

☳☱〈☳☱〉**歸妹❶，正（征）凶，无攸利。**

注釋

❶「歸妹」，卦名。「歸」，詩葛覃：「言告言歸。」毛傳：「婦人謂嫁曰歸。」詩南山「齊子由歸」鄭箋、左傳隱公元年「故仲子歸於我」杜預注同。周易集解引虞翻曰：「歸，嫁也。」「妹」，王弼周易注：「妹者，少女之稱也。」釋文同。歸妹，即嫁女。

今譯

歸妹，征伐則有禍殃，無所利益。

初九，歸妹以弟（娣）❶，跛能利（履）❷，正（征）吉。

注釋

❶「弟」，帛書周易作「弚」，通「娣」。「娣」，說文：「女弟也。从女從弟，弟亦聲。」釋名釋親屬：「長婦謂少婦曰娣。娣，弟也。」詩鵲巢鄭箋：「言衆媵姪娣之多。」釋文：「娣，女弟也。」「弟」、「娣」音同相通。
「娣」，詩韓奕：「諸娣從之。」釋文：「妻之女弟爲娣。」爾雅釋親：「女子同出謂後生爲娣。」穀梁傳隱公七年經：「叔姬歸於紀。」釋文：「女弟曰娣。」「歸妹以娣」意謂古人嫁女媵以女弟，乃是嫁女以其娣爲媵，卽以妹妹陪嫁。

❷跛能利（履）。「跛」，說文：「行不正也。从足皮聲。」禮記問喪：「跛者不踊。」釋文：「跛，足廢也。」跛卽足疾。
「利」假借爲「履」。「履」與「禮」相通。說見履卦。履卦之履，帛書周易皆作「禮」。說文：「禮，履也。」又荀子禮論：「禮者，養也。」史記禮書：「禮者，養也。」儀禮士虞禮：「西面告利成。」鄭注：「利，猶養也。」儀禮特牲饋食禮「祝東面告利成」鄭注、儀禮少牢饋食禮「祝告曰利成。」鄭注並同。儀禮特牲饋食禮：「利洗散獻於尸。」孔疏：「利卽養也。」「利」、「禮」義同古相通。則「利」、「禮」、「履」古相假。

「履」，說文：「足所依也。」國語吳語：「而後履之。」韋昭注：「履，行也。」意謂足疾而能行，則足疾痊癒。帛書作「利」，於義亦通。「利」，戰國策西周策：「西周弗利。」注：「利，便也。」國語魯語：「唯子所利。」韋注：「利，猶便也。」言跛足而能方便，乃足疾癒也。

今譯

初九，出嫁少女，其妹妹陪嫁。跛腳而能方便，猶足疾癒，出征則吉祥。

九二，眇能視❶，利幽人貞❷。

注釋

❶「眇」，說文：「一目小也。从目從少，少亦聲。」釋文引字書：「眇，盲也。」「眇能視」，言盲者能夠視物，乃目疾痊癒。「眇能視」，王弼本同，周易集解本作「眇而視」，帛書周易「眇能視」是。

❷「幽人」。荀子王霸「公侯失禮則幽」楊倞注、呂氏春秋驕恣「拘而幽之」高誘注並曰：

「幽，囚也。」幽人卽囚人。

今譯

九二，日疾癒而能視見事物，猶如有利於囚人出牢獄的占問。

六三，歸妹以嬬（須）❶，（反）**歸以苐**（娣）❷。

注釋

❶「嬬」與「須」通。釋文：「須，荀、陸作嬬，陸云：『妾也』。」阮元周易注疏校勘記：「石經、岳本、閩、監、毛本同。釋文：須，荀、陸作嬬。」音訓：「晁氏曰：『子夏、孟、京作嬬，媵之妾也。』」「嬬」，集韻：「詢趨切。」音須。「須」，集韻、韻會：「詢趨切。」音需。「嬬」、「須」古音同而通。帛書作「嬬」，與子夏、孟、京、荀、陸本合；通行本作「須」，乃傳寫之誤。

「嬬」，說文：「弱也。一曰下妻也。从女需聲。」廣雅釋親：「妻謂之嬬。」歸妹以嬬，言嫁妹而媵以妾。

❷「〔反〕歸以苐（娣）」。「苐」，帛書周易作「茢」。「苐」，廣韻：「草也。」說文同。按，說文荑下段玉裁注：「鍇本作荑，鉉本作苐。今鉉本篆體尚未全誤。考廣韻、玉篇、類篇皆本說文云：苐，艸也，知集韻合苐、荑爲一字之誤矣。」考徐氏大徐本篆文，荑已不作苐。荑，茅之始生也。又音夷。筮荑也。苐，音題。說文：草也。荑、苐義異。「苐」疑讀爲「弟」。初九：「歸妹以娣。」「娣」，帛書作弟。「娣」與「弟」通。說見初九爻辭。「反歸以娣」，言出嫁之後而與其弟返歸父母的家。

今譯

六三，嫁少女以女僕陪嫁，又與其返歸父母的家。

六四，歸妹衍（愆）**❶期，遲歸有時❷。**

注釋

❶「衍」假借爲「愆」。「愆」，說文：「過也。从心衍聲。」「衍」與「愆」同聲系，古相通。左傳昭公二十一年：「豐愆」。釋文：「愆本或作衍。」

「愆」，詩氓「匪我愆期」毛傳、詩楚茨「式禮莫愆」鄭箋、書大禹謨「帝德罔愆」孔傳並曰：「愆，過也。」釋文：「愆，馬云：『過也。』」周易集解引虞翻曰：「衍，過也。」愆期卽過期，今言延期。

❷「遲歸有時」。釋文：「遲，晚也，緩也。陸云：待也。」時。穀梁傳隱公七年傳范注引作「遲歸有待」。象曰：「愆期之志，有待而行也。」釋文：「一本待作時。」「時」、「待」同聲系，古相通。今從帛書作「時」。

「時」，白虎通四時：「時者，期也。陰陽消息之期也。」釋名釋天：「時，期也。」「遲歸有時」，言遲歸有時期，而非無限期的遲歸。

今譯

六四，嫁少女過了日期，則遲歸是有時期的。

六五，帝乙歸妹❶，其君之袂❷，不若其苐（娣）之快（袂）良❸。日月既（幾）望❹，吉。

注釋

❶「帝乙歸妹」。泰六五周易集解引虞翻曰：「帝乙，紂父。」據左傳哀公九年「微子啓，帝乙之元子也」，啓是紂的兄長，帝乙卽紂父。周易集解纂疏：「帝乙紂父者，書多士曰：『自成湯至于帝乙。』」哀九年左傳：『晉趙鞅筮得此爻，其言曰：「微子，帝乙之元子也。」』故知帝乙爲紂父也。又，子夏傳曰：『帝乙歸妹，湯之嫁妹也。』世本：『湯名天乙，故稱帝乙。』京房章句載湯嫁妹之辭曰：『無以天子之尊而乘諸侯，無以天子之貴而驕諸侯，陰之從陽，女之順夫，本天地之義也。往事爾夫，必以禮義。』其辭未必傳於上世，然亦以帝乙爲湯也。又荀爽後漢書本傳言湯有娶禮，歸其妹於諸侯也。」可知漢人有以帝乙爲商湯。據近人考證帝乙爲紂父，帝乙把少女嫁給周文王的故事。詩經大明曰：「文王初載，天作之合，在洽之陽，在渭之涘，文王嘉止，大邦有女，大邦有子，俔天之妹，文定厥祥，親迎於渭，造舟爲梁，不顯其光。有命自天，命此文王，於周於京，纘女維莘，長子維行，篤生武王，保右命爾，燮伐大商。」詩中描述了文王娶親的情況。商用和親的辦法來緩和商與周之間的矛盾。從當時周人稱商爲「大邦」，自稱「小邦」來看，帝乙嫁女於文王是有可能的。帝乙歸妹，言帝乙嫁少女於文王。

❷「其君之袂」。君爲君夫人。禮記玉藻：「君命屈狄。」鄭注：「君，女君也。」論語季氏曰：「邦君之妻，君稱之曰夫人，夫人自稱曰小童，邦人稱之曰君夫人。稱諸異邦曰寡小君，異邦人稱之亦曰君夫人。」

「袂」，王弼周易注：「袂，衣袖。所以爲禮容者也。『其君之袂』，謂帝乙所寵也。」

說文：「袂，袖也。从衣夬聲。」漢書鄒陽傳：「攘袂而正義者。」顏師古注：「袂，衣袖也。」論語鄉黨：「褻裘長短之袂。」皇疏：「袂謂衣，屬身者也。」由衣屬身那樣親密，故王弼引伸爲寵愛。

❸「不若其苐（娣）之快（袂）良。」「苐」與「娣」通。「快」爲「袂」之譌。「快」，說文：「喜也。从心夬聲。」「快」、「袂」同聲系音近相通。今依通行本作「袂」。

❹「日月既（幾）朢」。通行本「既」作「幾」，帛書作「既」爲好。釋文：「幾，荀作既。」阮元周易注疏校勘記：「石經、岳本、閩、監、毛本同。釋文：幾，荀作既。」與帛書同。通行本無「日」字，帛書周易多一「日」字。帛書小畜上九：「月幾朢，君子征，兇。」中孚六四：「月既（幾）朢。馬必亡。」皆無「日」字。此爻日字，指日期。「既望」，指每月由十六日至二十二、三日。說文：「望也者，月之望也。」書胤征孔疏：「月大則十六日爲望，月小則十五日爲望。」

今譯

六五，帝乙嫁少女於文王，對其君夫人的寵愛不如對其妹妹的寵愛，然其出嫁的日期是月既望日，結果則吉祥。

尚（上）六，女承筐无實❶，士刲羊无血❷，无攸利。

注釋

❶「女承筐无實」。釋文：「承匡，鄭作筐。」阮元周易注疏校勘記：「石經、岳本、閩、監、毛本同。釋文：承匡，鄭作筐。是其本作匡。」左傳僖公十五年亦引作「承筐」。帛書周易作「承筐」是也。說文：「承，奉也。」周易集解引虞翻曰：「自下受上稱承。」纂疏：「海篇：『筐，盛物竹器也。』」「實」爲祭祀之物。國語晉語：「己賴其地而又受其實。」韋昭注：「實，穀也。」公羊傳定公十四年：「俎實也。」徐彥疏：「實，俎肉也。」後漢書班彪傳：「庭實千品。」李賢注：「庭實，貢獻之物也。」

❷「士刲羊无血」。書泰誓：「嗟我士。」孔穎達疏：「士者，男子之大號。」荀子非相：「處女莫不願得以爲士。」楊倞注：「士者，未娶妻之稱。」「刲」，釋文：「馬云：『刺也。』」說文：「刲，刺也。从刀圭聲。」周易集解引虞翻曰：「刲，刾也。」纂疏曰：「史記封禪書：『使博士諸生刾六經中作王制。』注刾作刺。故云：刲，刾也。」「无血」，左傳僖公十五年：「初晉獻公筮嫁伯姬於秦，遇歸妹之睽，史蘇占之曰：『不吉。其繇曰：士刲羊，亦无衁也；女承筐，亦無貺也。』」杜預注：「周易歸妹上六爻辭也。衁，血也。貺，賜也。」此指男女婚姻之事。周易集解纂疏李道平案：「女之適人，實筐以贄於舅姑；

士之妻女，刲羊以告於祠廟。筐无實，羊无血，約婚不終者也。」古代婚禮有獻祭宗廟之禮，女承筐盛實物，如果品之類獻神，男用刀刺羊，灑血祭神。然女承筐而筐中無實物，男刺羊而羊不出血，乃不祥之兆。

今譯

上六，女子奉筐而筐中無實物，男子刺羊而羊不出血，無所利益。

總釋

本卦主旨是講姊妹共夫的婚俗。錢鍾書管錐篇第一册歸妹曰：「『歸妹以娣』，即古俗之『姊妹共婚姻』（sororal polygyny）。」書堯典：「釐降二女於嬀汭，嬪於虞。堯二女娥皇、女英共嫁於舜的故事，到周時姊妹共夫仍然存在，史家稱爲「媵」制，與古代略有不同。初九：「歸妹以娣」，六三：「歸妹以嬬」，六五：「帝乙歸妹，其君之袂不如其娣之袂良」，均反映了古代這種婚姻習俗。九四：「歸妹愆期，遲歸有時」。上六：「女承筐无實，士刲羊无血。」雖不直接講姊妹共夫之事，但仍與婚姻有關。亦從另一側面反映了嫁女雖可延期，但不能無期限，婚禮的儀式要在宗廟裏進行，女奉筐出其實以獻，男刺羊灑其血以祭，以成婚，這種婚姻儀禮，延續了一個時期。

另，初九：「跛能履，」九二：「眇能視」。錢鍾書管錐篇歸妹曰：「履之『六三：眇能視，跛能履。象曰：眇能視，不足以有明也；跛能履，不足以與行也。』二卦擬象全同，而旨歸適反。歸妹之於跛、眇，取之之意也，尙有憾爾；履之於跛、眇，棄之之意也，不無惜爾。一抑而終揚，一揚而仍抑。……坤六四有『括囊』之喻，周易姚氏學卷一謂荀子、漢書以爲『譏詞』，霍性上疏以爲『褒詞』，亦堪參酌。同此事物，援爲比喻，或以褒，或以貶，或示喜，或示惡，詞氣迥異；修詞之學，亟宜拈示。」錢說甚是，於易辭之細微之處，極其旨趣，是需深入披露的。

解　第三十

䷧〈☳☵〉解❶，利西南。无攸往，其來復吉❷；有攸往，宿（夙）❸，吉。

注釋

❶「解」，卦名。帛書周易作「觧」。

「解」，序卦傳曰：「物不可以終難，故受之以解。解者，緩也。」雜卦傳和釋文同序卦。說文：「解，判也。从刀判牛角。」史記呂后紀：「君知其解乎。」張守節正義：「解，節解也。」漢書賈誼傳：「皆衆理解也。」顏師古注：「解，支節也。」是「解」有支節、分解之義。王弼周易注：「解者，解也。」郭京周易擧正作「解者，解散也。」又，程頤周易程氏傳：「解者，散也。」朱熹周易本義曰：「解，難之散也。」卽有解除於難的意思。本卦「解」有分解、解除之義。

尚秉和周易尚氏學曰：「震出險，故曰解。歸藏作荔。荔和離通。上林賦：『荅遝離支。』干祿字書：『離支俗作荔支。』是離荔音同通用。離卽解也，義與周易同。」而見帛書不屬藏。

❷「復」，說文：「往來也。从彳复聲。」詩蓼莪：「顧我復我。」鄭箋：「復，反覆也。」爾雅釋言語：「復，返也。」荀子大略：「復自道。」楊倞注：「復，返也。」「其來復」，「復」與「來」對言，則爲返義。

❸「宿」假借爲「夙」。說文：「宿，止也。从宀佰聲。佰，古文夙。」「夙」，說文：「殀，早敬也。从丮，持事雖夕不休早敬者也。佰，古文夙。从人囟。佰，亦古文夙，从人西。宿从此。」「宿」「夙」卽爲古今字，古爲一字。周書寤儆：「戒維宿。」注：「宿，古文夙。」

「宿」，小爾雅廣詁：「宿，久也。」莊子徐无鬼：「枯槁之士，宿名。」釋文：「宿，積久也。」廣雅釋詁三：「宿，止也。」荀子非十二子：「則偶然無所歸宿。」楊倞注：「宿，止也。」

「夙」，書舜典：「夙夜惟寅。」孔傳：「夙，早也。」詩采蘩「夙夜在公。」毛傳、詩行露「豈不夙夜」鄭箋、儀禮士冠禮「夙興」鄭注並曰：「夙，早也。」爾雅釋詁同。周易集解引虞翻曰「夙，早也。」按，此處作「宿」、「夙」，義皆可通。

今譯

解，宜於往西南方，無所往來而返回則吉祥；如有所往，早行則吉祥（有所往，停止則吉）。

初六，无咎。

今譯

初六，無災患。

九二，田獲三狐❶，得〈黃矢❷，貞吉〉。

注釋

❶「田獲三孤。」左傳莊公八年「遂田於貝邱」杜預注、左傳僖公二十四年「其後余從狄君以田渭濱」杜預注、襄公三十年「請田焉」杜注、哀公十一年「使其女僕而田」杜注並曰：「田，獵也。」國語齊語：「田狩畢弋。」韋昭注：「田，獵也。」周禮州長：「而師田

田行役之事。」賈公彥疏：「田謂田獵。」詩叔于田孔疏：「田者，獵之別名。以取禽于田，因名曰田。」周易集解引虞翻曰：「田，獵也。」

❷「得黃矢」。周易集解引虞翻曰：「離爲黃矢，矢貫狐體。」「黃矢」猶噬嗑九四「得金矢」。金爲黃色，「金矢」亦卽「黃矢」。按，古人田獲，矢箸獸體，故田獵獲得三隻狐，且得黃矢。

今譯

九二，田獵獲得三隻狐，並得黃矢，占問則吉祥。

（六三，負）且乘❶，致寇至❷，貞閵（吝）❸。

注釋

❶「負且乘」。周易集解引虞翻曰：「負，倍也。」纂疏曰：「漢書載禹貢倍尾山，史記作負尾，俗作陪，明堂位負斧依，負又作倍。鄭注：負之言背也，故云：負，倍也。倍卽背也。」且猶而也。背負物而乘車，其物必珍貴。

❷「致寇至。」致，招致。儀禮聘禮：「卿致館。」鄭注：「致，至也。」一切經音義八引三蒼解詁：「致，至也，到也。」漢書公孫宏傳：「致利除害。」顏師古注：「致謂引而至也。」引伸爲招致。

❸「閵」假借爲「吝」。說見姤上九「閵（吝）无咎」。

今譯

六三，背負物而又乘車，必招致賊寇的到來，占問則有艱難。

九四，解其栂（拇）❶，倗（朋）至此復（孚）❷。

注釋

❶「解其栂」，通行本「其」作「而」。今從帛書周易。「栂」假借爲「拇」。拇，說文：「將指也。从手母聲。」栂，亦當从木母聲。同聲系，古相通。釋文：「陸云：『足大指』。王肅云：『手大指』。荀作母。」阮元周易注疏：校勘記：「石經、岳本、閩、監、毛本同。釋文：栂，荀作母。」周易集解與荀同。母與拇同聲系，古相通。母疑讀爲拇。國語楚語：

「至於手拇毛脉。」韋昭注：「拇，大指也。」周易正義孔疏：「拇，足大指也。」按，泛指手脚。

❷「倗至此復（孚）」，通行本作「朋至斯孚」。「倗」與「朋」通，朋貝之朋。朋至，即得錢。帛書周易「此」，通行本作「斯」。今從帛書。「復」與「孚」通，作俘，俘獲之意。

今譯

九四，解開手脚，獲得錢財，並有俘獲。

六五，君子唯有解❶，吉。有復（孚）于小人❷。

注釋

❶「唯」，王弼本作「維」，周易集解本作「惟」。「惟」，說文：「凡思也。从心隹聲。」「唯」，說文：「諾也。从口隹聲。」「維」，說文：「車蓋系也。从糸隹聲」。「惟」、「唯」、「維」同聲系，古相通。王引之經傳釋詞曰：「惟，獨也，常語也。或作『唯』、

『維』。家大人（王念孫）曰：『亦作雖』。莊子庚桑楚篇曰：『唯蟲能蟲，唯蟲能天。』釋文曰：『唯，一本作雖。』」王說是也。廣雅釋詁一：「唯，譍也。」禮記曲禮：「必愼唯諾。」釋文：「唯，應辭也。」此爻作「唯」字，妥。今從帛書周易作「唯」。

❷「有復于小人」。「復」通行本作「孚」。孚，誠也，信也。

今　譯

六五，君子只有解脫則吉祥，對於小人要有誠信。

尚（上）六，公用射夐❶于高庸（墉）❷之上，獲之，无不利。

注　釋

❶「夐」疑讀爲「隼」。帛書作「夐」。夐是隼的或體字。夐省去⺈冂，又改成十，卽成隼字。故夐可讀爲隼。「隼」，說文作「鵻」，並云：「祝鳩也。从鳥隹聲。隼鵻或从隹一。一曰鶉字。」周易集解引九家易曰：「隼，鷙鳥也。」周易繫辭下傳：「易曰：『公用射隼

於高墉之上，獲之，無不利。』子曰：『隼者，禽也。弓矢者，器也。射之者，人也。君子藏器於身，待時而動，何不利之有。動而不括，是以出而有獲，語成器而動者也。』」國語魯語：「有隼集于陳侯之庭而死。」韋昭注：「隼，鷙鳥，今之鶚也。」周易正義孔穎達疏：「隼者，貪殘之鳥，鸇鷂之屬。」即今所謂鷹。爾雅釋鳥：「鷹隼醜舍人。」郭注：「鷹隼，謂鷹鷂之屬。」

❷「庸」與「墉」通。說見同人九四：「乘其庸（墉）。」城墻。

今譯

上六，某公在高高的城墻上，射中鷹而有獵獲，沒有不利。

總釋

本卦內容較雜，它涉及面較廣泛。或田獵，或商旅，或遭刼等等。九二：「田獲三狐，得黃矢，貞吉。」上六：「公用射隼于高墉之上，獲之。」是講田獵之事。與師六五：「田有禽，利執言，无咎，」恒九四：「田无禽，」巽卦卦辭：「田獲三品，」等相似。當時，貴族進行田獵，是經常的事。既是貴族們的淫樂，亦是武備的一種方式。卦辭：「利西南，无所往，其來復吉。有攸往宿吉。」九四：「解而拇，朋至此孚。」是講商旅之事。所謂「利西南」，即坤卦「利西南得朋，東北喪朋」的意思，解卦「利西南」與「利西南得朋」意似，往西南方向有利於賺錢得朋。雖解卦辭未明言，但結合九四爻辭，可窺得其意，意謂解開手足，利於西南方向賺得錢財。然而六三：「負且乘，致寇至」，乘車而不將錢財放在車上，却背在身上，招致人的注意，露了目標，結果被寇賊所刼。賺得錢財，而又失去錢財，故吝。

豐 第三十一

䷶ 豐❶，亨，王叚（假）之❷，勿憂，宜日中❸。

注釋

❶「豐」，卦名。
「豐」，序卦曰：「得其所歸必大，故受之以豐。豐者，大也。」雜卦傳曰：「豐，多故也。」彖傳：「豐，大也。」說文：「豆之豐滿者也。从豆象形。一曰：鄉飲酒有豐侯者。凡豐之屬皆从豐。□，古文豐。」釋文：「彖及序卦皆云：『大也。』案，豐是腆厚光大之義。鄭云：豐之言腆充滿意也。」按，豐有大和充滿之義。

❷「叚」與「假」通。說文：「假，非眞也。从人叚聲。」叚，皆啞切，音假。「叚」與「假」音同而通。集韻：「或作假，通作假。」周禮典瑞注：「晉侯使叚嘉平戎于王。」釋文：「叚亦作假。」段玉裁說文解字注曰：「又部曰：叚借也。然則假與叚義略同。」

「假」，王弼周易注：「王假之，王之所至。」周易集解引虞翻曰：「假，至也。」釋文：「假，至也。馬：大也。」訓假爲至，實借爲「假」。說文：「假，至也。」「王假之」，意謂祭祀時，王至其處。猶萃云「王假有廟」，渙云「亨，王假有廟」意同。

❸「宜日中」。周易集解引虞翻曰：「日中則昃，月盈則食，天地盈虛，與時消息。」「宜日中」，言宜於日中之時舉行享祀。

今譯

豐，舉行祭祀王須親至其處，有危難不用憂愁，享祭的時間宜在正午。

初九，禺（遇）❶其肥（妃）主❷，唯（雖）❸旬，无咎，往有尚❹。

注釋

❶「禺」假借爲「遇」。禺，說文：「母猴屬，頭似鬼。从田从内。」「遇」，說文：「逢也，从辵禺聲。」「禺」、「遇」同聲系，古相通。「遇」，爾雅釋詁：「遇，見也。」漢書高帝紀上：「夢與神遇。」師古注曰：「遇，會也。不期而會而遇。」

❷ 「肥」，帛書周易作「肥」，帛書六十四卦釋文作「肥」是。肥、妃同聲系，古通。「肥」假借爲「妃」。「配」王弼本如字，周易集解「配」作「妃」。釋文：「配，鄭作妃，云：『嘉耦曰妃。』」阮元校勘記曰：「石經、岳本、閩、監、毛本同。釋文：『配』，鄭作『妃』。」丁壽昌讀易會通曰：「古妃、配通。詩皇矣：『天立厥配。』釋文：『配，本作妃。』左傳文十四年：『子叔姬妃齊昭公。』釋文：『妃，本作配。』又襄公二十五年：『庸以元女太姬妃胡公。』釋文：『妃，本作配。』說文：『妃，匹也。』」按，妃本字，配借字。唐韻、集韻、韻會、正韻：「符非切。」音肥。古音屬微韻。「妃」，廣韻：「芳非切。」集韻、韻會、正韻：「芳微切。」音霏。古音屬微韻。「妃」、「肥」古音同屬微韻，音近相通。則「妃」、「配」、「肥」相通。按，此爻作妃是，「肥」假借爲「妃」。「妃」爾雅釋詁：「妃，匹也。」左傳隱公元年：「惠公元妃孟子。」孔穎達疏：「妃者，配匹之言，非有尊卑之異。」儀禮少年饋食禮：「以某妃配某氏。」鄭注：「某妃，某妻也。」「妃主」，言女主人。

❸ 「唯」與「雖」通。馬王堆漢墓帛書戰國縱橫家書虞卿謂春申君章「雖」亦作「唯」。王引之經傳釋詞引其父王念孫曰：惟或作唯、維，亦作雖。「莊子庚桑楚篇曰：『唯蟲能蟲，唯蟲能天。』釋文曰：『唯，一本作雖。』又詩抑曰：『女雖湛樂從，弗念厥紹。』言女惟湛樂之從也。」按，王說是也。禮記少儀「雖有君賜」鄭注、禮記雜記下「以喪冠者雖三年之喪可也」鄭注並曰：「雖或爲唯。」則「唯」、「雖」古相通。此爻作「唯」義勝，

今從帛書作「唯」。

「唯」，戰國策秦策「唯儀之所甚願爲臣者」注，文選別賦李善注引國語賈注並曰：「唯，獨也。」「唯旬」，謂在十日之內。殷虛卜辭有：「旬亡𡆥。」每旬必卜，卜在本旬末以預知下旬之吉凶。

❹ 「往有尙」。高亨周易古經今注：「尙借爲賞。」坎云：『行有尙』豐初九：「往有尙。」節九五：「往有尙。」意謂往則有賞。

今　譯

初九，遇見他的女主人，唯有在十日之內無災患，前往則得賞。

六二，豐其剖（蔀）❶，**日中見斗**❷，**往得疑**（疾）❸，**有復**（孚），**洫**（發）❹**若。**

注　釋

❶ 「剖」假借爲「蔀」。廣韻、正韻：「普后切。」音剖。小蓆也。「剖」，唐韻、集韻、韻會：「普后切。」「剖」、「蔀」音同，古相通。

「蔀」，釋文：「馬云：『蔀，小也。』鄭、薛作菩，云：『小席。』」王弼周易略例：「大闇謂之蔀。」左傳宣公六年注「蔀其家。」孔穎達疏：「蔀者，覆鄣之物也。」周易集解引虞翻曰「日蔽雲中稱蔀。」又云：「蔀，蔽也。」猶院中木架上覆蓋蓆的涼棚，擋住了日光，言太陽日光被障，而不見光明。

聞一多周易義證類纂：「案考工記輪人：『信其程（莖）圍以爲部廣。』鄭衆注曰：『部，蓋斗也。』蓋斗者謂蓋頭之斗，一曰蓋葆。論衡說日篇曰：『極星在上之北，若蓋之葆矣，其下之南有若蓋之莖者，正何所乎？』又曰葆斗。御覽一引桓譚新論曰：『北斗極，天樞，樞，天軸也，猶蓋有保斗矣。蓋雖轉而保斗不迻，天亦轉周匝而斗極常在。』保斗卽葆斗。蓋葆一曰蓋斗，是葆卽斗。『葆斗』次疊韻連語，故合言之曰葆斗（保斗），分言之曰葆，或曰斗。然本語當係蔀斗（保斗）。葆斗（保斗）卽蔀斗（部斗）之轉。部斗疊韻連語，分言之亦可曰蔀（部），或曰斗。蔀（部）卽斗也。故易曰：『豐其蔀，日中見斗。』而鄭衆注考工亦以斗釋蔀。古蓋天說以天當車蓋，二十八宿當蓋之斗，北斗當蓋之蔀。上揭新論論衡二事，卽其遺說也。」其義亦可通。

❷ 「日中見斗」。釋文曰：「孟作見主。」阮元校勘記：「見斗，孟作見主。」高亨周易古經今注認爲當從孟作「主」。並訓「主」爲燭。今從帛書作「斗」。王弼周易注：「日中者，明之盛也。斗見者，暗之極也。」周易集解引虞翻曰：「斗，七星也。」纂疏曰：「春秋運斗樞，第一至第四爲魁，第五至第七爲杓，合爲斗，居陰播陽，故稱北斗。合魁與杓，

故斗七星也。」聞一多曰：「斗謂車蓋之蔀斗，亦謂天象之斗星。義取雙關。」

❸「往得疑疾」。疑疾，多驚多疑的精神病。李道平周易集解纂疏：「坎心爲疑，坎病爲疾，故爲疑疾。」「疑疾」卽心病之一種，古精神病亦爲心病。這裏指一種怪異的現象。

❹「洫」，通行本作「發」。說文：「洫，十里爲成，成間廣八尺，深八尺，謂之洫。从水血聲。」莊子則陽：「所行之備而不洫。」釋文：「洫，李云：濫也。王云：壞敗也。」「洫」又與「溢」通。莊子齊物論：「以言其老洫也。」釋文：「洫，本作溢。」「溢」，爾雅釋詁邢昺疏：「舍人曰：「溢，行之愼。」」「發」，詩東方之日「履我發兮」毛傳、詩長發「遂視既發」鄭箋並曰：「發，行也。」「溢」、「發」意近相通。則「洫」、「溢」、「發」相通。「發」，釋名釋言語：「發，撥也。撥，使開也。」文選答賓戲：「夷險芟荒」。李善注引晉灼：「發，開也。」廣雅釋詁四：「發，明也。」「若」，猶之也。「有孚發若」，通行本「若」字下有「吉」字，帛書本無「吉」字。

今譯

六三，日光被覆蓋，猶木架上蓋席以蔽日（形容日蝕），天黑故正午見斗星。有所往而得多驚多疑的疾病，要誠信待人，心地光明。

九三，豐其薠（沛）❶，日中見茉（沫）❷，折其右弓（肱）❸，无咎。

注釋

❶「薠」借爲「沛」。薠，元部並母字；沛，月部滂母字。元月對轉，滂並旁紐，故相通。釋文：「沛，本或作旆，謂幡幔也。姚云：滂沛也。子夏作芾，傳云：小也。鄭、干作市。」「沛」、「旆」、「芾」、「市」皆取市聲，古相通。帛書周易作薠。說文：「薠，青薠似莎者。从艸煩聲。」於此爻上下文義難通。今從通行本作「沛」。「沛」，說文：「沛，水出遼東番汗塞外西南入海。从水市聲。」王弼周易注：「沛，幡幔。所以禦盛光也。」幡幔指帳子一類的東西。周易集解引虞翻曰：「日在雲下稱沛。沛不明也。」九家易曰：「大暗謂之沛。」爲何日中而大暗。纂疏曰：「孟子曰：『天油然作雲，沛然下雨。』上坎爲雲，下坎爲雨，故日在雲下亦稱沛，謂四也。雨雲蒙翳，故沛不明也。……姚信云：『沛，滂沛也。』漢書五行志：『沛然自天。』故云：『大暗謂之沛。』」沛即滂沛大雨貌。

❷「日中見茉」。「茉」假借爲「沬」。正字通：「茉，彌葛切，音末。」「沬」，唐韻、集韻、正韻：「莫葛切。」音末。古音同屬曷韻，音同相通。「沬」，周易集解引虞翻曰：「沬，小星也。」九家易曰：「沬，斗杓後小星也。」王弼

周易注：「沬，微昧之明也。」釋文：「沬，字林作昧，云：『斗杓後星。』王肅云：『音妹。』鄭作昧。服虔云：『日中而昏也。』子夏傳云：『昧，星之小者。』馬同。薛云：『輔星也。』」纂疏曰：「輔星在北斗第六星闓陽旁，五至七爲杓，六在杓中，故云沬斗杓後小星也。」按，沬卽小星。聞一多認爲「沬」當讀爲「彗」，並訓爲彗星，義亦可通。

❸「右弓」。「弓」與「肱」通。弓，儀禮鄉射禮記：「侯道五弓。」鄭注：「今文改弓爲弦。」「弦」，類篇同「環」。廣韻：「環，戶萌切。」音宏。「宏」，說文：「宏，弓聲也。从弓ㄙ聲。ㄙ，古文肱字。」「肱」，說文：「厷，臂上也。从又从古文ㄙ。ㄙ，古文厷。」則「弓」、「弦」、「宏」、「肱」古音近相通。釋文：肱，姚作股。」今從作「肱」。

「肱」，詩無羊「麾之以肱」毛傳、國語齊語「有拳勇股肱之力」韋昭注並曰：「肱，臂也。」右肱卽右臂。

今譯

九三，日光被烏雲覆蓋，沛然下雨，正午能看見小星，有人不慎滑倒折其右臂，治癒而無災患。

九四，豐其剖（蔀）❶，日中見斗❷，禺（遇）其夷主❸，吉。

注釋

❶「豐其剖（蔀）」，說見六二爻辭。周易集解引虞翻曰：「蔀，蔽也。」纂疏曰：「『蔀，蔽也』者，卽陸希聲云『蔀，茂盛周匝』之義也。」

❷「日中見斗」，惠棟周易集解評注：「日中見斗，日食之象也。」卽北斗七星。

❸「禺」與「遇」。「夷主」，周易集解李鼎祚曰：「夷者，傷也。」詩節南山「君子如夷」毛傳、詩天作「有夷之行」毛傳、詩有客「降福孔夷」毛傳並曰：「夷，易也。」爾雅釋詁：「夷，易也。」「夷主」，卽易主。「遇其夷主」，意謂遇見改易主人之前舊主人。

今譯

九四，日光被月亮所覆蓋，日食發生，故正午看見北斗七星，遇到他的舊主人，則吉祥。

六五，來章有慶舉（譽）❶，吉。

注釋

❶「來章」，周易集解引虞翻曰：「在內稱來。章，顯也。」書堯典「平章百姓」鄭注、左傳襄公二十七年「賞罰無章」孔疏、國語周語「王又章輔禍辭」韋昭注並曰：「章，明也。」書泰誓曰：「天有顯道。」孔傳言「天有明道」。是顯亦明也。章與顯皆訓明。「舉」假借爲「譽」。廣韻：「舉，以諸切。」音余。與舁同。古音屬魚韻。「譽」，廣韻：「以諸切。」集韻、韻會：「羊諸切。」音余。古音屬魚韻。「舉」、「譽」古音同屬魚韻，音近相通。按，「與」可通「譽」。禮記射義：「則燕則譽。」鄭注：「譽或爲與。」「與」又可通「舉」。周禮師氏：「王舉則從。」鄭注：「故書舉爲與。杜子春云：當爲與。」「譽」、「舉」皆從「與」聲，故三字相通。「譽」，說文：「稱也。从言與聲。」詩振鷺：「以永終譽。」鄭箋：「譽，聲美也。」

今譯

六五，（日食過去），帶來光明，人們慶賀，稱揚，吉祥。

尚（上）六，豐其屋❶，剖（蔀）其家❷，閨（闚）其戶❸，嬰（闃）❹其无人，三歲不遂❺，兇。

注釋

❶ 「豐其屋」。說文：「寷，大屋也。从宀豐聲。易曰：『寷其屋。』」許愼「豐」作「寷」，釋爲大屋。方言一：「豐，大也。凡物之大貌曰豐。」「豐其屋」，意謂大屋。

❷ 「蔀其家」。「剖」與「蔀」古相通。蔀，蔽也。周易集解引虞翻曰：「豐大蔀小也。」按，「蔀」相對於「豐」而言，便是小的，故釋文引鄭、薛爲「小席」，意謂搭席棚於家院。

❸ 「閨」假借爲「闚」。說文：「閨，特立之戶，上圜下方有似圭。从門圭，圭亦聲。」段玉裁注：「古攜切，十六部。」闚，說文：「闚，閃也。从門規聲。」段玉裁注：「去隨切，十六部。」「閨」、「闚」古音同屬十六部，音近相通。闚與窺通。列子黃帝篇：「夫至人者上闚青天。」釋文：「闚同窺。」禮記禮運：「皆可俯而窺也。」釋文：「窺，本作闚。」集韻：「窺通作闚。」

「闚」，傾頭門中視也。「窺」，說文：「小視也。从穴規聲。」廣雅釋詁一：「窺，視也。」李鼎祚周易集解曰：「目而近戶，闚之象也。」「闚」釋文：「李登云：『小視。』」「闚其戶」，意謂窺視其門戶。

❹ 「狊」假借爲「闃」。于豪亮帛書周易曰：「『狊其无人』，『狊』字，唐石經作闃，宋撫州本作闃，阮刻注疏本作闃。按，宋撫州本和阮刻本並誤，以唐石經作闃爲是。闃，从門

狊聲，狊字或作瞁。通俗文云：『驚視曰瞁。』帛書之哭與瞁形近，當爲瞁之異體。故哭即狊，以音近假爲闃。」于說是也。

「闃」，釋文：「馬、鄭云：『无人貌。』字林云：『靜也。』」說文新附：「闃，靜也。从門狊聲。」周易集解引干寶曰：「闃，无人貌也。」李鼎祚曰：『闃寂无人。』」孔穎達亦疏「闃」爲「寂也」。文選吳都賦：「嶰澗闃劉。」李善注：「闃，空也。」意謂寂靜無人。

❺「三歲不遂」。通行本「遂」作「覿」，今從帛書作「遂」。說文：「遂，亡也。从辵豙聲。䢛，古文遂。」國語晉語：「置而不遂。」韋昭注：「遂，成也。」荀子孝行：「五行不遂。」高誘注：「遂，成也。」「三歲不遂」，意謂三年不成，即多年還不能恢復。

今譯

上六，一座大屋，家院中搭涼棚，窺視他的門戶，裏面寂靜無人，多年亦恢復不過來，故凶。

總釋

本卦主旨是圍繞日中而出現各種自然現象來判斷人事的吉凶休咎。卦辭：「亨，王假之，勿憂，宜日中。」王親自去祭祀宗廟，宜在正午。在古人看來此時祭祀是吉利的。六三：「豐其部，日中見斗。」九三：「豐其沛，日中見沬。」九四：「豐其部，日中見斗。」「日中」四見，六二至九四爻辭，是記載日蝕發生時的情況，一般來說，日中之時，天很亮，太陽當頭，是看不到北斗星或其他星的。天上的星星在正午能看見，是因太陽光被月亮遮住，地球、月亮、太陽成一直線，人們在地球見不到陽光，猶如席子擋住了一樣，然而陽光照樣照射到其他星球上，因此在黑暗中可看見其他星球。古代，人們不懂日蝕產生的原因，故對它有一種恐懼感。便「折其右肱者」有之，「往得疑疾」者有之，「遇其夷主」者亦有之。一旦日食過去，人們則「來章有慶譽」，慶賀、稱揚，非常高興。上六爻辭是說在一座大屋裏，有席蓋的涼亭，可能是一貴族的住宅，從門縫向裏看，裏面却寂靜得很，大概是沒有人，或因爲犯罪而被囚，或因爲喪亡而空下，須多年才能恢復。

另外，豐卦有很強的時間觀念，幾乎每一卦爻辭都涉及時間。卦辭：「宜日中」，初九：「唯旬」，六二、九三、九四：「日中」，上六：「三歲」，六五雖無明顯的時間記載，但含有時間，這便是在日蝕過去以後，人們歡慶的時候。可見，古時對時間的重視。

恒　第三十二

䷟ **恒❶，亨，无咎，利貞。利有攸往。**

注釋

❶「恒」，卦名。「恒」，序卦傳曰：「夫婦之道，不可不久也，故受之以恒，恒者，久也。」彖傳、雜卦傳並曰：「恒，久也。」周易集解引虞翻和鄭玄均曰：「恒，久也。」釋文同。本卦「恒」爲久。

今譯

恆，亨通，沒有災患，宜於占問，有利於所往。

初六，夐（浚）恒❶，貞凶，无攸利。

注釋

❶「夐」，帛書周易作「夐」。說文：「營求也。从夏人在穴。」段玉裁注：「朽正切。按，古音在十四部。」爲敬韻。「夐」、「敬」古音同屬敬韻，音近相通。廣雅釋詁一：「浚，敬也。」方言六：「浚，敬也。」則「浚」與「敬」義同相通。故「夐」、「敬」、「浚」古相通。

「夐」，廣雅釋詁一：「遠也。」穀梁傳文公十四年：「夐入千乘之國。」范甯注：「夐猶遠也。」呂氏春秋盡數：「與爲夐明。」高誘注：「夐，大也，遠也。」說文：「夐，營求也。从旻从人在穴上。商書曰：高宗夢得說，使百工夐求得之傳巖。巖，穴也。」按，夐有追求遠大之義。「夐恒」意謂追求恒久。

「浚」，釋文：「荀潤反，深也。鄭作濬。」說文：「浚，抒也。濬，深通川也。」浚訓抒，亦謂抒水使深，周易集解引侯果曰：「浚，深也。」虞翻同。「浚」、「濬」義近相通。穀梁傳莊公九年：「浚洙者，深洙也。」漢書趙充國傳：「浚溝渠。」顏師古：「浚深治也。」浚治河或井，皆不可過分。

今譯

初六，過分追求恆久，占問則有禍殃，沒有什麼利益。

九二，悔亡。

今譯

九二，困厄將去。

九三，不恒其德❶，或承之羞❷，貞閵（吝）。

注釋

❶「不恒其德」。「德」，說文：「升也。从彳悳聲。」又：「悳，外得於人，內得於己也。从直从心。」左傳僖公二十七年：「德義。」孔穎達疏：「揆度於內，舉措得中謂德。」

左傳成公十六年：「民生厚而德正。」孔疏：「德謂人之性行。」「德」卽德性，德行之義。「不恒其德」猶二三其德。詩氓曰：「士也罔極，二三其德。」卽其意也。

❷「或承之羞」。釋文：「或，有也。一云：常也。鄭本作『咸承』。」阮元校勘記：「石經、岳本、閩、監、毛本同。釋文：『或承』，鄭本作『咸承』。」帛書周易作「或承」，今從帛書。

「承」，說文：「承，受也。」

「羞」，焦循易章句：「羞猶辱也。」卽恥辱之意。論語子路：「子曰：『南人有言曰：人而无恒，不可以作巫醫。善夫！不恒其德，或承之羞。』子曰：『不占而已矣。』」孔子引易，以明不可無恒。但此爻如作「或」，則有不盡然之意，非絕對不可無恒；如依鄭「或」作「咸」，咸，說文：「皆也。」則與孔子引易義同。

今譯

九三，不能恒久保持其德行而朝三暮四，則或受他人之辱，行為雖正，亦會遇到艱難。

九四，田无禽❶。

注釋

❶「田」，獵也。說見解九二「田獲三狐」。白虎通田獵：「禽者何？鳥獸之總名。明爲人所禽制也。」「田无禽」，田獵而不獲鳥獸之意，與師六五「田有禽」相對言。

今譯

九四，田獵而不獲鳥獸。

六五，恒其德❶，貞婦人〔吉〕❷，夫子凶❸。

注釋

❶「恒其德」，與九三爻辭「不恒其德」相對。王弼周易注斷爲「恒其德貞」，周易集解同。朱熹周易本義依程頤周易程氏傳斷爲「恒其德，貞」。然周易正義和周易集解未據象傳「婦人貞吉，從一而終也」，亦未考及與「不恒其德」的對言，故斷爲「恒其德貞」或「恒其德，貞」。現斷爲「恒其德，貞婦人吉」，較勝。

❷「貞婦人吉」。貞，正也。

❸「夫子」，猶今謂之丈夫。

今譯

六五，恆久保持其德行，守正道對婦人來説則吉祥，對丈夫來説則凶。

尚（上）六，夐（振）恒❶，兇。

注釋

❶「夐」與「振」通假。夐，段玉裁説文解字注：「朽正切。」古音屬敬韻。「夐」、「敬」音近相通。史記魯周公世家：「敬復之。」裴駰集解引徐廣曰：「敬，一作振。」則「敬」、「振」古相通，故「夐」、「敬」、「振」古通。

「振」，釋文：「馬云：動也。鄭云：搖落也。張作震。」阮元校勘記：「石經、岳本、閩、監、毛本同。釋文：振，張作震。」故周易集解作「震恒」。「振」、「震」古通用。荀子正論：「莫不振動從服以化順之。」楊倞注：「振與震同。」「振」借爲「震」。左傳莊公二十八年：「而振萬焉。」杜預注：「振，動也。」「振恒」意卽動不可久，動久則凶。老子曰：「躁則失君。」意似。

「震」，左傳隱公九年經：「大雨震電。」孔疏：「電之甚者爲震。」公羊傳隱公九年：「震，雷也。」「震恒」，意謂雷雨不止。

「振恒」，說文引作「榰恒」，漢許愼所見本如是。淸惠士奇易說：「振恒，說文引作榰恒，云：『榰，柱砥，古用木，今以石。』」爾雅釋言：「榰，柱也。」柱砥，卽墊在柱下的石基。古代以木，久則腐敗，柱倒屋塌。義亦通。

今譯

上六，雷雨不止，造成災害，故凶。

總釋

本卦主旨通過對「恒」的休咎、吉凶的斷占，說明人們生活的各個方面。如「不恒其德」，「恒其德」從德性立說，「夐恒」，從事理立論，「振恒」則從自然現象立論。說明「恒」的結果有兩種情況。一是卦辭：「恒，亨，无咎，利貞。利有攸往。」一般來說，堅持恒久是好的，二是「夐恒」、和「振恒」，過分的追求和運動或浚治過分、雷雨不止，結果便貞凶或凶。這就是物極必反的意思。恒久當然好，過分恒久，則會變成壞。因此，凡事要適度，超出了這個度，事情的結果就會發生轉化。當然，不同的人或事，其度也有別。如六五：「恒其德，貞婦人吉，夫子凶。」婦女從一而終，古人倡導恒久，於是對婦女來說爲吉，丈夫爲事，因地、因事、因人而宜，要採取多種方法，才能辦得妥善。

當然恒卦亦講田獵等事，九二爻辭只有貞兆而無貞事，是否貞事與初六相同，則不得而知。

張立文　著

周易帛書今注今譯（下）

張立文

臺灣學生書局印行

周易帛書今注今譯（下）目次

川(坤) 第三十三

䷁ 川(坤)❶，元亨，利牝馬之貞❷。君子有攸往❸，先迷❹，後得主❺。利西南得朋❻，東北亡(喪)朋❼，安貞吉❽。

注釋

❶「川」、「坤」爲古今字。玉篇川部注：「巛讀川，古爲坤字。」釋文：「坤，本又作巛，坤今字也。」巛爲異形文字。河南安陽殷墟出土卜骨上刻有田∧∧（殷墟文字外編），甘肅莊浪縣徐家碾寺洼文化中M_{28}出土馬鞍形陶罐左耳上刻有∧∧∧（涇水工作隊：甘肅莊浪縣徐家碾寺洼文化墓葬發掘紀要，載考古一九六二年第六期），在[illegible]∧∧八戊卣銘文中有∧∧（商周金文錄遺二五三）。∧∧卽巛。在秦以前，文字未規範化，各地寫法不一。將∧∧或巛釋爲坤，猶將安陽殷墟四盤磨出土卜骨的六大大釋爲「隗」。如果將∧∧∧或巛變爲易中 -- 的符號，則成☷坤卦。故巛卽爲坤。

殷墟及□八戊卣中的□或巛亦沿用到漢。漢碑中坤有作巛。大戴禮保傅篇：「易之乾巛。」後漢書輿服志下：「黃帝堯舜垂衣裳而天下治，蓋取諸乾巛。乾巛有文，故上衣玄，下裳黃。」尙書益稷：「濬畎澮距川。」說文引爲：「濬く巜距巛。」言深く巜之水會爲川也。」則巛作川，巛和川互爲假借。巛爲坤之古文，故巛、川、坤可互相假借。

「川」（坤），卦名。說卦傳曰：「坤爲地。」周易正義孔穎達疏：「乾後次坤，言地之爲體，亦能始生萬物，各得亨通。」釋文曰：「說卦云：『順也。』八純卦象地。」朱駿聲六十四卦經解：「坤从土从申，險起於午，至申三陰成也，土位在申，故坤位西南。」坤爲地、爲順。

❷「牝馬」，說文：「牝，畜母也。」說卦傳：「坤爲母。」牝馬卽母馬。又，坤爲順，上下卦皆坤，故爲至順。牝馬馴順而健行。

「貞」，占問也。

❸「有攸往」。攸，爾雅釋言：「所也。」釋文：「攸音由，所也。」

❹「迷」，說文：「惑也。从辵米聲。」廣雅釋詁「迷，誤也。」周易集解引盧氏曰：「坤，臣道也，妻道也，後而不先，先則迷失道矣，故曰先迷。」盧氏以迷有「失」義。韓非子解老篇曰：「凡失其欲往之路而忘行者之謂迷。」「迷」便是迷失道，故迷從辵。

❺「主」，主人。左傳昭公三年：「豐氏故主韓氏。」杜預注：「豐氏至晉，舊以韓氏爲主

人。」左傳定公六年：「昔吾主范氏，今子主趙氏。」易睽九二：「遇主於巷。」主皆作主人。

❻「利西南得朋」。此處斷句各人有異。周易正義和周易集解爲「君子有攸往，先迷，後得主利」，利字上屬，馬王堆漢墓帛書整理小組馬王堆帛書六十四卦釋文則斷爲「君子有攸往，先迷，後得主，利」（文物，一九八四年第三期）。此斷與高亨周易古經今注同。然周易言利，除「无不利」、「无攸利」等外，均言「利見大人」、「利有攸往」等，即利某某，而甚少言某某利。因此，不採正義和集解之斷句。另周易經文亦無以「利」單獨爲句，故亦不採帛書整理小組之斷句。今據周易利某某的模式而以「利」爲下屬，即「利西南得朋」。蹇卦卦辭：「利西南，不利東北。」解卦卦辭：「利西南，无所往，其來復吉。」是其證也。通典四十四引魏博士秦靜：「易曰：坤，利西南得朋，東北喪朋。」此斷爲當。「朋」，帛書周易作「[illegible]」，朋有兩解：一是朋友之朋。復卦卦辭：「朋來无咎。」蹇九五：「大蹇朋來。」咸九四：「朋從爾思」等等引伸爲同類爲朋，廣雅釋詁：「朋，類也。」周易集解引虞翻曰：「同類爲朋。」二是朋貝之朋，卽十貝爲朋。叔德簋曰：「王錫叔德臣嬉十人，貝十朋，羊百。」周易集解引崔憬曰：「雙貝曰朋，價直二十大貝，龜之最神貴者。」詩菁菁者莪：「錫我百朋。」鄭箋：「古者貨貝，五貝爲朋。」王維國解曰：「古貝五枚爲系，二系爲朋。釋二貝者言其系，釋五貝者擧其一系之數也。」（觀堂集林釋朋）此處兩解均可通。然釋「朋貝」之「朋」爲勝。易經朋友稱「友」。損六三：「一人行則

得其友。」朋與友用法有別。

❼「亡」假借爲「喪」。文選上林賦曰：「似若有亡。」注引司馬彪曰：「亡，喪也。」論語雍也：「曰：亡之，命矣夫。」何晏集解引孔注：「亡，喪也。疾甚，故持其手曰喪之。」皇侃疏：「亡，喪也。」亡作喪，有喪義。亡、喪古通。喪，說文：「喪，亾也。从哭从亾，會意，亾亦聲。」釋文：「馬云：失也。」

❽貞，正也。安於守正。

今譯

坤，始卽順通，占問利於乘雌馬，君子有所往，先迷失道，後得主人，宜於在西南方得財，東北方向則喪財，安於恪守正道則吉。

初六，禮（履）霜❶，堅冰至❷。

注釋

❶「禮」假借爲「履」。釋文：「鄭讀履爲禮」。是以知漢時禮、履互訓相通。詳見履卦。

履，踐履也，踐蹈也。詩經葛屨：「糾糾葛屨，可以履霜。」履，踐也。此處履霜與堅冰至相聯係，則爲履秋霜，而非履春霜無疑。朱熹周易本義曰：「霜，陰氣所結，盛則水凍而爲冰，此爻陰始生於下，其端甚微，而其勢必盛，故其象如履霜，則知堅冰之將至也。」

❷「堅冰至」，「冰」，帛書周易作「冫川」，水作「巛」。

今譯

初六，踐蹈秋霜，堅冰卽將到來。

六二，直方大❶，不習无不利❷。

注釋

❶「直方大」，古人和今人均有疑「大」字爲衍文。尚秉和曰：「後儒見象傳未言大，便疑大爲衍文，然陸德明時，漢魏六朝本具在，從無謂大字衍者，況文言引亦有大字乎，陰消至二遯，前承重陽，得主有利，故不習无不利。」（周易尚氏學卷二坤）此說是。文言云：「直其正也，方其義也。君子敬以直內，義以方外。敬義立而德不孤。直方大，不習无不

利，則不疑其所行也。」帛書六十四卦亦有「大」字。故以坤諸爻辭自初至上如「履霜」、「直方」、「含章」、「括囊」、「黃裳」、「玄黃」皆協韻，「大」爲衍文爲不妥。「直方」，禮記深衣篇：「易曰：坤六二之動，直以方也。」正義孔穎達疏引鄭玄曰：「直也、方也，地之性，此爻得中氣而在地上，自然之性，廣生萬物，故生動直而且方。」朱駿聲六十四卦經解：「徑行曰直行，橫行曰方行。」直、方卽直行和橫行之意。

❷「不習无不利」。今人斷句有異。馬王堆漢墓帛書整理小組之馬王堆帛書六十四卦釋文斷爲「不習，无不利」，高亨斷爲「直方，大不習，无不利」，周易正義、周易集解均斷爲「不習无不利」，周易本義亦同。今依唐宋。

「不習无不利」。王弼周易注曰：「居中得正，極於地質。任其自然，而物自生；不假修營，而功自成，故不習焉，而无不利。」「習」，說文：「鳥數飛也。」習爲喻動義，「不習」即靜，靜而任其自然。程頤承其說：「不習謂其自然，在坤道則莫之爲而爲也。在聖人則從容中道也。」(周易程氏傳卷第一，中華書局一九八一年版，第七〇八頁。)朱熹曰：「不待學習而无不利，占者有其德，則甚占如是也。」(周易本義上經坤）按，此處可作任其自然講。

今譯

六二，直行橫行皆廣大無邊，任其自然亦無不宜。

六三，合（含）章可貞❶，或從王事，无（成）有終❷。

注釋

❶ 「合」假借爲「含」。周禮䢼人注：「蚌曰合漿。」釋文曰：「合音含，本亦作含。」合，說文：「合口也。从亼从口。」釋名釋飲食：「含，合也。合口亭之也，銜亦然也。」合、含古通。含，也有包容的意思。史記禮書：「函及士大夫。」索隱：「含謂包容。」「章」，正義孔穎達疏：「章，美也。既居陰極，能自降退，不爲事始，唯內含章美之道，待命乃行，可以得正，故曰含章可貞。」周易集解纂疏引孔疏：「章，美也。美卽陽也。」「貞」，正也。周易集解引虞翻曰：「貞，正也。以陰包陽，故含章，三失位，發得正故可貞也。」意謂包含着美德而恪守正道。

❷ 「或從王事，无（成）有終」。或，疑也。王弼周易注：「有事則從，不敢爲首，故曰『或從王事』也。不爲事主，順命而終，故曰『无成有終』也。」無成，無所作爲。

今譯

六三，包含着美德而恪守正道，雖或從王作事，即使無所作為，亦能有結果。

〔六四，括囊❶，无咎无譽〕。

注釋

❶「括囊」，周易集解引虞翻曰：「括，結也。謂泰反成否。坤爲囊，艮爲手，巽爲繩，故括囊在外多咎也。得位承五，繫於包桑，故无咎；陰在二多譽而遠在四，故无譽。」後漢書崔寔傳：「括囊守祿。」李賢注：「易曰：『括囊无咎，無譽。』括，結也。」周易正義疏曰：「括，結也。囊，所以貯物以譬心藏知也。閉其知而不用，故曰括囊。功不顯物，故曰无譽；不與物忤，故曰无咎。」說文：「絜，括也。」大學：「是以君子有絜矩之道也。」鄭注：「絜猶結也。」故訓括爲結，結、絜義同。釋文：「括，結也。方言云：閑也。廣雅云：塞也。」此處訓結。

今譯

六四，束結囊袋之口，既無災患，亦無名譽。

六五，黃常（裳）❶，元吉❷。

注釋

❶「常」假借爲「裳」。集韻、韻會：「常，辰羊切。」音裳。「裳」，集韻、韻會：「辰羊切。」正韻：「陳羊切。」音常。集韻：「裳，本作常。」故漢以「裳」作「常」。常、裳古通。

「裳」，說文：「下帬也。」徐鉉曰：「下直而垂象巾，故从巾。今文作裳。」

「黃裳」，王弼周易注：「黃，中之色也；裳，下之飾也。」周易集解纂疏引左傳昭公十二年：「故曰：黃裳元吉。黃，中之色也；裳，下之飾也；元，善之長也。……中美能黃，上美爲元，下美則裳，參成可筮。」裳，即今之裙褲。古人以黃爲貴色，故黃裳爲吉服。

❷「元吉」，古今人因有將「元」訓爲「大」者，故釋「元吉」爲「大吉」，然並不符合周

易原意。在易之卦爻辭中，本有「元吉」、「大吉」之分。如訟九五：「訟，元吉。」履上九：「其旋元吉。」泰六五：「帝乙歸妹。以祉，元吉。」復初九：「不遠復，无祇悔，元吉。」大畜、六四：「童牛之牿，元吉。」離六二：「黃離，元吉。」損卦辭：「有孚，元吉。」損六五：「或益之十朋之龜，弗克違，元吉。」益初九：「利用爲大作，元吉。」益九五：「有孚惠心勿問，元吉。」井上六：「井收勿幕，有孚，元吉。」鼎：「元吉，亨。」渙六四：「渙其群，元吉。」有十四例。「大吉」如家人六四：「富家，大吉。」萃九四：「大吉，无咎。」升初六：「允升，大吉。」鼎上九：「鼎玉鉉，大吉。」小過卦辭：「飛鳥遺之音，不宜上，宜下，大吉。」有五例。若以「元吉」卽爲「大吉」，則此五例便無意義。特別是鼎卦，卦辭爲「元吉」，爻辭爲「大吉」，則知「元吉」、「大吉」並非一義。此處應訓爲始爲妥，「元吉」卽始吉也。

今譯

六五，穿黃色的裙褲，始吉。

尚（上）六，龍戰於野❶，其血玄黃❷。

注釋

❶「龍戰於野」，周易集解引侯果曰：「坤，十月卦也。乾位西北，又當十月，陰窮於亥，窮陰薄陽，所以戰也。故說卦云：戰乎乾是也。六稱龍者，陰盛似龍，故稱龍也。」干寶曰：「郭外曰郊，郊外曰野。坤位未申之維，而氣溢酉戌之閒，故曰於野。」意謂二龍相鬥於郊野。

❷「其血玄黃」。周易集解纂疏：「天玄地黃，故云玄黃，天地之雜。」玄爲青色。玄黃爲青黃混雜之色，故云「天地之雜」色也。天爲陽，地爲陰，故又爲陰陽之雜色。周易集解引干寶曰：「陰陽色雜，故云玄黃。」

今譯

上六，龍相戰於郊野，血流地上，青黃混雜。

迵（用）六，利永貞❶。

注釋

❶「利永貞」。利，宜也；永，長也；貞，正也。周易正義孔穎達疏：「六是柔順，不可純柔，故利在永貞，永長也。貞，正也。言長能貞正也。」「迵六」，筮遇坤卦，六爻皆八，則以卦辭斷事。若六爻皆六，則以迵六爻辭斷事。迵六猶言通六，謂六爻迵六。

今譯

迵六，利在長遠恪守正道。

總釋

坤卦反映地上人類生活各個方面的情況。坤爲大地，人們生活在地上，亦依靠地而生存，大地給人們以生息之利，大地也只有人類才發揮其作用。卦辭主張柔順，故利牝馬之占。並以得財和喪財爲占，儘管結果有異，總要恪守正道。爻辭從對氣象的預測、時空間的論述，人的社會職責，衣著的描繪，編織了一幅活生生的圖景。人們爲了生活，特別是農牧業的發展，就需要對天文進行觀察，確定四季及其節氣，於是有「履霜堅冰至」的預測。踏秋霜，將近深秋，離冬天不遠了。六二：「直方大，」是對空間的論述，浩浩大地，直行、橫行皆廣大無邊。其實地球雖大，但作爲宇宙間一個星球，還是有邊有際的，並非無限。古人囿於直觀的觀察，而不能認識及此而已。上九，龍戰於野，也是在一定的空間之內進行的。龍本爲乾卦之卦象，坤卦講龍是因龍爲神物，亦爲動物，它生在天地之間，而不能超越，因而坤爲地，亦講到龍，結果是兩龍相鬥，卽使不是兩敗俱傷，其中一龍則亦傷勢嚴重，血和土混雜一起，其血玄黃。人也生活在此大地上，耕作、築室、建國、築城、爭奪、戰爭，一切人間之事，都在大地上進行。無論「或從王事」，「括囊」、「黃常」，都是一個方面。大地啊，你是歷史的見證！

泰第三十四

〔☷☰泰❶，小往大來，吉亨。〕

注釋

❶「泰」，卦名

「泰」，序卦傳：「履而泰然後安，故受之以泰。泰者，通也。」彖傳：「天地交而萬物通也。」釋文：「泰，大通也。鄭云：通也。馬云：大也。」王弼周易注：「泰者，物大通之時也。」周易集解引虞翻曰：「天地交，萬物通，故吉亨。」又引蜀才曰：「天氣下，地氣上，陰陽交，萬物通，故吉亨。」朱熹周易本義：「泰，通也。」朱駿聲六十四卦經解：「泰，大也，通也。从廾从水，大聲。以手掬水灑物，故訓滑。又，過也。同汰。」按，泰，大也，通也。泰與汰同。淘汰、清洗之意。

今譯

泰，失去小的，得到大的，吉祥亨通。

〔初九〕，犮（拔）茅，茹❶以其胃（彙）❷，〔征〕吉❸。

注釋

❶「犮茅」。「犮」假借為「拔」。說文：「拔，擢也。从手犮聲。」「犮」、「拔」同聲系，古相通。周禮秋官序官：「赤犮氏。」鄭注：「赤犮猶言捇拔也。」「赤犮」作「捇拔」，「犮」、「拔」古通相假。「拔」，廣雅釋詁一：「拔，出也。」素問五常政大論，「拔謂出本。」爾雅釋詁：「拔，盡也。」連根拔除，故言盡也。

❷「茹以其胃（彙）」。說見否初六「犮茅，茹以其彙」解。

❸〔征〕，馬王堆帛書六十四卦釋文作〔貞〕。王弼本、周易集解本、周易本義本均作征，從之。

今譯

初九，拔除茅草，必牽連其類，征伐則吉。

九二，枹（包）❶妟（荒）❷，用馮河❸，不騤（遐）遺❹，弗忘❺，得尚于中行❻。

注釋

❶「枹」假借爲「包」。說見蒙九二「枹（包）蒙吉」。釋文引作苞，云：「本又作包。」

❷「妄」假借爲「荒」。廣韻、集韻、韻會、正韻：「妄，巫放切。」音望。古音屬漾韻。又，集韻：「武方切。」音亡。古音屬陽韻。「荒」，集韻：「呼浪切。」音㐬。古音屬漾韻。唐韻、集韻、韻會、正韻：「呼光切。」音肓。古音屬陽韻。「妟」、「荒」古音同屬漾或陽韻，音近相通。禮記曲禮上：「不妟指。」孔穎達疏：「妟，虛也。」戰國策秦策：「故不敢賀。」注：「妄猶空也。」詩桑柔：「具贅卒荒。」毛傳：「荒，虛也。」國語吳語：「荒成不盟。」韋昭注：「荒，空也。」「妟」、「荒」義同而通。「荒」，釋文：「本亦作㠩，音同。鄭注禮云：穢也。說文：水廣也。又，大也。鄭讀爲

康，云：虛也。」周易集解作「㐬」，引翟玄曰：「㐬，虛也。」爾雅釋詁：「漮，虛也。」釋文：「漮，郭云：『本亦作荒。』」荒、康、㐬古相通。聞一多周易義證類纂：「案，包讀爲匏。姤九五：『以杞包瓜。』釋文引子夏傳及正義並作匏，是其比。包荒卽匏瓜，聲之轉。莊子齊物論篇曰：『注焉而不滿，酌焉而不竭，而不知其所由來，此之謂葆光。〔葆光者，資（呰）糧（量）萬物者也〕（從淮南子本經篇補）。』葆光者，北斗之別名。古斗以匏爲之，故北斗一名匏瓜，聲轉則爲葆光耳。……匏瓜轉爲包荒，猶轉爲葆光，播光矣。古者以匏濟渡。詩匏有苦葉曰：『匏有苦葉，濟有深涉。』魯語下曰：『叔向……曰：夫苦匏不材，於人共（供）濟而已。魯叔孫賦匏有苦葉，必將涉矣。』說文匏、瓠互訓，故又或言瓠。」按，「包」借爲匏，瓠也，今謂葫蘆。荒，大也，意謂綁大葫蘆於身上以渡河。

❸ 「用馮河。」周易集解引虞翻曰：「馮河，涉河。」詩小旻：「不敢馮河。」毛傳：「徒涉曰馮河。」呂氏春秋安死：「不敢馮河。」高誘注：「無舟渡河曰馮。」古人徒涉河，用空葫蘆幫助渡河。包荒，用馮河，謂匏空而以之涉河。南懷瑾、徐芹庭周易今注今譯：「有如天體包容八荒。」文意不協。

❹ 「騢」假借爲「遐」。騢，廣韻：「胡加切。」集韻、韻會、正韻：「何加切。」音遐。「騢」、「遐」音同相通。「遐」，周易集解引虞翻曰：「遐，遠也。」爾雅釋詁、書允征「遐棄厥司」孔傳、詩汝墳

「不我遐棄」毛傳並曰：「遐，遠也。」「遺」，周易集解引虞翻曰：「遺，亡也。」王弼周易注：「用心弘大，无所遐棄，故曰『不遐遺』也。」「遺」訓「棄」。說文：「遺，亡也。」遐棄猶遐遺。

❺「弗忘」，周易正義本、周易集解本、周易本義本皆作「朋亡」。亡與忘古通用。說文：「忘，不識也。从心从亾，亾亦聲。」「亡」、「忘」同聲系，古通用。列子仲尼：「知而亡情。」釋文：「亡，一本作忘。」禮記檀弓：「以爲極亡。」釋文：「王本亡作忘。」「弗亡」，猶謂未死。

❻「得尙于中行」。「尙」借爲「賞」。坎卦：「行有尙，」豐切九：「往有尙」，節九五：「往有尙。」尙皆有賞義。「中行」，益六三：「有孚，中行告公用圭。」六四：「中行告公從。」復六四：「中行獨復。」夬九五：「莧陸夬夬，中行无咎。」爾雅釋宮：「行，道也。」「中行」卽中道。漢上易傳引鄭氏注復六四「中行獨復」曰：「爻處五陰之中，度中而行，四獨應初。」李道平周易集解纂疏曰：「五下二則二上居五，各得其正而行中和矣。」「中行」有「度中而行」和「中和」之義。

今譯

九二，大葫蘆縛在身上，涉水渡河，不拋棄他的朋友，二人皆未被淹死，走正道而得到賞賜。

九三，无平不波（陂）❶，**无往不復，根**（艱）（貞❷，无咎。勿恤）**其復**（孚）❸，**于食**（有福）❹。

注釋

❶「波」假借爲「陂」。說文：「波，水涌流也。从水皮聲。」「陂」，說文：「阪也。一曰：沱也。从自皮聲。」「波」、「陂」同聲系，古相通。漢書諸侯王表師古注引鄭氏：「波音陂澤之波。」漢書江都易王劉非傳：「後游雷波。」師古注：「波讀爲陂。」漢書灌夫傳：「波池田園。」師古注：「波讀曰陂。」孫叔敖碑「波障源湶」，陂作波。「陂」，禮記樂記：「商亂則陂。」鄭注：「陂，傾也。」書洪範：「無偏無陂。」孔傳：「陂，不正。」漢書趙敬肅王彭祖傳：「以彭祖險陂。」顏師古注：「陂謂傾側也。」按，傾側故不平正。周易集解引虞翻曰：「陂，傾。」又引宋衷曰：「地平極則險陂。」是其義也。

❷「根」借爲「艱」。大畜九三：「利根（艱）貞。」大壯上六：「根（艱）則吉。」說見

大畜。周易集解引虞翻曰：「艱，險也。」按，艱，難也，險亦難也。故稱艱險。

❸「勿恤其孚」。周易集解引虞翻曰：「恤，憂。孚，信也。」說文：「恤，憂作。」

❹「于食有福」。「福」，說文：「祐也。从示畐聲。」甲骨文福作（見殷虛書契前編四、二三）（龜甲獸骨文字一、一九），金文福作（虢叔鐘）（國差繪）。、象酒器，示爲祭祀，祭祀之酒也。周禮膳夫：「凡祭祀之致福者。」鄭注：「致福謂諸臣祭祀，進其餘肉，歸胙于王。」禮記少儀：「爲人祭日致福。」福爲祭酒，胙爲祭肉。「于食有福」意謂在食時有福祭可飲。

今譯

九三，未有平而不傾斜，未有往而不返回，雖有艱難，但能守正，則無災患，不要擔憂它的誠信，在食時有祭酒可飲。

〔六四，翩翩❶〕**不富以**〔其鄰❷，不戒以孚❸〕。

注釋

❶ 「翩翩」，釋文引作「篇篇」，並曰：「子夏傳作翩翩。向本同，云：『輕舉貌』。古文作偏偏。」阮元校勘記：「石經、岳本、閩、監、毛本同。釋文出篇篇。」帛書周易此二字缺損，今據通行本補爲「翩翩」。「翩」、「篇」、「偏」、皆取扁聲，古相通假。翩翩，鳥飛之貌。詩泮水：「翩彼飛鴞，集于泮林。」詩四牡：「翩翩者鵻，載飛載下。」詩南有嘉魚：「翩翩者鵻，烝然來思。」故周易集解引虞翻曰：「二五變時，四體離飛，故翩翩。」尚秉和周易尚氏學：「震爲飛，故曰翩翩。」此其一。其二，「翩翩」爲往來貌。李道平周易集解纂疏：「愚案，詩小雅（巷伯）：『緝緝翩翩。』毛傳云：『往來貌。』四與三接，否、泰往來之交，四曰翩翩，義取往來，即三无往不復之意。」朱熹周易本義並沒有採程頤訓「翩翩，疾飛之貌」，而解爲「三陰翩然而下復，不待富而其類從之」，有上下往復之意。此兩解義皆可通。

❷ 「不富以其鄰」。意謂不富乃鄰人所致，或被鄰人所掠取，或被鄰人所誆騙。或解爲自己不富，累及鄰人。

❸ 「不戒以孚」。「戒」，說文：「警也。从廾持戈，以戒不虞。」儀禮士冠禮：「主人戒賓。」鄭注：「戒，警也，告也。」國語晉語：「君與二三臣其戒之。」韋昭注：「戒備也。」方言十三、廣雅釋詁二並訓：「戒，備也。」

「孚」，俘獲也。「不戒以孚」，意謂不自戒備，以致被俘獲。

今譯

六四，此往來游走的人，不富有是因被鄰人所掠取，自己不戒備，以致被掠奪。

〔六五〕，帝乙歸妹❶，以齒（祉）❷，〔元吉〕。

注釋

❶「帝乙歸妹」，說見歸妹六五「帝乙歸妹，其君之袂不若其娣之袂良」解。

❷以齒（祉）。「齒」假借爲「祉」。說見否卦九四「疇離齒（祉）」。「祉」，周易集解引虞翻曰：「祉，福也。」于鬯香草校書易二：「鬯案，祉之言止也。艮爲止。否卦四爻云：『疇離祉。』否，坤下乾上，自二至四，互艮也。泰卦，乾下坤上，無艮而云祉者，此推卦法也。」此解於文意迂曲。訓祉爲福。

今譯

六五，帝乙嫁少女，因而有福，開始就吉祥。

尚（上）六，城復于湟❶，□（勿）用師❷，自邑告命❸，貞閵（吝）。

注釋

❶「城復于湟」。通行本「湟」作「隍」。釋文曰：「隍，音皇，城塹也。子夏作堭，姚作湟。」阮元校勘記：「石經、岳本、閩、監、毛本同。釋文：隍，子夏傳作堭，姚作湟。」帛書周易同姚本。「湟」、「堭」、「隍」皆取皇聲，同聲系，古相通。周易集解引虞翻曰：「隍，城下溝。無水稱隍，有水稱池。」說文：「隍，城池也。有水曰池，無水曰隍。」虞氏以「城下溝」無水稱隍，然爾雅釋言：「隍，壑也。」文選南都賦：「流滄浪而爲隍，廓方城而爲墉。」李善注：「滄浪水在襄陽府，均州北。」有水似亦可稱「隍」。姚氏和帛書「隍」作「湟」，從水，可證「隍」亦可以有水。

「復」，于鬯香草校書易二：「復當讀爲覆，覆者傾覆之義。如小戴王制記『不覆巢』、中庸記『傾者覆之』之覆。城覆於隍者，不過謂城傾覆於隍池耳。……後人主孔義反復解，以反爲回反之義，於是因城及爲隍，又推及於其前之以隍爲城，於義不太增設乎？」于「復」讀爲「覆」，是也。

❷「勿用師」。高亨周易古經今注：「師上疑當有行字，轉寫捝去。」謙上六：「利用行師征邑國。」貌云：「利建侯行師。」復上六「用行師終有大敗。」此爻可作「勿用行師」。帛書周易「勿用師」，義與「勿用行師」同。

❸「自邑告命」，周易集解引九家易曰：「自邑者，謂從坤性而降也；告命者，謂下爲巽，宣布君之命令也。」近人尚秉和周易尚氏學引吳先生曰：「邑，挹之省文。挹，損也。言自挹損其告命，如後世之下詔罪己也。」其意與九家易合，非謂「由邑以城覆之事告命於君也」。

今譯

上六，城墻倒塌，傾覆於城池中，不可出師用兵。須發布罪己的告命，占問則有艱難。

總釋

本卦主旨是溝通或聯繫。泰乾下坤上，坤陰潤下，乾陽尖上，陰陽相交，故虞翻曰：「天地交，萬物通，故吉亨。」何妥曰：「若天氣上騰，地氣下降，各自閉塞，不能相交，則萬物無由得生，明萬物生由天地交也。」交而能通，閉而不通。天地通氣，上下交流，則志同道合。

反之，天地閉塞，上下不交，則君臣乖戾。泰卦通過自然現象、社會現象和人生現象來說明對待變化而通的道理。初九：「拔茅，茹以其彙。」以明自然界事物之間的聯繫，牽一根而連其類，觸一毛而連全身。九二：「包荒，用馮河，不遐遺，弗忘，得尙于中行。」九二爲內卦第二爻，以乾陽處中正之爻位，又與外卦六五爻相應，應爲得中正之爻，然而通行本作「朋亡，得尙于中行。」因而終不善其解。荀爽曰：「中謂五，坤爲朋，朋亡而下，則二上居五而行中和矣。」虞翻曰：「欲使二上故朋亡，二與五易位，故得上于中行，震爲行，故光大也。」殊覺迂曲。帛書周易「朋亡」作「弗忘」，「亡」與「忘」通，則涉水渡河，不拋棄他的朋友，二人皆未被淹死。同舟共濟，互助互幫，走正道而得賞賜。理通義順。進而九三，則提出「平」與「陂」、「往」與「復」的對待，這種對待與「高岸爲谷，深谷爲陵」思想一致，高岸可變爲深谷，深谷可變爲丘陵，猶平可轉化爲傾斜一樣。故雖艱難，但無災患。事的休咎，可以轉變。事物總是相聯繫而存在，相比較而論述。事物聯繫，便有因果關係在其中，六四：「翩翩，不富以其鄰，不戒以孚。」「翩翩」鳥飛之貌而引伸爲往來行走。其不富的原因，是由於自己不戒備，以致被鄰人（鄰近的部族）所掠奪。六五有福吉祥，是因爲帝乙嫁少女於文王（見歸妹卦解），是喜慶之事。上六，城墻傾倒於城壕之中，這本是凶象或不祥之兆，它預示着國之危難或滅亡，因此君王便布罪己的告命，祈求天的寬恕。九家易曰：「乾當來上，不可用師而拒之也。自邑者，謂從坤性而降也。告命者，謂下爲巽，宣布君之命令也。三陰自相告語，俱下服順承乾也。城復于隍，國政崩也。坤爲亂，否巽爲命，交在泰上，故其命亂也。」

這種城復於隍，而有國政崩的因果關係的探討，顯然具有神秘性。但注意因果律的思維形式的說明，無疑是人類思維的發展。

嗛（謙）第三十五

䷎

〔嗛（謙）❶，亨，君〕子有終❷。

注釋

❶

「謙」，卦名。

「嗛」與「謙」古相通。說文：「嗛，口有所銜也。从口兼聲。」謙，說文：「敬也。从言兼聲。」「嗛」、「謙」同聲系而相假。釋文曰：「謙，子夏作嗛。」阮元校勘記：「石經、岳本、閩、監、毛本同。釋文：子夏作嗛。」帛書周易與子夏同。漢書藝文志：「易之嗛嗛。」顏師古注：「嗛字與謙同。」漢書司馬相如傳下：「陛下嗛讓而弗發也。」師古注曰：「嗛，古謙字。」文選魏都賦：「嗛嗛同軒。」李善注：「嗛古謙字。」文選東征賦：「思嗛約兮。」李善注：「嗛與謙音義同。」

「謙」，易繫辭上傳：「謙也者，致恭以存其位者也。」史記樂書：「故禮主其謙。」裴駟集解引王肅曰：「謙自謙損也。」左傳昭公五年杜預注：「謙道卑退。」孔疏：「謙是卑退之意。」易雜卦傳：「謙輕。」韓康伯注：「謙者，不自重大。」釋文：「謙，卑退爲義，屈己下物也。」按，謙有謙虛、謙讓之義。

❷「終」，國語周語：「純明則終。」韋昭注：「終，成也。」又：「高朗令終。」韋昭注：「終猶成也。」意謂事有好結果爲成功。

今譯

謙，亨祭，君子有好的結果。

初六，嗛嗛（謙謙）君子❶，用涉大川，吉。

注釋

❶「嗛嗛」，程頤周易程氏傳：「自處卑下之至，謙而又謙也，故曰謙謙。」

今譯

初六，謙虛而又謙虛，以此來對待涉越大川的險難，則吉祥。

六二，鳴嗛（謙）❶，貞吉。

注釋

❶「鳴謙」。「鳴」，釋見豫初六「鳴豫」。

今譯

六二，有名聲而謙虛，占問則吉祥。

九三，勞嗛（謙）❶，君子有終，吉。

❶

注釋

「勞」，勞有多釋：王弼周易注：「勞謙匪解，是以吉也。」「匪解」當作「匪懈」，不懈怠之意。不懈怠而勤勞。爾雅釋詁：「勞，勤也。」此其一。其二，程頤周易程氏傳：「有功勞而持謙德者也，故曰勞謙。」朱熹周易本義：「有功勞而能謙。」國語周語：「平、桓、莊、惠皆受鄭勞。」韋昭注：「勞，功也。」其三，孔穎達周易正義：「上承下接，勞倦於謙也。」又曰：「上下群陰，象萬民皆來歸服，事須引接，故疲勞也。」勞，爲疲勞。按，此爻依文意來看，釋勤勞爲勝。如釋功勞，則與下文「終」義重。「終」即有成或成功之義。「勞」，周禮司勳：「事功曰勞。」「勞」、「終」皆有成就之義。

今譯

九三，勤勞而又謙虛，君子将有好的結果，則吉祥。

六四，无不利譌（撝）嗛（謙）❶。

注釋

❶「謅」與「撝」通。說文：「撝，裂也。从手爲聲。」「謅」，說文：「謅言也。从言爲聲。詩曰：『民之謅言。』」「撝」、「謅」同聲系，古相通假。「撝」，周易集解引荀爽曰：「撝猶舉也。」意卽推舉。程頤周易程氏傳曰：「撝，施布之象，如人手之撝也。」則以「撝」作「爲」。廣雅釋詁：「爲，施也。」朱熹周易本義：「撝與揮同」意卽指揮。說文解字段玉裁注：「易『撝謙』，馬曰：『撝，猶離也。』按，『撝謙』者，溥散其謙，無所往而不用謙，裂義之引申也。」朱駿聲說文通訓定聲：「撝，假借爲麾。」釋文：「撝，義與麾同。書云『右秉白旄以麾』是也。」「麾」，說文：「旌旗所以指。」意卽所到之處或處處。按，「撝」爲推舉、施布、所到之處，於義皆可通。「撝謙」，世人推舉而又謙虛，施布於人而又謙虛或處處謙虛。于豈香草校書曰：「无不利撝謙，武億考異謂當作撝謙，无不利。」今從帛書。

今譯

六四，沒有不利，被人推擧而又謙虛。

六五，不富以其鄰❶，（利用侵伐❷，无）不利。

注釋

❶「不富以其鄰」，釋見泰六四「不富以其鄰」。王弼周易注：「居於尊位，用謙與順，故能不富而用其鄰也。」周易集解引荀爽曰：「乘陽失實，故皆不富。」李道平纂疏曰：「坤爲富有，互震伏兌爲鄰，互居坤中，雖云富有，不以寫耀其鄰，富而能謙者也。」此爻意謂不富有，是由於鄰國的掠奪所致。

❷「利用侵伐」，李道平周易集解纂疏：「利用侵伐，然以謙行師，德威並用，故无不利。」又，夏官大司馬：『賊害賢良則伐之，負固不服則侵之。』莊廿九年左傳：『凡師有鐘鼓曰伐，無曰侵。』」意謂國之不富乃其鄰所致，侵伐鄰國，則名正言順，實屬反攻。

今譯

六五，不富有是鄰國掠奪所致，宜於侵犯征伐他，沒有不利。

尚（上）六，鳴（謙❶，利用行師，征邑國❷）。

注釋

❶「鳴謙」，說見六二，周易集解引九家易曰：「陰陽相應，故鳴謙也。」李鼎祚案：「羌爲口舌，鳴謙之象也。」按鳴謙即名謙，意謂有名聲而謙虛。

❷「邑」，廣雅釋詁四：「國也。」釋名釋州國：「四井爲邑。」「邑國」，爲小國，有解大夫之邑和諸侯之國者，亦通。

今譯

上六，有名聲而又謙虛，宜於出兵，征伐邑國。

總釋

本卦主旨是謙虛，易經作者認爲，謙是一種美德。這種道德價值判斷是合理的。人們的道德活動是人類特有的一種社會行爲，是在一定社會、經濟結構基礎上利用社會輿論和內心信念等手段調整人與人之間關係的社會活動。道德活動既是對個人和社會利益的認識，也是行爲主體根據自己意志進行自由選擇的結果。如「謙謙」、「鳴謙」、「勞謙」、「撝謙」等。並非只要認識了這種行爲的必然性就可以作出的，還需要在一定道德實踐指導下的道德修養工夫或長期的磨練。這是因爲，在道德意識和行爲之間，存在着主體意志的選擇問題，人們既可以選擇「鳴謙」，當然亦可以選擇「鳴豫」，在「謙謙」與「盱豫」、「勞謙」與「冥豫」之間的選擇，又反過來與道德實踐的指導相關聯。儘管易經作爲告訴人們「鳴豫，凶」，「盱豫，悔」，反之「鳴謙，貞吉」，「謙謙」吉，「勞謙」吉。但畢竟有人選擇「鳴豫」、「盱豫」，而排斥「鳴謙」、「勞謙」。這就是說，並非沒有道德價值判斷，而是對它的不同理解和缺乏實踐倫常的意志。易經作者的傾向性是非常明確的，謙卦卦辭和爻辭，在倡導謙虛美德的時候，從各個方面和各種情況下，如何保持謙虛的道德活動。不僅要謙虛又謙虛，而且在有名聲而容易驕傲時要謙虛，勤勞或有功勞而居功自喜時要謙虛，受人推擧或擁戴而容易獨尊時要謙虛等進行了論述，實屬至理格言。

林（臨）第三十六

䷒〔林（臨）❶，元亨〕，利貞，至于八月有〔凶〕❷。

注釋

❶「臨」，卦名。

「林」假借爲「臨」。「林」，唐韻：「力尋切。」集韻、韻會：「犂針切。」正韻：「犂沉切。」音臨。「臨」，唐韻：「力尋切。」集韻、韻會：「犂針切。」正韻：「犂沉切。」音林。「林」、「臨」音同，古音同屬侵韻，古相通。左傳定公八年：「林楚御桓子。」公羊傳作「臨南御桓子」。朱駿聲說文通訓定聲：「林，叚借爲臨。」聞一多周易義證類纂：「西谿易說引歸藏臨作林禍，即霖禍。周易省霝爲臨，猶歸藏省霖爲林耳。」帛書周易「臨」作「林」，則與歸藏合。

「臨」，說文：「臨，監臨也。从臥品聲。」序卦傳曰：「有事而後可大，故受之以臨。臨者，大也。」象、象訓臨爲臨民。象曰：「臨，君子以教思无窮，容保民无疆。」與序卦異趣，亦可窺見易傳各篇非成於一人之手。詩皇矣「臨下有赫」孔疏：「臨者，在上臨下之名。」左傳昭公六年孔疏：「臨謂位居其上，俯臨其下。」意謂臨民或治民。

❷ 聞一多周易義證類纂：「案，臨讀爲瀶。瀶、霖古當同字。莊子大宗師篇：『霖雨十日。』釋文曰：『霖又作淋。』趙策一：『使我逢疾風淋雨。』卽霖雨。字鏡：淋，古文作瀶。廣雅釋訓曰：『𩅰，雨也。』是霖、淋、瀶（𩅰）一字。霖之聲轉爲隆。管子度地篇曰：『當秋三月，山川百泉踊，降雨下，山水出。』降雨卽隆雨。齊策三曰：『至歲八月，降雨下，淄水至。』風俗通祀典篇正作隆雨。隆雨卽霖雨也。」聞氏之解，於義可通。考帛書周易「臨」作「林」，故依聞氏解。

「至於八月有凶」，周易集解引虞翻曰：「臨消於遯，六月卦也，於周爲八月。遯弒君父，故至於八月有凶。荀公以兌爲八月，兌於周爲十月，言八月，失之甚矣。」清于鬯香草校書仍說：「八月卽夏正之八月也。」夏八月，殷爲九月，周爲十月。

聞一多曰：「我國雨量，率以夏、秋間爲最厚。孟子離婁下篇曰：『七、八月之間雨集，溝澮皆盈。』莊子秋水篇曰：『秋水時至，百川灌河，』而管子言秋三月隆雨下，齊策言八月降雨下，尤與易言『臨……至於八月』若合符節，是臨爲瀶省，而瀶卽霖字明矣。雨及八月而百泉騰湊，川瀆皆盈，數爲民害，故曰『有凶』。」聞說是也。

今譯

臨，開始卽亨通，宜於占問，但到了八月則有禍害。

初九，禁（咸）林（臨）❶，貞吉。

注釋

❶「禁」假借爲「咸」。說文：「禁，吉凶之忌也。从示林聲。」林、林（臨）疊韻。呂氏春秋離謂：「此爲國之禁也。」高誘注：「禁，法也。」呂氏春秋必已：「此神農黃帝之所法。」高注：「法，則也。」爾雅釋詁：「法，常也。」「咸」，春秋保乾圖：「天皇於是斟元陳極以立易咸。」注：「咸，則也。」爾雅釋詁：「則，常也。」「禁」、「咸」均有則或常之義，義同古相通。此爻釋爲經常。

「咸」，周易集解引虞翻曰：「咸，感也。」王弼周易注：『咸，感也，感應也。』荀子大略：「易之咸見夫婦。咸，感也。」廣雅釋言同。訓「咸」爲「感」，於義亦通。

今譯

初九，經常下雨，占問則吉祥。

九二，禁（咸）林（臨）❶，吉，无不利。

注釋

❶「禁林」當作「咸臨」，與「初九」辭同，然義恐異。此爻當釋爲咸，感也。王弼周易注：「有應在五，感以臨者也。上下交感，二五相應，二感五應，故言咸臨。」意謂上下交感而下雨。

今譯

九二，交感而下雨，則吉祥而無不利。

六三，甘林（臨）❶，无攸利，既憂之❷，无咎。

注釋

❶「甘臨」。詩伯兮：「甘心首疾。」毛傳：「甘，厭也。」書五子之歌：「甘酒嗜音。」孔傳：「甘，嗜無厭足。」論衡是應：「雨霽而陰曀者謂之甘雨。」雨下得使人討厭，則是雨下個沒完沒了。故「甘」又可訓爲「緩」。廣雅釋詁一：「甘，緩也。」莊子天道：「徐則甘而不固。」釋文引司馬注曰：「甘者，緩也。」淮南子道應：「大徐則甘而不固。」高誘注：「甘，緩意也。」「甘臨」，意謂緩緩而下，淅淅瀝瀝，沒完沒了。

❷「既憂之」。「憂」疑讀爲「耰」。「憂」、「耰」同聲系，古相通。說文：「櫌，摩田器也。从木憂聲。論語曰：『櫌而不輟。』」漢書吾邱壽王傳：「民以耰鉏箠梃相撻擊。」顏師古注：「耰，摩田之器也。」摩田之器卽鋤田的工具，可進行鋤田。覆種亦須耰，故耰亦可釋爲鋤或覆種。莊子則陽：「深其耕而熟耰之。」釋文引司馬注：「耰，鋤也。」管子小匡：「深耕均種疾耰。」房、尹注：「耰謂復種。」論語微子：「耰而不輟。」皇疏：「耰，覆種也。」

今譯

六三，沒完沒了下雨，沒有所利。既已覆種過了，也無災患。

六四，至林（臨）❶，无咎。

注釋

❶「至臨」。周易集解引虞翻曰：「至，下也。」說文：「至，鳥飛从高下至地也。」亦有「下」之義。然此爻亦有極、大、甚等義。國語越語：「陽至而陰。」韋注：「至。極也。」儀禮聘禮記「義之至也」鄭注、莊子至樂「天下有至樂無有哉」釋文、荀子不苟「夫此有常以至誠者也」楊倞注並曰：「至，極也。」孟子萬章下：「充類至義之盡也。」趙岐注：「至，甚也，」呂氏春秋求人：「至勞也。」高誘注：「至，大也。」禮記哀公問：「敬之至矣。」鄭注：「至矣，言至大也。」「至臨」，言極大之雨，即大雨。

今譯

六四，下大雨，無災患。

〔六〕五，知林（臨）❶，大（君之宜❷，吉）。

注釋

❶「知臨」。「知」，呂氏春秋情欲「而終不自知」高誘注、淮南子脩務「七年而後知」高誘注並曰：「知，猶覺也。」禮記大學：「故好而知其惡。」孔疏：「知，識也。」呂氏春秋有始：「以寒暑日月晝夜知之。」高誘注：「知，猶別也。」按，知有覺悟、識別之義。「知臨」，言識別下雨的情況。

「知」讀爲「智」。荀子富國「故相率而爲之，勞苦以務佚之，以養其知也」楊倞注、荀子正名「故知者之言也」楊倞注並曰：「知讀爲智。」聞一多周易義證類纂：「知、智古同字。卜辭作[illegible]（前五、一七）；全文作[illegible]（毛公鼎）或[illegible]（蚰匕），下從甘；說文作[illegible]，從白，爲『甘』之譌。說文疾下有籀文作[illegible]，從廿，與甘同（許云：從甘省從廿，非是）。

是籀文以智爲疾（智、疾並從矢得聲，故得通用）。『知臨』之知，亦當讀爲疾。疾瀝亦猶暴雨也。」聞說亦通。

❷「宜」，呂氏春秋當賞：「爵祿之所加者宜。」高誘注：「宜，猶當也。」淮南子本經「旁薄衆宜」高誘注、淮南子主術「皆失其宜矣」高誘注並曰：「宜，適也。」按，宜爲應當、得當或適宜之意。

今譯

六五，識別下大雨的情況，則大君便能處理得當，吉祥。

〔上六〕，敦林（臨）❶，吉，无咎。

注釋

❶「敦」，方言一：「大也。」廣雅釋詁一：「敦，大也。」漢書地理志下：「敦煌郡。」注引應劭曰：「敦，大也。」爾雅釋天孫注：「敦，盛。」大謂幅圓廣大也。周禮內宰：「出其度量敦制。」鄭玄注：「杜子春讀敦爲純，純謂幅廣也。」雖指度量的幅廣而言，

可引伸爲幅圓廣大。

聞一多周易義證類纂：「案，敦訓怒（說文），怒、暴義近，『敦臨』猶暴雨；又訓大（方言），暴雨亦大雨也。字一作霕。玉篇曰：『霕，大雨也。』聲轉爲霮。玉篇又曰：『霮，大雨也。』再轉爲涷。爾雅釋天曰：『暴雨謂之涷。』尚書大傳周傳曰：『久矣天之無別風淮雨。』鄭注曰：『淮，暴雨之名也。』郝懿行謂淮雨卽涷雨。」聞說義亦通。

今譯

上六，廣大地方下雨，則吉祥，沒有災患。

總釋

本卦主旨是講下雨這種自然現象對於人類生活及農作物的影響。在人類還不能控制自然的時候，風、雨對於生產有特別重要的意義。尚書金縢曰：「秋，大熟，未穫。天大雷電以風，禾盡偃，大木斯拔，邦人大恐。」又曰：「王出郊，天乃雨，反風，禾則盡起。」因而，降雨與否便爲占筮的重要內容之一。周禮春官占人曰：「占人，掌占龜，以八簭占八頌，以八卦占簭之八故，以眡吉凶。」所謂「八故」，就是對人事的占筮。周禮大卜：「以邦事作龜之八命；

一曰征，二曰象，三曰與，四曰謀，五曰果，六曰至，七曰雨，八曰瘳。」即是關於戰爭征伐，風雲災變，與人以物，策劃謀議，事成與否，來到與否，降雨與否，病癒與否，都要筮問。甲骨文記載：「帝令雨足年。」（殷虛書契前編一、五〇、一）「其桒年且丁先酌，又雨。」（殷虛文字甲編一二七五）「己酉卜，黍年㞢足雨。」（殷虛書契前編四、四〇、一）「庚午卜，貞，禾㞢及雨，三月。」（龜甲獸骨文字二、二四、一二）人們已經認識了雨水與農業生產豐歉的關係。因而易經關於下雨的記載，則是很自然的。下雨，總的來說是好事，故「元亨」，「咸臨」、「甘臨」、「至臨」、「知臨」、「敦臨」，其結果皆非「凶」，而是「吉」或「无咎」。儘管如此，久雨，特別是中國「七八月間雨集，溝澮皆盈」，亦會發生水災，而危害人畜，亦須防範。古人認識到此，並初步掌握了我國下雨的規律，則甚可貴。

師　第三十七

䷆〔師❶，貞丈〕人❷，吉无咎。

注釋

❶「師」，卦名。「師」，序卦傳曰：「師者，衆也。」師彖傳曰：「師，衆也。貞，正也。」周易集解引何晏曰：「師者，軍旅之名，故周禮云：『二千五百人爲師也。』」釋文：「馬云：『二千五百人爲師。』」與周禮同。「師」爲軍旅之事。

❷「貞丈人」，「貞丈」帛書周易缺損，據通行本補。周易集解引崔憬曰：「丈人，子夏傳作大人。」李鼎祚案：「子夏傳作大人，是也。今王氏（弼）曲解大人爲丈人。」近人尙秉和、高亨均沿此說。鄭玄易作「丈人」：「丈之言長，能御衆有正人之德者也。」「以法度爲人之長。」曹操作孫子兵法序：「易曰：師員，丈人吉。」漢書匈奴傳：「漢天子，

我丈人行。」顏注：「丈人，尊老之稱也。」釋文：「丈人，嚴莊之稱。鄭云：『能以法度長於人。』阮元校勘記亦作「丈人」。通觀師卦卦辭當以「丈人」爲佳。

「丈人」，王弼謂「嚴莊之稱」。陸績曰：「丈人者，聖人也。」程頤周易程氏傳：「丈人者，尊嚴之稱。」朱熹周易本義：「丈人，長老之稱。」貞，正也。

今譯

師，帥師統衆的人，嚴莊守正，就吉祥而無災患。

初六，師出以律❶，不（否）臧兇❷。

注釋

❶「師出以律」。周易正義孔疏：「律，法也。」周易集解引九家易曰：「坎爲法律也。」律訓爲法，有紀律之義。此其一。其二，樂律之律。周易集解纂疏李道平曰：「釋言曰：『坎律銓也。』然則以坎爲律者，樂律也，非法律也。周禮太師：『執同律以聽軍聲而詔吉凶。』又若師有功，則左執律，右秉鉞，以先愷樂，是古者出師，皆執律以從。左傳稱

師曠知南風之不競。吳越春秋載大夫臯如之言曰：『審聲則可以戰，皆其遺法。……』又兵書云：『太師吹律合音，商則戰勝，軍士強；角則軍擾多變，失士心；宮則軍和，士卒同心；徵則將急數怒，軍士勞；羽則兵弱，少威明。此皆師出以律之明證也。」聞一多周易義證類纂訓律爲六律之律。云：「自來注家，咸未道及，余故略徵往籍，爲證成其如此。」聞說「咸未道及」，則李道平纂疏便已道及，至於「所徵往籍」，亦與李氏大體相同，想聞氏未及見纂疏也。按，律作樂律爲是。俗言擊鼓助威，鳴金收兵是也。近代戰爭中的吹號，亦是。

❷「不（否）臧兇」。「不」假借爲「否」。說文：「否，不也。」禮記哀公問：「君曰否。」孔疏：「否，不也。」詩何人斯：「還而不入，否難知也。」鄭玄箋：「還，行反也；否，不通也。」晁氏曰：「否字先儒多作不。」是其證也。「臧」，說文：「善也。」段玉裁注：「釋詁、毛傳同。」「否臧」即「不臧」。詩小旻：「謀臧不從，不臧復用。」即其義也。

今譯

初六，出師作戰要聽軍中樂律的指揮，不善於指揮則有禍殃。

九二，在師中吉❶，无咎。王三湯（錫）命❷。

注釋

❶「在師中吉」。「師中」，謂「中軍」。周易集解引九家易曰：「雖當爲王，尚在師中。」

❷「王三湯（錫）命」。「湯」假借爲「錫」。說文：「錫，銀鉛之間也。从金易聲。」小蓄六四：「有孚，血去湯（惕）出。」「湯」作「惕」。說文：「惕，敬也。从心易聲。」易夬九二：「惕號。」帛書周易作「傷號」。釋文：「惕，荀、翟作錫，云：賜也。」湯，从水易聲；傷，从人易聲。則「惕」、「錫」、「湯」、「傷」同聲系，古相通。「錫」借爲「賜」，賜也。釋文：「錫，鄭本作賜。」賜，予也。

今譯

九二，帥師在中軍，吉祥而無災患。君王三次賜命嘉獎。

六三，師或與（輿）㞘（尸）❶，兇。

注釋

❶

「師或與（輿）屍（尸）」。「與」假借為「輿」。山海經：「敦與之山。」郭璞注：「按，名勝志作敦輿山。」又：「苦山之首曰休與之山。」郭注：「與或作輿。」左傳成公十一年：「且與伯與爭政。」釋文：「與，本亦作輿。」左傳昭公十四年：「欲立著邱公之弟展與。」釋文：「與本作輿。」是為「與」、「輿」古相通之證。

「輿」，說文：「車底也。」

「屍」，帛書周易作「[illegible]」，篆文尸作[illegible]。屍為尸之異體字。師六五：「弟子輿尸。」帛書周易亦作「[illegible]」，讀與尸同。

「尸」，說文：「陳也。象臥之形。凡尸之屬皆从尸。」饒炯說文解字部首訂曰：「尸即屍之古文。从人橫之。指事。六書總要作[illegible]，可證尸即此字變體。說解當云：終主也，象人臥形。論語：『寢不尸。』正謂人寢勿似死者之僵臥，若尸神之尸。又以人作神主，亦借尸名之。說解云：『陳也。』是其義。然尸屬多取於人事為從者，尸亦人也，蓋从尸引借，非从尸本義。」王筠說文釋例曰：「尸蓋古文，部中屍蓋分別文也。[illegible]象臥人，人死則長臥矣。……釋文：『屍音尸，本亦作尸。』是其證。說解曰：『陳也。』」左成十七年傳：『皆尸諸朝。』杜注：『陳其尸於朝。』喪大記：『男女奉尸夷於堂。』鄭注：『夷之言尸也』。士喪禮「夷」作「侇」，鄭注同。如注言之，則是奉尸於堂也。祭之尸无所事，陳列之而已，然爲依神之主，故主之義生焉。殺老牛莫之敢尸是也。一義引伸，而以死人爲本義，借用既久，乃作屍字爲專義耳。（棺下云：所以掩尸。廣韻、初學記引並作屍，段氏改之，不誤，但未知二字本同耳。）」尸以死人爲本義，經籍多借尸爲死人。有人曾曰「尸，神像也」，由孩子代扮死者受祭，並以此批判拙著朱熹思想研究以尸爲死人爲大謬。如若本爻和六五「弟子與屍（尸）」之尸爲神象，難道不是車載回戰死者的尸體，而是裝扮成死者的神象嗎？

今譯

六三，出師疑惑不定，以致戰敗卒死，車載屍而還，則凶。

六四，師左次❶，无咎。

注釋

❶「師左次」。周易集解引荀爽曰：「次，舍也。」廣雅釋詁：「次，舍也。」

今譯

六四，軍隊駐紮於左方，便無災患。

六五，田有禽❶，利執言❷，无咎。長子率師❸，弟子輿尸（ㄕ）❹，貞凶。

注釋

❶「田有禽」。周易集解引荀爽曰：「田，獵也。」李鼎祚案：「田獵行師之象。」「禽」，禽獸也。王弼周易注：「田有禽也。物先犯己，故可以執言而无咎也。」孔疏：「猶如田中有禽，而來犯苗。若往獵之，則无咎過也。」是禽爲禽獸。禽亦可訓爲擒。釋文：「禽，徐本作擒。」集解引荀爽曰：「謂二帥師禽五，五利度二之命，執行其言，故无咎也。」李鼎祚案：「蓋由殷紂而被武王禽於鹿臺之類是也。」李道平纂疏曰：「禽，禽獲也。」是爲擒獲之禽。按，通觀周易經文，凡言擒獲，作獲而不作禽。如解九二：「田獲三狐。」巽六四：「田獲三品。」隨九四：「隨有獲，貞凶。」離上九：「有嘉折首，獲匪其丑。」本爻「田有禽」，作禽獸爲妥。

❷「利執言」，郭京周易擧正曰：「『言』字當作『之』字。經注『之』字並誤作『言』字，定本『之』字行書向下引脚，稍類行書『言』字，轉相寫仍，遂成謬。」按，帛書爲較早本子，且不寫行書，作「言」，兩不稍類。周易集解引虞翻曰：「故利執言，无咎。」又

荀爽曰：「執行其言，故无咎也。」作「言」不作「之」爲是。焦循易話曰：「古人辭多倒裝，易尤多此，如『見輿曳』。」觀此爻辭，「利執言」似「利言執」之倒裝。

❸「長子率師」，王弼本、集解本均作帥師，象傳亦作「長子帥師」。帛書周易「率師」作「衛師」。「率」與「帥」相通。左傳昭公二十八年傳注：「中軍帥。」釋文：「本又作率。」儀禮聘禮：「帥大夫以入。」鄭注：「古文帥爲率。」儀禮大射禮：「帥衆介夕。」鄭注：「古文帥皆作率。」爲「率」、「帥」相通之證。「率」，統率也。說文：「率，捕鳥畢也，象絲网上下其竿柄也。」竿柄能統率其絲网也。故引伸爲統率。

❹「弟子輿尿（尸）」，呂氏春秋原亂：「亂必有弟。」高誘注：「弟，次也。」弟子卽次子，與上文「長子」對言。周易集解引宋衷曰：「敗績死亡，輿尸而還，故曰『弟子輿尸』，謂使不當其職也。」尿爲尸之異體字。「弟子輿尸」謂次子打了敗仗，載着死屍而還。

今譯

六五，田有禽獸，利於執獲捕捉，才無災患。長子統率軍旅，次子戰敗，以車載屍，占問則有禍殃。

尚（上）六，**大人君有命❶，啓國承家❷，小人勿（用）。**

注釋

❶ 「大人君有命」，王弼本、集解本、通行本均作「大君有命」，無「人」字。象傳亦引爲「大君有命」。周易經文「大君」數見。如履六三：「武人迴於大君。」臨六五：「大君之宜。」均不作「大人君」。本爻當衍一「人」字，但依帛書周易作「大人君」與「大君」義同。

「大君」，周易集解引干寶曰：「大君，聖人也。」並引乾鑿度曰：「大君者，君人之盛言也。」周易正義孔疏：「大君，謂天子也，言天子爵命。」「大人君有命」，謂國君有封賞的命令。

❷ 「啓國承家」，周易集解、周易正義本、通行本「啓國」均作「開國」，帛書周易作「啟國」。「啓」與「開」古通同。儀禮既夕記「清啓期」鄭注、儀禮士虞禮「命佐食啓會」鄭注並曰：「今文啓爲開。」儀禮士昏禮：「贊啓會。」鄭注：「今文啓作開。」儀禮既夕記：「啓之昕外內不哭。」鄭注：「古文啓爲開。」書堯典：「子朱啓明。」史記五帝紀作「嗣子丹朱開明」。書益稷：「啓呱呱而泣。」論衡問孔：「開呱呱而泣。」詩大東：「東有啓明。」大戴禮記作「東有開明。」左傳僖公六年：「微子啓。」史記宋世

家作「微子開。」是爲「啓」與「開」古通之證。

「啓國承家」，周易集解引荀爽曰：「開國封諸侯，承家立大夫也。」程頤周易程氏傳：「開國，封之爲諸侯也。承家，以爲卿大夫也。承，受也。」啓，開也。

今譯

上六，國君有封賞的命令，開國封諸侯，受家立大夫，小人不用。

總釋

本卦主旨是講軍旅之事。卦爻辭系統地講述了從平時訓練演習到出師征伐過程中發生的種種問題，以及處理的辦法。卦辭強調統帥的作用，統帥爲一軍之主，衆望所歸，自己要莊嚴守正，就吉祥而無災患，統帥不以身作則，就很難帶好軍隊。平時要演習軍隊，便是通過狩獵，古代狩獵並非單純狩獵，而是軍隊演習的一種形式。出師作戰，要有紀律，要選擇有利的地形，行軍布陣，須有樂律的指揮，人少可喊口令，一場戰爭，千軍萬馬，必須有鑼、鼓、號等樂器發出響亮的信號，才能使全軍聽得見，指揮動整個戰場。若不遵守紀律，便有禍殃。戰爭瞬息萬變，統帥只有坐鎮軍中，才能根據實際情況，作出正確的判斷，而改變計劃，才能取得勝利。

如果統帥不在軍中，不知道實際情況，不捕捉到最新的信息，戰爭可能要失敗。在古代信息傳遞很慢的時代，統帥在軍中而打贏戰爭，受到君王的三次嘉獎和賞賜。反之，統帥不在軍中，疑惑不定，以致戰敗卒死，車載屍體而還，即使統帥在軍中，由於不謹愼，或仗着兄長是統率，而驕傲自滿，飛揚跋扈，結果弟弟統率的一部份軍隊吃了敗仗，而有凶象。君主依照戰功而封侯立國，受家立大夫，小人沒有受到封賞，獎罰分明。

明夷　第三十八

䷣ **明夷❶，利根（艱）貞❷。**

注釋

❶「明夷」，卦名。「夷」，序卦傳曰：「進必有所傷，故受之以明夷。夷者，傷也。」雜卦傳：「明夷，誅也。」韓康伯注：「誅，傷也。」周易集解引鄭玄曰：「夷，傷也。日出地上，其明乃光，至其入地，明則傷矣，故謂之明夷。」又引九家易曰：「日在坤下，其明傷也。」按，「明夷」即爲喪其明，藏其明，晦其明之義。

❷「根」假借爲「艱」。說見大畜九三「利根（艱）貞」。

今譯

明夷，占問艱難之事，則有利。

初九，明夷于蜚（飛）❶，垂其左翼❷。君子于行，三日不食。有攸往，主人有言❸。

注釋

❶「明夷」，周易集解引荀爽曰：「火性炎上，離為飛鳥，故曰于飛。」李道平纂疏曰：「說卦曰：『離為雉。』郭璞洞林曰：『離為朱雀。』故為飛鳥，而曰于飛也。」但對「明夷」二字，並無明確訓釋。「明」假借為「鳴」。古聲同，義通。文選陸士衡樂府長安有俠邪行：「欲鳴當及晨。」李善注曰：「春秋考異記曰：『雞應旦明。』『明』與『鳴』同，古字通也。」文選運命論：「里社鳴而聖人出。」李注：「明與鳴古字通。」「夷」，爾雅：「夷，江南謂之螗蛦者為荑。音夷，又為蛦。」「夷」、「荑」、「蛦」音近相通。文選蜀都賦曰：「䗍蛦山棲。」劉注：「䗍蛦，鳥名也。如今之所謂山雞。其

雄色班，雌色黑。出巴東。」「夷」借爲「蛦」，即山鷄。「蟎蛦」猶「鷩雉」。爾雌釋鳥：「鷩雉。」郭璞注曰：「似山鷄而小。」故「夷」又與「雉」通。左傳昭公十七年：「五雉爲五工正。」服注：「雉者夷也。」孔疏：「雉聲近夷。」漢書揚雄傳：「列新雉於林薄。」服虔注：「新雉，香草也。雉夷聲相近。」顏師古注：「新雉即辛夷耳。」爲「夷」、「雉」相通之證。「明夷」，即鳴雉也。

「蜚」假借爲「飛」。說見乾九五爻「翡（飛）龍在天」解。

❷ 「垂其左翼」，通行本作「垂其翼」，無「左」字。左傳昭公五年引易：「日之謙當鳥，故曰：『明夷于飛。』明之未融，故曰：『垂其翼。』」亦無「左」字。當以帛書爲是。其一，詩鴛鴦曰：「鴛鴦于飛，畢之羅之。……鴛鴦在梁，戢其左翼。」與「明夷于飛，垂其左翼」句近。其二，有左字，語句齊整，且又與六二「夷于左股」，六四「夷于左腹」相應。

❸ 「主人有言」。儀禮聘禮：「若有言。」鄭注：「有言，有所告請，若有所問也。」「主人有言」意謂主人有告問。

聞一多周易義證類纂以「言」讀爲「愆」，「有言」即「有愆」，有過或譴責也。義亦可通。

今譯

初九，鳴雉在天空飛翔，搭拉着左翼以求食，君子在外地旅行，常常是挨餓不得食。有所往，則主人有所告問。

六二，明夷，夷于左股❶，用撜（拯）❷馬牀（壯）❸，吉。

注釋

❶「明夷，夷于左股」，周易集解作「明夷于左股」，缺一「夷」字。疑轉寫脫去。集解引九家易曰：「鳥飛舒翼而行。夷者，傷也。」國語晉語「夷淸无筋骨」韋注，左傳成公十三年「芟夷我農功」杜預注並曰：「夷，傷也。」左傳成公十六年：「察夷傷。」服注：「金創爲夷。」「夷于左股」意謂左股被箭射傷。

❷「撜」假借爲「拯」。說文：「抍，上擧也。从手升聲。易曰：『抍馬壯吉。』撜抍、或从登。」廣韻：拯、抍、撜同。「撜」、「拯」古音同在六部，音近義同，古相通。易澳初六：「撜（拯）馬，吉。」釋文引馬注曰：「拯，擧也。」廣雅釋詁一：「抍，擧也。」

淮南子齊俗：「子路撜溺。」高誘注：「撜，舉也。」拯、抍、撜義同之佐證。「拯」，釋文：「鄭云：承也。子夏作抍。字林云：抍，上舉，音承。」音訓拯作承，引晁氏曰：「九家亦作承。」拯、承，當讀爲騬，古相通。周禮稾人：「乘其事。」顏氏家訓音辭引劉昌宗周官音讀乘若承。列子黃帝：「並流而承之。」諸家直作「拯」。又：「俱升高臺。」殷氏釋文：「升，一本作乘。」乘讀爲騬。說文：「騬，犗馬也。」廣雅釋獸：「騬，犗也。」拯馬或撜馬卽去勢之馬。

❸「牀」假借爲「壯」。說文：「牀，安身之几坐也。从木爿聲。」「壯」，說文：「大也。從士爿聲。」「牀」、「壯」同聲系，古通用。段玉裁注曰：「今書牸、牂、斨、牆、壯戕、狀、將字，皆曰爿聲。張參五經文字爿部曰：爿音牆。」「壯」，易大壯釋文：「壯，馬云：『傷也。』郭璞云：『今淮南人呼壯爲傷。』」李道平周易集解纂疏曰：「壯者，傷也。言拯馬之傷故吉也。」

今譯

六二，鳴雉左腿被射傷，去勢之馬受點傷，結果仍然吉祥。

九三，明夷，夷于南守（狩）❶，得其大首❷，不可疾❸貞。

注釋

❶ 「明夷，夷于南狩」，王弼本、周易集解本、周易本義本，皆「無」下夷字。然六二王弼本作「明夷，夷于左股」，周易本義本同，唯周易集解本作「明夷于左股」，帛書周易作「明夷，夷于南狩」，不僅語句整齊，亦上下文句相應。今從帛書。高亨周易古經今注：「于下疑當有飛字。」作「明夷于飛，南狩得其大首」，則誤。

「守」假借為「狩」。說文：「狩，犬田也。从犬守聲。」「守」、「狩」同聲系，古相通。公羊傳隱公八年：「天子有事於泰山。」何休注：「狩猶守也。」風俗通山澤：「狩者，守也。」釋文：「南狩，本亦作守。」阮元校勘記：「石經、岳本、閩、監、毛本同。釋文：狩，本亦作守。」書舜典：「東巡守。」釋文：「守，本作狩。」為「守」、「狩」相通之證。

❷ 「狩」，爾雅釋天：「冬獵為狩。」詩叔于田：「叔于狩。」毛傳：「冬獵曰狩。」孔穎達周易正義：「狩者，征伐之類。」周易集解引九家易曰：「歲終田獵，名曰狩也。」按，狩意為狩獵也。

「得其大首」。公羊傳莊公十二年「碎其首」何休注、禮記少儀「羞首者進喙祭耳」孔疏並曰：「首，頭也。」按，大首卽大頭獸類，甲骨文中以畫其大頭為獸類的象徵。周禮廬人：「去一以為首圍。」鄭注：「首，殳上鐏也。」禮記曲禮上：「進劍者左首。」孔疏：「首，劍環拊也。」「首」爲兵器把柄頂端之物。

❸「疾」，左傳襄公十一年：「晉不吾疾也。」杜預注：「疾，急也。」廣雅釋詁一：「疾，急也。」詩石旻：「昊天疾威。」鄭箋：「疾，猶急也。」國語周語：「高位寔疾債。」韋昭注：「疾，速也。」國語齊語：「深耕而疾耰之。」韋注：「疾，速也。」按，疾爲急速之義，然於文義不暢。疾，病也。

今　譯

九三，鳴雉棲於南山，被人狩獵中射傷，並獲得一個劍環拊。不可以占問疾病。

六四，明夷，夷于左腹❶，獲明夷之心，于出門廷❷。

注　釋

❶「明夷，夷于左腹」，王弼本、周易集解本、周易本義本均作「入於左腹」。今從帛書周易。

「腹」，詩蓼莪：「出入腹我。」鄭箋：「腹，懷抱也。」釋名釋形體：「自臍以下曰少腹。」素問脈要精微論：「少腹當有形也。」注：「少腹，小腸也。」左腹言左肚子。

❷「于出門廷」，通行本「廷」作「庭」。「廷」、「庭」古相通。說見艮卦辭「行其廷，不見其人」解。

今譯

六四，鳴雉傷於左腹，（傷重）被人捉獲，剖鳴雉之心，懸於門庭。

六五，箕子之明夷❶，利貞。

注釋

❶「箕子之明夷」，周易集解引馬融曰：「箕子，紂之諸父。明於天道，洪範之九疇，德可以王，故以當五。知紂之惡，無可奈何。同姓恩深，不忍棄去，被髮佯狂，以明爲暗。故曰箕子之明夷。」

「之」，吳昌瑩經詞衍釋：「之猶有也。」甲骨卜辭「有」作㞢。戩壽堂所藏殷虛文字四三、九：「子漁㞢（有）從。」殷虛書契菁華：「王固曰：『㞢（有）祟，其有㞢來禧，三至。』九日辛卯。」說文之字作㞢，並云：「出也。象艸過屮，枝莖益大有所之。一者，地也。」屮一，象艸生出於地上。甲骨文有㞢字，金文有㞢字，从止在一上，象足踏地上。易經以之爲有義。如大畜六四：「童牛之牿。」六五：「豶豕之牙。」當訓之爲有。「箕子之明夷」，言箕子有鳴雉。

今譯

六五，箕子獲有鳴雉，有利於占問。

尚（上）六，不明海（晦）❶，初登于天❷，後人（入）于地❸。

注釋

❶「不明海」。「海」假借爲「晦」。說文：「海，天池也，以納百川者。从水每聲。」「晦」，說文：「月盡也。从日每聲。」「海」、「晦」同聲系，古相通。老子：「澹兮其若海。」釋文：「海，本作晦。」是爲證。且「海」、「晦」義同相通。廣雅釋水：「海，晦也。」禮記曲禮下：「雖大曰子。」孔疏：「海者，晦也。」史記張儀傳：「利盡西海。」

張守節正義：「海之爲言晦也。」

「晦」，爾雅釋言：「晦，冥也。」漢書高帝紀上：「是時雷電晦冥。」顏師古注曰：「晦冥，皆謂暗也。」漢書高帝紀上：「晝晦。」師古注：「晦，暗也。」荀子賦：「闇乎天下之晦旨也。」楊倞注：「晦旨言人莫之識也。」「莫之識」即有隱之義。

「明」即鳴。

❷

「初登于天」，周易集解引侯果曰：「初登于天，謂明出地上，下照于坤，坤爲衆國，故曰照于四國也。」「初登于天」言初飛於天空。

今譯

上六，雉不鳴而隱藏，初飛於天空，後入於地（山洞）中。

總釋

本卦主要旨趣是通過狩獵活動來比擬人事。有認爲初九、六二、九三、六四、六五爻辭，均記載箕子獵獲鳴雉之事。箕子是商紂王的叔父，紂暴虐，箕子諫殷紂，紂怒，貶爲奴。論語微子載：「微子去之。箕子爲之奴。比干諫而死。」因而箕子佯狂。戰國策秦策云：「箕子接與漆身爲厲，被髮爲狂。」莊子外物篇曰：「箕子狂。」莊子大宗師釋文引尸子云：「箕子胥余漆體而爲厲，披髮佯狂。」呂氏春秋必已載：「箕子狂。」故殷紂囚箕子，史記殷本紀載：「紂剖比干，箕子懼，乃佯狂爲奴，紂又囚之。」「乃佯狂爲奴」，應理解爲先貶爲奴，繼佯狂，再被囚。武王克商，才釋放箕子。禮記樂記載：「武王克殷反商，釋箕子之囚。」明夷比擬箕子被貶後，猶鳴雉受傷，「垂其左翼」，被貶在途，常常挨餓；猶如鳴雉，傷了左腿，但於生命並無危險，並已脫離險境，故仍吉祥；再猶鳴雉被射傷於南方，但獲得了頭，即保住了生命。六四爻辭則比擬箕子挨餓而打獵充饑，終於射死鳴雉，剖心懸於門庭以食，故六五箕子得有鳴雉。箕子貶而後佯狂，猶雉不鳴而隱藏。初始在朝，官高位隆，如雉在天空飛翔，被貶佯狂，如入地獄。

復　第三十九

䷗ **復❶，亨。出人（入）无疾❷，堋（朋）來无咎❸。反復其道，七日來復❹。利有攸往。**

注釋

❶ 「復」卦名。

「復」，雜卦傳曰：「復，反也。」周易集解引何妥曰：「復者，歸本之名。」釋文：「音服。反也，還也。」朱熹周易本義：「反復之復。」「復」有反復、往復之義。

❷ 「出入无疾」。「入」，帛書周易作「人」。「入」、「人」古通用。說見坎初六「人（入）坎窞，凶」解。「无疾」，無有疾病。

❸ 「堋」假借爲「朋」。說文：「堋，喪葬下土也。从土朋聲。」「堋」、「朋」同聲系，古相通。書益稷：「朋淫於家。」說文土部作「堋淫于家」，爲「堋」、「朋」相假之證。

「堋來」言獲得朋貝，卽賺錢。釋文：「朋京作崩。」釋見蹇九五解。

❹「七日來復」，帛書六十四卦釋文、通行本作「七」。考帛書作「十」，疑沿襲數字卦「十」釋爲「七」。說詳乾卦。

今譯

復，亨通，出門歸來而沒有疾病，賺得朋貝而沒有災患，往返於旅途，七日可往返一次。有所往則利。

初九，不遠復，无提（祇）悔❶，元吉。

注釋

❶「提」假借爲「祇」。說文：「提，挈也。从手是聲。」段玉裁注：「提，杜兮切，十六部。」「祇」，說文：「地祇提出萬物者也。从示氏聲。」段玉裁注曰：「祇，巨支切。地、祇、提三字同在古音第十六部。凡假借必取同部。如周易『无祇悔』，釋文云：『祇，辭也。』馬同，音之是反。此讀祇爲語辭適也。五經文字廣韻作衹者是也。又云：鄭云：『病也。』此讀祇爲底與何人斯同也。又云：王肅作禔，時支反。陸云：『安也。』九家本

作敍字，音支。韓伯祈支反，云：『大也。』音讀皆在第十六部。通志堂刻作『无祇悔』則誤。」「提」、「祇」、「禔」、「敍」古音同屬十六部，音近相通。

「祇」，王弼本、正義本作「祗」，宋人程頤周易程氏傳亦作「祗」，並曰：「祗音柢，抵也。」集解本作「祇」，因此張載橫渠易說採存疑態度，並云：「祗猶承也，受也。一云：祗悔作神祇之祇。祇之爲義，示也，效也，見也，言悔可使亡，不可使成而形也。」然朱熹仍採程說，而沒有作校訂和考證。云：「祗，音其，抵也。」清人經考訂則作祇。阮元校勘記曰：「岳本、閩監毛本同。石經祗作祇。」帛書周易作「提」，爲「祇」之假借，故作「祇」是。

「祇」，周易集解引侯果曰：「祇，大也。」易繫辭下引「无祇悔」韓康伯注：「祇，大也。」

今譯

初九，出行不遠而返回，雖有困厄，但沒有大問題，始便吉祥。

六二，休復❶，〔吉〕。

注釋

❶「休」，爾雅釋詁：「休，美也。」詩，破斧「亦孔之休」毛傳、書大禹謨「戒之用休」孔傳並曰：「休，美也。」「休」，亦「善」也。廣雅釋詁一：「休，善也。」張載橫渠易說：「下比于陽，故樂行其善。」「休」又可訓爲「喜」，廣雅釋詁一：「休，喜也。」國語周語：「爲晉休戚。」韋注：「休，喜也。」於義皆通。「休復」言美滿而返，善始善終而返，欣喜而返。

今譯

六二，美滿而返回，則吉祥。

六三，編（頻）復❶，厲，无咎。

注釋

❶「編」假借爲「頻」。說文：「編，次簡也。从糸扁聲。」段玉裁注：「布玄切，十二部。」

「頻」，漢書司馬相如傳上：「仁頻并閭。」顏師古注曰：「頻字或作賓。」又：「田於海濱。」師古注曰：「濱，涯也。音賓，又音頻。」「頻」、「賓」古通用。「賓」，說文：「所敬也。从貝㝉聲。」段玉裁注：「賓，必鄰切，十二部。」「編」與「賓」古音同屬十二部，則「編」、「賓」古相通，故「編」、「頻」、「賓」相通。

「頻」，釋文：「本又作頻，嚬眉也。鄭作顰，音同。馬云：憂嚬也。」阮元校勘記：「石經、岳本、閩、監、毛本同。釋文：本又作嚬，鄭作顰。按，鄭作顰，呂東萊引作鄭作卑是也。」則「頻」、「顰」、「嚬」古相通。「頻」，王弼周易注：「頻，頻蹙之貌也。」易巽九三：「頻巽。」孔疏：「頻者，頻蹙憂戚之容也。」文選江賦：「江妃含嚬而矊眇。」李注：「嚬蹙憂貌。」文選魯靈光殿賦：「憯嚬蹙而含悴。」李注同。「顰」，說文：「顰，涉水顰蹙。从頻卑聲。」晉書音義下：「顰，蹙憂愁不樂之狀。」頻、嚬、顰音同義同相通之證。「頻」古作「瀕」。說文：「瀕，水厓，人所賓附，顰戚不前而止。从頁从涉。」按，「瀕」字中從巛為水厓。隸變作瀕，或省作頻，又別作濱，別省作賓，轉爲編，人臨水厓，蹙眉而涉，或蹙眉而復，故瀕有水厓之義。蹙眉卽碰上危道或憂愁之事。

今譯

六三，皺着眉頭回來，雖很危險，但已沒有災患。

六四，中行獨復❶。

注釋

❶「中行」，詩行露「厭浥行露」毛傳、詩泉水「女子有行」鄭箋、左傳昭公十三年「以先啓行」杜預注並曰：「行，道也。」象傳：「中行獨復，以從道也。」按，「中行」卽「中道」。

今譯

六四，與人結伴而行，中途獨自回來。

六五，敦復❶，无悔。

注釋

❶「敦」，說文：「怒也，詆也。一曰誰何也。」按，誰何讀爲譙訶，與新書過秦論上陳利兵誰何」義同，意與怒詆相似。文選甘泉賦：「敦圉乎崑崙。」李注：「敦圉，盛怒貌也。」「敦復」，意謂被人怒斥而返。

「敦」亦可訓「考」。象傳曰：「敦復，无悔，中以自考也。」周易集解引侯果曰：「能自考省，動不失中，故曰无悔。」李道平纂疏曰：「復以自知，故曰考；坤身爲自，故曰自考；五位在中，故曰中以自考。」荀子榮辱：「以敦比其事。」彊國：「則常不勝夫敦比于小事者矣。」敦有考省、考察之義。釋文引向秀云：「考，察也。」敦復，意謂考察而後返。

今譯

六五，考察而後返回，則沒有困厄。

尚（上）六，迷復❶，兇。有茲（災）省（眚）❷，用行師，終有大敗。以其國君，凶。至十年弗克正（征）❸。

注釋

❶「迷」，迷失道路。說詳坤卦辭「先迷後得主」解。「迷復」，意謂迷失道路而返。

❷「茲」假借爲「災」。說詳无妄六三「邑人之茲（災）」。「省」假借爲「眚」。說詳訟九二「無省（眚）」。

❸「至十年弗克征」，通行本作「至于十年不克征」。雖帛書周易無「于」字，「不」作「弗」，其義同無歧異。周易集解引何妥曰：「理國之道，須進善納諫，迷而不復，安可牧民，以此行師，必敗績矣。敗乃思復，失道已遠，雖復十年乃征无所克矣。」「克」，能也。意謂至於十年不能征伐。

今譯

上六，迷失道路而返回，結果則凶，且有災禍，行師出征，必有大敗。是因其國君的緣故，而遭致禍殃，至於十年還不能出師征伐。

總釋

本卦通過外出返回的各種不同動作，表情以及心理狀態，反映人事的種種。卦辭從總體上說明：㈠出門或歸來都不生病；㈡賺了錢財而沒有災患；㈢往返的時間不要太長。有此三條，則有所往便吉利。這大概是人們無數次出門而總結出來的經驗之談。如果出門生病，人地生疏，得不到治療休養，往往病歿在旅途。即使生還，也必破財而返。然旅途的勞累，寒暑的無常，亦往往容易生病，所以得到人們的重視。賺了錢在旅途，可能招惹人的注意，起人圖財害命之心，故賺了錢而沒有災患，亦是人們所祈求的。總之，一次出門不要半年幾年，時間短，以免出問題或家人牽腸掛肚，是最好的。接着講了「不遠復」、「休復」、「頻復」、「中行獨復」、「敦復」、「迷復」等六種情況。六二和六五的美滿而返和考察而後返，都是始終吉利的；行不遠而返和皺眉而返，雖都遇到困厄和危險，但終於化凶逢吉，結果或無災患或吉利；迷復則凶。此三種結果，即吉，雖廣無咎、凶（正、合、反），基本上概括了世事的後果。六爻中唯六四「中行獨復」無斷占之辭。且語句與其他五爻不諧，故有人主張「中行」是官名。清于鬯在香草校書中曰：「此中行疑是官名，蓋與泰夬兩卦言中行者不同，而與益卦之兩言中行者同。……春秋時有中行以官為氏，彼出晉於中軍之外，復增置中行以禦狄（見左僖二十八年傳），不足以說易。然益卦曰：『中行告公用圭。』又曰：『中行告公從。』苟非官名，何云告公？蓋古出使之臣名曰中行，與晉之中行本不同，故彼言用圭，而此言獨復，圭者出使之臣所執，復者出使而還返也。屯卦三爻云：『即鹿无虞。』虞，官名也。大畜卦三爻云：『曰閑輿衞。』輿衞，官名也。是爻辭有出官名之例矣。」可為參考。

登（升）第四十

☷☴ 登（升）❶，元亨。利見大人❷，勿血（恤）❸。南正（征）❹，吉。

注釋

❶「升」，卦名。

「登」假借爲「升」，說詳同人：「登（升）其高陵」。「登」、「升」皆由下而上之意。歸藏曰稱。書牧誓：「稱爾戈。」注：「稱，舉也。」又謈人曰稱揚。升者，升而上，舉者，亦揚之使上，故歸藏曰「稱」，周易曰「升」，其義並同。

「升」，序卦傳曰：「聚而上者謂之升。」彖傳曰：「柔以時升。」有上升之義。周易集解引鄭玄曰：「升，上也。」釋文：「鄭本作昇，馬云：『高也。』」列子黃帝：「俱升高臺。」釋文：「升，登也。」則有升高，登高之義。

❷「利見大人」，通行本作「用見大人」。釋文曰：「用見，本或作利見。」阮元校勘記：

❸「石經、岳本、閩、監、毛本同。釋文：本或作利見。」當從帛書周易。「勿血」，「血」假借為「恤」。說文：「恤，憂也，收也。从心血聲。」「血」、「恤」同聲系，古通用。易小畜六四：「有孚，血去惕出。」釋文：「馬云：『當作恤，憂也。』」是「血」、「恤」古相通之證。且「血」、「恤」義同。大戴禮記少問：「血者猶血。」注：「血，憂色也。」太玄經：「有女承其血匡。」注：「血，憂也。」「恤」，書大誥：「不卬自恤。」孔疏：「恤，憂也。」禮記表記：「遑恤我後。」鄭注：「恤，憂也。」「血」、「恤」皆有憂義。

❹「正」與「征」通。征，征伐也。

今譯

升，開始舉行享祭，宜於見大人，不必憂慮。向南征伐則吉祥。

初六，允登（升）❶，大吉。

注釋

❶ 允登（升），漢上易傳引施讎本「允」作「𡕝」。考金文虢季子白盤𡕝作𡕝，兮甲盤作𡕝。𠦍，古卉字，从𠬞，下象其根。𡕝爲艸木生長上進，故說文：「𡕝，進也。从夲，从屮，允聲。易曰：『𡕝升大吉。』」按，允借爲𡕝，進也。

于省吾易經新證：「允者，信然之辭。甲骨卜辭與事實相符每言允。殷虛書契精華二頁：『王固曰：其㞢（有）來嬉（艱），三至九日辛卯，允㞢來嬉。』殷虛書契前編卷六，五十五頁：『翌癸亥其雨，癸亥允雨。』此例習見。然則允升者，信乎其升也。」于說亦通。

今譯

初六，進而登高，則大吉。

九二，復（孚）乃利用濯（禴）❶，无咎。

注釋

❶「復」假借爲「孚」。說詳訟卦辭「有復（孚）」。此爻「孚」，疑爲俘。甲骨文作𠈃，彳象道路，孚象用手抓人，即用手抓來的俘虜。說文：「俘，軍所獲也。」金文中俘作孚。

「濯」假借爲「禴」。說詳既濟「東鄰殺牛以祭，不若西鄰之濯（禴）祭」。「禴」或作「礿」。說文：「礿，春祭也。」爾雅釋天：「夏祭曰礿。」周禮大宗伯：「以禴夏享先王。」禴祭爲薄祭，並非不可用牲。卜辭中用俘虜作犧牲的記錄：「甲寅卜貞三，卜用血，三羊，册，伐廿，鬯卅，牢卅，𠬝二，×于妣庚。」（殷虛書契前編八、一二、六）「癸未卜御妣庚，伐廿，鬯卅，卅牢，𠬝三，三×。」（殷虛書契前編四、八、二）𠬝爲[illegible]，與古孚字意同。郭沫若認爲，𠬝與牢鬯之數同列，自爲人牲無疑。在當時俘虜被大量殺戮的情況下，如「八日辛亥，允戈伐二千六百五十六人」（殷虛書契後編末片），用俘禴祭，恐被認爲是薄祭了。

今譯

九二，以俘虜為牲，則利於禴祭，沒有災患。

〔九三〕，**登**（升）**虛邑**❶。

注釋

❶「虛邑」，釋文：「虛，馬云：『丘也。』」說文：「虛，大丘也。从丘，虍聲。」虛，一爲空虛之意。王弼周易注：「故若升虛邑也。」孔穎達周易正義：「若升空虛之邑也。」釋文：「虛，空也。」一爲丘。尙秉和周易尙氏學曰：「左傳僖二十八年：『晉侯登有莘之虛』。詩衞風：『升彼虛矣。』虛者，高丘。巽爲高，故曰虛。坤爲邑。升虛邑者，言升邑之高處也。」兩說均可通。

今譯

九三，登上邑的高丘。

六四，〔王用亨于岐山❶，吉〕无咎。

注釋

❶「王用亨于岐山」，周易集解引崔憬曰：「此象太王爲狄所逼，徙岐山之下，一年成邑，二年成都，三年五倍其初，通而王矣。」太王卽古公亶父。指太王避狄難，而徙居岐山。王弼周易注曰：「岐山之會，順事之情，无不納也。」舊注及孔穎達疏都以爲「文王岐山

之會」，然「岐山之會」，故無記載，疑爲太王遷岐山而四方之民來從之事。史記周本紀曰：「古公亶父復修后稷、公劉之業，積德行義，國人皆戴之。薰育、戎狄攻之，欲得財物，予之。已復攻，欲得地與民，民皆怒，欲戰。古公曰：『有民立君，將以利之，今戎狄所爲攻戰，以吾地與民。民之在我，與其在彼何異？民欲以我故戰，殺人父子而君之，予不忍爲。』久與私屬遂去豳。度漆沮，踰梁山，止於岐下。豳人舉國扶老攜弱，盡復歸古公於岐下。及他旁國，聞古公仁，亦多歸之。於是古公乃貶我狄之俗，而營築城廓、室屋而邑別居之，作五官有司。民皆歌樂之，頌其德。」按，此文王乃泛指周王。亨卽享，祭也。岐山，裴駰集解引徐廣曰：「岐山在扶風美陽西北，其南有周原。」卽今陝西岐山縣東北。

今譯

六四，周王享祭於岐山，吉祥，無災患。

六五，貞吉，登（升）階❶。

注釋

❶「升階」。「登」「升」通假。階亦作堦。李道平纂疏曰：「古者土階，故坤土爲階。虞繫上注云：『坤爲階。』是也。」禮記少儀：「不得階主。」鄭注：「階，上進者。」漢書匡衡傳曰：「但以無階朝廷。」顏師古注：「階，謂升次也。」釋名釋宮室曰：「階，梯也，如梯之有等差也。」按，「升階」即依次步步上進。

今譯

六五，卜問則吉祥，依次步步上進。

尚（上）六，冥登（升）❶，利于不息之貞❷。

注釋

❶「冥升」。「登」與「升」通假。釋文：「冥，闇昧之義也。又云：日冥也。」日冥即夜也。周易集解引荀爽曰：「坤性暗昧，今升在上，故曰冥升也。」冥升，言夜間仍求上進。

❷「息」，詩葛生「誰與獨息」毛傳、民勞「汔可小息」毛傳並曰：「息，止也。」廣雅釋言：「息，休也。」禮記樂記：「著不息者天也。」鄭注：「息猶休止也。」樂記：「息

焉遊焉。」鄭注：「息謂作勞休止於之息。」

今譯

上六，夜晚仍求上進，占問則有利於不休止地前進。

總釋

本卦主旨是說明登升和上進的不同情況。如「允升」、「升虛邑」、「升階」、「冥升」等，進而登高、登上邑的高丘，依次步步上進，夜晚仍求上進，這種由下遞次上升，易經作者認爲是吉利的，故升卦沒有出現凶象。筮得此卦，無論是見大人，還是征伐，都是好的。六四雖講「王用亨于岐山」，但周族到岐山後，有了很大的上進和發展，因而亦爲吉利。

奪（兌）第四十一

䷹ **奪（兌），亨❶，小利貞❷。**

注釋

❶「兌」，卦名。

「奪」假借爲「兌」。「奪」古作「敓」。說文曰：「奪，手持隹失之也。从又从奞。」又：「敓，彊取也。周書曰：『敓攘矯虔。』从攴兌聲。」書呂刑：「奪攘矯虔。」說文引作「敓攘」。按，敓古奪字，兌爲敓之省文。故「奪」、「敓」、「兌」古相通假。且唐韻、集韻、韻會、正韻：「奪，徒活切。」音敓。古音屬曷韻。「兌」，集韻：「徒活切。」音奪。古音亦屬曷韻。「奪」、「兌」古音同而通。

「兌」，序卦傳：「兌者，說也。」說卦傳、彖傳同。說文：「兌，說也。从儿台聲。」釋名釋天：「兌，說也。物得備足皆喜悅也。」荀子脩身：「佞兌而不曲。」楊倞注：「兌，悅也。」兌，喜悅也。說文解字段注：「說者，今之悅字。」韻會：「悅，或作說，亦作兌。」故「兌」、「說」、「悅」古通用，皆爲喜悅之意。

❷「小利貞」，通行本無「小」字。今從帛書周易。說文：「小，物之微也。从八從丨，見而分之。」「小利貞」，言小有利之占問。

今譯

兌，享祭，小有利於卜問。

初九，休奪（兌）吉❶。

注釋

❶「休奪」，通行本作「和兌」。集韻：「烋，美也，和也，善也。通作休。」韻會：「休，美善也。」廣雅釋詁一：「休，喜也。」廣韻：「和，順也，諧也。」荀子富國：「合歡謂之和。」楊倞注：「和，謂和氣也。」和有和善、和氣之義，故休、和義同。

今譯

初九，和善而喜悅則吉祥。

九二，諄（孚）吉❶，悔亡。

注釋

❶「諄」，通行本作「孚」，馬王堆漢墓帛書整理小組馬王堆帛書六十四卦釋文作「䛐」。考帛書周易爲「諄」，左偏旁「言」下部口不作屮，顯然非「虫」字，故不從帛書整理小組之釋文。「諄」，从言孚聲，與「孚」同聲系，古相通。「諄」亦讀爲「孚」；信也，誠也。說詳訟卦辭「有孚」。

「諄吉」，漢石經、唐石經、王弼本、周易集解本、周易本義本均作「孚兌吉」。且初九「休兌」、六三「來兌」、九四「商兌」、上六「景兌」、九二「孚吉」似應作「孚兌，吉」。帛書抄寫時脫一「兌」字。

今譯

九二，誠信而喜悅，則吉祥，沒有悔恨之事。

九〈六〉三，來奪（兌）❶，兇。

注釋

❶「來」，古文作「徠」。漢書景武昭宣元成功臣表：「徐方既來。」顏注：「徠，古來字。」漢書武帝紀：「氐、羌徠服。」顏注：「徠，古往來之字也。」「來」，說文：「周所受瑞麥，來麰一來二縫，象芒朿之形。天所來也，故爲行來之來。詩曰：『詒我來麰。』凡來之屬皆从來。」詩采微：「我行不來。」毛傳：「來，至也。」爾雅釋詁：「來，至也。」今人猶常言招徠。故來者，至也。「來兌」，意謂招徠的喜悅，非正常或從正道得來的喜悅。

今譯

六三，非正道得來的喜悅，結果凶。

九四，章（商）❶奪（兌）未寧❷，〔介〕疾有喜❸。

注釋

❶「章」假借爲「商」。「章」，說文：「樂竟爲一章。从音从十。十，數之終也。」廣韻、集韻、韻會：「諸良切。」音彰。古音屬陽韻。「商」，說文：「从外知內也。从冏章省聲。」唐韻：「式陽切。」集韻、韻會、正韻：「尸羊切。」音觴。「章」、「商」古音同屬陽韻。匡謬正俗七：「商字舊有章音。」音同相通。漢書律曆志上：「商之爲言章也。」風俗通聲音引劉歆鐘律書：「商者，章也。物成熟可章度也。」爾雅釋樂：「商謂之敏。」劉歆注：「商者，章也。」爲「商」「章」古相通用之證。「商」，禮記曲禮下：「稾魚曰商祭。」鄭注：「商猶量也。」王弼周易注：「商，商量裁制之謂也。」釋文：「商，商量也。鄭云：『隱度也。』」廣雅釋詁一：「商，度也。」

漢書趙充國傳：「虜必商軍進退稍引去。」顏師古注：「商，計度也。」商卽商量、計度之意。

❸「未寧」，說文：「寧，愿詞也。从丂寍聲。」尚書大禹謨：「萬國咸寧。」釋文：「寧，安也。」左傳僖公五年：「懷德惟寧。」孔疏：「寧，安也。」左傳定公五年：「及安。」杜預注：「安，安定也。」故寧爲安定、安寧之意。

❸介，王弼周易注：「介，隔也。」釋文：「隔也。馬云：大也。」意謂間隔病害或大病。周易集解纂疏李道平曰：「介，纖也。……纖小之疾，勿藥有喜。」尚秉和周易尚氏學曰：「介，助也。詩『以介眉壽』是也。介疾有喜，言助疾使愈。」其說齊陳。按，「介」疑借爲「疥」。豫六二：「介于石。」帛書周易作「疥于石」。「介」、「疥」古相通用。「疥」，廣雅釋詁一：「病也。」釋名釋疾病：「疥，齘也。癢搔之齒類齘也。」癬疥病，癢甚而搔，故許愼訓疥爲搔。

今譯

九四，有計度而喜悅，雖還不能安寧，但癬疥之疾將痊癒。

九〔五，孚〕于〔剝❶，有厲〕。

注釋

❶「孚」，誠信也。「剝」，說文：「裂也。从刀从彔。彔，刻割也。彔亦聲。」廣雅釋詁三：「剝，落也。」廣韻：「剝，落也、割也，傷害也。」按，剝，剝落、削割之義。

今譯

九五，對削割者講誠信，則有危險。

尚（上）六，景奪（兌）❶。

注釋

❶「景」，一切經音義八曰：「景，葛洪字苑加彡，作影。」校官碑：「聆聲景附。」老子銘：「舍景匿形。」侯成碑：「惟想邢景。」影皆作景。古影作景。文選七啓：「忽躡景而輕騖。」李善注：「景，日景也。」後漢書列女傳李賢注：「影響，言順從也。」「影」，引伸爲順從引導之義。

「景」，通行本作「引」。說文：「引，開弓也。从弓｜。」詩行葦：「以引以翼。」鄭箋：「在前日引。」廣雅釋詁三：「引，道也。」素問血氣形志篇：「治之以熨引。」注：「引謂導引。」故景、引義亦相近。「景兌」，言得人引導而喜悅。

今譯

上六，得人引導而喜悅。

總釋

本卦主旨是講引起喜悅的各種不同原因，而判斷其吉凶。初九和善而有喜悅，而不是疾惡而有喜悅（如紂王），則結果吉祥。九二「孚兌」，有誠信而有喜悅，而不是欺騙而有喜悅，因而沒有悔恨，結果吉祥。九四「商兌」，有計度而有喜悅，而不是用陰謀而有喜悅，雖不能安寧，結果是有利的。上六「景兌」，得人引導而喜悅，免入歧途，雖無斷占之辭，亦爲吉利之象。反之六三「來兌」，即招徠的喜悅，而不是從正道或應該得到的喜悅，則有禍殃。因此，人們得到喜悅要正道，這裏便有一個道德價值的問題。人們在其行爲實踐的過程中，或喜或悲，是一種行爲的結果，這種行爲如果是符合道德的，那便是道德行爲，若是不道德的行爲，雖帶來喜悅，亦是不道德的行爲。所以，道德價值判斷，對於創制者來說，則是沒有吉利的。

夬 第四十二

䷪

夬❶，陽（揚）于王廷❷。復（孚）號有厲❸。告自邑❹，不利節（卽）戎❺。利有攸往。

注釋

❶「夬」，卦名。

「夬」，序卦傳曰：「益而不已必決，故受之以夬。夬者，決也。」彖傳、雜卦傳皆訓「夬」爲「決」。釋文：「夬，快也。」阮元周易注疏校勘記：「閩、監本同。宋本、盧本快作決。案，決字是也。」周易集解引鄭玄曰：「夬，決也。」王弼周易注：「夬以剛決柔，如剝之消剛。」「夬」有決去、決斷之義。葉適習學記言序目曰：「世謂能斷爲決，果敢爲決；又謂多疑少決，遲疑猶豫不決；又謂決者成，不決者敗。決者，智遇之分，利害禍福之塗也。」按，夬，其義爲決，謂剛能決斷柔。尚秉和周易尚氏學曰：「歸藏以夬爲規。規，圜也。夬重乾。乾圜，故爲規。玦亦圜，然上缺，是周易取象與歸藏同而更切也。……夬者，決也；決者，絕也。陽決陰也。」按：夬、規義近。

❷「陽于王廷」。「陽」假借爲「揚」。說文：「陽，高明也。从𨸏昜聲。」揚，說文：「飛舉也，从手昜聲。」禮記玉藻：「盛氣顛實揚休。」孔疏：「揚，陽也。」「陽」、「揚」同聲系，且義同，古相通。詩野有蔓草：「清揚婉兮。」說苑尊賢作「清陽婉兮」。詩正月：「燎之方揚。」漢書谷永傳作「燎之方陽」。爲「陽」、「揚」古通用之證。「揚」，書泰誓中：「我武惟揚。」孔傳：「揚，舉也。」儀禮燕禮「媵觚于賓」鄭注、禮記明堂位「各揚其職」鄭注、史記樂書「絃歌干揚」張守節正義並曰：「揚，舉也。」廣雅釋詁一、小爾雅廣言同。

「廷」，通行本作「庭」。「廷」「庭」古相通。說詳艮卦辭「行其廷」。

❸「復（孚）號有厲」。「復」假借爲「孚」，卽俘字，俘獲。

❹「邑」，說詳訟九二「其邑人三百戶」。

❺「不利節（卽）戎」。「節」假借爲「卽」。說文：「節，竹約也。从竹卽聲。」「節」、「卽」同聲系，古相通。大戴禮記保傅：「進退節度無禮。」注：「節度或爲卽席。」「卽」，易訟九四：「復卽命諭。」孔疏：「卽，就也。」又曰：「卽，從也。」屯六三：「卽鹿无虞。」象傳曰：「卽鹿无虞，以從禽也。」以「從」訓「卽」。卽戎今猶謂從軍。論語子路：「善人教民七年，亦可以卽戎矣。」士卒入伍出征謂卽戎。

今譯

夬，有人被擧用於朝廷。獲得的俘虜呼號，則有危險。有邑人來告，不利於發兵出征，利於有所往。

初九，牀（壯）于前止（趾）❶，往不勝，爲咎。

注釋

❶「牀」假借爲「壯」，古通用。說詳明夷六二「用拯馬牀（壯）吉」。壯，傷也。「止」與「趾」古通用。釋文：「前趾，荀作止。」說文有止無趾。止即足之象形，說詳大壯初九「壯于止（趾）」。于鬯香草校書：「此趾當謂獸趾，惟獸趾有前後。言前趾，別于後趾也。若人之趾無所謂前後，則但言壯于趾可矣，何必云前趾乎。孔義解前趾爲前進其趾，則壯于之義不可通。」于說是也。

今譯

初九，野獸雖被射傷前趾，但前往不能獵獲，則有災患。

九二，偒（愓）號❶，夢（莫）夜有戎❷，勿血（恤）❸。

注釋

❶「偒」假借爲「愓」。說文：「偒，輕也。从人易聲。一曰：交偒。」「愓」，說文：「敬也。从心易聲。」「偒」、「愓」同聲系，古相通。「愓」，釋文：「荀、翟作錫。云：『賜也。』」說文：「錫，銀鉛之閒也。从金易聲。」則「偒」、「愓」、「錫」，同聲系，古通用。「愓」，左傳襄公二十二年「無日不愓」杜預注、國語周語「是以爲之日愓」韋昭注並曰：「愓，懼也。」廣雅釋詁二：「愓，懼也。」國語周語：「夫見亂而不愓，所殘必多。」韋注：「愓，愓然恐懼也。」周易集解引虞翻曰：「愓，懼也。」「愓號」，言恐懼而呼號。

❷「⿱莫夕夜有戎」。「⿱莫夕」，通行本作「莫」。說文：「𦱤，日且冥也。从日在茻中。隸變作莫，俗作暮。」詩臣工：「維莫之春。」孔疏：「古暮字作莫。」釋文：「莫本或作暮。」詩采薇：「歲亦莫止。」孔疏：「集本、定本暮作莫，古字通用也。」「暮」，廣雅釋詁四：「夜也。」詩東方未明：「不夙則莫。」毛傳：「莫，晚也。」「暮」，爲日且冥，日在茻中，即日落草叢之中，夜晚來臨，故訓暮爲夜爲晚。帛書周易作「⿱莫夕」，从夕莫聲。「夕」，說文：「莫也，从月半見。」周禮宮正：「夕擊柝而比之。」鄭注：「夕，莫也。」禮記文王世子：「朝夕」。釋文：「暮曰夕。」故「⿱莫夕」與「暮」義同而通。「暮」，从日莫聲，亦屬同聲系。「⿱莫夕夜有戎」，言暮夜之中有寇兵至也。

❸「勿血（恤）」。「血」假借爲「恤」。說詳升卦辭「勿血（恤）」。

今譯

九二，恐懼而呼號，夜晚有寇兵到來，然亦不用憂愁。

〔九〕三，牀（壯）于頯（頄）❶，有凶。君子缺（夬）缺（夬）獨行❷，愚（遇）雨如濡❸，有溫（慍）❹，无咎。

注釋

❶「牀于頯」。「牀」假借爲「壯」，傷也。「頄」爲「頯」之異體字。釋文：「鄭作頯，頯，夾面也。蜀才作仇。」阮元校勘記：「石經、岳本、閩、監、毛本同。釋文：頄，鄭作頯，蜀才作仇。」說文：「頄，權也。從頁炙聲。」王弼周易注：「頄，面權也。」釋文：「頄，顴也。翟云：『面觀，頯間骨也。』」「權」爲「顴」之借字，「面權」即臉部之顴骨。「頄」、「頯」義同，古相通。帛書周易與鄭玄「頄」作「頯」合。「仇」則爲借字。「壯于頯」，言面顴部受傷。於義通。

然周易取物，自下而上。如艮卦。考夬卦初九：「壯于前趾。」九四：「脤（臀）无膚。」因此，有人對鄭釋九二「壯于頄」之「頄」爲夾面，翟釋爲面顴頰間骨和王弼釋爲面權有疑。于鬯香草校書曰：「壯于頄，頄，蓋當讀爲厹。說文厹部云：『厹，獸足蹂地也。』是頄亦指獸言。頂與趾正相對。趾爲前趾，則頄爲後足矣。內卦初爻爲前，三爻爲後，故前趾繫於初爻，後趾繫於三爻也。而釋頄爲面權，則指人言而不指獸言，以例前趾二字，不可解矣。」如以「頄」如以「頂」釋爲面顴，則超過臀矣。所以章太炎詁經精舍課藝曰：「鄭本作頯（按，帛書周易亦作頯），爲最古。說文：『頯，从𢍰聲。』此當借爲⿰足𢍰。⿰足𢍰亦从𢍰聲，云：『脛肉也，一曰：曲脛也。讀若逵。』⿰足𢍰又同𢍰。說文云：『持弩柎也。讀若逵。』廣雅釋器亦云：『⿰足𢍰，柎也。』柎者，人足，器足之通稱。故⿰足𢍰、𢍰聲誼通。

初九，壯于前趾。虞云：夬變大壯，大壯，震爲趾，此本說卦所云：震爲足也。足者，自脛至趾之通稱也。然則九三亦取夬變大壯，震爲足，故云：『壯于跰也。』初趾，三跰、四尻，自下而上也。且本爻下文：獨行，遇雨。亦取象于大壯，震爲行，則頯非跰而何？又夬與履爲兩象。易履六三云：『跛能履。』正與此九三言跰同。跰訓曲脛，卽跛也。又於消息，夬爲辰，月辟卦。九三爻辰又屬辰上直壽星角亢。天文志云：『大角，兩旁各有三星，鼎足句之，曰攝提。』晉灼曰：如鼎足之句曲也。此尤與曲脛相符合。又九三爲艮爻，虞氏逸象云：艮爲腓。腓卽脛也，又與上六兌相應。九三變則爲純兌。說卦云：『兌爲毀折。』逸象云：『兌爲刑人。』虞注：兌，折震足，爲見刑斷足者，亦與曲脛相類也。又夬與剝旁通，剝之剝牀以足，剝牀以辨，焦氏謂牀卽壯。彼音壯者，爲足采足上物也，則此言壯者，亦必爲足上物，故一言前趾，再言跰也，其必不讀本字明矣。」章說是也。鄭、翟、王皆以「頯」爲面權或面顴，則未顧初九稱前趾，九四稱臀，九三「壯于頯」在其間，應是趾上臀下之脛部，而不應爲「面權」，才符合周易之原意。故「壯于頯」，則言腿肚部受傷。

❷ 「缺（夬）缺（夬）獨行」。說文：「缺，器破也。从缶決省聲。」「夬」，說文：「叏，分決也。从又夬，象決形。」序卦傳、彖傳、雜卦傳皆訓「夬」爲「決也」。「夬」、「決」義同古通用。「夬」，段玉裁注：「古賣切，十五部。」「缺」，段玉裁注：各本作決省聲。今正作夬聲，傾雪切，十五部。」「夬」、「缺」古音同屬十五部夬聲，音同古相通。

「夬」借爲「決」。莊子齊物論：「麋鹿見之決驟。」釋文引崔注：「疾走不顧爲決。」莊子逍遙游：「我決起而飛搶榆枋。」釋文引李注：「決，疾貌。」「夬夬獨行」猶言疾走獨行。

❸ 「愚（遇）雨如濡」。「愚」假借爲「遇」。說詳小過六二「愚（遇）其妣」「愚（遇）其僕」。

「如濡」，通行本作「若濡」。王引之經傳釋詞曰：「廣雅曰：『如，若也。』常語。」又曰：「考工記梓人注曰：『若，如也。』常語。」「如」、「若」義同古相通。濡，濕也。

❹ 「有溫（慍）」。「溫」假借爲「慍」。說文：「溫，水出犍爲涪南，入黔水。从水𥁕聲。」「慍」，說文：「怒也。从心𥁕聲。」「溫」、「慍」同聲系，古相通。

「慍」，論語學而：「人不知而不慍。」鄭注：「慍，怨也。」史記吳王濞傳「吳王慍曰」張守節正義：「慍，怨也。」釋文：「慍，恨也。」一切經音義十九引蒼頡：「慍，恨也。」怨恨卽有不愉快之事，故周易集解引荀爽曰：「雖爲陰所濡，能慍不說。」不說卽不悅。洪頤煊經義叢鈔曰：「慍當作縕。禮記玉藻『縕爲袍』鄭注：縕謂今纊及舊絮也。言遇雨若濡，有縕絮可以禦溫，故无咎。既濟『繻有衣袽』王注：『繻宜曰濡，衣袽所以塞舟漏也。』袽以塞舟漏，縕以遇雨，其義同也。」洪說亦可通。

今譯

九三，腿肚子受傷，是凶的象徵。君子外出，疾速獨行，途中遇雨，淋濕衣服，雖有怨恨，但無災患。

九四，脤（臀）无膚❶，其行鄭（次）胥（且）❷，牽羊悔亡❸，聞言不信❹。

注釋

❶「脤」假借爲「臀」。莊子德充符：「闉跂支離无脤。」釋文引簡文云：「脤，臀也。」又云：「脤音脣。崔云：『脤脣同。』」莊子集解德充符引成云：「脤，脣也。」周禮考工記㮚氏：「其臀一寸。」鄭注：「故書臀作脣。」則「脤」、「臀」、「脣」義同相通。「臀」，說文作𡱂。國語周語：「故名之曰黑臀。」韋注：「臀，尻也。」即今人體後面兩股上端和腰相聯接的部份，亦指兩屁股。「膚」，論語顏淵：「膚受之愬。」皇疏：「膚者人肉皮上之薄綿也。」廣雅釋器：「膚，肉也。」按，膚，爲皮肉。「臀无膚」，言人瘦弱而屁股無肉也。

❷ 其行郪（次）胥（且）」。釋文：「次，本亦作趑，或作䟅，說文及鄭作趀。馬云：『卻行不前也。』說文『倉卒也。』」「郪」，集韻、韻會：「千咨切。」音雌。古音屬支韻。「次」，集韻：「資四切。」音恣。又集韻、正韻：「津私切。」音咨。古音屬支韻。「郪」、「次」古音同屬支韻，音近相通。「郪」、「次」、「趑」、「䟅」、「趀」音近相通。「且」，釋文：「本亦作趄，或作跙，同七餘反。」「且」、「趄」、「跙」皆取且得聲，音同古相通。「胥」 廣韻：「相居切。」集韻：「新於切。」音湑。古音屬魚韻。「且」，集韻、韻會、正韻：「子余切。」音疽。古音屬魚韻。「胥」、「且」，古音同屬魚韻，音近相通。

「次且」可作「趑趄」，「䟅跙」亦可作「郪胥」。釋文引王肅云：「趑趄，行止之礙也。」說文：「趑趄，行不進也。」

❸ 「牽羊悔亡」。說文：「羊，祥也。」古人以羊爲吉祥之物。言「臀无膚」之人，瘠弱而無力行走，然得羊，便可充饑，則悔亡。

❹ 「聞言不信」，聞一多周易義證類纂曰：「史記補龜策列傳曰：『命曰：首仰足肣，有內無外，……行者聞言不行，來者不來，聞盜不來，聞言不至，徒官聞言不徒，……歲中有兵，聞言不開。』易：『聞言不信。』當卽此類。夬九四王注曰：『剛亢不能納言。』以言爲忠言。困正義：『巧言飾（今作能，此依毛本）辭，人所不信。』又以言爲讒言，殆不然矣。」「聞言」，聽人之忠言。

今譯

九四，屁股沒有肌肉，行動艱難不進，但獲得羊，便可無用厄，聽到人的忠告而不相信。

九五，莧勲（陸）**缺**（夬）**缺**（夬）❶**中行**❷**，无咎。**

注釋

❶莧勲（陸），歷來釋此二字，莫衷一是。周易集解引荀爽曰：「莧者，葉柔而根堅，且赤，以言陰在上六也。陸亦取葉柔根堅也。去陰遠，故言陸，言差堅于莧，莧根小，陸根大。」又引虞翻曰：「莧，說也。莧讀『夫子莧爾而笑』之『莧』。陸，和睦也。……舊讀言莧陸，字之誤也。馬君荀氏，皆從俗言莧陸，非也。」釋文曰：「莧，一本作莞。馬、鄭云：『莧陸，商陸也。』宋衷云：莧，莧菜也。陸當睦也。蜀才作睦睦。」荀氏、宋氏皆以莧爲菜之類，爾雅釋草郭璞注曰：「今莧菜之有赤莖者。」取根堅且赤之義。釋草：「遂薚馬尾。」郭注：「關西呼爲薚，江東呼爲當陸，卽商陸也。」陸亦取上葉柔根堅之義。此其一。其二，虞翻以莧爲說。論語：「莞爾而笑。」釋文：「莞作莧。」何晏注：「莞爾，

小笑貌。」「陸」，虞、蜀才均作睦。宋人基本上沿此二說。程頤周易程氏傳曰：「莧陸，今所謂馬齒莧是也。」朱熹同程說。淸人則引孟喜之說，認爲是獸名。王夫之周易稗疏曰：「莧字當从从，而不从艸。音胡官反。山羊細角者。」王說是也。若依鄭、荀、宋，則如何「夬夬」？說文：「萈，山羊細角者。从兎足，苜聲。讀若丸。寬字从此。」說文繫傳：「本草注：萈羊似麢羊，角有文，俗作羱。」爾雅釋獸：「羱如羊。」郭注：「羱羊似吳羊而大角，角橢，出西方。」按，萈卽萈羊。「莧」、「萈」形近而譌。

「陸」，馬王堆漢墓帛書整理小組馬王堆帛書六十四卦釋文作「勲」。考帛書周易作「䞶」。「陸」、「勲」均借爲睦。文選郭璞賦：「夔牴翹踛於夕陽。」李善注：「踛，跳也。」莊子馬蹄：「翹尾而陸。」司馬注：「陸，跳也。」文選江賦注引作「翹尾而踛」，謂山羊跳躍也。

❷「中行」，有釋爲人名。高亨周易古經今注：「中行，人名。」有釋爲道路中間。按，「行」，甲骨文、金文作卝，象四通之路。中行卽道路之中。此句馬王堆漢墓帛書整理小組斷爲「莧陸夬夬，中行」，以中行爲人名。應與九三「君子夬夬獨行」同，而斷爲「莧陸夬夬中行」爲是。

今譯

九五，細角山羊疾速跳馳於道路之中，無災患。

尚（上）六，无號❶，冬（終）有凶❷。

注釋

❶「无號」，周易集解引虞翻曰：「應在于三，三動時體巽，巽爲號令。」朱熹周易本義：「陰柔小人，居窮極之時，黨類已盡，无所號呼。」于鬯香草校書：「此言无號，謂號令不能出也。惟人君有號令，號令至於不能出，則是君而不君。然則上爻以獨陰而據五爻之上，其位雖尊，其勢已替，其殆亡國君之象乎！」按，「无號」，謂君之號令無人聽從，不能行於國，謂之「无號」；猶有法而無人遵守，謂之無法。

❷「冬」假借於「終」。說詳訟初六「冬（終）凶」。

今譯

上六，國家號令而無人聽從，結果有禍殃。

總釋

本卦卦名為「夬」，爻辭中有「君子夬夬獨行」和「莧陸夬夬中行」兩處，其義均有疾走之貌。夬，決也。決，疾也。夬取決義。通過「夬」的不同事物，隱喻人事的吉凶。君子疾速獨行，途中遇雨，淋濕衣服，喻人事雖有不愉快的事發生，但無災患。另山羊疾速跳馳在道路之中，乃自由歡快之象，亦無災患，喻人遇歡樂之事。同時本卦以「號」來說明不同事例。卦辭：「孚號。」九二：「惕號。」上六：「无號。」卦辭、九二號訓呼號，上六可釋為號令。俘虜呼號，則乃被俘之國侵入俘之國，有危險的事發生，俘虜呼號以響應侵入。「惕號」，恐懼而呼號，乃夜晚遭寇兵之突襲，無所防備而恐懼。但由於主將的鎮靜和勇敢，自能化危為安，故不用憂慮。同為「號」，其引起「號」的原因和結果，均有差異。易經編纂者從同中求異，異中求同，表示人類思維，特別是抽象思維水平的發展，則有益於人類理論思維的提高。

卒（萃） 第四十三

䷬ 卒（萃）❶，王叚（假）于（有）廟❷，利見大人，亨，利貞。用大生（牲）❸，吉，利有攸往。

注釋

❶「萃」，卦名。

「卒」假借於「萃」。說文：「萃，艸皃（貌）。从艸卒聲。」「卒」、「萃」同聲系，古相通。爾雅釋詁：「卒，終也。」孫注：「卒，病之終也。」即病終之義。荀子富國：「勞苦頓萃而愈無功。」楊倞注：「萃與顇同。」荀子禮論「說豫娩澤憂戚萃惡」楊注、荀子子道「勞若彫萃而能無失其敬」楊注並曰：「萃與顇同。」爾雅釋詁：「顇，病也。」「卒」、「萃」、「顇」義同，古相通用。

「萃」，序卦傳曰：「物相遇而後聚，故受之以萃。萃者，聚也。」彖傳，雜卦傳並曰：

「萃，聚也。」王弼周易注、周易集解引崔憬，均訓萃爲聚。本卦「萃」，病也。

❷「王叚于廟」，通行本作「亨，王假有廟」，帛書周易無「亨」字。釋文曰：「亨，王肅本同。馬、鄭、陸、虞等並無此字。」阮元校勘記：「石經、岳本、閩、監毛本同。釋文：王肅本同。馬、鄭、陸、虞等並無亨字。」與帛書無「亨」字合。從帛書周易。「叚」假借爲「假」。說詳豐卦辭「豐，亨，王叚（假）之」。假，至也。「于」，通行本作「有」，「有」猶「于」也。「王假有廟」，言王至於宗廟。渙卦辭：「王假有廟。」六四：「渙有丘。」家人：「閑有家。」九五：「王假有家。」諸「有」字爲「於」義。通行本「有」借爲「于」。帛書周易作「于」，是其義也。「于」與「有」古通用。詩桃夭「之子于歸」毛傳、詩雨無正「維曰于仕」毛傳、詩小旻「伊于胡底」鄭箋並曰：「于，往也。」儀禮士冠禮曰：「宜之于假。」鄭注：「于，猶爲也。」儀禮聘禮記：「賄在聘于賄。」鄭注曰：「于，讀曰爲。」「有」，淮南子俶眞：「物莫不生於有也。」高誘注：「有，猶往也。」王引之經傳釋詞引王念孫曰：「有，猶爲也。周語曰：『胡有孑然其效戎狄也。』言胡爲其效戎狄也。晉語曰：『克國得妃，其有吉孰大焉。』言其爲吉孰大也。……爲，有一聲之轉，故『爲』可訓爲『有』，『有』亦可訓爲『爲』。」則「于」、「有」義同相通。

❸「用大牲」。「生」假借爲「牲」。說文：「牲，牛完全。从牛生聲。」「生」、「牲」同聲系，古相通。論語鄉黨：「君賜牲」鄭注：「魯讀生爲牲。」書舜典「二生」，漢書

郊祀志作「二牲」。爲「生」、「牲」古通之佐證。
「牲」，書微子：「今殷民乃攘竊神祇之犧牷牲用。」孔傳：「牛羊豕曰牲。」詩瓠葉序：「雖有牲牢饔餼。」鄭箋：「牛羊豕爲牲。」周易集解引虞翻曰：「坤爲牛，故曰大牲。」又，鄭玄曰：「大牲，牛也。」

今譯

萃，王親至於宗廟，宜於見大人，舉行祭祀，有利於占問。祭祀用牛則吉祥，利於有所往。

初六，有復（孚）**不終❶，乃乳**（亂）**乃卒**（萃）**❷，若其號❸，一屋**（握）**于**（為）**芺❹，勿血**（恤）**，往无咎。**

注釋

❶「有復」。「復」假借爲「孚」。孚，誠信也。

❷「乳」當讀爲「亂」。說詳既濟卦辭「終亂」。在漢簡中常以「亂」作「乳」。篆文乳、亂，省略亂左偏旁中的川，即成乳字。可能是當時通用的簡化字。「乃亂」，程頤

周易程氏傳：「惑亂其心也。」萃，病也。

❸「若其號」，通行本作「若號」。若猶而也。「號」，呼號、哭號也。

❹「一屋于芺。」「屋」假借爲「握」。釋文：「握，傅氏作渥。鄭云：握當讀爲『夫三爲屋』之『屋』。蜀才同。」說文：「握，搤持也。从手屋聲。」「屋」「握」同聲系，古相通。此爻「握」當借爲「屋」。說文：「屋，居也。从尸尸所主也。」廣雅釋室：「屋，舍也。」「一屋」，卽一室也。

「于」假借爲「爲」。詩定之方中：「定之方中，作于楚宮。揆之以日，作于楚室。」正義曰：「作爲楚邱之宮，作爲楚邱之室。」張載注魏都賦引作「作爲楚宮，作爲楚室」。左傳莊公二十二年：「竝于正卿。」釋文曰：「于，本或作爲。」「于」、「爲」古相假互訓。

「芺」，通行本作「笑」。說詳同人九五「先號咷後芺」。「一屋爲笑」，言一屋之人皆爲之笑。

❺「勿血」。「血」假借爲「恤」。說詳升卦辭「勿血（恤）」。

今譯

初六，有誠信而終不履行，精神惑亂，得病而號哭，一屋子人都嘲笑他，然不要憂慮，向前往仍無災患。

六二，引吉❶，无咎。復（孚）乃利用濯（禴）❸。

注釋

❶「引吉」。詩楚茨「勿替引之」毛傳、詩行葦「以引以翼」毛傳並曰：「引，長也。」爾雅釋詁同。「引吉」猶言長遠或永久吉祥。

聞一多周易義證類纂：「引疑當爲弘，字之誤也。『弘吉』，占卜術語，卜辭屢見之。爾雅釋詁曰：『弘，大也。』六二『弘吉无咎』，猶九四『大吉无咎』也。」錄以參考。

❷「孚乃利用濯（禴）」，說詳升九二「孚乃利用濯（禴）」。

今譯

六二，長久吉祥，沒有災患。以俘虜為牲，則利於禴祭。

六三，卒（萃）若駐（嗟）若❶，无攸利，往无咎，少（小）閵（吝）❷。

注釋

❶「卒」假借爲「萃」，病也。「𨱑」假借爲「嗟」。集韻：「嗟，古作蹉。」爾雅釋詁：「嗟，蹉也。」釋名釋言語：「嗟，佐也。言之不足以盡意，故發此聲以自佐也。」嗟，蹉也。嗟，佐也。帛書周易取「蹉」字之左偏旁「镸」，取「佐」字之右偏旁「左」，而成「𨱑」，義同。爾雅釋詁：「嗟咨蹉也。」釋文曰：「嗟，本或作𨱑。」且「嗟」、「𨱑」音同。集韻：「嗟，遭哥切。」音𨱑。故「𨱑」、「嗟」義同音同，古相通。

「嗟」，呂氏春秋知化：「嗟乎！吳朝必生荆棘矣。」高誘注：「嗟，歎辭也。」詩臣工傳：「嗟嗟勑之也。」孔疏：「嗟嗟，歎聲。」

「萃若嗟若」，通行本作「萃如嗟如」，帛書周易「如」作「若」，屢見。若，如也。易豐六二：「有孚發若。」節六三：「不節若，則嗟若。」王注並曰：「若，辭也。」

❷「少」假借爲「小」。說詳訟初六：「少（小）有言。」

「閵」假借爲「吝」。說詳蒙六四「困蒙，閵（吝）」。

今譯

六三，有病而歎息，沒有什麼利益。前往則無災患，但小有艱難。

九四，大吉，无咎。

今譯

九四，大吉，無災患。

九五，卒（萃）有立（位）❶，无咎。非復（孚）❷，元永貞，悔亡。

注釋

❶「卒」假借爲「萃」，病也。「有」猶「于」也。
「立」假借爲「位」。說文：「列中庭之右右，謂之位。从人立。」段玉裁注曰：「按，小宗伯『掌神位』，故書『位』作『立』。古文春秋『公卽位』爲『公卽立』。古者立、位同字，蓋古音十五部與八部多合韻。」周禮小宗伯：「掌建國之神位。」鄭注：「立讀爲位。古者立、位同字。」
「位」，廣雅釋言：「位、祿也。」周禮大僕：「掌正王之服位。」鄭注：「位，立處也。」

位卽言職位。

❷「非復」，通行本作「匪孚」。「匪」與「非」古相通。「復」假借爲「孚」。孚，罰也。

今譯

九五，勤於職事而積勞成疾，無災患。治國而不用罰，始於長久占問，沒有困厄。

尙（上）六，粢（齎）欶（咨）涕洎（洟）❶，无咎。

注釋

❶「粢（齎）欶（咨）涕洎（洟）」，于豪亮帛書周易曰：「周易集解引荀爽、虞翻、古易音訓引陸希聲均作「齎資」。按，粢爲齎的異體字，因此粢可假爲齎。欶字是欶的簡體。因爲帛書五十二病方有盜字，是盜字的簡體，所以欶是欶的簡體。欶字亦見石鼓文『乖欶』。說文云：『盜从非，次朿皆聲。』由於次與朿同音，所以欶字無論是從次聲或是從朿聲，都同咨或資音近。例如從朿聲的趀字，說文云：『讀若資。』通行本周易夬：『其行次且。』次字鄭玄本作趀。儀禮既夕禮：『沒床笫。』鄭注：『古爲笫爲次。』都是朿與次同音之

例。因此欶（欶）字可假爲咨及資。帛書『涕洎』的『洎』字，通行本作『洟』。釋文：『鄭云：自目曰涕，自鼻曰洟。』故洟和洎都是鼻涕之意。說文云：『自，鼻也。象鼻形。』因爲自的本義爲鼻，所以鼻息的息字從心從自，臥息的眉從尸從自。說文謂眉字『从尸从自會意，自亦聲。』準此而言，洎字也應該從水從自會意。從水從自正是鼻涕之意。詩澤陂：『涕泗滂沱。』傳：『自鼻曰泗。』泗、洟、洎三字音近相通。洎應爲本字，泗與洟都是假借字。但是，古藉中不見洎字有鼻涕之義，這是因爲泗、洟等假借字通行，洎字就失去其本義了。」于說是也。

「粢欶」，王弼本作「齎咨」，並云：「嗟歎之辭也。」周易集解作「齎資」，並引虞翻曰：「齎持；資，賻也。貨財喪稱賻。」涕洟，流鼻涕。

今譯

上六，攜持貨財，而又流涕，雖有危難，但無災患。

總釋

本卦主旨似在討論成病的原因，除了自然界的寒暑風雨等原因之外，還有主體自身的原因。初六：「有孚不終，乃亂乃萃。」不履行諾言，有誠信也就變爲沒有誠信，要「言必信，行必果」，因此孔子重信。論語學而：「道千乘之國，敬事而信。」「謹而信」，「主忠信」，「人而無信，不知其可也。」「有孚不終」，乃是精神惑亂，發神經病。六三：「萃若嗟若」，憂慮而有病，有病而歎息。九五：「萃有位，」勤於職事而積勞成疾。這種由於主體原因而造成疾病，也只有從主體方面才能眞正解決。同時卦爻記載用牛牲、人牲祭祀，反映當時貴族生活情況。

欽（咸） 第四十四

䷞ **欽（咸）❶，亨，利貞。取女吉❷。**

注釋

❶「咸」，卦名。

「欽」假借為「咸」。說文：「欽，欠皃（貌）。从欠金聲。」段玉裁注：「去音切，七部。欽、歁、歆、歙皆雙聲疊韻字，皆謂虛而能受也。」「咸」，說文：「皆也，悉也。从口从戌。戌，悉也。」段玉裁注：「會意，胡監切，古音在七部。」「欽」、「咸」古音同屬七部，音近相通。

帛書周易「咸」作「欽」，歸藏亦作「欽」，帛書和歸藏同。尚秉和周易尚氏學曰：「詩秦風：『憂心欽欽，傳思望之。』心中欽欽然，蓋以少男仰求少女，有欽慕之情，是欽亦有感意。與咸義同。」尚說頗有道理。

「咸」，彖傳曰：「感也。」雜卦傳：「咸，速也。」韓康伯注：「物之相應，莫速乎咸。」周易集解引鄭玄曰：「咸，感也。艮爲山，兌爲澤，山氣下，澤氣上，二氣通而相應，以生萬物，故曰咸也。」又引虞翻曰：「咸，感也。」自彖傳而至漢人，大致以「咸」訓「感」，交感、感應之義。王弼周易注、經典釋文以至宋程頤周易程氏傳張載橫渠易說、朱熹周易本義皆襲此義。清朱駿聲說文通訓定聲曰：「咸者，鹹之古文，嚙也。从口从戌，會意。戌，傷也。」羅振玉殷虛文字類編以「戌」「戉」古本一字，則戌卽斧鉞之鉞。書君奭曰：「咸劉厥敵。」逸周書世俘：「咸劉商王紂。」謂斬殺敵人或商紂王。故咸有「傷」之義。本卦「咸」皆有「傷」義。

❷ 「取女吉」。釋文：「取，本亦作娶。」阮元校勘記：「石經、岳本、閩、監毛本同。釋文：取，本亦作娶。」娶，正字；取，假借字。

今譯

咸，享祭，有利於占問，娶女則吉祥。

初六，欽（咸）其栂（拇）❶。

注釋

❶「咸」，傷也。

「栂」，周易集解作「母」。釋文：「子夏作䀛，荀作母。」通行本作「拇」。「栂」，「䀛」、「拇」皆取母得聲，屬同聲，古相通。「拇」本字，「䀛」俗字，「栂」、「母」借字。說文：「拇，將指也。从手，母聲。」從手，初義當指手之拇指。足之大指亦稱拇指。周易集解引虞翻曰：「母，足大指也。」釋文曰：「拇，馬、鄭、薛云：『足大指也。』」周易正義孔疏：「拇是足大指也。」

今譯

初六，傷了他的足拇指。

六二，欽（咸）其瞿（腓）❶，凶。居吉。

注釋

❶ 「欽」假借「咸」。咸，傷也。「𨃚」假借爲「腓」。帛書周易作「⿱比足」。𨃚，從足肥聲。釋文曰：「腓，荀作肥。」「肥」，唐韻、集韻、韻會、正韻並曰：「等非切。」音腓。「腓」，唐韻：「符飛切。」韻會：「符非切。」音肥。肥、腓音同相通。清丁晏周易解故曰：「說文：『腓，脛腨也。腨，腓腸也。』古腓、肥通用。艮六二云：『艮其腓。』釋文云：『腓，本亦作肥。』」𨃚是肥的異體字，因腓是指足肚子。足肚子肉肥，故作𨃚。

今譯

六二，傷了腿肚子，則凶，家居不出則吉祥。

九三，欽（咸）**其𨃚**〈股〉**❶，執其隨❷，閵**（吝）**❸。**

注釋

❶ 「𨃚」，通行本作「股」。「𨃚」與六二爻辭重複，轉寫而譌。說文：「股，髀也。从肉殳聲。」詩采菽：「赤芾在股。」鄭箋：「脛本曰股。」廣雅釋親：「股，脛也。」太玄

玄數：「九體三爲股肱。」注：「膝上爲股。」按，股，大腿也。

❷「執其隨」。于鬯香草校書：「隨有左義，其字諧隋聲。（徐鉉本說文辵部作墯，省聲。墯卽隓之篆文。見說文𨸏部。）隋諧隓省聲，隓諧𢀩聲。𢀩卽左字之重體。（說文無𢀩字。朱駿聲說文通訓定聲云：『籀文多疊字複體，故左作𢀩。如宜、戔、敳之比。』）然則諧𢀩聲，卽諧左聲矣。依說文，左右之左作𠂇。左卽諧𠂇聲。（說文左部作从𠂇工，亦義兼聲。）然書傳通用左字。古人尚右，右倡而左隨，故隨從之義，其實亦左義之所推。上文云：『咸其股。』則執其隨者，執其左股也。左股隨右股而行，故象傳云：『志在隨人。』卽釋爲隨從之義矣。」按，帛書周易隨卦作隋，隋諧隋聲，古相通。隋，說文：「裂肉也。从肉从隓省。」隨爲隨從之意。「執」，止也。

❸「閵」與「吝」相通。帛書周易作「吝」，通行本作「往吝」。今從帛書本。

今譯

九三，傷了大腿，另一腿隨之不行，故有困難。

九四，貞吉，悔亡。童（憧）**童**（憧）**往來**❶**，傰**（朋）**從壐**（爾）**思**❷。

注釋

❶「童」假借爲「憧」。說文：「憧，意不定也。从心童聲。」「童」、「憧」同聲系，古相通。釋文：「憧，京作憧。」阮元校勘記：「石經、岳本、閩、監、毛本同。釋文：憧憧，京作憧。」「童」、「憧」「憧」古相通。

「憧憧」，釋文曰：「馬云：『行貌』。王肅云：『往來不絕皃。』廣雅云：『往來也。』劉云：『意未定也。』」周易集解引虞翻曰：「憧憧，懷思慮也。」「憧憧往來」，言反復思慮不定。

❷「倗」假借爲「朋」。說詳損六五「十倗（朋）之龜」。

「壐」假借爲「爾」。說文：「壐，王者印也，所以主土。从土爾聲。爾，籀文从玉。」

「爾」與「壐」同聲系，古相通。

「思」，說文：「容也。从心囟聲。」禮記曲禮上：「儼若思。」孔疏：「思，計慮也。」荀子解蔽：「仁者之思也恭。」楊倞注：「思，慮也。」書洪範：「五曰思。」孔疏：「思是心之所慮。」

今譯

九四，卜問則吉祥，沒有困厄。反復思求，計慮獲得朋貝。

九五，欽（咸）其股（脢）❶，無悔。

注釋

❶「欽」假借爲「咸」，傷也。「脢」，帛書周易誤爲「股」，轉寫而譌。說文：「脢，背肉也。」釋文曰：「鄭云：『背脊肉也。』」周易集解引虞翻曰：「脢，夾脊肉也。」王弼周易注：「脢者，心之上，口之下。」周易正義孔疏：「脢者，心之上口之下者，子夏易傳曰：『在脊曰脢。』馬融云：『脢，背也。』鄭玄云：『脢，脊肉也。』王肅云：『脢在背而夾脊。』」諸說雖有異，大體皆心上口下，脊背也。

今譯

九五，傷了脊背，但沒有困厄。

尚（上）六，欽（咸）其𦙃（輔）❶陝（頰）舌❷。

注釋

❶「𦙃」假借為「輔」。釋文：「輔，虞作䩉。」阮元校勘記：「石經、岳本、閩、監、毛本同。釋文：輔，虞作䩉。」輔，集韻或作䩉。說文：「輔，人頰車也。从車甫聲。」䩉，則從面甫聲；𦙃，從肉父聲。「甫」、「父」音同義同，古相通。說文：「甫，男子美稱也。从用父，父亦聲。」釋名釋首飾：「甫，丈夫也。」「父」，史記齊大公世家：「師尚父。」裴駰集解：「父，亦男子之美號也。」穀梁傳隱公元年：「父猶傅也，男子之美稱也。」史記孔子世家：「尼父。」裴集解引王肅曰：「父，丈夫之顯稱也。」是為甫父音同義同之證。儀禮士相見禮：「若父。」鄭注：「今文父為甫。」漢書武帝紀、律曆志下、地理志下、賈誼傳、鄒陽傳、東方朔顏注並曰：「父讀曰甫。」詩綿：「古公亶父。」論衡初稟作「古公稟甫」。釋文：「父，本作甫。」詩烝民：「仲山父。」漢書古今人表作「中山甫」。詩崧高序：「尹吉甫美宣王也。」釋文：「甫本作父。」顏氏家訓音辭：「甫古書多假借為父字。」由「父」、「甫」假借，而及「𦙃」、「䩉」、「輔」假借，故𦙃輔䩉古相通。

「䩉」，輔，說詳艮六五「艮其輔」。左傳僖公五年：「諺所謂輔車相依。」杜預注：「輔，

❷ 頰輔。」釋文：「輔，馬云：上頷也。」「陝」假借爲「頰」。釋文：「頰，孟作俠。」阮元校勘記：「石經、岳本、閩、監、毛本同。釋文：「頰，孟作俠。」說文：「頰，面旁也。从頁，夾聲。俠，俜也。从人夾聲。陝，从𨸏夾聲。」「頰」、「俠」、「陝」同聲系，古相通。「頰」，釋名釋形體：「頰，夾也。面旁稱也。亦取挾斂食物也。」廣雅釋親：「輔謂之頰。」左傳僖公五年注：「牙車。」孔疏：「頰之與輔口旁肌之名也。」故輔、頰義同。

今譯

上六，傷了腮腳子與口舌。

總釋

本卦主旨是講「咸」，漢以來傳統說法爲咸，感也。清人有釋爲傷。然也有訓「咸」爲「動」。既然咸有感義，則咸讀爲感，說文：「感，動人心也。」爾雅釋詁：「感，動也。」引伸爲動其物爲感。以動釋本卦亦可通。儘管對咸之解釋有異，但不妨碍對卦爻辭的理解。自初六至上六，六條爻辭的排列很有次序，嚴格遵循由下而上的原則，如從「咸其拇」（足拇指）

——「咸其腓」（小腿）——「咸其股」（大腿）——「咸其脢」（脊背）——「咸其輔頰」（腮幫子）以人身體爲象，說明爻辭排列原則和事物由下而上的上升進程。在卦辭中，用以指導人們的行動和判斷擧事吉凶的根據，是人們無數次行爲經驗的積累和總結。因而卦辭爻辭所作出的吉凶判斷是符合事物發展的必然結果的，也就是合乎人們的一般經驗判斷的。並且注意到了在一定條件下，「吉」與「凶」、「居」與「往」是轉化的，如六二爻辭，小腿受傷，無疑是凶的象徵，不僅要受痛苦，而且不能外出。在這種情況下，出門旅行、經商、征伐都是不利的，但居家休養，則可化凶爲吉。這就是在同樣條件下，不同的處理，可得到不同的結果。人們如果認識其間的必然，則可以有更多的自由。

困 第四十五

䷮ **困❶，亨。貞大人吉，无咎。有言不信❷。**

注釋

❶「困」，卦名。「困」，周易集解引鄭玄曰：「君子處亂代，爲小人所不容，故謂之困也。」釋文：「困，窮也。窮悴掩敝之義。」廣雅釋詁四：「困，窮也。」周易正義孔疏：「困者，窮困委頓之名。」故「困」有困窮之義。

❷「有言不信」，聞一多釋「言」爲忠言。有釋爲纔言。

今譯

困，享祭，占問大人則吉祥，沒有災患。他人有言，其言不可信。

初六，辰（臀）困于株木❶，人（入）于要（幽）浴（谷）❷，三歲不擅（覿）❸，凶❹。

注釋

❶「臀」與「脤」、「脣」通用。說詳夬九四「脤（臀）无膚」。辰與「脤」、「脣」古相通。說文：「脣，口耑也。从肉辰聲。」「脤」，說文：「祳社肉盛以蜃，故謂之祳。天子所以親遺同姓。从示辰聲。」「辰」與「脤」、「脣」同聲系，古相通，故「辰」、「臀」通而相假借。

「株木」，莊子列禦寇：「爲外刑者，金與木也。」郭注：「金謂刀鋸斧鉞，木謂棰楚桎梏。」捶楚以杖，杖以木株爲之，故刑杖謂之株木。「臀困于株木」，言臀部受刑杖。

❷「人（入）于要（幽）浴（谷）」，帛書周易作「人」，「人」、「入」形近而通。「要」假借爲「幽」。「幽」與「黝」通。詩隰桑：「其葉有幽。」毛傳：「幽，黑色也。」詩候人傳：「緼芾黝衡。」釋文：「黝，黑色。」穀梁傳莊公廿四年：「天子諸侯黝堊。」釋文：「黝，黑色。」「幽」、「黝」義同相通。周禮牧人：「陰祀用黝牲毛之。」鄭司農注：「黝讀爲幽。」周禮守祧：「其祧則守祧黝堊之。」鄭司農注同。禮記玉藻：「再命

赤韍幽衡。」鄭玄注：「幽讀爲黝。」爲「幽」與「黝」古相通之證。「要」與「黝」音近相通。廣韻：「要，於笑切。」邀去聲，古音屬嘯韻。「黝」，集韻：「一笑切。」音要。古音屬嘯韻。「要」、「黝」古音同屬嘯韻，音近相通。則「要」、「幽」、「黝」古通用。「浴」假借爲「谷」。說文：「浴，洒身也。从水谷聲。」「浴」、「谷」同聲系，古相通。老子：「谷神不死。」釋文曰：「谷，河上本作浴。」老子銘：「浴神不死。」谷作浴。爲「浴」、「谷」古相通之證。

「幽谷」，詩伐木：「出自幽谷。」毛傳：「幽，深也。」荀子王霸：「公侯失禮則幽。」楊倞注：「幽，囚也。」呂氏春秋驕恣：「刼而幽之。」高誘注：「幽，囚也。」「幽谷」，卽囚人之所，爲囹圄，俗謂牢獄。

❸ 「三歲不擿（覿）」。「擿」假借爲「覿」。說文新附：「覿，見也。从見賣聲。」「擿」，集韻：「抽也。」从手賣聲。「覿」、「擿」同聲系，古相通。鈕氏新附考：「覿通作儥。」玉篇：「覿，見也。」左傳襄公五年「穆叔覿鄫太子于晉」杜預注、國語魯語「公使大夫宗婦覿用幣」韋昭注並曰：「覿，見也。」

❹ 「凶」，通行本無凶字，今從漢帛書周易。

今譯

初六，臀部受刑杖，又被囚而入於監獄，三年不見，則有禍殃。

九二，困于酒食❶，絑（朱）❷發（紱）方來❸，利用芳（享）祀❹，正（征）凶。无咎。

注釋

❶「困于酒食」，言飲酒過度，被酒所醉也。論語子罕：「不爲酒困。」卽不要喝醉酒，而爲酒所困。

❷「絑」與「朱」古通用。說文：「絑，純赤也。虞書丹朱如此。从糸朱聲。」廣雅釋器：「朱，赤也。」孟子盡心下：「惡紫恐其亂朱也。」趙岐注：「朱，赤也。」「絑」、「朱」同聲系，義同，故相假。書益稷：「無若丹朱傲。」說文夰部作「無若丹絑奡」。是爲「朱」作「絑」之證。

❸「發」假借爲「紱」。說文：「發，䠶發也。从弓癹聲。」段玉裁注：「方伐切，十五部。」紱，从糸犮聲，古音屬十五部。莊子逍遙遊：「足以纓紱其心矣。」釋文：「紱或作紼。」廣韻、集韻、韻會「紱」「紼」皆爲「分勿切」。音弗。弗聲古音亦屬十五部。故「發」、「紱」、「紼」音近相通。釋名曰：「從前引之曰紼。紼，發也。發車使前。」是爲「發」、「紼」相通之證。「紱」，廣雅釋器：「綬也。」

「朱紱」，周易集解李鼎祚曰：「朱紱，宗廟祭祀之服也。否乾爲大赤，故有朱紱之象也。」崔憬注曰：「赤紱，天子祭服之飾。」卽君主祭祀宗廟時所穿的衣服。

❹「芳」假借爲「享」。說詳損卦辭「二簋可用芳（享）」。

今譯

九二，人們喝醉了酒，是由於君主穿着純赤的祭服來祭祀宗廟，利於擧行享祭，但出兵征伐則凶。沒有什麼災患。

六三，困于石❶，號〈據〉于疾（蒺）莉（藜）❷，入于其宮❸，不見其妻，凶。

注釋

❶「困于石」，猶言人被石所困。聞一多周易義證類纂曰：「周禮大司寇曰：『以嘉石平罷民。凡萬民之有罪過而未麗於法，而害於州里者，桎梏而坐諸嘉石，役諸司空，重罪，旬有二日坐，朞役。其次九日坐，九月役。……使州里任之，則宥而舍之。』又司救曰：『凡民之有衺惡者，三讓而罰，三罰而士加明刑，恥諸嘉石，役諸司空。』又朝士曰：『左嘉石，

平罷民焉。』」按，聞說是也。石爲嘉石，立於朝門左邊當衆的地方。民有罪過、桎梏之使坐於嘉石之上，以示衆恥辱他，謂「困于石」。

❷「號」爲「據」轉寫之譌，依通行本改爲「據」。據，依也，安也。「疾」假借爲「蒺」。釋文：「蒺，音疾。」「疾」、「蒺」音同相通。「莉」假借爲「藜」。集韻：「莉，淮南人又郎奚切。」音梨。古音屬齊韻。「藜」韻會：「憐題切。」音黎。古音屬齊韻。「莉」、「藜」古音同屬齊韻，音近相通。「據于蒺藜」。周易集解引虞翻曰：「蒺藜，木名。」釋文：「蒺藜，茨草。」爾雅釋草：「茨，蒺藜。」布地蔓生，有子，三角刺人。詩鄘風牆有茨：「牆有茨。」毛傳：「茨，蒺藜也。」周易正義孔疏：「蒺藜之草有刺，而不可踐也。」「據于蒺藜」猶坎上六「寘于叢棘」。周易集解李鼎祚曰：「三居坎上，坎爲叢棘。」按，即狴獄之象。被關入遍地蒺藜的監獄。

❸「入于其宮」。宮，宮室，家室也。

今譯

六三，人有罪過，綑在嘉石上，後又關在遍地蒺藜的獄裏，釋放回到他的家，妻子不見了，則凶。

九四，來徐❶，困于〔金車〕❷。閵（吝）有終。

注釋

❶「來徐」，王弼本作「來徐徐」，周易集解作「來荼荼」。釋文：「徐徐，疑懼皃。馬云：『安行皃。』子夏作荼荼。翟同。荼音圖。云：『內不定之意。』王肅作余余。」阮元校勘記：「石經、岳本、閩、監、毛本同。釋文：徐徐，子夏作荼荼。翟同。王肅作余余。」帛書作「徐」，義同。按，徐，本字；荼，借字。

「徐」，說文：「安行也。从彳，余聲。」廣雅釋詁四：「徐，遲也。」戰國策宋策：「臣請受邊城徐其攻而留其日。」注曰：「徐，緩也。」「來徐」，言其來遲緩也。

❷「困于金車」。釋文：「金車，本亦作金輿。」王弼本作「金車」，周易集解本作「金轝」。「轝」爲「輿」之或體字。車與輿古通。車爲輿之總名。「金」，說文：「五色金也，黃爲之長。」漢書食貨志上：「及金刀龜貝。」顏師古注：「黃者曰金。」書呂刑孔疏：「古者金、銀、銅、鐵總號爲金。」「金車」，王弼周易注：「謂二也。二剛以載者也，故謂之金車。」言由青銅爲飾之車，即以銅鑲其車轅衡等處。

今譯

九四，來得所以遲緩，是因金車出了故障，雖有艱難，但結果總算回來了。

九五，貳（臲）椽（卼）❶，困于赤發（紱）❷，乃徐有說。利用芳（享）祀❸。

注釋

❶「貳（臲）椽（卼）」，通行本作「劓刖」。釋文曰：「劓刖，荀、王肅本劓刖作臲卼。云：『不安皃。』陸同。鄭云：『劓刖當爲倪仉。』京作劓劊。」帛書周易困上六爻辭：「于貳掾。」漢石經作「劓劊」，通行本作「臲卼」。釋文曰：「臲，說文作𠜾，牛列反。薛同。卼，音月。說文作𡸓，云：『𡸓，不安也。』薛又作杌，字同。」今本說文引作「槷𡸓」。故「劓刖」、「臲卼」、「劓劊」、「𠜾𡸓」、「臲卼」、「劓杌」皆同詞異寫。于豪亮帛書周易曰：「貳字與臲、劓、槷、劓音近相通。儀禮特牲饋食禮：『闑西閾外。』鄭注：『古文闑作槷。』或威出土漢儀禮簡甲本，『闑』字作『橨』，是『橨』與『闑』、『槷』相通。因此『貳』也與『臲』、『槷』、『𠜾』、『劓』等字相通。『椽』、『掾』

古音在元部，刖、軏、劊等字在祭部。祭、元通轉。故『椽』、『掾』與刖、軏、劓等字相通。」于說是也。「臲卼」，危而不安之義。

❷「赤發（紱）」。「發」假借爲「紱」。說詳九二「朱發（紱）方來」。後漢書東平憲王蒼傳：「辱汙輔將之位，將被詩人『三百赤紱』之刺。」李賢注：「赤紱，大夫之服也。詩曹風曰：『彼己之子，三百赤紱。』刺其無德居位者多也。」曹風候人作「三百赤芾」。毛傳：「大夫以上赤芾。」易乾鑿度引孔子曰：「天子三公九卿朱紱，諸侯赤紱。」說文：「夫子朱市，諸侯赤市。」周易集解纂疏引說文作「天子朱紱，諸侯赤紱」。古「芾」、「市」、「紱」相通。按，疑自天子及公卿爲朱紱，自諸侯及大夫爲赤紱。

❸「芳」假借爲「享」。說詳損卦辭「二巧（簋）可用芳（享）。」

今譯

九五，處於危險不安之境，是被穿赤紱的大夫所困厄，但慢慢地可化險為喜悅，宜於舉行祭祀。

尚（上）六，困于褐（葛）纍（藟）❶，于貳（臲）掾（卼）❷，曰悔夷有悔❸，貞

（征）吉❹。

注釋

❶「困于褐（葛）櫐（藟）」。「褐」假借為「葛」。說文：「褐，編枲韈。一曰：粗衣。从衣曷聲。葛，絺綌艸也。从艸曷聲。」「褐」、「葛」同聲系，古相通。「櫐」假借為「藟」。釋文曰：「藟，似葛之草，本又作虆。毛詩草木疏云：一名巨荒，似蘡薁，連蔓而生，幽州人謂之蓷虆。」說文：「櫐，綴得理也。一曰：大索也。从糸畾聲。」「藟」，說文：「艸也。从艸畾聲。詩曰：『莫莫葛藟。』一曰：秬鬯也。」「櫐」、「藟」同聲系，古相通，詩旱麓：「莫莫葛藟。」後漢書黃琬傳注作「葛櫐」，為「藟」、「櫐」相通之證。

「葛藟」，一釋似葛之草。詩樛木：「葛藟櫐之。」釋文：「藟，似葛之草。」山海經中山經：「卑山多櫐。」郭璞注：「櫐，今虎豆、狸豆之屬。櫐，一名縢。」廣雅釋草：「藟，藤也。」又玉篇：「虆，葛蔓也。」漢書楊王孫傳：「葛藟為緘。」顏注：「藟，葛蔓也。」周易正義孔疏：「葛虆，引蔓纏繞之草。」「困于葛藟」，言被葛蔓所困，即被葛蔓所絆倒。

❷「于貳掾」。「貳掾」假借為「臲卼」。說詳九五爻辭「貳（臲）椽（卼）」。臲、卼疊

韻。「臲」從危臬聲，「卼」從危兀聲。「臲卼」疑作「臬兀」。高亨周易古經今注：「臬兀者，木臬也。」說文：「臬，射準的也。从木，自聲。」爾雅釋宮：「樴謂之杙，在地者謂之臬。」蓋立木橛以爲射之準的稱臬，引伸爲木橛亦稱臬。由「臬」而生「闑」。禮記曲禮上：「由闑右。」鄭注：「闑，門橛。」卽門中之木橛。說文引作槷，云：「槷⿰臬出不安也。从出，臬聲。易曰槷⿰臬出。」臬、槷古相通。周禮考工記匠人：「置槷以縣。」鄭注：「槷，古文臬，假借字。」兀借爲⿰臬出。⿰臬出，臬也，橛也。⿰臬出從臬，出聲。兀、出古聲系相通。左傳文公十八年：「天下之民謂之檮杌。」說文「檮」下引「檮杌」作「檮柮」，卽爲出兀相通之證。⿰臬出、杌與橛，一音之轉，則兀與橛亦一音之轉。於臲卼者，卽手抓在木臬之上也。

❸「曰悔夷有悔」，通行本作「曰動悔有悔」。王引之經義述聞曰：「曰之言聿，語助也。有讀爲又。」「夷」，語助也。王引之經傳釋詞曰：「詩瞻卬曰：『蟊賊蟊疾，靡有夷屆，罪罟不收，靡有夷瘳。』言爲害無有終極，如病無有瘉時也。（夷，語助也。傳、箋訓夷爲常，則與屆字、瘳字文義不相屬。）昭二十四年左傳曰：『紂有億兆夷人。』言有億兆人也。（杜注曰：『兼有四夷。』東晉泰誓傳曰：『夷人，平人。』皆失之。）孟子盡心篇曰：『夷考其行而不掩焉者也。』（夷，亦語助。趙注曰：『夷，平也。』平考其行，殊無意義。）言考其行而不掩也。夷，語助也。」王說是也。「曰悔夷有悔」，言悔而又有悔也。

❹「貞」假借爲「征」。「貞」，易坤六三：「含章可貞。」周易集解引虞翻曰：「貞，正也。」書禹貢「厥賦貞。」孔傳、書太甲下「萬邦以貞」孔傳、周禮大祝「求永貞。」鄭注並曰：「貞，正也。」廣雅釋詁一同。故「貞」與正通。帛書周易「征」皆作「正」。說詳姤九四「正兇」。「正」「征」古相通，則「貞」、「正」、「征」古通用。

今譯

上六，有人被葛蔓所絆倒，手雖抓住了木橜，但悔而又有悔，出兵征伐則吉祥。

總釋

本卦主旨是探索人們陷入困境的原因、條件以及結果等，以明吉凶休咎。人類社會發展的歷史，便是一部曲折、複雜和困境迭至的歷史，人們就是在與困境爭生存中而獲得進步，無數代人的爭取，才爭得了今天的文明。從個人的暫短一生看，亦是與困境奮鬥的一生，就困境來說，對每一個人來說是無私的，只不過每個人的困境不同，解決的方法不同而已。周易把各種當時所遇到、經歷過的困境概括在困卦中，反映了人們對各種困境的認識。由初六爻至上六爻共列舉了：「臀困于株木」、「困于酒食」，「困于石」，「困于金車」，「困于赤紱」，「困于葛藟」。這裏有人犯罪而困於刑仗和嘉石；有慶祝歡樂而困於酒食，喝醉了酒；有乘車而車出故障而困於金車，有被大夫所困；亦有行旅被葛蔓所困。困之種種，何止此矣！生活之中，何時無困。困與無困，相對相濟，構成了人們生活的進程。然而，就周易所觀察之面來看，無疑是很狹隘的，它僅僅注意到了近取諸身，遠取諸物等自然現象和某些社會現象，給人們帶來的困境，而沒有注意到意識心理現象給人們帶來的困境。從某種意義上說，意識和心理給人們精神的折磨及心理的逼迫感，意識的困厄感，其壓力和痛苦較之自然現象和社會現象所造成的困境更難克服和解脫。

勒（革）　第四十六

〔䷰〕〔勒（革）❶，巳日乃〕復（孚）❷，元亨，利貞，悔亡。

注釋

❶

「革」，卦名。

「勒」假借爲「革」。說文：「革，獸皮治去其毛曰革。革，更也。象古文革之形。凡革之屬皆从革。臼聲。」段玉裁注曰：「臼，居玉切，在三部。革在一部，合音最近。」「勒」，說文：「馬頭落銜也。从革力聲。」段玉裁注：「勒，盧則切，一部。」「勒」、「革」古音同屬一部，音近相通。段氏說文解字注曰：「爾雅轡首謂之革，革卽勒之省。馬絡頭者，轡所係也。故曰轡首。毛詩鞗革皆當依古，金石攸勒。」「鞗革」作「攸勒」。詩斯干：「如鳥斯革。」釋文：「革，韓詩作勒。」爲「革」「勒」古相通用之證。「勒」「革」其義亦相近。爾雅釋器：「轡首謂之革。」詩蓼蕭：「鞗革沖沖。」毛傳：「革，轡首也。」

漢書匈奴傳下：「案勒一具。」顏注：「勒，馬轡也。」後漢書崔寔傳：「方將柑勒鞬輈以救之。」李賢注：「勒，馬轡。」是爲「勒」、「革」義近之證。「革」，雜卦傳曰：「去故也。」釋文：「革，馬、鄭云：改也。」周易集解引鄭玄曰：「革，改也。」彖傳曰：「革，水火相息，……湯武革命，順乎天而應乎人。」革，去故也，改也，都有變革舊的之意。序卦傳曰：「井道不可不革，故受之以革。」程頤周易程氏傳曰：「井之爲物，存之則穢敗，易之則清潔，不可不革者也，故井之後，受之以革也。……革，變革也。水火，相息之物。水滅火，火涸水，相變革者也。」朱熹周易本義亦曰：「革，變革也。」周易正義孔疏：「革者，改變之名也。」漢書異姓諸侯王表顏注：「革，變也。」按，革有改和變義。

❷ 「巳日乃復（孚）」，王弼周易注：「卽日不孚，巳日乃孚也。」周易正義孔疏曰：「巳日乃孚者，夫民情可與習常，難與適變；可與樂成，難與慮始。故革命之初，人未信服，所以卽日不孚，巳日乃孚也。」「卽日」爲變革之始日，人未信服；「巳日」爲習常、樂成之日，人便信服。「巳日」卽終日。孚，誠、信也。於義可通。「巳」疑作「祀」。說詳損初九「巳事遄往」。周易本始祀作巳，後孳爲祀。舊讀「止巳」之「巳」或「人己」之己，恐非。

今譯

革，祭祀之日要有虔誠之心，則始而亨通，宜於占問，困厄便可喪失。

初九，共（鞏）用黃牛之勒（革）❶。

注釋

❶「共」假借為「鞏」。「共」，集韻：「古勇切。」正韻：「居竦切。」恭上聲。古音屬腫韻。「鞏」，唐韻、正韻：「居竦切。」集韻、韻會：「古勇切。」音拱。古音屬腫韻。「共」、「鞏」古音同屬腫韻，音近相通。

「鞏」，爾雅釋詁：「鞏，固也。」周易集解引干寶曰：「鞏，固也。」釋文：「鞏，固也，馬同。」說文：「鞏，以韋束也。从革巩聲。」有束而縛之使固的意思，固為引伸義。

「革」，除去毛的獸皮曰革，為革韋之革，是革之本義；改革，變革之革乃引伸義。鞏用黃牛之革，言用黃牛皮製成的革繩束物也。

錢鍾書管錐篇曰：「初九：鞏用黃牛之革。象曰：『鞏用黃牛，不可以有為也。』注：『在革之始，革道未成。……鞏，固也；黃，中也；牛之革，堅仞不可變也。』正義：『革之爲義，變改之名。……皮雖從革之物，然牛皮堅仞難變。』按，遯之六二：『執之用黃牛之革，莫之勝說。象曰：執用黃牛，固志也。』當合觀。說文解字：『革，更也。……鞏，以韋束也。易曰：『鞏用黃牛之革。』段玉裁注：『王弼曰：鞏，固也。按，此與卦名之革相反而相成。』殊得竅眇。蓋以牛革象事物之牢固不易變更，以見積重難返，習俗難移，革故鼎新，其事殊艱也。夫以『難變』之物，爲『變改之名』，象之與意，大似鑿枘。此固屢見不鮮者，姑命之曰『反象以徵』（Reverse symbolism）。」錄以參考。

今譯

初九，束縛物用黃牛皮製成的革繩。

六二，（巳日）乃勒（革）之❶，正（征）吉❷，（无咎）。

注釋

❶「巳日乃革之」。「巳」借爲祀。「巳日」，言祭祀之日。說詳卦辭「巳日乃孚」。「革

之」猶改之，言祭祀之日要改期也。儀禮少牢饋食禮：「日用丁巳，筮旬有一日，筮于廟門之外，吉則史韇筮，若不吉則及遠日，又筮日如初。」筮日不吉要再筮，故祭祀之日期得改變。

「正」假借爲「征」。說詳姤九四「正兇」。征，征伐也。

今譯

六二，祭祀之日期須改變，征伐則吉祥，無災患。

〔九三，征凶〕，貞（厲。革）言三（就❶，有）復（孚）❷。

注釋

❶「革言三就」。周易集解引崔憬曰：「武王克紂，不即行周命，乃反商政，一就也；釋箕子囚，封比干墓，式商容閭，二就也；散鹿臺之財，發鉅橋之粟，大賚于四海，三就也，故曰革言三就。」釋「就」爲成就之就。程頤周易程氏傳：「就，成也、合也。」襲其說。尚秉和周易尚氏學曰：「三就者，三遇也。謂革言來之多也。」

聞一多周易義證類纂曰：「言讀爲靳，古音言與斤近，故言聲與斤聲字每通用，或竟爲同字。論語鄉黨篇：『與上大夫言，誾誾如也。』皇疏曰：『鄉貴，不敢和樂接之，宜以謹正相對，誾誾如也。』漢書石奮傳：『僮僕訢訢如也。』注曰：『訢訢讀與誾誾同，謹敬之貌也。』楚辭九辯曰：『猛犬狺狺而迎吠兮。』說文曰：『犷，犬吠聲也。』玉篇、廣韻並析狺同。大師盧豆曰：『用狺多福，用匄永命。』狺卽旂字。（旂又見㫚鼎，爲人名。）集韻齗與斷同，言之通靳，猶誾之通訢。狺之作犷旂一作旂，斷一作齗矣。說文曰：『靳，當膺也。』案，一曰：當胸。齊語注曰：『纓，當胸，削革爲之』；周禮巾車『錫樊纓。』鄭象注曰：『纓謂當胸。士喪禮下篇曰：馬纓三就（案，既夕記文）。禮家說曰：纓，當胸，以削革爲之。三就，三匝三重。』是纓、靳、當膺，當胸，異名同實。易曰『革靳三就』，正猶禮言『馬纓三就』。靳，削革爲之，故謂之『革靳』。」聞說是也。三就，卽三匝三重。謂胸帶綑綁了三匝。

❷「有復（孚）」。「復」假借爲「孚」。孚，俘也。

今譯

九三，出師征伐則凶，卜問有危險，馬胸帶綁了三匝，獲勝而有俘虜。

九四，悔〔亡〕。有復（孚）茞（改）命❶，吉。

注釋

❶「有復（孚）」。「復」假借爲「孚」。孚，俘也。「茞」假借爲「改」。說詳井卦辭「茞（改）邑不茞（改）井」。「改」從攴巳，「茞」從艸巳，省匸，形近相通。「命」，命令。

今譯

九四，困厄便可過去，有所俘獲而改變命運，則吉祥。

九五，大人虎便（變）❶，未占有復（孚）❷。

注釋

❶「大人虎便（變）」。「便」假借爲「變」。爾雅釋言：「便便，辯也。」論語季氏：「友

便佞。」何晏集解引鄭注：「便，辯也。」漢書敘傳下：「敞亦平平，文雅自贊。」顏注：「平讀曰便。便，辯也。」公羊傳定公五年注：「友辯佞。」釋文亦作「便佞」。爲「便」、「辯」古相通之證。辯與變古相通。坤文言：「其所由來者漸矣，由辯不早辯也。」釋文：「辯，荀作變。」廣雅釋言：「辯，變也。」莊子逍遙游：「而御六氣之辯。」釋文：「辯，變也。」則「便」、「辯」、「變」古相通。另，「便」，集韻、韻會、正韻：「毗面切。」音卞。古音屬霰韻。「變」，廣韻：「秘戀切。」編去聲。古音屬霰韻。「便」、「變」古音同屬霰韻，音近相通。「變」，說文：「更也。」「大人虎變」，周易集解引馬融曰：「大人虎變，虎變威德，折衝萬里，望風而信，以喻舜舞干羽，而有苗自服。周公脩文德，越裳獻雉，故曰未占有孚矣。」猶虎之發威發怒，而折衝萬里。

聞一多周易義證類纂曰：「新出熹平石經變作辯。案，通作辦。（禮運：『大夫死宗廟之變。』注曰：『變當爲辯。』……）說文曰：『辦，駁文也。』廣韻辦同斑。文選上林賦：『被斑文。』注曰：『斑文，虎豹之皮也。』七啓：『拉虎摧斑。』注曰：『斑，虎文也。』字一作斑。春秋楚鬭穀於菟字子斑。於菟，虎也。漢書敘傳上：『楚人謂虎文斑。』虎變豹變，猶言虎文、豹文，故象傳曰『其文炳』，『其文蔚』。變斑又並與賁聲近義通。」大人虎辦，言大人虎文。

❷「未占有復（孚）」。孚，俘獲。

今譯

九五，大人穿着如虎文的衣服，威猛殘暴，（士卒離心）故沒有什麼俘獲。

尚（上）六，君子豹便（變）❶，小人勒（革）〔面❷，征凶。〕居，貞吉。

注釋

❶「君子豹便（變）」。「便」假借爲「變」。變，更也。「豹變」猶豹文。言君子穿着如豹文的衣服，或言君子變臉如豹，兇暴殘忍。

❷「小人勒（革）面」。「勒」借爲「革」。周易集解引干寶曰：「君子，大賢次聖之人，謂若太公周召之徒也，豹虎之屬。蔚，炳之次也。君聖臣賢，殷之頑民，皆改志從化，故曰小人革面。」「革面」即改志從化。此其一解。其二，程頤周易程氏傳曰：「小人昏愚難遷者，雖未能心化，亦革其面以從上之敎令也。」面從而心未化。其三，聞一多周易義證類纂曰：「面讀爲鞔。（爾雅釋詁：『黽，沒，勉也。』『勔，勉也。』穀梁傳莊三年：『擧下緬也。』緬讀爲俛）。周禮巾車注曰：『革路，鞔以革而漆之，無他飾。』又曰：

『木路，不輓以革，漆之而已。』又曰：『棧車，不革輓而漆之。』考工記輿人注曰：『飾車，革輓輿也。』又曰：『〔棧車〕爲其無革輓，易坼壞也。』案，玄應一切經音義十四引蒼頡篇曰：『輓，覆也。』革輓卽車之以革爲覆者。革輓車又謂之飾車者，以革輓車以爲固，亦以爲飾，故又謂之飾車。特其飾未盛，故爲小人所乘。……大人豹幦車在前，士革輓車自後從之，所謂屬車是矣。」言小人（士）的輓車隨着大人的豹幦車。其四，高亨周易古經今注：「革，韋也。小人革面，言小人之面如革韋，而不知恥也。論語爲政篇：『道之以政，齊之以刑，民免而無恥。』君子豹變，卽道以政，齊以刑之意；小人革面，卽民免無恥之意。」以上四說均可通。然以文意看，程頤解較勝。但他認爲「小人昏愚難遷」，則是偏見。君子變臉如豹，威猛如吃人，小人懾於威猛，故面從而心未化。

今譯

上六，君子變臉如豹，威猛兇狠，小人改面順從而心未化，故出師征伐則凶，如安居，占問則吉祥。

總釋

本卦主旨是通過變革、改革來說明各種人的態度以及結果吉凶的斷占。對於該卦爻辭的解釋歷來其說齊陳，在解釋今譯中爲忠於原意，而採取一說，但並非以諸說爲謬，卽使漢、宋之解，不符合周易經文原貌，然亦爲古說。從歷史學的角度看，亦有值得借鑒之處。只要持揚棄之態度，漢、唐、宋以來之說亦應值得探索。如卦辭「巳日乃孚」，如按王弼注、孔穎達疏之意，則可謂對歷來改革的總結和預見以及人們對改革的應有態度。故程頤發揮說：「革者，變其故也。變其故，則人未能遽信，故必巳日，然後人心信從。……弊壞而後革之，革之所以致其通也，故革之而可以大亨；革之而利於正，道則可久而得去故之義。」（周易程氏傳）人們往往安於現狀，習以於常，而不適應於改故，這是一般人的心理現象，其結果是弊端叢生，積重難返。對於改革，不僅開始時不適應，而且抱觀望、不相信的態度。待到改革取得了成績，則自會得到大多數人的信服和稱讚。葉適說：「聖人以爲物之自變者不足言也，故其於革也，非其事之所當有，而示我之所以變，以明乎易之不窮也。其辭曰：『巳日乃孚』，物之安於常者，不知其爲變，而未有利之者也；故其革也，皆物之所不悅，巳革而後信之。且天下之情，固未有信於其未革者，故象以『天地革而四時成（不言四時革，而言天地革，四時之革，人所易信，天地難信。）湯武革命，順乎天而應乎人』。又以治歷明時象之，而爻又雜取變革之象以當之。」（習學記言序目周易）古人探討改革，很重視主體的心理變化，這是有一定道理的。因爲它是影響改革成敗的因素之一。歷史上的改革，猶如征伐，當然具有危險性，若「革言三就」，獲得成功，便會取得人們的信服。在取得成就以後，還要進行改革，「有孚改命」，才能結果吉祥。對於改革之始，一些抱懷疑不信服甚至持反對的人，亦不能取「大人虎變」，「君子豹變」的態度，不能借權勢威猛壓服人，這樣，其結果是：要嘛人們離心，不僅不信服，而且改革也無所得而失敗，要嘛「小人革面」，面從而心未不服，也要壞事。因此，人們對改革要看一看，改革者也要有耐心讓人看一看，而信服不信服的關鍵是有成就，象傳說得好：「革而當，其悔乃亡。天地革而四時成。湯武革命，順乎天而應乎人，革之時大矣哉。」

隋（隨）　第四十七

䷐ **隋（隨）❶，元亨，利貞，无咎。**

注　釋

❶

「隨」卦名。

「隋」假借爲「隨」。說文：「隨，从也。从辵墯省聲。」「隋」，說文：「裂肉也。从肉从隓省。」「隋」，說文：「敗城𨸏曰隓。从𨸏𡯁聲。」段玉裁注：「墯爲篆文，則隓爲古籀可知也。山部隋曰隓聲，內部隋曰隓省聲，皆用此爲聲也。墯，小篆則从土隋聲也」。隨，墯省聲，諧隋聲。隋，隓省聲。「隨」「隋」，皆以隓得聲，音近相通。可參見咸九三「執其隨」。莊子讓王「卞隨」，荀子成相作「卞隋」。「隨」、「隋」古通用之證。「隨」，戰國策秦策：「而王隨之矣。」注：「隨，從也。」周易集解引韓康伯曰：「順以動者，衆之所隨。廣雅釋詁一：「隨，順也。」釋文：「隨，從也。」則隨有隨從，隨順之意。

「隨」，歸藏曰「馬徒」。尙秉和周易尙氏學曰：「馬徒卽周禮太僕職所謂前驅。越語：勾踐親爲夫差前馬。注：前馬，前驅，在馬前也。按，震爲馬，互艮爲徒隸，馬徒皆隨貴人馬，前行以辟道。而兌爲口，爲傳呼，於卦象頗合。玆周易名隨，似取隨時之義。」按，馬徒隨貴人馬，則與隨之隨從、隨順義近。

今譯

隨，始而亨通，利於占問，沒有災患。

初九，官或（有）❶諭（渝）❷，貞吉，出門交有功❸。

注釋

❶「官或（有）諭（渝）」。說文：「官，吏事君也。从宀从𠂤。𠂤猶衆也。」廣雅釋詁一：「官，君也。」禮記王制：「王者之制祿爵。」孔疏：「官者，管也。」此言官爲吏事君主之官吏，卽管人者。

「官」，釋文：「蜀才作館。」說文：「館，舍也。从食官聲。」「館」與「官」古通用。禮記玉藻：「在官不俟屨。」鄭注：「官謂朝廷治事處世也。」禮記曲禮下：「在官言官。」鄭注：「官，謂版圖文書之處。」官指官舍或學舍。在官舍治事之吏亦曰官。於義可通。

「或」假借爲「有」，有猶或也。王引之經傳釋詞曰：「莊二十九年穀梁傳曰：『一有一亡曰有。』易姤九五曰：『有隕自天。』言或隕自天也。書盤庚曰：『乃有不吉不迪，顚越不恭，暫遇姦宄。』乃有，乃或也。……有與或古同聲而義亦相通。或，猶有也。尙書古義曰：『無有作好，遵王之道；無有作惡，遵王之路。』呂覽引此，「有」作「或」（貴公篇）。高誘曰：『或，有也。』古有字通作或。商書曰：『殷其弗或亂正四方。』多士云：『時予乃或言。』傳皆云：『或，有也。』鄭康成注論語亦云：『或之言有也。』（爲政篇「或謂孔子曰」注）韓非子曰：『無或作利，從王之指；無或作惡，從王之路。』文雖異，然亦以或爲有。……或有同義，則可以互訓。」王說是也。

❷ 「諭」假借爲「渝」。說文：「諭，告也。从言俞聲。」「渝」，說文：「變汚也。从水俞聲。」「諭」「渝」同聲系，古相通。

「渝」，周易集解引九家易曰：「渝，變也。」訟九四：「渝安。」釋文：「渝，變也。馬同。」詩羔裘：「舍命不渝。」毛傳：「渝，變也。」文選西京賦：「漢載安而不渝薛。」李善注：「渝，易也。」「官有渝」，言官吏有變動或易位。

❸ 「出門交有功」。書禹貢：「庶土交正。」孔傳：「交，俱也。」國語晉語：「苟交利而

得寵。」韋注：「交，俱也。」孟子梁惠王上：「上下交征利。」趙注：「交，俱也。」莊子庚桑楚：「相與交食乎地。」釋文引李注：「交，共也。」俱、交均可通。

今譯

初九，官吏有變動，占問則吉祥，出門則都有成功。

六二，係小子❶，失丈夫❷。

注釋

❶「係小子」。說文：「係，絜束也。从人从系，系亦聲。」周易集解引虞翻曰：「應在巽，巽爲繩，故稱係。」按，係即以繩繫人也。小子爲未成年的男子。詩思齊箋：「小子其弟子也。」孔疏：「小子是後生未成之名。」詩板箋：「如小子不聽我言。」孔疏：「小子是幼弱無知之稱。」

❷「失丈夫」。廣雅釋器：「男子謂之丈夫。」公羊傳定公八年：「如丈夫何。」何休注：「丈夫，大人稱也。」丈夫即成年男子。

今譯

六二，係得未成年小子，跑了成年的大人。

六三，係丈夫，失小子，隋（隨）有求❶，得❷。利居貞。

注釋

❶「隨有求」。廣雅釋詁三：「隨，逐也。」爲追逐也。有猶以也。吳昌瑩經傳衍釋：「有古讀爲以，是以、有二字義同而用通也。論語：『皆能有養。』言以養也。『有慟乎，三年有成。』有，皆以也。……此類之有，並同以義。」
「求」，戰國策齊策「欲有求於我也」注、淮南子俶眞「以求鑿枘於世」高誘注並曰：「求，索也。」孟子公孫丑上：「勿求於心。」趙注：「求者，取也。」「求」爲索取之意。

❷「隨有求，得」，王弼周易注斷爲「隨有求得」爲句，並云：「四俱无應，亦欲於已隨之，則得其所求矣，故曰『隨有求得』也。」因而周易正義，周易集解、周易程氏傳，周易本義襲其斷。然九四爻辭：「隨有獲，貞凶。」六三爻辭：「隨有求，得。」則上下對文，

故以「隨有求，得」爲是。

今譯

六三，係得丈夫，跑了小子。追逐以求索，又係得小子。利於占問安居。

九四，隋（隨）有獲❶，貞凶。有復（孚）在道❷，已（以）明❸，何咎。

注釋

❶「隋（隨）有獲」。「隋」假借爲「隨」。隨，逐也。

「獲」，詩皇矣「其政不獲」鄭箋、周禮大司馬「獲者取左耳」鄭注、左傳昭公二十三年「獲陳夏齧」杜預注並曰：「獲，得也。」廣雅釋詁三、小爾雅廣言同。儀禮鄉射禮賈疏：「戰伐得囚俘亦曰獲。」言有所得或有所俘獲。然如追逐有所得，則應吉，今下文「貞凶」，則文意不諧，故獲當讀作擭。「獲」、「擭」同聲，古通用。書費誓：「杜乃擭，斂乃穽。」孔傳：「擭，捕獸機檻。」孔疏：「擭，捕獸之器也。」周禮雍氏：「春令爲阱擭溝瀆之利於民者，秋令塞阱杜擭。」鄭注：「擭，柞鄂也。」按，擭，所以捕禽獸機檻之屬，漢時稱作鄂。

❷「有孚在道」。孚，俘虜。

❸「已（以）明」。「已」與「以」通。王引之經傳釋詞曰：「㠯，或作以，或作已。鄭注禮記檀弓曰：『以與已字本同。』」廣雅釋言：「已，㠯也。」易損初九：「已事遄往。」釋文：「已本作以。」禮記雜記注：「而哀已殺。」釋文：「已本作以。」禮記內則：「由命士以上。」釋文：「以本作已。」論語先進：「毋吾以也。」釋文：「以，鄭本作已。」論語：「其斯而已矣。」漢石經作「其斯以乎」。「已」與「以」古通之證。于省吾易經新證曰：「明讀爲盟。」說文：「盟，周禮曰：『國有疑則盟諸侯。』盟，殺牲歃血朱盤玉敦以立牛耳。从囧从血。盟，篆文，从朙。盟，古文，从明。」公羊傳隱公元年：「爲其與公盟也。」何休注：「盟者，殺生歃血詛命相誓以盟約束也。」聞一多周易義證類纂曰：「明亦當讀爲盟。以讀爲已。言已祭則無咎也。九四：『已盟。』上六：「王用亨（享）于西山。』皆言祭者。」「明」讀「盟」爲是，其義爲盟誓約束也。

今譯

九四，追逐人物，將陷機擭，占問則凶。有俘虜在道路上，以盟誓約束他們，有何災患。

九五，復（孚）于嘉❶，吉。

注釋

❶「孚于嘉」。孚古俘字，俘獲也。「嘉」，說文：「嘉，美也。从壴加聲。」周易集解李道平疏：「乾文言：『亨者，嘉之會。』故陽稱嘉。嘉，嘉禮也。春官大宗伯：『以嘉禮親萬民，以昏冠之禮親成男女。』」「嘉」爲「嘉禮」。古謂喜慶之事爲嘉。「孚于嘉」，言俘獲人物爲喜慶之事。

今譯

九五，俘獲人物而喜慶，則吉祥。

尚（上）九（六），枸（拘）係之❶，乃從𦽅（維）之❷，王用芳（享）于西山❸。

注釋

❶ 「枸」假借爲「拘」。說文：「枸，木也，可爲醬。出蜀。从木句聲。」拘，說文：「止也。从手从句，句亦聲。」「枸」、「拘」同聲系，古相通。「拘」，後漢書曹褒傳：「帝知群僚拘攣。」李賢注：「拘攣猶拘束也。」後漢書仲長統傳：「得拘絜而失才能。」李注：「拘絜謂自拘束而絜其身者。」周易集解引虞翻曰：「艮乎爲拘，巽爲繩，兩係稱維，故拘係之。」「拘係之」，今言囚禁之。

❷ 「乃從⿱艹巂（維）之」。孫經世經傳釋詞補：「乃，猶又也。」並引本爻辭，云：「言又從而維之也。」

「⿱艹巂」假借爲「維」。于豪亮周易帛書：「贛（坎）卦卦辭：『有復巂心。』（按，馬王堆帛書六十四卦釋文作「巂心」。）隋（隨）之尙（上）六：『乃從⿱艹巂之。』巂字卽⿱艹巂字，通行本並作維。按，巂與⿱艹巂幷爲巂的異體字，假作纗。說文：『纗，維綱中繩。从糸巂聲。讀若畫，或讀若維。』纗字讀若維，自可假作維，因此巂與⿱艹巂亦可假作維。」于說是也。廣雅釋詁二：「維，係也。」「乃從⿱艹巂（維）之」，言又從而縛綁之。

❸ 「王用芳（享）于西山」。「芳」假借爲「享」。說詳損卦卦辭「二簋可用芳（享）」。享，享祭也。

西山卽岐山，在鎬京之西，故稱西山。諸說謂乃文王故事。左傳襄公三十一年：「紂囚文王七年，諸侯皆從之囚。紂於是乎懼而歸之。」今本竹書紀年：「帝辛二十三年囚西伯于羑里，二十九年釋西伯。」言文王歸而祭祀西山，以報神之保祐。然本爻「王用享于西山」，此王泛指周王。周人祭祀西山並非僅文王放歸而祭。

今譯

上六，得俘虜而拘繫他們，又從而縛綁他們。有獲故周王祭祀西山之神。

總釋

本卦通過社會政治、官吏易位、戰爭成敗、祭祀山神等事件，以判斷吉凶，說明當時社會的價值標準。在社會的政治生活中，官吏的任免，君主的改易，是影響社會進步或安定的大事。但在周人的價值觀念裏，這種吏事君主的官吏，或君主自身，能夠有所變動或易位，則是吉利的。因爲官吏在一地任期久了或君主久而不易，則必生弊端，而危及社會或人民，周人處殷紂之時，暴虐無道，期望改易，乃人民的要求，所以有「湯武革命，順天應人」之說。六二、六三、九四、九五、上六爻辭，均講俘獲之事，俘虜是古代戰爭中經常發生的，或殺掉，或作人牲，或充奴隸。奴隸作爲生產的工具，成爲貴族或社會的財富，便認識了俘虜的生產價值，故有用繩索縛綁俘虜而帶回來，對於逃跑的俘虜進行追索。於是採取了或以盟誓約束他們，或既囚禁而又綑綁他們，以防俘虜的逃跑。由於俘虜人物，可以增加自己的財富，因此，「孚有嘉」，而認爲是喜慶之事，或認爲是神的保祐，所以祭祀西山之神。人們的價值觀念是隨着社會的發展而有所改變的，洞察這種改變才能適應社會的進步。

泰(大)過 第四十八

☱☴ **泰(大)過❶,棣䨻(隆)❷,利有攸往,亨。**

注釋

❶「大過」,卦名。

「泰」假借爲「大」。說詳泰(大)蓄(畜)卦。

「大過」,象傳曰:「大過,大者過也。」雜卦傳:「大過,顚也。」王弼周易注:「過,音相過之過。」此五字原脫去。阮元校勘記曰:「岳本、錢本、宋本、足利本『大過』下有注文『音相過之過』五字。古本『之過』下有『也』字。釋文出『相過之過』。十行本、閩、監、毛本並脫去。」周易正義孔疏:「注:音相過之過。」並云:「相過者,謂相過越之甚也,非謂相過從之過。」郭京周易擧正曰:「音過越之過也。」「過」,非罪過之過,亦非相過從之過,而是過越之過,今謂過頭。說文:「過,度也。从辵咼聲。」即過度之意，義與王、孔同。「大過」，言大過頭。

❷「棟𨏈」。「棟」，周易集解引虞翻曰：「巽為長木稱棟。」棟為屋棟之棟。爾雅釋宮：「棟謂之桴。」郭璞注：「棟，屋檼也。」屋檼卽屋脊。釋名釋宮室：「棟，中也，居室之中也。」儀禮士昏禮：「當阿。」賈疏：「中脊為棟。」為屋正中最高處的棟樑。「𨏈」假借為「隆」。「𨏈」亦作「𨏉」。廣韻：「盧紅切。」集韻：「盧東切。」音龍。古音屬東韻。「隆」，唐韻：「力中切。」集韻、韻會、正韻：「良中切。」音癃。古音屬東韻。且隆與龍通。史記晉世家：「齊伐魯取隆。」裴駰集解：「隆卽龍也。」「𨏈」、「隆」古音近相通。「隆」，說文：「豐大也。从生降聲。」史記高祖紀：「隆準而龍顏」裴駰集解引應劭：「隆，高也。」呂氏春秋期賢：「段干木之隆」高誘注、淮南子氾論「隆衝以攻」高注並曰：「隆，高也。」禮記檀弓上：「道隆則從而隆。」釋文：「隆，盛也。」國語晉語：「無德而福隆。」韋注：「隆，盛也。」史記禮書：「是謂太隆。」司馬索隱：「隆者，盛也，高也。」為盛、高之義。

「棟𨏈（隆）」，通行本作「棟橈」，周易正義「橈」作「撓」。阮元校勘記曰：「撓，各本皆作橈，是撓字之誤也。」今據改。然九三爻辭：「棟橈，凶。」則與此處卦辭文意相矛盾。帛書周易九三仍作「棟橈，凶」，與通行本相符。卦辭「棟橈」作「棟𨏈」，九四「棟隆」亦作「揀𨏈」，可證此卦辭「棟橈」當作「揀隆」。「棟隆」，言棟高則屋巨而家大也。

今譯

大過，棟高則屋巨而家大，宜於有所往，亨通。

初六，籍（藉）用白茅❶，无咎。

注釋

❶「籍（藉）用白茅」。「籍」假借「藉」。「籍」，說文：「簿書也。从竹耤聲。」「藉」，說文：「藉，祭藉也。一曰：艸不編狼藉。从艸耤聲。」「籍」、「藉」同聲系，古相通。詩韓奕：「實畝實籍。」唐石經作「實畝實藉」。孟子公孫丑下章指：「藉道者優。」音義：「藉本亦作籍。」為「籍」、「藉」古相通之證。

「藉」，彖傳曰：「藉用白茅，柔在下也。」周易集解引虞翻曰：「位在下稱藉。巽柔白為茅，故藉用白茅。」周禮鄉師：「大祭祀羞牛牲，共茅蒩。」鄭注：「鄭大夫讀蒩為藉，謂祭前藉也。」藉有墊在下面的意思。文選遊天台山賦：「藉萋萋之纖草。」李善注：「以草薦地而坐曰藉。」

「白茅」，草名，柔軟潔白。詩野有死麕：「白茅包之。」毛傳：「白茅，取絜清也。」古人陳祭有藉。「藉用白茅」，言用柔軟潔白的白茅墊於祭品之下。

今譯

初六，用白茅來墊祭品，沒有災患。

九二，楛(枯)❶楊生荑(稊)❷，老夫得其女妻❸，无不利。

注釋

❶「楛」假借爲「枯」。「楛」，集韻、韻會：「後五切。」音戶。「枯」，集韻：「後五切。」音戶。「楛」、「枯」音同相通。儀禮鄉射禮注：「肅慎氏貢楛矢。」釋文：「楛，字又作楛。」書禹貢：「惟箘簬楛。」說文引此作「簬枯」。爲「楛」、「枯」古通之證。「枯」，說文：「槀也。从木古聲。夏書曰：『唯箘輅枯。』木名也。」漢書禮樂志：「枯槀復產。」顏注：「枯槀謂草經冬零落者也。」周易正義孔疏：「枯謂枯槁。」槁與槀同。

❷「荑」假借爲「稊」。釋文：「稊，鄭作荑。荑，木更生，音夷。謂山楡之實。」阮元校勘記：「石經、岳本、閩、監、毛本同。釋文稊作荑。」鄭與帛書周易同。大戴禮夏小正：「正月柳稊。」傳：「稊也者，發孚也。」卽剛生出的嫩葉，亦稱爲「夷」。詩靜女：「自牧歸荑。」毛傳：「荑，茅之始生也。」詩七月：「猗彼女桑。」毛傳：「女桑，荑桑也。」孔疏：「荑，葉之新生者。」「稊」、「荑」義同而通。文選風賦「秡荑」李注：「稊與荑同。」莊子知北遊：「在荑稗。」釋文：「荑，本作稊。」爲「荑」、「稊」相通之證。「稊」，王弼周易注：「稊者，楊之秀也。」周易集解引虞翻曰：「稊，穉也。楊葉未舒稱稊，巽爲楊，乾爲老，老楊故枯。」「枯楊生稊」言枯楊生嫩葉。

❸「老夫得其女妻」。說文：「老，考也。七十曰老。从人毛匕言須髮變白也。」管子海王：「今吾非籍之諸君吾子。」房玄齡、尹知章注：「六十已上爲老男，五十已上爲老女也。」女妻，年之少也。

今譯

九二，枯槁的楊樹生嫩葉，老頭子娶個年輕妻子，沒有不利。

九三，棟橈❶，凶。

注釋

❶「棟橈」。說文：「橈，曲木。从木堯聲。」廣雅釋詁一：「橈，曲也。」後漢書儒林傳下：「暨乎剝橈自極，人神數盡。」李賢注曰：「易大過卦曰：『棟橈，凶。』橈，折也。」按，橈有「曲」和「折」義。「棟橈」，言棟樑曲則將折，棟折則屋傾而塌。

今譯

九三，棟樑彎曲而折，則屋塌而有禍殃。

九四，棟龘（隆）❶，**吉。有它**❷，**閵**（吝）。

注釋

❶「棟龘」。「龘」假借「隆」。說詳大過卦辭。謂棟樑高則屋寬家大。

❷「有它」，說詳比初六「終來有它」。「它」古爲「蛇」。發生意外之事，古人亦稱爲它。

今譯

九四，棟高則屋寬而家大，則吉祥。如發生意外事故，則有艱難。

六〈九〉五，楛（枯）楊生華❶，老婦得其士夫❷，无咎無譽。

注釋

❶「楛」假借爲「枯」。枯，枯槁也。「華」，說文：「榮也。从艸𠌶。」國語魯語：「以德榮爲國華。」韋昭注：「華，榮華也。」華古花字。「花」，說文：「本作華。」唐韻古音曰：「按，花字自南北朝以上不見于書，晉以下書中間用花字，或是後人改易，唯後漢書李諧述身賦曰：『樹先春而動色，草迎歲而發花。』又云：『肆雕章之腴旨，咀文藝之英華。』花字與華並用。而五經諸子楚辭先秦、兩漢之書皆古文，相傳凡華字未有改爲花者。考太武帝始光二年三月初造新字，于餘頒之，遠近以爲楷式。如花字之比，得非造于魏晉以下之新字乎！」按，此爻華即古花字。

❷「老婦得其士夫」。荀子非相：「處女莫不願得以爲士。」楊倞注：「士者，未娶妻之稱。」

今譯

九五，枯楊生了花，老婦嫁個少年郎，旣無災患，亦無名譽。

尚（上）九〈六〉，過涉滅釘（頂）❶，凶，无咎❷。

注釋

❶「過涉滅釘（頂）」。國語周語：「若過其序。」韋注：「過，失也。」論語里人：「人之過也。」皇疏：「過猶失也。」論語子路：「赦小過。」皇疏：「過，誤也。」廣雅釋詁三同。禮記雜記下：「過而擧君之諱則起。」孔疏：「過謂過誤也。」按，過卽過失，過誤也。「過涉」，謂涉河之時，不知深淺風浪，而誤渡遭險。

「釘」假借爲「頂」。說文：「釘，鍊鉼黃金。从金丁聲。」「頂」，說文：「顚也。从頁丁聲。」「釘」、「頂」同聲系，古相通。莊子大宗師：「肩高于頂。」釋文：「頂，崔本作釘。」爲「釘」、「頂」古通之證。

「頂」，周易集解引虞翻曰：「頂，首也。乾為頂。頂沒兌水中，故滅頂凶。」

❷「无咎」。方言十三：「咎，謗也。」有譴責之意。謂勿譴責也。

今譯

上六，錯誤地渡河而遭滅頂之災，有禍殃，但亦無須譴責。

總釋

本卦的主旨是講「過」，即過頭、過分，它與後來的「中庸」思想不符，「中庸者，不偏不倚，無過不及，而平常之理，乃天命所當然，精微之極致也。」（朱熹中庸章句）大過圍繞家庭中的房屋、婚姻、祭祀、行旅等與日常生活有關的事件，說明過頭的道理和吉凶。舊時蓋房屋的關鍵是上樑，即上正樑，不僅要請風水先生選擇黃道吉日和時辰，而且要祭祀祈禱天、地神祇的保祐，驅邪保泰平。房主人要放鞭炮請客人吃飯等等。卦辭和九四爻辭為「棟隆」，棟樑高，屋便寬大，這樣的棟樑必是不彎不曲、不偏不倚，既不失中，又不未至，因此是吉利的。反之，若棟樑彎曲，便是有過和不及，則「棟橈，凶」。從婚姻來說，「老夫」、「老婦」本已過了正常的結婚年齡，然而亦會出現一種反常的過越情況，這便是枯槁的楊樹生嫩葉或花，老頭娶個女嬌娃，是吉兆，反之，老婦嫁個少年郎，無咎無譽，不好不壞。對此兩種情況的道德價值判斷的不同，反映了周易作者的價值標準。另對於祭祀，用白茅墊祭品，虔誠恭敬，則不會過分，故無咎，反之過涉滅頂，則淹過了頭，便有危險了。過則招凶，不過則吉。

羅（離）　第四十九

䷝ **羅（離）❶，利貞，亨。畜牝牛❷，吉。**

注釋

❶

「離」，卦名。

「羅」假借爲「離」。集韻：「羅，鄰知切。」音離。義同。古音屬支韻。「離」，集韻、韻會：「鄰知切。」音驪。古音屬支韻。「羅」、「離」古音同屬支韻，音近相通。方言七：「羅謂之離。」史記五帝紀：「旁羅日月星辰。」司馬貞索隱：「離卽羅也。」爲「羅」、「離」古相通之證。

「離」，序卦傳曰：「陷必有所麗，故受之以離。離者，麗也。」彖傳曰：「離，麗也。」說卦傳同。「麗」爲相附麗。周易集解引荀爽曰：「陰麗于陽，相附麗也。亦爲別離以陰隔陽也。離者，火也。託于木，是其附麗也。煙燄飛天，炭灰降滯，是其別離也。」離卽附麗之義，亦有附著之義。易否九四：「疇離祉。」周易集解引九家易曰：「離，附也。」莊子則陽：「子獨先離之日。」釋文：「離，著也。」釋文：「離，麗也。麗著也。」即附著的意思。

❷「畜牝牛」。周易集解引虞翻曰：「畜，養也。」古人用於祭祀之牲，特畜養之。周禮充人曰：「掌繫祭祀之牲牷，祀五帝則繫于牢，芻之三月，享先王亦如之，凡散祭祀之牲，繫于國門，使養之。」禮記祭義曰：「君召牛納而視之，擇其毛而卜之，吉然後養之。」祭祀之牲卜而後畜養。

「牝」，周易集解引荀爽曰：「牝者陰性。」即雌牛。母牛性順。

今譯

離，利於占問，享祭，要畜養母牛為祭品，則吉祥。

初九，禮（履）昔（錯）然❶，敬之❷，无咎。

注釋

❶「禮」假借爲「履」。說詳履卦辭「禮（履）虎尾」。「昔」假借爲「錯」。說文：「錯，金涂也。从金，昔聲。」「昔」、「錯」同聲系，古相通。周禮考工記弓人：「老牛之角紾而昔。」鄭司農注：「昔讀爲交錯之錯。」鄭注曰：「昔讀履錯然之錯。」「昔」、「錯」相通之證。「錯然」，周易集解引王弼曰：「敬愼之貌也。」王弼本作「警愼之貌也。」阮元校勘記曰：「岳本、閩、監、毛本同。集解警作敬。」周易正義孔疏：「警懼之狀，其心未寧，故錯然也。」行動警懼貌，敬愼貌。

❷聞一多周易義證類纂：「錯讀爲䄍。說文曰：『䄍，驚貌。』履九四：『履虎尾愬愬，終吉。』子夏傳曰：『愬愬，恐懼貌。』䄍、愬音義近，䄍然猶愬愬也。」錄以參考。「敬之」，周易正義孔疏曰：「若能如此恭敬，則得避其禍而无咎，故象云『履錯之敬，以避咎也』。」敬爲恭敬。詩常武：「既敬既戒。」鄭箋：「敬之言警也。」釋名釋言語：「敬，警也。」言警惕、戒備。聞一多曰：「敬讀爲驚。『履䖍尾，䄍然驚之，无咎』與『履虎尾，愬愬終吉』，語意全同。正義讀需上六、離初九兩敬字皆爲恭敬之敬，未得經恉。」錄以參考。

今譯

初九，步履敬慎不苟，而又有所警惕，則沒有災患。

六二，黃羅（離）❶，元吉。

注釋

❶「黃羅（離）」。「羅」假借爲「離」。說文：「離，黃倉庚也，鳴則蠶生。从隹离聲。」「離」與「螭」同。史記周本紀：「如豺如離。」裴駰集解引徐廣曰：「離訓與螭同。」後漢書竇憲傳：「螭虎之士。」李賢注：「離與螭同。螭，山神，獸形也。」左傳宣公三年：「昔夏之方有德也，遠方圖物，貢金九牧，鑄鼎象物，百物而爲之備，使民知神姦，故民入川澤山林，不逢不若，螭魅罔兩，莫能逢之。」服注：「螭，山神獸形。」按，螭，古人以爲獸形的山神。有黃色之螭，故曰「黃離」。

聞一多周易義證類纂曰：「漢書天文志曰：『日月無光曰薄。』史記天官書集解引京房易傳又曰：『日赤黃爲薄。』『黃離』蓋卽薄。天官書說歲星曰：『星色赤黃而沈，所居野大穰。』說塡星曰：『五色星……黃圜則吉。』說太白曰：『黃圜和角……有年。』說辰星曰：『黃爲五穀熟。』占星多以黃爲吉，疑占日亦然，故曰：『黃離，元吉。』」義亦可通。

高亨周易大傳今注：「離，离皆借爲螭，龍也；謂雲氣似龍形者，虹之類也。音轉而謂之霓。黃漓卽黃霓。黃爲吉祥之色。」亦通。本爻黃離訓獸形山神。

今譯

六二，出現獸形山神，始便吉祥。

九三，日禝（昃）之羅（離）❶，不鼓垝（缶）而歌❷，卽（則）❸大絰（耋）之䏿（嗟）❹，凶。

注釋

❶「日禝（昃）之離」。釋文：「昃，王嗣宗本作仄。音同。」阮元校勘記：「閩、監、毛本同。石經昃作昊。」說文：「昊作㕦，日在西方時側也。从日仄聲。易曰：『日㕦之離。』」又曰：「昊，日西也。」昃、㕦昊並同。周禮眡祲曰：「掌十煇之法，以觀妖祥，辨吉凶：一曰祲，二曰象，三曰鐫，四曰監，五曰闇，六曰瞢，七曰彌，八曰敘，九曰隮，十曰想。」鄭衆注曰：「煇謂日光炁也。」聞一多周易義證類纂曰：「十煇之名，若象與想，瞢與彌等，頗似音轉字變，本一名而誤分爲二者。先鄭訓瞢爲『日月平車無光』，訓彌爲『白虹彌天』，後鄭又訓彌爲『氣貫日』。白虹彌天與日何涉？故後鄭不從。然氣貫日與彌字之義

亦不相應，實則彌曹一聲之轉，彌即曹耳。彌之言猶彌離也。爾雅釋詁『覭髳茀離也』郭注曰：『茀離即彌離，彌離猶蒙蘢也。』蒙蘢與朦朧同。彌謂之彌離，猶曹謂之朦朧。」「日褑」之「褑」疑與彌、曹等十煇中之一相同。「日褑」謂日偏西而無光，彌離、朦朧亦謂無光。朦朧从月蒙聲或龍聲，古音屬九部，褑，疑讀爲褑，从示㚣聲，籀文作□，似㚣，古音亦屬九部，故朦、朧、褑義同音近相通。昊、厢、昃日西而光無，亦與「朦」、「朧」、「褑」義近，古相通。「日昃之離」，言猶日偏西之時迷離或朦朧無光也，日食時之象。

「不鼓坃（缶）而歌」。釋文：「鼓，鄭本作擊。」「鼓」與「擊」義同相通。莊子至樂❷曰：「莊子妻死，惠子弔之，莊子則方箕踞，鼓盆而歌。」即敲着或擊着瓦盆歌唱。「坃」爲「缶」之異體子。說文：「缶，瓦器，所以盛酒漿，秦人鼓之以節謌。象形。凡缶之屬皆从缶。」缶爲土製，後漢書魯恭傳李注缶爲土器，故帛書周易作「坃」，从土缶聲。缶、坃同聲系，古相通。爾雅釋器：「盎謂之缶。」「鼓缶而歌」之「缶」似說文所謂「秦人鼓之以節謌」的樂器。詩宛丘孔疏引易鄭注曰：「詩云：『坎其擊缶。』則樂器亦有缶。」聞一多則認爲：「缶亦鼓之類，古亦謂之土鼓。日離擊缶，與日食伐鼓，皆王充所謂『彰事告急，助口氣』者也。（論衡順鼓篇曰：『夫禮以鼓助號呼，明聲響也。……口祝不副，以鼓自助，與日食鼓用牲于社，同一義也。』）周禮女巫曰：『凡邦之大烖，歌哭而清。』注曰：『有歌者，有器者，冀以悲哀感神靈也。』案，賈疏曰：『此云歌者，憂愁之歌。』是『歌哭』謂且歌且哭。鄭意以爲群巫或歌或哭，微失經旨。易『鼓缶而歌』，亦謂憂愁而歌。日離為天之災變，故必鼓缶哀歌，以訴於神靈而救之。」

❸「即」假借為「則」。集韻、韻會、正韻：「即，節力切。」音稷。古音屬職韻。「則」，集韻、韻會：「即德切。」音側。古音屬職韻。「即」、「則」古音同屬職韻，音近相通。吳昌瑩經詞衍釋曰：「即，則也。古同聲而通用。」廣雅釋言：「則，即也。」禮記王制：「必即天倫。」鄭注：「即或為則。」詩終風：「願言則嚏。」一切經音義作「願言即嚏」。為「則」、「即」古通之證。

❹「大經（耋）之跌（嗟）。」釋文：「大耋，京作絰，蜀才作咥。」阮元校勘記：「石經耋作耊，岳本同。」「絰」與「耊」古相通。說文：「絰，喪首戴也。从糸至聲。」「耊」，說文：「从老省从至。」絰耊古音同屬屑韻，音近而通。

「耊」，爾雅釋言：「耋，老也。」郭注：「八十為耋。」說文：「年八十曰耋。」詩車鄰：「逝者其耋。」毛傳：「耋，老也。八十曰耋。」釋文：「王肅云：『八十曰耋。』」此其一。其二，釋文又曰：「馬云：『七十曰耋。』」後漢書明帝紀注引禮記：「七十曰耋。」左傳僖公九年：「以伯舅耋老。」杜注：「七十曰耋。」其三，爾雅釋言舍人注：「耋，年六十稱也。」按，耋乃老之汎稱，不必嚴格以年齡為限。

「跌」與「嗟」通。說詳萃六三「萃若跌若」。

今譯

九三，日西昃之時，昏暗無光，若不擊缶哀歌來挽救，則老人悲歎，乃有禍殃。

九四，出（突）如來如❶，紛（焚）如❷，死如，棄如❸。

注釋

❶「出（突）如來如」，通行本「突如」下有「其」字，帛書周易無「其」字，義仍相似。音訓：「突，晁氏曰：『京、鄭皆作㐬。』」周易集解亦作「㐬」。說文：「𠫓，不順忽出也。从到子。易曰：『突如其來如。』不孝子突出，不容於內也。」重文作㐬，云：「或从到古文子，卽易突字。」「突」，說文：「犬從穴中暫出也。从犬在穴中。」段玉裁注：「徒骨切，十五部。」「出」，說文：「進也。象艸木益茲上出達也。凡出之屬皆從出。」段玉裁注：「尺律切，十五部。」「出」「突」古音同屬十五部，音近相通。「突」，廣雅釋詁二：「猝也。」荀子王霸：「汙漫突盜以先之。」楊倞注：「突謂相凌犯也。」一說：「突」，古文作「㐬」。㐬卽流放之放，逐出不孝子於遠方也。義亦通。

一說：突，衝也。

「如」，王引之經傳釋詞：「如，詞助也。易屯六二：『屯如亶如。』子夏傳曰：『如，辭也。』吳昌瑩經詞衍釋：「如，猶然也。易『突如其來如』，突如，猶突然也。來如之如，詞助也。」

❷ 「紛（焚）如」。「紛」假借爲「焚」。廣韻：「府文切。」集韻、韻會、正韻：「敷文切。」音芬。「焚」，廣韻、集韻、韻會、正韻並曰：「符分切。」音汾。「紛」、「焚」同屬文韻，音近相通。紛，左傳昭公十六年：「獄之放紛。」杜注：「紛，亂也。」廣雅釋詁三同。漢書揚雄傳：「上洪紛而相錯。」顏注：「紛，亂雜也。」

「焚」，周禮掌戮：「凡殺其親者焚之。」鄭注：「焚，燒也。」易曰：「焚如，死如，棄如。』孔疏引鄭氏易注曰：「不孝之罪，五刑莫大焉，得用議之辟刑之，若如所犯之罪。焚如，殺其親之刑；死如，殺人之刑；棄如，流宥之刑。」漢書匈奴傳：「莽作焚如之刑。」顏注：「應劭曰：易有焚如、死如、棄如之言，莽依此作刑名也。」如淳曰：「焚如、死如、棄如者，謂不孝子也，不畜於父母，不容於朋友，故燒殺棄之，莽依此作刑名也。」漢人以焚、死、棄爲不孝子之刑。殷末周初爲護衞父子倫理關係的刑罰已如此完備，似可懷疑。

❸ 「棄如」。說文：「棄，損也。」王弼周易注：「衆所不容，故曰棄如也。」廣雅釋言：「棄，損也。」猶言破壞。

今譯

九四，敵人突然衝過來，燃掉房子，殺死人，破壞了村子。

六五，出涕沱若❶，□⿰镸左（嗟）若❷，吉。

注釋

❶「出涕沱若」，王弼周易注：「憂傷之深，至于沱嗟也。」垂淚歎息之貌。沱若，亦爲淚多貌。詩澤陂：「涕泗滂沱。」義同。「若」，周易正義孔疏：「語辭也。」「出涕沱若」，言哭泣而流淚。

❷「□⿰镸左若」，□爲帛書殘字和不易辨認之字。通行本爲「戚」。「戚」，釋文：「子夏傳作嘁。」周易正義孔疏：「憂傷之深，所以出涕滂沱憂戚而咨嗟也。」訓「戚」爲「憂」。「戚」借爲「慽」。說文：「慽，憂也。」字亦作慼。廣雅釋詁：「慼，悲也。」按，戚，憂傷，憂悲之意。

「⿰镸左」假借爲「嗟」。說詳萃六三「萃若嗟若」。

今譯

六五，哭泣而流淚，憂傷而歎息，否極泰來，故結果吉祥。

尚（上）九，王出正（征）❶，有嘉折首❷，獲不𢧵❸，无咎。

注釋

❶「王出正（征）」，釋通行本作「王用出征」，帛書無「用」字。「正」假借爲「征」。說詳姤九四「正兇」。征，征伐。

❷「有嘉折首」。「嘉」，美也，善也。周易正義孔疏：「有嘉美之功。」爲喜慶之事。一曰：「有嘉」，爲周時國名，周曾出征有嘉而獲勝。
「折首」，除首，猶斬首，殺敵。

❸「獲不𢧵」，通行本作「獲匪其醜」。于豪亮帛書周易曰：「𢧵當假爲䰢。詩遵大路：『無我䰢兮。』疏：『䰢與醜古今字。』所以𢧵讀爲醜。『獲不𢧵』的不字和『獲匪其醜』的匪字都應讀爲彼字，所以『獲不𢧵』即『獲彼醜』，『獲匪其醜』即『獲彼其醜』。

「彼其」即詩羔裘、候人『彼其之子』的『彼其』。王引之云：『其，語助也。』（見經傳釋詞）所以『獲不醜』和『獲匪其醜』的含義相同，即詩出車『執訊獲醜』，常武『仍執醜虜』之意。」于說是也。「醜」，周易集解引虞翻曰：「醜，類也。」國語周語：「況爾小醜。」韋注：「醜，類也。」「獲不醜」，謂獲得俘虜。

今譯

上九，王出兵征伐，有戰爭勝利的慶喜，殺傷敵人，又獲得俘虜，無災患。

總釋

本卦通過戰爭和自然界的怪異，來說明「離」，「離」作附麗、附著，而實與本卦文意無甚關係，帛書周易作「羅」，詩兎爰：「雉離于羅。」毛傳：「鳥網曰羅。」爾雅釋器：「鳥罟謂之羅。」李注：「羅，鳥飛張網以羅之。」鳥被網羅所羅住，便失去了自由飛翔，有被人捉殺了的危險。因此，羅引伸爲罹難、遭禍的意思。漢書于定國傳曰：「其父于公爲縣獄史……羅文法者于公所決皆不恨。」顏注曰：「羅，罹也，遭也。」離與罹通。羅、離皆有罹義。九三爻辭：言日西昃之時，日應有餘輝，然而昏暗無光，則是日罹難也。猶於發生日食，舊時以爲太陽被天狗咬住了，人們必須鼓盆擊器、呼號吶喊，嚇跑天狗，留下太陽。本爻亦要鼓缶哀歌來挽救日西昃時無光的怪異現象。九四、六五，是講人們所遭受的戰爭的罹難、遭禍。侵犯者突然衝過來，見房子就燒，見人便殺，見牲獸財物便搶，整個好好的村莊、城市就被毀壞了。遭到搶掠屠殺的人民，流離失所，饑寒交迫，哭泣流淚，猶如雨下，憂傷悲歎，天地震動。然而痛定思痛，奮發圖強，終於化凶爲吉，出征敵國，而獲勝利。但被征之國的人民，在戰爭中又大批被殺、被俘虜，人民亦遭禍，故亦是罹難。因而，只有「履錯然，敬之，」步步行動敬慎不苟，而又保持警惕，才能免於災患。所以，吉凶往往可改變，而不是一成不變的。離借爲螭爲山神，本爲不吉，但黃爲吉祥之色，黃離就爲吉的象徵。

大有 第五十

䷍ **大有❶，元亨。**

注釋

❶「大有」，卦名。卦名和卦辭相重合。「大有」，雜卦傳：「大有，衆也。」釋文：「包容豐富之象。」「有」，从手持月形。因有象月象來耜之類的剌田工具，同於耤。甲骨、金文耤字象人手持耒而脚踏耒下端形。持耒而耕，故古人稱農業豐收爲「有」。詩有駜：「歲其有。」毛傳：「歲其有，豐年也。」詩甫田：「自古有年。」春秋宣公十六年經：「大有年。」所謂「有年」，「大有年」，即是大豐收年。穀梁傳曰：「五穀皆熟爲有年也。五穀大熟爲大有年。」本卦「大有」，大卽「大有年」。故周易集解引姚規曰：「乾則施生，澤則流潤，離則長茂，秋則成收，大富有也，大有則元亨矣。」又引荀爽曰：「萬物並生，故曰大有也。」「大有」，卽大豐

收之義。程頤周易程氏傳曰：「大有，盛大豐有也。」義與大豐收同。

今　譯

大有，大豐收之年，始便亨通。

初九，无交禽（害）❶，非咎❷，根（艱）則无咎❸。

注　釋

❶「无交禽」。「禽」假借爲「害」。說詳損卦辭「禽之用二簋。」无，毋。交害，猶言相害。

❷「非咎」，通行本作「匪咎」。「非」、「匪」古今字。周易集解引虞翻曰：「匪，非也。」

❸「根」假借爲「艱」。說詳大畜九三「利根（艱）貞」。艱，艱難也。

今　譯

初九，人與人毋相互賊害，不僅不是災患，而且在艱難時可互助，而無災患。

九二，泰（大）車以載❶，有攸往，无咎。

注釋

❶「泰（大）車以載」。「泰」假借爲「大」。說詳泰（大）蓄（畜）卦。王弼周易注曰：「任重而不危。」謂大車能承受重物而沒有危險。周易集解作「大轝以載」。轝與車相通，義同。

今譯

九二，用大車載物或人，有所往則無災患。

九三，公用芳（享）于天子❶，小人弗克。

注釋

❶ 公，詩既醉：「公尸嘉告。」鄭箋：「公，君也。」儀禮既夕禮：「公國君也。」賈疏：「臣皆尊其君，呼之曰公。」此其一也。史記周本紀：「公行不下衆。」張守節正義引曹大家曰：「公，諸侯也。」左傳宣公十六年：「公當享。」杜注：「公謂諸侯。」禮記祭法：「諸侯稱公。」此其二也。左傳昭公七年：「王臣公。」孔疏：「公者，五等諸侯之總名。」禮記檀弓上：「公之喪。」孔疏：「公者五等諸侯也。」本爻「公」與「天子」對言。天子爲君，則公爲諸侯也。

「芳」假借爲「享」。說詳損卦辭「可用芳（享）」。通行本「芳（享）」作「亨」。釋文：「用亨，許庚反，通也。下同。衆家並『看兩反』。京云：『獻也。』干云：『享，宴也。』姚云：『享，祀也。』」亨卽享字。干云「享，宴也」，則「享」當讀爲「饗」。左傳僖公二十五：「狐偃言於晉侯曰：『求諸侯莫如勤王。』……公曰：『筮之！』遇大有☲☰之睽☲☱，曰：『吉。遇公用享於天子之卦，戰克而王饗，吉孰大焉！』」讀享爲饗。說文：「饗，鄉人飮酒也。」卽鄉人聚會而宴也。

今譯

九三，公侯受天子之宴饗。小人都不能得到天子的宴請。

九四，〔匪其〕彭❶，无咎。

注釋

❶「匪」，借爲「非」。「匪」、「非」古今字。非可讀爲排，排斥、反對也。「彭」，釋文曰：「步郎反。子夏傳作旁。干云：彭亨。虞作尪。」周易集解作「匪其尪」。尪爲正字，「彭」、「旁」皆借字。周易集解纂疏曰：「說文云：『尪，跛曲脛也。從大，象偏曲之形。』足尪故體行不正，四失位，體兌折震足，故足尪也。變而得正，故曰：『匪其尪，无咎』。今本作彭，子夏傳作旁，干寶云：『彭亨，驕盛貌。』姚信云：『彭，旁也。』是皆讀彭爲旁。旁、尪聲相近。」焦循周易補疏曰：「廣雅彭彭、旁旁皆訓爲盛。……旁之訓溥，爲廣，『旁魄四塞』，故義爲盛。說文『彭』爲鼓聲，義亦爲盛者，爲旁之音通相假借也。王氏（弼）訓彭爲盛，故云：『三雖至盛。』……直以旁代彭，而云：『常匪其旁。』」按，跛曲脛之人，其足不正，體行亦不正。引申爲邪曲之人和邪曲之事。李鏡池周易通義曰：「匪借爲咈。廣雅釋詁：非、弗聲通。咈，曝也。彭，虞翻本作尫。彭爲尪的借字。尪，跛足男巫。古時天旱往往把巫尪放在烈日下曬，甚至用火燒，叫他求

雨。左傳僖公二十一年：『夏大旱，公欲焚巫尪。』早在卜辭裏有記載。直到漢代董仲舒還講這一套。春秋繁露求雨篇：『春旱求雨，暴巫聚尪。』匪其彭，卽曝尪求雨。」李說亦通。

今譯

九四，排斥邪曲之人或邪曲之事，則無災患。

六五，闕（厥）❶復（孚）交如❷，委（威）如❸，終吉❹。

注釋

❶「闕（厥）復（孚）交如」。「闕」假借爲「厥」。說文：「闕，門觀也。从門厥聲。」「厥」，說文：「發石也。从厂欮聲。」闕與厥同聲系，古相通。論語：「闕黨童子。」漢書古今人表作「厥黨」。是爲「闕」、「厥」古通之證。

「厥」，爾雅釋言：「其也。」書堯典「厥民析」孔傳、詩生民「厥初生民」鄭箋、周禮鄉大夫「厥明」鄭注、儀禮士冠禮「厥明夕」並曰：「厥，其也。」周易正義孔疏：「厥，其也。」

❷ 「復」假借為「孚」。說詳損卦辭「有復（孚）」。「孚」，俘也，亦信也。
「交」，周易正義孔疏：「謂交接也。」交接，相交之意。高亨曰：「交疑當讀為皎。同聲系，古通用。」廣雅釋詁：「皎，明也。」義亦可通。謂明察之貌。
「如」，周易正義孔疏：「語辭也。」

❸ 「委」假借為「威」。說文：「委，委隨也。从女从禾。」委聲，古音十五部。「威」，說文：「姑也。从女戌聲，」段玉裁注：「按小徐本作戌聲，而復以會意釋之。於非切，十五部。」「委」、「威」古音同屬十五部，音近相通。
「威」，周易正義孔疏：「威，畏也。」周易集解引侯果曰：「有威不用，唯行簡易，无所防備，物感其德，翻更畏威，威如之吉也。」亦釋「威」為「畏」。李道平纂疏曰：「昭廿年左傳曰：『去備薄威。』尉繚子曰：『兵有去備徹威而勝者以有法。』鹽鐵論曰：『德威則寡備。』董子曰：『冠之在首，元武之象也。元武者，貌之最有威者也。』……君子顯之於服而勇武者，消其志於貌也矣，是皆威如之吉。」李說是也。

❹ 「終吉」，通行本作「吉」，無「終」字。然家人上九：「有孚委（威）如，終吉」，有「終」字。今從帛書。

今譯

六五，其人誠信而又明察，威嚴而又可畏，結果吉祥。

尚（上）九，自天右之❶，吉，无不利。

注釋

❶「自天右之」。王弼本、周易正義本作「自天祐之」，周易集解作「自天右之」，與帛書周易同。「右」、「祐」同聲系，古相通。說文：「祐，助也。右，助也。」義同。「右」，周易集解引虞翻曰：「右，助也。大有通比，坤爲自，乾爲天，兌爲右，故自天右之。比坤爲順，乾爲信，天之所助者順。人之所助者信，履信思順，又以尚賢，故自天右之，吉无不利。」按，右爲本字，蓋天助爲右，故孳爲「祐」。從示，以示自天助也。虞翻所釋，乃依易繫辭上之意。

今譯

上九，自天保祐，吉祥，沒有不利。

總　釋

本卦主旨是通過大豐收來說明社會及人們的精神面貌。豐收總是吉祥的喜事。於是開始便亨通。天子爲了慶祝豐收，將要宴饗諸侯。當然在那等級森嚴的社會裏，庶民是不會受到天子的宴饗的。由於豐收，人們便「大車以載」，載着豐收的果實或喜慶的人們出門，都不會有災患，因爲倉廩實，衣食足，人們便知廉恥榮辱，毋需去幹乃不道德的事，所以「无交害」，人與人之間就不會互相賊害，甚至在艱難之時，可相互幫助，而免去災患。人與人的關係可得到改善，一些邪曲之事和不正派的人也受到社會的排斥，社會風尚便會得到改變。於是人們都「厥孚交如，威如」，人們都誠信而明察，威嚴又可畏，社會安定，人民樂業。但是人們把大豐收不是看成自身的奮鬥，而是看成天的保佑。在當時科學技術十分低下的情況，農業、牧畜業生產主要是靠天。風調雨順，則收成便好；否則，水旱災害，就可毀掉一年的收成，由此，古人以爲「自天右之」，也就是可理解的了。

溍（晉） 第五十一

䷢ **溍（晉）❶，康矦❷用餳（錫）馬蕃庶❸，晝日三綾（接）❹。**

注釋

❶「晉」，卦名。

「溍」假借爲「晉」。集韻：「溍，卽刃切。」音晉。古音屬震韻。唐韻、集韻、韻會並「晉，卽刃切。」音縉。古音屬震韻。「溍」、「晉」音同相通。釋文：「晉，孟作齊。」阮元校勘記：「石經、岳本、閩、監、毛本同。釋文孟作齊。」「晉」、「齊」音近，古通用。「晉」，序卦傳曰：「物不可以終壯，故受之以晉。晉者，進也。」彖傳：「進也。」雜卦傳：「晉，晝也。」離在坤上，明出地上。日出於地，升而益明，故雜卦傳訓晉爲晝。晉，進而光明之意。說文：「𣈆，進也。日出萬物進。从日从臸。易：『日明出地上，𣈆。』」晉，進也；進攻、進擊之意。

❷ 「康矦」，通行本作「康侯」。「矦」「侯」古通。說詳蠱上九「不事王矦」。

「康侯」，據顧頡剛先生的考證，康侯爲康叔封。康侯鼎銘：「康侯丰作寶尊。」丰卽說文的丰，與封通。左傳定公四年：「武王之母弟八人，周公爲太宰，康叔爲司寇，聃季爲司空，五叔无官。」史記周本紀：「頗收殷餘民，以封武王少弟封爲衞康叔。」書康誥曰：「王若曰，孟侯，朕其弟，小子封。」世本居篇：「康叔居康，從康徙衞。」康侯丰卽康叔封，爲武王之弟，爲周司寇，初封於康，徙於衞，故稱康叔或康侯。（參見拙著：周易思想研究，一九八〇年湖北人民出版社。）虞翻訓「康，安也」。王弼訓「康，美之名也」。程頤譯「康侯者，治安之侯也」。朱熹釋「康侯，安國之侯也」。尙秉和訓「康，美也，大也」。均失經旨。

❸ 「賜（錫）馬蕃庶」。「賜」假借爲「錫」。帛書周易作「鬄」。說文：「錫，銀鉛之間也。从金易聲。」賜，當从镸易聲。賜錫同聲系。賜，疑讀爲鬄。「鬄」，說文：「髲也。从賜易聲。」亦屬同聲系。儀禮少牢饋食禮：「主婦被錫。」鄭注：「被錫讀爲髲鬄。」儀禮少牢饋食禮：「主婦被錫。」周禮追師注作「主婦髲鬄」。是爲「被」與「髲」，「錫」與「鬄」古相通之證。按，「賜」則爲「鬄」之省，故賜與錫通。

「錫」猶獻也。書禹貢：「禹錫玄珪，告厥成功。」又召誥：「大保乃以庶邦冢君出，取幣，乃復入，錫周公。」諸「錫」有「獻」義。古代上賞下稱「錫」，下獻上亦稱「錫」。「蕃庶」，釋文曰：「蕃，音煩，多也。庶，衆也。」卽衆多。「康侯用錫馬蕃庶」，言

❹ 康侯俘馬衆多，以獻於王。

「晝日三緁」。「晝日」猶一日。金文晝、畫同字。從周，是晝之爲言猶周。一日謂之晝日，猶一年謂之周年。鄭以終日釋晝日，亦讀晝爲周。王注曰：「以訟受服，則終朝三褫；柔進受寵，則一晝三接也。」終朝與一晝義和終日與晝日相同。晝日卽一日也。

「三緁（接）」。「緁」假借爲「接」。集韻：「緁，卽涉切。」音接。从糸妾聲。古音屬葉韻。「接」，集韻、韻會、正韻並：「卽涉切。」音楫。說文：「接，从手妾聲。」古音屬葉韻。「緁」、「接」同聲系，古相通。

「接」，說文：「交也。」爾雅釋詁：「接，捷也。」禮記曾子問：「注接祭而已。」孔疏：「接，捷也。」「接」「捷」古相通。禮記內則：「接以太牢。」鄭注：「接讀爲捷。」荀子大略：「先事慮事謂之接。」楊倞注：「接讀爲捷。」公羊傳僖公三十二年：「鄭文公接。」左傳、穀梁傳接皆作捷。莊子則陽：「接子。」漢書古今人表作捷子。爲「接」、「捷」古通之證。

釋文曰：「接，鄭音捷；勝也。」「晝日三接」，謂一日三勝。

今譯

晉，康侯出兵征伐，一日連打三次勝仗，俘馬衆多，以獻於王。

初九〈六〉，溍（晉）如浚（摧）如❶，貞吉。悔亡❷，復（孚）浴（裕）❸，无咎。

注釋

❶「溍」與「晉」通。晉，進也；進攻之意。
「浚」假借爲「摧」。說文：「浚，抒也。从水夋聲。」左傳襄公二十四年：「子寧生我，而謂子浚我以生乎。」杜注：「浚，取也。」「摧」，說文：「擠也。从手崔聲。一曰：挏也；一曰折也。」太玄衆：「丈人摧孥。」注：「摧，趣也。」「取」與「趣」通。說文：「趣，疾也。从走取聲。」「趣」、「取」同聲系，古相假。莊子齊物論：「趣舍不同。」釋文：「趣本作取。」爲「取」、「趣」相通之證。「浚」通「取」，「摧」通「趣」，故「浚」、「摧」古亦相通。
「摧」，廣雅釋詁一：「折也。」釋文：「摧，退也。」王弼周易注曰：「進明退順，不失其正，故曰：『晉如摧如。』」謂進退皆吉。

❷「悔亡」，通行本無「悔亡」兩字，今依帛書周易。「悔亡」，謂困厄失去或喪亡。

❸「復（孚）浴（裕）」，通行本作「罔孚裕」。帛書周易無「罔」字。按，帛書周易較通行本增「悔亡」而無「罔」字，疑「罔」爲「悔亡」之譌。初本周易口耳相傳，後才筆錄

於簡册，其間同音假借，音近相混，則屢見不鮮。「悔亡」與「罔」可能就屬這種情況。
「復」假借爲「孚」。孚卽俘；俘獲或俘虜。
「浴」假借爲「裕」。說文：「浴，洒身也。从水谷聲。」「裕」，說文：「衣物饒也。从衣谷聲。」「浴」、「裕」同聲系，古相通。
「裕」，詩角弓：「綽綽有裕。」毛傳：「饒也。」廣雅釋詁三：「裕，寬也。」儀禮喪服注：「必求其寬裕慈惠。」賈疏：「裕謂寬裕」。

今譯

初六，進攻敵軍，打退敵兵，占問則吉祥。困厄喪失，俘獲有裕，沒有災患。

六二，溍（晉）如〔愁〕如❶，貞吉。受〔茲介福❷，于〕其王母❸。

注釋

❶ 「溍」假借爲「晉」。晉，進也；進攻。
「愁」，說文：「愁，㥑也。从心秋聲。」㥑卽憂字。廣雅釋詁一：「愁，憂也。」廣雅

釋詁三：「愁，悲也。」人悲憂而色變，故釋文曰：「愁，鄭云：『變色貌。』」使人悲憂，則因戰爭不利或失敗之故。「愁如」，戰事不利而憂愁。

❷「受茲介福」。「茲」，王引之經傳釋詞曰：「爾雅曰：『茲，此也。』常語。」「介福」，周易集解引虞翻曰：「介，大也。」釋文：「介大也。馬同。」介之訓大，乃借爲夰。說文：「夰，大也。从大介聲。」詩楚茨：「報以介福，萬壽无疆。」是其義也。九家易曰：「大福謂馬與蕃庶之物是也。」

❸「于其王母」。王母，大母；卽祖母。爾雅釋親曰：「父之考爲王父，父之妣爲王母。」高亨周易古經今注曰：「此疑亦康叔故事。詩思齊曰：『思齊大任，文王之母。』康叔乃文王之子，則康叔之王母，卽大任矣。蓋康叔帥師，進侵敵國，迫之使降，實得吉占。大任嘉其功勞，命文王或武王錫之爵祿，故記之曰：「晉如愁如，貞吉，受茲介福于其王母。康叔之初封於康，或卽由於戰功歟？」錄以參考。

今譯

六二，進攻敵軍，不順利而憂愁，終於勝利，占問吉祥，將於其祖母處受到嘉賞。

六三，衆允❶，悔亡。

注釋

❶「衆允」。說文：「允，信也。」爾雅釋詁：「允，信也。」周易集解引虞翻曰：「允，信也。土性信，故衆允。」

今譯

六三，衆人信任，便可消除困厄。

九四，溍（晉）如❶炙（鼫）鼠❷，貞厲。

注釋

❶「溍」假借爲「晉」。晉，進也；進，進攻，于鬯香草校書曰：「據陸釋於卦名晉下云：『孟作齊。』齊晉古通借，故金石書所載晉姜鼎，即齊姜也。公羊昭十年：『經晉欒施。』左穀經並作『齊欒施』。定十二年經：『公會晉侯。』左穀經亦並作『齊侯』。是齊、晉通借之證。孟本於卦名既作齊，則卦中字亦必皆作齊。晉如者，齊如也，……齊齊謂整齊之貌。並即此

❷晉如之義也。」「晉」釋爲「齊」自無不可，然此爻文意則顯迂曲。

「炙鼠」，通行本作「鼫鼠」。「炙」假借爲「鼫」。周易正義孔穎達疏：「鼫鼠，有五能而不成伎之蟲也。……蔡邕勸學篇云：『鼫鼠五能，不成一伎術。』……本草經云：『螻蛄一名鼫鼠。』謂此也。」所謂「鼫鼠五能」，說文曰：「鼫，五枝鼠也。能飛，不能過屋；能緣，不能窮木；能游，不能渡谷；能穴，不能掩身；能走，不能先人。」孔穎達釋爲「螻蛄」。荀子勸學篇：「梧鼠五枝而窮。」「梧鼠」卽「鼫鼠」。帛書周易作「炙鼠」。炙鼠卽螻蛄，亦卽鼫鼠。廣雅釋蟲：「炙鼠，螻蛄也。」王念孫廣雅疏證曰：「姑，一作蛄。蘇頌本草圖經引作碩鼠。炙、碩聲相近也。字一作石，一作鼫。廣韻：螻蛄一名仙蛄，一名石鼠。」螻蛄者何也？體黃褐色，長寸餘，前肢成掌狀，利掘地。雄者能鳴，晝常穴居土中，夜出飛翔。」「炙」、「碩」聲近相通，故「炙」、「鼫」相通。「炙鼠」、「鼫鼠」均螻蛄也。以喻偷偷摸摸地活動在夜間。

今譯

九四，進攻敵軍猶如鼫鼠那樣偷偷摸摸，占問則危險。

六五，悔亡，矢得勿血（恤）❶，往吉，无不利。

注釋

❶

「矢得勿恤」。「矢」，王弼本、周易程氏傳、周易本義作「失」，周易集解同帛書作「矢」。釋文：「失，孟、馬、鄭、虞、王肅本作矢。馬、王云：『離爲矢。』虞云：『矢，古誓字。』」阮元校勘記：「石經、岳本、閩、監、毛本同。釋文：失、孟、馬、鄭、虞、王肅本作矢。」漢本均作「矢」，後轉寫誤爲「失」。從帛書周易作「矢」。

「矢」，說文：「弓弩矢也。从入象鏑括羽之形。古者夷牟初作矢。」禮記玉藻：「端行頤霤如矢。」孔疏：「矢，箭也。」廣雅釋器：「矢，箭也。」周易集解引荀爽曰：「離者，射也，故曰矢得。」

「勿血」。「血」假借「恤」。說詳升卦辭「勿血（恤）」。周易集解引虞翻曰：「勿，无；恤，憂也。」「矢得勿恤」，言箭失而復得，故無憂慮。

今譯

六五，困厄可消除，箭失而復得，無可憂慮，有所往則吉祥，沒有不利。

尚（上），潛（晉）其角❶，唯用伐邑❷厲吉，无咎，貞閵（吝）❸。

注釋

❶「溍其角」。「溍」假借爲「晉」。晉，進也；進攻。「角」，周易正義孔穎達疏：「晉其角者，西角隅也。」後漢書郎顗傳：「顗父宗善風角星算。」李賢注：「角，隅也。」「晉其角」，謂進攻敵城之一角。

❷「唯用伐邑」，王弼本「唯」作「維」，周易集解本「唯」作「惟」。「唯」、「惟」、「維」皆通。說詳豐初九「唯旬」。參見王引之經傳釋詞卷三惟、唯、維、雖。

今譯

上九，進攻其城隅，乃是征伐屬邑，雖有危險，仍還吉祥，並無災患，占問此事，則難於克敵制勝。

總釋

本卦主旨是講戰爭，戰爭有進攻和防禦兩道，本卦是講戰爭中的進攻一道。卦辭揭明是講康侯的故事，顧頡剛先生考證康侯爲康叔封，搞清了周易史事。但顧先生沒有進一步說明「康侯用錫用蕃庶，晝日三接」是甚麼。平心先生却說是唐叔虞曾在成王領導下參與了滅唐戰爭，指桐葉為戲之事。然而左傳只說成王滅唐，而無唐叔虞參戰而「晝日三接」的記載，史記晉世家也以唐叔未參加滅唐之役。愚以為，這則卦辭是講康侯參加由周公旦率領的平定蔡叔、管叔聯合殷遺民武庚、祿義的反叛戰爭。史記衛康叔世家曰：「周公旦以成王命，興師伐殷，殺武庚、祿義、管叔，放蔡叔。」正因為衛康叔參加了平叛戰爭而有功，因此，史記衛康叔世家記載「以武庚殷餘民封康叔為衛君，居河淇間故商墟。」（詳見拙著周易思想研究）康侯之事，講進攻而獲勝，初六、六二、九四、六五、上六皆說明或進攻敵軍，打擊敵兵，或進攻城隅，征伐屬邑，皆為有利，唯以為像鼫鼠那樣偷偷摸摸則不利，這與後來就有異。同時，戰爭要取得衆人的信任，這樣才可以悔亡，而獲吉利。

旅

第五十二

䷷ 旅❶，少（小）亨❷。旅，貞吉。

注釋

❶「旅」，卦名。

「旅」，序卦傳曰：「窮大者必失其居，故受之以旅。」雜卦傳：「親寡，旅也。」爾雅釋詁：「旅，衆也。」周易集解引姚信曰：「三五交易，去其本體，故曰客旅。」釋文：「旅，羈旅也。王肅等以爲軍旅。」羈旅卽爲寄居的旅客。左傳莊公二十二年：「羈旅之臣。」杜注：「旅，客也。」廣雅釋詁四：「旅，客也。」周禮遺人：「以待羈旅。」鄭注：「羈旅過行寄止者。」周易正義孔疏曰：「旅者，客寄之名。羈旅之稱，失其本居而寄他方，謂之爲旅。」寄居在他方的旅客。

❷「少」假借爲「小」。說詳訟初六「少（小）有言」。

「亨」卽享字。享，祭也。小享卽小祭。

今譯

旅，可行小祭，旅客有所占問，則吉祥。

初六，旅瑣瑣❶，此（斯）其所❷，取火❸。

注釋

❶「旅瑣瑣」，釋文曰：「瑣瑣或作璅字者，非也。鄭云：『瑣瑣，小也。』馬云：『疲弊貌。』王肅云：『細小貌。』」周易集解引陸績曰：「瑣瑣，小也。」爾雅釋訓：「瑣瑣，小也。」詩節南山：「瑣瑣姻婭。」毛傳：「瑣瑣，小貌。」高亨周易古經今注：「疑瑣或借爲惢，說文：『惢，心疑也。从三心。讀若易「旅瑣瑣。」』……旅惢惢，言旅人之多疑也。」余疑「瑣瑣」爲編貝之聲。說文：「瑣，玉聲也。从玉𧴪聲。」段玉裁注：「謂玉之小聲也。」瑣讀爲𧴪。「𧴪」，說文：「貝聲。从小貝。」蓋小貝曰𧴪。段玉裁注：「聚小貝則多聲，故其字从小貝。」桂馥說文義證：「𧴪，貝聲也。」又曰：「編貝相擊

有聲。」「旅瑣瑣」，謂旅客理貝時發出的聲音。

❷「此（斯）其所」。「此」假借爲「斯」。說文：「此，止也。从止从匕。匕，相比次也。」吳昌瑩經詞衍釋：「此，斯也。大學：『有德，此有人；有人，此有土；有土，此有財；有財，此有用。』此有猶斯有也。」六書故：「此猶茲也，斯也。」「此」有「斯」義，「斯」亦有「此」義。爾雅釋詁：「斯，此也。」詩殷其靁：「何斯違斯。」毛傳：「斯，此也。」「此」、「斯」義同，古相通互訓。書君陳：「斯謀斯猷」。春秋繁露竹林作「此謀此猷」。詩巧言：「胡斯畏忌。」漢書賈山傳作「胡此畏忌」。「此」、「斯」相通之證。「斯其所」，此其所也；言在此寄居的處所。

❸「取火」，通行本作「取災」。按，火與災義近。左傳宣公十六年：「凡火，人火曰火，天火曰災。」穀梁傳昭公九年：「夏四月，陳火。國曰災，邑曰火。」公羊傳襄公九年：「曷爲或言災，或言火？大者曰災，小者曰火。」皆災、火並舉，則古人「災」「火」通用。引伸爲災禍。「取火」言得禍也。

今譯

初六，旅人理貝，有聲貟貟，在此寄居寓所，則會得禍。

六二，旅既（卽）次❶，壞（懷）❷其茨（資）❸，得童剝（僕）❹，貞。

注釋

❶「旅既（卽）次」。「既」假借爲「卽」。說文：「既，小食也。从皀旡聲。論語曰：不使勝食既。」徐灝說文解字注箋：「此小食指食物言。」「卽」，說文：「卽食也。从皀卩聲。」段玉裁注：「卽當作節。周易所謂節飲食也。」「既」「卽」形近義同而通。「卽」，詩氓「來卽我某」鄭箋、詩東門之墠「子不我卽」毛傳、儀禮士冠禮「卽席坐」鄭注並曰：「卽，就也。」周易集解引九家易：「卽，就也。」

「次」，客舍也。左傳襄公二十三年「恪居官次」杜注、國語魯語「今命臣更次於外」韋注、禮記月令「日窮于次」鄭注並曰：「次，舍也。」廣雅釋詁四同。漢書吳王濞傳：「治次舍，須大王。」顏注：「次舍，息止之處也。」周易集解引九家易：「次，舍也。」

「旅卽次」，謂旅客就客舍（今言旅館）也。

❷「壞」假借爲「懷」。說文：「壞，敗也。从土褱聲。懷，念思也。从心褱聲。」「壞」、「懷」同聲系，古相通。左傳襄公十四年：「王室之不壞。」釋文：「壞，服本作懷。」是爲「壞」、「懷」古通之證。

「懷」，淮南子覽冥：「懷萬物。」高誘注：「懷猶囊也。」楚辭懷沙：「懷瑾握瑜兮。」

注：「左衣爲懷。」書堯典孔疏：「懷，藏包裹之義。」懷卽藏於衣內也。

❸ 「茨」假借爲「資」。集韻、韻會、正韻並：「茨，才資切。」音薋。古音屬支韻。「資」，集韻、韻會、正韻並「津私切。」音咨。古音屬支韻。「資」、「茨」同屬支韻，音近相通。詩甫田：「如茨如梁。」毛傳：「茨，積也。」廣雅釋詁一：「茨，積也。」廣雅釋詁三：「茨，聚也。」「資」，段玉裁說文解字注：「資者，積也。旱則積舟，水則資車，夏則積皮，冬則積絺綌，皆居積之謂。」「茨」、「資」義同相通。

「資」，說文：「資，貨也。」周易集解引九家易曰：「資，財也。」國語周語：「於是乎量資幣。」韋注：「資，財也。」戰國策秦策：「秦之楚者多資矣。」注：「次，財幣也。」漢書食貨志下：「量資幣。」顏師古引應劭注曰：「資，財也。」按，財，卽財幣，猶言貨幣、錢幣。「懷其資」，謂懷藏其錢幣也。

❹ 「得童剝（僕）」。「剝」假借爲「僕」。「剝」可作「扑」之借字。詩七月：「八月剝棗。」說文解字段注曰：「豳風『八月剝棗』，假剝爲攴。」「攴」卽「扑」。唐韻、集韻、韻會並曰：「扑，普木切。」鋪，入聲，與攴同。說文解字段注曰：「攴，……經典隸變作扑。」扑，或作撲。撲、僕同聲系，屋韻，音近形近，古相通。疑「剝」爲「僕」之借字。且「剝」，集韻：「普木切。」音璞。「僕」，集韻：「普木切。」音撲。「剝」、「僕」古音同屬屋韻，音近亦相通。

「童」，說文：「男有辠（古「罪」字）曰奴，奴曰童。僮，未冠也。」「僕」，說文：

「給事者。从人从　，菐亦聲。䑑，古文，从臣。」周禮夏官序官：「大僕。」鄭注：「僕，侍御於尊者之名。」按，童僕，即奴僕也。

今譯

六二，旅客寄住在旅店，懷藏著貨幣，買得奴僕，占問吉利。

九三，〔旅焚其次，喪其童僕❶，貞厲。〕

注釋

❶「喪」，說詳坤卦卦辭「東北喪朋」。喪，亡也。

今譯

九三，旅居的客舍被火燒了，奴僕乘混亂之機而逃亡，占問則有危險。

（九四，旅于處❶，得）其溍（資）斧❷，（我）心不快❸。

注釋

❶「旅于處」。說文：「處，止也。」按，指旅人止宿之處，亦即上爻所云之「次」。

❷「得其溍（資）斧」。「溍」假借爲「資」。按，「溍」與「晉」通。易晉卦「晉」字凡五見，帛書周易皆作「溍」。「晉」又可借作「齊」。易晉釋文云：「晉，孟作齊。」本爻釋文亦曰：「資斧，子夏傳及衆家，並作齊斧。虞喜志林云：『齊當作齋。』」「晉」、「齊」音近古通用。「齊」又可與資通用。荀子哀公：「資苴衰苴杖者不聽樂。」楊倞注：「資與齊同。」周禮考工記總目鄭司農注：「故書資作齊，杜子春云：『齊當爲資。』」並其證也。故「溍」、「晉」、「齊」、「資」古相通。

「斧」，銅幣。因其幣作斧形，故名。斧當讀爲布，古通用。詩氓：「抱布貿絲。」毛傳：「布，幣也。」孟子公孫丑上：「廛無夫里之布。」趙注：「布，錢也。」本字作斧，後演爲布，古今字的演變。「資斧」謂錢幣。

❸「我心不快」。按，此爻既云「得其資斧」，何又云「我心不快」？此似可與巽上九「巽在牀下，喪其資斧」聯繫參看。則此云「得其資斧」，實爲失而復得耳；更兼有上文所云火焚喪僕之災。故資斧雖得，其心仍不快也。「我心不快」，當是擬主人公之口吻。

今譯

九四，旅人在他的客舍裏，找回了失落的錢幣，錢幣雖然找到了，可我的心裏還是不太愉快。

六五，射雉❶，一矢亡❷，冬（終）以舉（譽）命❸。

注釋

❶「射雉」，後漢書郎顗傳李賢注引書大傳：「雉者，野鳥。」文選射雉賦李善注引韓詩章句：「雉，耿介之鳥也。」即後人所謂野鷄也。

❷「一矢亡」，王弼周易注曰：「射雉以一矢，而復亡之，明雖有雉，終不可得矣。」則以「一矢」兩字屬上讀。按，此當以「一矢亡」連續爲妥。言雉雖中矢而未死，乃帶一矢而飛去也。國語魯語曰：「仲尼在陳，有隼集于陳侯之庭而死。楛矢貫之，石砮，其長尺有咫。陳惠公使人以隼如仲尼之館問之。仲尼曰：『隼之來也遠矣。此肅愼氏之矢也。』」其事與「射雉，一矢亡」相似。亡亦可釋已死。

❸「冬（終）以舉（譽）命」。「冬」假借爲「終」。說詳訟卦卦辭「冬（終）兇」。

「舉」假借爲「譽」。說詳豐六五「來章有慶舉（譽）」。「譽」，稱美也。「命」，廣雅釋詁：「命，名也。」國語魯語：「黃帝能成命百物。」韋注：「命，名也。」「終以譽命」，乃承前文而言，謂射者一矢中雉，雖未得之，然終獲衆人之稱譽，而有善射之名。「譽」亦可借爲「舉」。楚辭自悲：「願離群而遠舉。」注曰：「舉，去也。」呂氏春秋論威：「兔起鳧舉。」高誘注：「舉，飛也。」文選西京賦：「鳥不暇舉薛。」李注同。書洪範：「惟天陰騭下民。」馬注：「升，猶舉也；舉，猶生也。」「終以舉命」，謂射者一矢中雉，雉未死而飛去，終於保住了生命。

今譯

六五，旅人射野鷄，一矢而中，野鷄帶箭飛去，終於保住了生命。

尚（上）**九，烏棼**（焚）**其巢❶，旅人先芺後摅**（號）**桃**（咷）**❷，亡**（喪）**牛于易❸，兇。**

注釋

❶「烏棼（焚）其巢」。「烏」，帛書周易作「彖」。通行本作「鳥」。說文：「烏，孝鳥

也。象形。孔子曰：『烏盱呼也。』取其助氣，故以爲烏呼。」小爾雅廣烏曰：「純黑而反哺者，謂之烏；小而腹下白，不反哺者，謂之雅烏；白項而群飛者，謂之燕烏。燕烏，白脰烏也；雅烏，鸒也。」周禮羅氏：「掌羅烏鳥。」鄭注：「烏謂卑居鵲之屬。」論衡指瑞：「烏者，孝鳥。」俗稱烏鴉。烏爲鳥類，義近相通。愚疑本作「烏」，後轉爲「鳥」。今從帛書周易作「烏」。

❷「棼」假借爲「焚」。廣韻：「棼，符分切。」音汾。古音屬文韻。「焚」，廣韻、集韻、韻會、正韻並曰：「符分切。」音汾。古音亦屬文韻。音近相通。爾雅釋天：「焚輪謂之頹。」釋文：「焚，本或作棼。」史記魯周公世家：「獲喬如弟棼如。」左傳「棼如」作「焚如」。帛書戰國縱橫家書謂起賈章：「爲傳焚之約。」焚作棼。並其證也。「烏焚其巢」，謂燒了烏鴉的巢。

「旅人先芺後摅（號）桃（咷）」。芺，通行本作笑。說詳同人九五「同人先號桃（咷）後芺」。

「摅」假借爲「號」。「號」，說文：「呼也。从号从虎。」集韻：「摅，打也。」從手從虎。「摅」「號」同取虍得聲，古音同屬五部，音近相通。

「桃」假借爲「咷」。說詳同人九五「號桃（咷）後笑」。漢書王莽傳下：「故易稱：『先號咷而後笑。』」顏注：「號咷，哭也。」

❸「亡（喪）牛于易」。「亡」假借爲「喪」。說詳既濟六二「婦亡（喪）其茀」。「喪牛

于易，易卽有易，國名。「喪牛于易」，言殷王亥失其牛於有易。說詳大壯六五「喪羊于易」。本爻「烏焚其巢」，蓋以喻王亥之居被焚；旅人當指殷先王亥。因其「賓于有易」（古本竹書紀年），故稱「旅人」。「先笑後號咷」，乃謂王亥先恣情佚樂，後面臨被殺而哭。「喪牛于易」，謂王亥被殺，失其所牧之牛，爲有易所得也；卽、山海經大東荒經謂「有易殺王亥，取僕牛」。

今譯

上九，燒了烏鴉的窩，旅人先喜笑而後號咷大哭，失其所牧之牛，為有易所得，則凶。

總釋

本卦主旨是講旅。旅行在路途稱「旅」、旅行到一地，而寄居在客舍亦稱「旅」。本卦主要從後一個意義上講「旅」，而非講在旅行中所發生的涉河過關等事件。初六：「旅瑣瑣」，六二：「旅卽次」，九三：「旅焚其次」，九四：「旅于處」，上九：「烏焚其巢，旅人先笑後號咷。」旅人或從事經商，或購買貨物，身上藏了一筆錢，到了旅舍之後，便把藏在身上的錢幣拿出來計算一下，以便購買貨物，因此而發出錢幣碰撞的瑣瑣之聲，於是便暴露了錢幣，易於招致災禍，所以斷占爲凶。後來旅人果然買了奴僕，但是，旅居的客舍終於被火燒了，奴僕乘旅店被燒的混亂之機，都逃亡了，旅人的帶的錢幣也不見了，而遇到了危險。雖然丟失的錢幣在旅店裏總算找了回來，但是逃跑的奴僕卻沒有追回來，心裏也還是老大的不痛快。這就是說，在旅舍露富或讓人瞧見所帶的錢財，是會招致危險的，固然旅舍被燒，這燒很大的可能是故意的。

六五和上九爻辭，可能是講王亥旅居有易的事。王亥在旅居期間從事田獵，雖一矢而中，但並未致野鷄於死地，結果帶矢飛去，保存了生命。隱喻王亥在有易恣情佚樂，而不謹愼戒備，結果被殺。六五保住生命，上九被殺，正相對應。同樣遇到危險，其結果可能不一樣，其間的關鍵在於能否採取妥當的措施，以挽救危險使其向有利的方向發展，這便是逢凶化吉。

乖（睽）第五十三

䷥ **乖（睽）❶，小事吉。**

注釋

❶「睽」，卦名。

「乖」假借為「睽」。釋文云：「睽，苦圭反。馬、鄭、王肅、徐、呂忱並音圭。」「乖」，于豪亮帛書周易曰：「帛書乖（睽）。」高亨周易大傳今注曰：「漢帛書周易卦名及爻辭之睽皆作乖，二字古通用。」「乘」、「乖」形近而譌，當作「乖」。序卦傳曰：「家道窮必乖，故受之以睽。睽者，乖也。」周易集解引鄭玄曰：「睽，乖也。火欲上，澤欲下，猶人同居而志異也。」易繫辭下傳：「蓋取諸睽。」韓康伯注：「睽，乖也。」莊子天運：「下睽山川之精。」釋文：「睽，乖也。」「睽」，乖義同而通。

「睽」，歸藏作「瞿」。說文：「瞿，鷹隼之視也。从隹从䀠，䀠亦聲。」禮記玉藻：「視容瞿瞿梅梅。」鄭注：「不審貌也。」孔疏：「瞿瞿，驚遽之貌。」漢書東方朔傳：「於是吳王懼然易容。」顏注：「懼然失守之貌。」漢書吳王濞傳「膠西王瞿然駭曰」顏注：「瞿然無守之貌。」瞿然無守，視而不審，則必是乖違之事。帛書周易作「乖」，通行本作「睽」。廣雅釋詁一：「乖，偝也。」「睽」，說文：「目不相視。」目不相視，則人相背也，猶人各異其志，而相乖違也。故「瞿」與「乖」、「睽」義相通同。「睽」，乖離、乖異之義也。

今譯

睽，小事吉祥。

初九，悔亡。亡（喪）馬勿遂（逐）❶，自復。見亞（惡）人❷，无咎。

注釋

❶「亡」與「喪」古相通。說詳既濟六二「婦亡（喪）其發（茀）」。「遂」假借為「逐」。說詳既濟六二「勿遂（逐），七日得」。逐，追也。「遂」，往也，

究也。「遂」「逐」義近相通。「喪馬勿遂（逐）」，謂喪失之馬勿要追逐或追究也，馬將自返。與既濟六二爻辭旨趣同。

❷「見亞（惡）人」。「亞」假借爲「惡」。說文：「惡，過也。从心亞聲。」「亞」、「惡」同聲系，古相通。書大傳：「鐘鼓惡。」注曰：「惡當爲亞，亞，次也。」易繫辭：「不可惡也。」釋文：「惡，荀爽本作亞。」並其證也。
「惡」，左傳定公五年：「吾以志前惡。」杜注：「惡，過也。」穀梁傳隱公四年：「晉之名惡也。范甯注：「惡謂不正。」有過而不正曰惡，或謂形殘貌醜爲惡人。

今譯

初九，困厄將要過去，走失的馬勿要追究，馬將自返。遇見惡人，亦無災患。

九二，无咎❶。九二，愚（遇）主于巷❷，无咎。

注釋

❶「九二，无咎」，通行本無。此四字爲衍文。

❷「愚」假借爲「遇」。說詳小過六二「愚（遇）其比（妣）。」遇，會也；不期而會也。「巷」，周易集解引虞翻曰：「艮爲徑路，大道而有徑路，故稱巷。」巷爲大道的徑。

今譯

九二，不期而遇主人於巷，無災患。

六三，見車恝❶，其牛諟❷，其〔人天且劓❸〕。无初，有終。

注釋

❶「見車恝」，通行本作「見輿曳」。「車」與「輿」相通。說詳大畜九二「車說緮（輹）」。「恝」與「曳」古相通。轉注古音：「恝，苦計切，音契。」古音屬霽韻。「曳」，集韻、韻會並曰：「以制切。」音跇。古音亦屬霽韻。故「恝」「曳」音近而通。「恝」，孟子萬章上：「爲不若是恝。」趙注：「恝，無愁之貌。」集韻：「恝，心有事也。」「恝」，說文引作「忿」，集韻「恝」作「忦」，並云：「忦，急也，憂也。古作恝。」說文：「忦，憂也。」「見車恝」，言御牛車者急或憂慮的樣子。

「曳」，說文：「臾曳也。从申，聲。」楚辭怨思：「曳彗星之皓旰兮。」注：「引也。」一切經音義十九引廣雅：「曳，引也。」「見車曳」，言御者向後牽引牛車也。義亦可通。于豪亮帛書周易曰：「按，恝疑假作折。左傳襄公十七年：『國人逐瘈狗。』瘈字，說文及漢書五行志並引作狾，而瘈字卽是瘛字。瘛可以假爲狾，則瘛字可以假作折。……通行本『其牛掣』的掣字，釋文云：『鄭玄作㸷，云：牛角皆踊曰㸷。說文作觢，云：角一俯一仰。子夏作契，云：一角仰也。』帛書的恝字其實同掣、㸷、觢、契諸字也相通假。由於帛書作『見車恝』，通行本作『其牛掣』，所以字義各不相同。」說亦有據。

❷「其牛諜」，帛書周易作「諜」。王弼本、周易程氏傳、周易本義均作「其牛掣」，周易集解作「其牛觢」。于豪亮帛書周易曰：「『其牛諜』之諜字卽抴字，與曳通。故『見車恝』卽『見車折』，『其中諜』卽『其牛曳』。」文選洞簫賦：「超騰踰曳。」李善注：「曳或爲跇。」儀禮士相見禮：「武舉前曳踵。」鄭注：「古文曳作枻。」則「曳」、「諜」、「抴」、「跇」、「枻」可相通假。然「曳」與「掣」古音同屬霽韻。唐韻、集韻、韻會、正韻並曰：「掣，天制切。」音滯。且義相同。詩抑鄭箋：「非但以手提掣之。」釋文：「掣，拽也。」禮記曲禮下：「車輪曳踵。」孔疏：「曳，拽也。」則「曳」、「掣」音近義同古相通。「其牛諜」，謂其牛向前牽引，卽俗言牛向前拉車。按，「其牛掣」之掣，漢代諸本皆作㸷、觢、契。阮元校勘記曰：「石經、岳本、閩、監、毛本同。釋文：掣，鄭作㸷，子夏作契，劉本從說文作觢。」唯王弼作「掣」。當作「恝」、「㸷」、「觢」、「契」

爲是。今從帛書作「見車恝」。又「掣」與「曳」相通義同，則當作「其牛曳」，即「其牛諜」。王弼周易注：「其牛掣者，滯隔所在，不獲進也。」

❸「其人天且劓」。釋文曰：「天，剠也。馬云：『剠鑿其額曰天。』」即在額上施墨刑。周易集解引虞翻曰：「黥額爲天。」「剠」與「黥」通。說文：「天，顛也。」額爲顛之一部，故剠額亦稱鑿顛。漢書刑法志曰：「秦用商鞅，有鑿顛、抽脅、鑊亨之刑。」「劓」，釋文：「截劓也。王肅作臲」。截劓，即割鼻子。說文：「臲，刑鼻也。从刀臬聲。易曰：『天且𠜾。』」「劓」、「𠜾」字同。周易集解引虞翻曰：「割鼻爲劓。」

今譯

六三，御牛車的車夫很憂慮，牛車出故障而牽引不前，其人將要受黥額和割鼻的刑罰。開始不發生這些事故，就不會有這樣的結果。

九四，乖（睽）苽（孤）❶，愚（遇）元夫❷，交復（孚）❸，厲无咎。

注釋

❶「乖」假借爲「睽」。乖離，乖異。

「苽」假借爲「孤」。說文：「苽，雕胡。一名蔣。从艸瓜聲。」同「菰」。廣雅釋草：「菰，蔣也。其米謂之雕胡。」說文：「孤，無父也。从子，瓜聲。」「苽」、「孤」同聲系，古相通。

「孤」，國語周語：「司民協孤終。」韋注：「無父曰孤。」禮記王制：「少而無父者謂之孤。」淮南子脩務：「以養孤孀。」高誘注：「幼無父曰孤。」釋名釋親屬：「無父曰孤。孤，顧也；顧望無所瞻見也。」故「孤」或訓爲「顧」。周易集解引虞翻曰：「孤，顧也。」「睽孤」猶遺腹孤也。

❷「愚（遇）元夫」。「愚」假借爲「遇」。不期而會也。

「元夫」，周易正義孔疏：「蓋是大夫之夫，非夫婦之夫。」周易程氏傳曰：「元夫，猶云善士也。」聞一多周易義證類纂：「元讀爲兀。說文髡重文作髨，又『軏，車轅耑持衡者』，經傳皆作軏，是元、兀古同字。莊子德光符篇曰：『魯有兀者王駘。』又曰：『申徒嘉，兀者也。』又曰：『魯有兀者叔孫無趾。』李注曰：『刖足曰兀。』說文曰：『跀，斷足也。』重文作𧿒。兀與𧿒同。兀夫猶兀者，斷足之人也。六三：『其人天且劓。』俞樾云：天爲兀之譌，兀卽𧿒字。其說殆塙。」元夫卽兀夫，亦卽跛子。

❸「交復（孚）」。「復」假借爲「孚」。孚，俘獲也。交，俱也。

今譯

九四，有一遺腹孤兒出外，碰見一個跛子，俱被人俘虜，雖有危險，但無災患。

六五，悔亡，登宗筮（噬）膚❶，往何咎。

注釋

❶「登宗筮（噬）膚」，通行本「登宗」作「厥宗」。今從「登」。登，升也。「筮」假借爲「噬」。說文：「噬，啗也，喙也。从口筮聲。」「筮」、「噬」同聲系。古相通。左傳成公十二年杜注：「爲搏噬之用。」孔疏：「噬，齧也。」廣雅釋詁三：「噬，齧也。」後漢書班固傳上：「扼猛噬。」李賢注：「噬，嚙也。」俗稱噬爲吃也。或謂口中咬物也。

「膚」，廣雅釋器：「肉也。」儀禮聘禮：「膚鮮魚鮮臘。」鄭玄注：「膚，豕肉也。」

「噬膚」，謂吃肉也。

今譯

六五，困厄除去，登宗廟吃肉，前往沒有災患。

尚（上）九，乖（睽）苽（孤）❶，見豨負塗❷，載鬼一車。先張之柧（弧）❸，後說之壺❹，非寇，闅（婚）厚（媾）❺。往愚（遇）雨卽（則）吉❻。

注釋

❶「乖（睽）苽（孤）」，說詳九四爻辭。「睽孤」。睽，目不相見，而又少而無父。疑爲遺腹子也。

❷「見豨負塗」，通行本作豕。「豨」與「豕」義同相通。說文：「豨，豕。豨，从豕希聲。」廣雅釋獸：「豨，豕也。」莊子知北游：「履豨也，每下愈況。」釋文引李云：「豨，大豕也。」並其證。帛書周易出土於長沙馬王堆，古楚地。淮南子本經：「封豨脩蛇。」高注：「楚人謂豕爲豨。」方言八：「豬，南楚謂之豨。」豨，楚人謂豬也。今從帛書作「豨」是也。

「負塗」，周易集解引虞翻曰：「土得雨爲泥塗，四動艮爲背，豕背有泥，故見豕負塗矣。」王弼周易注曰：「豕而負塗，穢莫甚矣。」廣雅釋詁：「塗，泥也。」「見豨負塗」，謂見豬背上有泥。

❸「先張之柧（弧）」。「柧」假借爲「弧」。說文：「柧，棱也。从木瓜聲。」「弧」，說文：「木弓也。从弓瓜聲。」「柧」、「弧」同聲系，古相通。漢書藝文志：「弦木爲弧。」顏注：「弧，木弓也。」漢書五行志下之上：「檿弧其服。」顏注：「木弓曰弧。」因其弓以木爲之，故帛書周易從木，作「柧」。「先張之弧」，謂先拉開其木弓欲射。「後說之壺」，「說」，周易集解引虞翻曰：「說猶置也。」周易集解纂疏李道平曰：「爾雅釋詁：說，舍也。郭注：舍，放置。說舍同物。故云說猶置也。」愚以爲「說」當讀爲悅。喜悅也。

❹「壺」假借爲「弧」。王弼本作「後說之弧」，集解本「弧」作「壺」。釋文：「弧，本亦作壺。京、馬、鄭、王肅、翟子玄作壺。」阮元校勘記：「石經、岳本、閩、監、毛本同。釋文：弧，本亦作壺。」今從帛書周易作「壺」是也。「壺」，周易集解引虞翻曰：「兌爲口，離爲大腹，坤爲器，大腹有口，坎酒在中，壺之象也。」周禮掌客：「壺，酒器也。」儀禮聘禮：「八壺設于西序。」鄭注：「壺，酒尊也。」公羊傳昭公二十五年：「國子執壺漿。」鄭注：「壺，禮器。腹方口圓曰壺；反之曰方壺，有爵飾。」壺，古代是一種禮器。婚禮亦設壺爲尊，稱壺尊。周易集解纂疏曰：

「揚子太玄曰：家无壺，婦承之姑。測曰：家无壺，无以相承也。若然，說壺者婦承姑之禮。」李道平曰：「壺作昏禮，壺尊，則說當音悅。先張之弧，疑其寇而匪寇；後說之壺，以匪寇而爲婚媾也。」李說是也。「後說之壺」，謂後來喜悅是因非寇而是來迎親的。

❺「闈（婚）厚（媾）」。「闈」假借爲「昏」。闈，从門𦱤。「𦱤」與「莫」、「暮」相通。說詳夬九二「惕號，𦱤（莫）夜有戎」。「暮」，說文：「𦱤，日且冥也。」古作莫。日冥，卽日落茻中，夜晚來臨，而閉門也，故作闈。「昏」與「婚」古相通。詩谷風：「宴爾新昏。」列女傳賢明作「讌爾新婚」。是其證。說文：「昏，日冥也。」太玄裝：「裝于昏。」注曰：「昏，日入也。」「暮」與「昏」義同相通，故亦「婚」與「闈」相通。所謂婚者，乃日冥舉行婚禮也。白虎通義嫁娶：「婚者，昏時行禮，故曰婚。」釋名釋親屬：「婚，恒以昏夜成禮也。」作闈者，乃以日冥閉門之時行婚禮也。

❻往愚（遇）雨卽（則）吉」。「愚」假借爲「遇」。說詳小過六二「愚（遇）其妣」。遇，會也。

「卽」假借爲「則」。說詳離九三「卽（則）大絰（耋）之嗟」。

今譯

上九，有一遺腹孤兒夜行，見豬背上有泥，衆鬼乘車而至，孤兒拉開木弓欲射豬和鬼，至近一看，非鬼亦非寇賊，乃迎親的人來了，喜悅而行婚禮。猶旱苗遇甘雨，則吉祥。

總釋

本卦主旨是講乖離。如果說睽卦貫穿着一個整體的思想的話，那麼，三見三遇便是其主要脈絡。它通過旅人乖離家人，在外旅途所見或親身經歷，描述了當時社會風貌。這裏的主人是旅人或睽孤（卽遺腹的孤兒）。先講「三見」，初九：「見惡人，无咎。」「惡人」或釋爲有過而不正之人；或釋爲容貌醜惡之人（李鏡池周易通義）；或釋爲形殘貌醜之人（見聞一多周易義證類纂）。聞、李二氏意近。聞氏曰：「王弼注：『顯德自異，爲惡所害。』則以惡爲性行之惡。不知旣爲惡德之人所害，何得復云『无咎』、正義知其義不可通，乃云：『以遜接之』，甚矣其鑿也。」看見容貌醜陋，並不加害於旅人，故無災患。此其一見。六三：「見車掣、其牛諜。」看見御車者很憂慮的樣子，是因牛車出了故障，拖延了期限，便要受刑罰。此其二見。其三見，上九：「睽孤，見豨負塗，載鬼一車。」上兩見主語均被省略，唯此有主語爲「睽孤」，他見豬背上塗有泥，衆鬼乘車而至，於是睽孤張弓搭箭，準備射鬼。此三見都是在日常生活中碰到的，形殘貌醜的人，可能是受過刑罰的人，故二見便預測到可能要受黥額或割鼻子的刑罰。睽孤夜晚把打扮成奇形怪狀的迎親隊伍當成鬼，這倒是一場快樂的誤會。

「三遇」。九二：「遇主于巷，无咎。」旅人在外，不期而遇主人，此主人既可是舊主人，亦可是新主人。然既講「无咎」，舊主人亦可能性大。旅人並非潛逃而離開舊主人，因此碰見也無災患。碰見新主人則是經常的事，即使在巷，亦無災患。此其一遇。二遇，九四：「遇元夫。」有云善士，有云跛子，結果被人俘虜，雖有危險，但無災患。三遇是上九：「往遇雨則吉。」從上下文意看，此遇雨，那比喻之辭，嫁娶喜事，猶如旱苗遇甘雨，是大家都高興的事。遇舊主人、遇元夫，最後才遇迎親的隊伍，吉祥爲終。反映了當時社會的各個側面，給人以具體的形象感。

未濟 第五十四

䷿ **未濟❶，亨。小狐气（汔）涉❷，濡其尾❸，无攸利。**

注釋

❶「未濟」，卦名。

「未濟」，序卦傳曰：「物不可窮也，故受之以未濟終焉。」周易集解引崔憬曰：「夫易之爲道，窮則變，變則通，而以未濟終者，亦物不可窮也。」程頤周易程氏傳曰：「既濟矣，物之窮也。物窮而不變，則無不已之理。易者變易而不窮也，故既濟之後，受之以未濟而終焉。未濟則未窮也，未窮則有生生之義。」未窮而生生不已的意思。釋文：「濟，度也。」爾雅釋言：「濟，成也。」未濟，謂未渡過河去。或未完成渡河。

❷「小狐气（汔）涉」，通行本作「小狐汔濟」，「涉」作「濟」。史記春申君傳引易未濟作「狐涉水，濡其尾」，作「涉」不作「濟」。漢初易本作「涉」，與帛書同，後人改爲

「濟」。

「狐」，周易集解引虞翻曰：「孤，獸之長尾者也。」「气」假借爲「汔」。說文：「汔，水涸也。或曰：泣下。从水气聲。」「气」、「汔」同聲系，古相通。

「汔」，釋文：「汔，鄭云：幾也。」周易集解引虞翻曰：「汔，幾也。」又引干寶曰：「汔，涸也。」詩民勞：「汔可小康。」毛傳：「汔，危也。」按，水涸而未盡而仍有危險也。

「涉」與「濟」通。爾雅釋詁：「涉，度也。」呂氏春秋忠廉：「楚人有涉江者。」高注：「涉，渡也。」周易集解引虞翻曰：「濟，濟渡。」「涉」、「濟」義同相通，故帛書作「涉」。

「濡其尾」，說詳既濟初六「濡其尾」。濡，濕也。「小狐汔涉，濡其尾」，謂小狐不能游水，水涸而後渡水，但水涸而未盡，小狐負尾以渡，水濡其尾，則全身已沒水中，必將溺死。老狐渡水，多時聽冰下無水聲而後過；小狐無知而渡水，將遭滅頂之災。

●今譯

未濟，亨通。小狐以為水涸可渡，然水未盡涸而濡其尾巴，無所利。

初六，濡其尾，閵（吝）**❶**。

注釋

❶「閵」假借爲「吝」。說詳姤上九：「姤其角，閵（吝）」。據初九與卦辭之意來考察，此爻「濡其尾」，非指小狐也。小狐「濡其尾」，無所利。此爻若指小狐，則意重也。實乃與既濟初九之文相同。既濟初九爻辭，分繫未濟兩爻，故知其指人涉水而打濕後衣裳而言。

今譯

初六，有人渡水，衣後尾被水打濕，有艱難。

九二，抴（曳）**其綸**（輪）**❶，貞❷**。

注釋

❶「抴」假借為「曳」。「綸」假借為「輪」。說詳既濟初六爻辭。曳，引也，綸，腰帶之穗。

❷「貞」，通行本作「貞吉」，帛書無「吉」字。貞，正也。

今譯

九二，涉水的人用手拽着腰帶的垂穗，這是正道。

六三，未濟❶，正（征）凶❷，利涉大川❸。

注釋

❶「未濟」。濟，渡也。未濟，渡水未過也。

❷「正」假借為「征」。說詳姤九四「正（征）兇」。

❸「利」上當有「不」字。訟卦辭云：「不利涉大川。」是其證。文意亦順。

今譯

六三，渡水未能過去，出兵征伐則凶，不利於涉渡大川。

九四，貞吉，悔亡。〔震用伐鬼〕方❶，三年有商〔賞〕於大國❷。

注釋

❶「震用伐鬼方」。震，當是人名，周君或周臣。鬼方，爲國名。大國指殷。既濟九三：「高宗伐鬼方，三年克之。」均記伐鬼方之事。震亦當在殷高宗之時。竹書紀年載：「殷……武丁三十二年，伐鬼方，次于荊。三十四年，王師克鬼方。」高宗卽武丁。又載：「武乙三十五年周公季歷伐西落鬼戎，俘二十翟王。」竹書紀年兩事相距一百餘年，則震非季歷。王應麟困學紀聞卷一引季歷伐鬼戎，說明「震用伐鬼方」。後李道平周易集解纂疏襲其說：曰：「考後漢書西羌傳曰：武乙暴虐，犬戎寇邊。周古公踰梁山而避于岐下。及子季歷，遂伐西落鬼戎。……據此，則震用伐鬼方，當指季歷无疑。」非也。

❷「三年有賞于大國」。「商」假借爲「賞」。帛書周易作「啇」。說文：「賞，賜有功也。从貝尚聲。」段玉裁注：「書兩切，十部」。「商」，說文：「從外知內也。从冏，章省聲。」段玉裁注：「式陽切，十部」。「賞」、「商」古音同屬十部，音近相通。「賞」，禮記月令：「賞公卿諸侯大夫於朝。」鄭注：「賞，謂有功德者有以顯賜之也。」

墨子經上曰：「賞，上報下之功也。」淮南子時則：「行慶賞。」高注：「賞，賜予。」

今譯

九四，占問則吉祥，困厄已消失。震出兵征伐鬼方，三年而勝，受到殷的賞賜。

〔六〕五，貞吉，悔亡❶。君子之光❷，有復（孚）❸，吉。

注釋

❶「悔亡」，通行本作「无悔」，義同。

❷「君子之光」，王弼周易注曰：「以柔順文明之質，居於尊位，付與于能，而不自役，使武以文，御剛以柔，斯誠君子之光也。」朱熹周易本義：「主明之主，居中應剛，虛心以求下之助，故得貞而吉且无悔，又有光輝之盛。」「君子之光」，言君子之明德彰於外也。

❸「有復（孚）」。復假借爲「孚」。說詳訟卦辭「有復」。孚卽俘。說文：「軍所獲也。」

今譯

六五，占問則吉，困厄已過去。君子之明德彰於外，有所俘獲，則吉祥。

尚（上）九，有復（孚），于飲酒❶，无咎。濡其首❷，有復（孚），失是❸。

注釋

❶「於飲酒」。于，爲也。

❷「濡其首」，打濕其頭。

❸「失是」。周易集解引虞翻曰：「是，正也。」荀子勸學：「使目非是无致見也。」楊倞注：「是，正也。」

今譯

上九，有所俘獲，飲酒慶功，沒有災患。酒醉而把頭打濕。雖有所俘獲，但失去了正道。

總釋

本卦主旨是講未窮而生生之理或事之未濟，而求濟之道。自然界和社會中存在着大量生生的現象，人們從中概括生生之道，才能掌握未濟而求濟之理。本卦通過各種現象以明此道理。卦辭揭明：「小狐汔涉，濡其尾，无攸利」小狐未濟渡而求濟渡，然小狐無經驗，便顯得無知，既不知水之未涸盡，又不知水之深淺，以不會游水之身去渡水，結果求濟而未濟，反而有滅頂之災。老狐有經驗有知識，求濟而能濟。從未濟轉化爲濟，牠在冬天渡河時，要聽冰下有無水聲，要知道水是否盡涸，這樣不僅無危險，而且達到了濟的目的。當然同是「濡其尾」，人與狐就不同，雖有艱難，但無溺死的危險。如果稍加注意，用手拽着「綸」（腰帶的垂穗），便不會「濡其尾」，這便是正道。戰爭亦是如此。若求濟而未濟，出兵征伐則凶。九四、九五爻辭，震用伐鬼方，用了三年時間，終於取得了勝利，而得到了賞賜，這是求濟而濟。即使取得了戰爭的勝利，並俘獲很多，如若沖昏頭腦而不謹愼，或樂而忘憂，放鬆戒備，失去了正道，則會招致失敗。求濟而濟之道亦乃生生未窮也。

噬嗑　第五十五

䷔

〈噬嗑❶，亨〉，利用獄❷。

注釋

❶「噬嗑」，卦名。

「噬嗑」，王弼周易注：「噬者，齧也。」「齧」管子戒篇：「東郭有狗嘊嘊，旦暮欲齧我猳而不使也。」齧即咬也。周易集解引虞翻曰：「噬，食也。」廣雅釋詁二，方言十二同。說文：「噬，啗也，喙也。从口筮聲。」國語晉語：「主孟啗我。」啗即食也；易說卦傳曰：「艮……爲黔喙之屬。」喙指禽獸之嘴。則口中咬物爲噬。

「嗑」，序卦傳曰：「嗑者，合也。」王弼周易注、釋文皆稱：「嗑，合也。」則閉口爲嗑。噬嗑彖傳曰：「頤中有物曰噬嗑。」頤即腮也。「噬嗑」言口中含物，閉口而咀嚼之。

❷「利用獄」。左傳襄公十年：「坐獄于王庭。」杜預注：「獄，訟也。」

今譯

噬嗑，亨通，利於進行訟事。

初九，句（屨）❶（校滅）止（趾）❷，无咎。

注釋

❶「句」假借爲「屨」。「句」，唐韻：「九遇切。」集韻、韻會：「俱遇切。」並音屨。古音屬遇韻。「屨」，唐韻：「九遇切。」集韻、韻會：「俱遇切。」正韻：「居御切。」並音句。古音屬遇韻。「句」、「屨」古音同屬遇韻，音同相通。

「屨」，說文：「屨也。从履省，婁聲。一曰：鞮也。」段玉裁注曰：「晉蔡謨曰：今時所謂履者，自漢以前皆名屨。屨、舄者，一物之別名。履者，足踐之通稱。」周易集解引虞翻曰：「屨，貫也。」釋名釋衣服：「屨，拘也；所以拘足也。」屨訓貫，即拘義。

❷「校」，說文：「校，木囚也。」王弼周易注：「校者，以木絞校者也；即械也。」易繫辭下：「屨校滅趾。」周易集解引侯果曰：「校者，以木夾足止行也。此明小人因小刑而

大戒乃福也。」又引干寶曰：「屨校，貫械也。」「校」，便是一種木制夾足的刑具。木制四人的刑具，加於頸者謂枷，加於手者爲梏，加於足者謂桎，通謂之「校」。「屨校」則相當桎。

「滅」，國語晉語：「滅其前惡」。韋昭注：「滅，除也。」引伸爲割或砍掉。

「止」，釋文作「滅止」，與帛書周易合。並曰：「止本亦作趾。趾，足也。」阮元校勘記曰：「石經、岳本、閩、監、毛本同。釋文：滅止，本亦作趾。案，止、趾古今字。」周易初文當作止，後人添爲趾。

今譯

初九，有人戴着木製夾足的刑具，足趾被砍掉，無滅身的災禍。

六二，筮（噬）膚滅鼻❶，无咎。

注釋

❶「筮」假借爲「噬」。說詳睽六五「登宗筮（噬）膚」。「噬膚」，謂吃肉也。

「滅」，除去，砍掉。滅鼻，即割去鼻子。「噬膚滅鼻」，有人越其名分而吃肉，招致了割鼻子的刑罰。當時割鼻爲輕刑，不致受殺身之重刑，故曰无咎。

今譯

六二，有人吃肉越分而被割掉鼻子，無滅身的災禍。

六三，筮（噬）腊肉❶，愚（遇）毒❷，少（小）閵（吝）❸，无咎。

注釋

❶「筮」假借爲「噬」。「噬」，口咬物。「噬腊肉」，周易集解本作「噬昔肉」。劉熙釋名釋飲食：「腊，乾昔也。」說文：「昝（昔），乾肉也。」釋文：「腊肉，音昔。馬云：『晞于陽而煬於日曰腊肉。』鄭注周禮：『小物全乾曰腊。』」腊與昔音同義同，古相通。「腊肉」即乾肉也。帛書周易「肉」作「月」。

❷「愚」假借爲「遇」。說詳小過六二「愚（遇）其妣」。「遇毒」，言吃臘肉而遇毒。毒在口而未入腹，故小吝。

❸「少」假借爲「小」。說詳訟初六「少（小）有言」。「閵」假借爲「吝」。說詳姤上九「姤其角，閵（吝）」。

今譯

六三，有人吃臘肉而遇毒，有小小的艱難，無大災患。

九四，筮（噬）乾⿰王豊（胏）❶，得金矢❷，根（艱）貞吉❸。

注釋

❶「筮」假借爲「噬」。「噬」，口咬物。

「乾⿰王豊」，通行本作「乾胏」。釋文：「馬云：『有骨謂之胏。』鄭云：『簀也。』字林云：『含食所遺也。』一曰：脯也。子夏作脯。徐音甫。荀、董同。」「⿰王豊」疑當讀爲「體」。周易文言：「正位居體。」周易集解引虞翻注：「體謂四支也。」孟子公孫丑上：「皆有聖人之一體。」趙注：「體者，四肢股肱也。」釋名釋形體：「體，第也。骨肉毛血表裏大小相次第也。」「體」爲骨肉毛血等肉體。「胏」說文：「𦙃，食所遺也。从肉仕聲。」

廣雅釋器：「胏，脯也。」又說：碎肉。周易正義孔穎達疏：「乾胏是臠肉(碎肉)之乾者。」「脯」，說文：「乾肉也。」「乾𤩽」，即「乾體」，謂乾肉體，包括骨肉。「乾胏」，亦是乾的帶骨的肉。義同相通。

❷ 「得金矢」。史記平準書曰：「金有三等：黃金爲上，白金爲中，赤金爲下。」金即金屬的通稱。

「矢」，易繫辭下曰：「弦木爲弧，剡木爲矢。」矢即箭。「金矢」即金屬箭頭。「得金矢」，謂人以弓矢射獸，矢著獸體，鏃折而鉗於骨肉中，而未拔出。故人在吃帶骨頭的肉時，發現了金屬的箭頭。

❸ 「根」假借爲「艱」。說詳大畜九三「利根（艱）貞」。「艱貞吉」，通行本作「利艱貞，吉」。帛書周易無「利」字。從帛書。

今譯

九四，啃帶骨頭的乾肉，而得金屬箭頭，占問雖有艱難，結果吉祥。

六五，筮（噬）乾肉❶，愚（遇）毒❷，貞厲，无咎。

注釋

❶「筮」假借爲「噬」。「噬」，口咬物也。

❷「愚」假借爲「遇」。遇，會也；碰到。「遇毒」，通行本作「得黃金」。考通行本九四「得金矢」，此爻爲「得黃金」，似重。然「遇毒」，亦與六三「噬腊肉，愚毒」重。從帛書周易。「噬乾肉，得黃金」，謂吞黃金能死人。有人放置金粒於乾肉之中，以謀害食者。食者以齒嚼之，發現黃金，故曰得黃金。「噬乾肉，遇毒」，謂乾肉變質有毒，或有人放毒於乾肉中，食者吃肉，而未嚥進肚中，故未遇害。義與「得黃金」相似。

今譯

六五，吃乾肉，發現肉中有毒，含在口裏沒有吞下，占問雖有危險，但結果無災患。

尚（上）九，荷（何）校滅耳❶，兇。

注釋

❶「荷」假借爲「何」。釋文：「何，本亦作荷。音同。下同。王肅云：『荷擔。』」阮元校勘記曰：「石經、岳本、閩、監、毛本同。古本何作荷。象同。釋文：何校，本亦作荷。」「何」之本義爲荷擔。廣雅釋詁三：「何，擔也。」左傳昭公七年：「其子弗克負荷。」杜注：「荷，擔也。」釋文：「荷，本作何。」小爾雅廣言：「荷，擔也。」「荷」、「何」義同而通。

「荷」，公羊傳宣公六年：「有人荷畚。」何休注：「荷，負也。」詩玄鳥：「百祿是何。」釋文：「何，擔負也。」

「校」，枷也。這裏作加於頸上的木製刑具。

今譯

上九，肩上負着木製的枷，割去了耳朵，則有禍殃。

總釋

本卦通過「噬嗑」，以吃肉之事而描述當時的法律思想，直接講刑罰的有卦辭：「利用獄」，初九：「屨校滅趾」，上九：「荷校滅耳。」其次是與吃肉有關而判刑，六二：「噬膚滅鼻」。

殷周之際，未見有成文法，但法是存在的。本卦可看出，當時法有輕重，刑有不同，可見已有量刑的標準。罪重者用重刑，罪輕者輕刑。重者如「荷校滅耳」，有砍頭的凶險；輕者如「屨校滅趾」和「噬膚滅鼻」，割去脚趾和鼻子，猶如後來記載的刖刑和劓刑。這對於維護統治者的統治，國家政治制度的穩定，有着重要的作用。引起受刑罰的具體原因，雖沒有詳細記載，但六二「噬膚滅鼻」，則說明「滅鼻」的原因就是吃了肉。喝了酒。周初曾禁止臣民飲酒。周公作酒誥曰：「文王誥教小子，有正，有事（司），無彝酒，越庶國，飲惟祀，德將無醉。」又曰：「厥或誥曰群飲，汝勿佚，盡執拘以歸于周，予其殺。又惟殷之迪諸臣，惟工乃湎于酒，勿庸殺之，姑惟教之。」故吃肉飲酒而犯罪。或以爲越位，而遭刑。六三、九四、六五三爻是講吃肉，吃肉要小心，以防不測，或「遇毒」，或「得金矢」，故均無大的災患。

鼎 第五十六

䷱〔鼎❶，元吉，亨。〕

注釋

❶「鼎」，卦名。

「鼎」，序卦傳曰：「革物者莫若鼎，故受之以鼎。」雜卦傳曰：「革，去故也；鼎，取新也。」說文：「鼎，三足兩耳，和五味之寶器也。」周易集解引韓康伯曰：「鼎所以和齊生物，成新之器也。」又引鄭玄曰：「鼎亨，孰以養人。」九家易曰：「鼎能孰物養人，牛鼎受一斛，天子飾以黃金，諸侯白金，三足以象三台，足上皆作鼻目爲飾也。羊鼎五斗，天子飾以黃金，諸侯白金，大夫以銅。豕鼎三斗，天子飾以黃金，諸侯白金，大夫銅，士鐵。三鼎形同，烹飪養肉。」「鼎」是祭祀的牲器。周禮掌客：「鼎簋十有二。」鄭注：「鼎，牲器也。」古人視爲寶器，或以爲政權的象徵。

今譯

鼎，始卽福祥，且又亨通。

初六，鼎塡（顚）止（趾）❶，利（出）不（否）❷，得妾以其子❸，无咎。

注釋

❶「鼎塡（顚）止（趾）」。「塡」假借爲「顚」。說文：「塡，塞也。从土眞聲。」廣韻：「塡、窴同。」「窴」，說文：「窴，塞也。从穴眞聲。」「顚」，說文：「頂也。从頁眞聲。」「塡」、「顚」同聲系，古相通。古今人表「大塡」，新序作「大眞」，御覽四百四引韓詩外傳作「大顚」。並其證。「顚」，釋文：「顚，倒也。」楚辭愍命：「顚衣以爲裳。」注曰：「顚，倒也。」書允征：「顚覆厥德。」孔傳：「顚覆言反倒。」「鼎顚」，謂鼎顚倒。「止」假借爲「趾」。說詳大壯初九「壯于止（趾）」。足也。

❷「利出不（否）」。「不」假借爲「否」。說詳遯九四「小人不（否）」。

❸「得妾以其子」。妾，人僕。說文：「妾，有罪女子給事之得接于君者。」孝經：「不敢失於臣妾。」鄭注：「妾，女子賤稱。」「以」猶「與」也。

今譯

初六，鼎倒過來，鼎足在上，利於出門？可獲得婢妾與其子，無災患。

九二，鼎有實❶，我栽（仇）有疾❷，不我能節（即）❸，吉。

注釋

❶「鼎有實」。說文：「實，富也。」廣韻：「滿也。」增韻：「充也，虛之對也。」詩節南山：「有實其猗。」毛傳：「實，滿也。」小爾雅廣詁同。「鼎有實」，謂鼎中有豐富的食物。

❷「我栽（仇）有疾」。「栽」疑爲「仇」之異體字。集韻「仇」或作「朹」。唐韻：「巨鳩切。」集韻、韻會、正韻：「渠尤切。」並音求。仇與逑古相通。詩關雎：「君子好逑。」釋文：「逑，本亦作仇。」禮記緇衣、漢書匡衡傳均引作「君子好仇」。毛詩正義孔穎達

疏曰：「詩本作逑，爾雅多作仇，字異音義同也。」則逑、球、梂、觩、絿、裘、执，皆以求得聲。𢦏亦以求得聲，讀如求。故𢦏、逑、执（仇）同音相假。「我𢦏」卽「我逑」。或作「我仇」。

「仇」，說文：「讎也。」釋文：「鄭云：『怨耦曰仇。』」左傳桓公二年：「嘉耦曰妃，怨耦曰仇。」漢書藍寬饒傳：「多仇少與。」顏注：「仇，怨讎也。」「我仇」，猶我之怨敵。「我仇有疾」，謂我的仇人有疾病。

❸ 「不我能節（卽）」。「節」假借爲「卽」。說詳夬卦辭「不利節（卽）戎」。說文：「卽，卽食也。一曰：就也。」徐鉉曰：「卽猶就也，就食也。」此爻用卽之本義。「不我能卽」，「不能卽我」之倒文。高亨周易大傳今注：「卽當讀爲則。則當訓爲賊。卽則古通用，……則乃古賊字。」賊，害也。亦可通。

今譯

九二，鼎中裝滿了食物，我的仇人得了疾病，不能來吃我的食物，則吉祥。

九三，鼎耳勒（革）❶，其行塞，雉膏不食❷，方雨〔虧悔❸，終吉。〕

注釋

❶「鼎耳勒（革）」，王弼周易注：「守實无應，无所納受，耳宜空以待鉉。」「鉉」，說文：「所以舉鼎也。」周易正義孔疏：「鉉，所以貫鼎而舉之也。」謂貫鉉舉鼎之環。周易集解引虞翻曰：「鼎以耳行，伏坎震折而入乾，故其行塞。」鼎實，以鉉貫耳而舉之，移至食處。耳脫則不能行也。

「勒」假借爲「革」。說詳革卦。帛書「革」均作「勒」。「革」，去故，變易之義。此爻引伸爲脫落，失去；言鼎耳脫落，而無法將鼎移至食處也。

❷「雉膏不食」。「雉」，鳥名。俗稱野鷄。「膏」，說文：「肥也。」卽脂膏。「雉膏」爲八珍之一，故釋文：「鄭云：『雉膏，食之美也。』」謂鼎中羹野鷄肉。

❸「方雨虧悔」。說文：「虧，毀也。」小爾雅廣言：「虧，損也。」說文：「悔，恨也。」悔卽悔恨，困厄之意。

今譯

九三，鼎耳脫落，不能貫鉉舉鼎移之食處，雖有美味的野鷄肉也不吃，天正下雨，而有虧毀美味，則有悔，結果却吉祥。

〔九四，鼎折足❶，〕復（覆）公芷（餗）❷，其刑（形）屋（渥）❸，□❹。

注釋

❶「鼎折足」。說文：「𣃔，斷也。从斤斷聲。」戰國策秦策：「剢復折頤。」注曰：「折，斷也。」「鼎折足」，謂鼎足斷也。

❷「復（覆）公芷（餗）」。說文：「覆，覂也。一曰：蓋也。从襾復聲。」「復」「覆」同聲系，古相通。國語魯語：「夕而習復。」韋注：「復，覆也。」論語學而：「言可復也。」何晏注：「復猶覆也。」是其證。

「覆」，詩雨無正：「覆出爲惡。」毛傳：「覆，反也。」國語晉語：「沐則心覆。」韋注：「覆，反也。」廣雅釋言同。傾覆、翻覆也。

「公」，公侯之公。

「芷」，通行本作「餗」。釋文：「餗，馬云：『鍵也。』鄭云：『菜也。』」鄭玄周易注：「餗，美饌。鼎三足，三公象。若三公傾覆王之美道，屋中刑之。」餗，當爲佳餚。

「芷」，亦可作莡。字彙補：「疋，古文正字。」廣韻：「疋，正也。」則疋與疋，正與正同。正卽疋或疋字。故芷卽爲莡。莡，从艸疋聲。疋，集韻、韻會：「山於切。」正韻：「山徂切。」並音蔬。「莡」與「蔬」音同相通。莡疑當讀爲蔬，或爲蔬之省文。「餗」、芷皆可訓爲菜、蔬菜，義同而通。「覆公餗」，言公之餗傾覆於地。

❸「其刑（形）屋（渥）」。「刑（形）」，易繫辭傳下：「易曰：『鼎折足，覆公餗，其形渥，凶。』言不勝其任也。」「刑」作「形」。王弼本亦作「形」。周易集解本作「形」。與周易帛書合。說文：「刑，剄也。从刀幵聲。形，象形也。从彡幵聲。」刑、形同聲系，古相通。「刑名」即「形名」。

「刑」，刑罰；「形」，形狀。

「屋」假借爲「渥」。說文：「渥，霑也。从水屋聲。」「屋」與「渥」同聲系，古相通。周易集解引虞翻曰：「渥，大刑也。」釋文：「渥，鄭作剭，音屋。」音訓引晁氏曰：「形渥，京、荀、虞皆作刑剭。」「屋」、「渥」、「剭」音同相假。虞訓「屋」爲大刑，則「渥」當作「剭」。漢書敘傳下：「底剭鼎臣。」顏師古注：「剭者，厚刑。謂重誅也。」皐重也。周禮司烜氏：「邦若屋誅。」鄭注：「屋，讀如其刑剭之剭。」則「刑屋」即「刑剭」。周易集解引九家易曰：「渥者厚大，言皐重也。」渥一作剭。按，從虞、九家說爲是。「其刑渥」謂祭祀或獻食時，折斷了鼎足，鼎中的菜饌傾覆出來，會有殺身的大禍。

❹帛書周易此字不清，通行本爲「凶」。依通行本作凶。

今譯

九四，鼎足折斷了，傾覆了公的佳珍美饌，則其有殺身之禍，故凶。

六五，鼎黃〔耳金紘❶，利貞。〕

注釋

❶「鼎黃耳金紘」。「黃耳」，周易集解引宋衷曰：「五當耳中色黃，故曰鼎黃耳。」鼎耳飾以黃色，或曰銅耳，銅爲黃色。

「金紘」，說文：「鉉，擧鼎具也。易謂之鉉，禮謂之鼏。从金玄聲。」釋文：「鉉，馬云：『鉉，扛鼎而擧之也。』」謂銅製的抬鼎扛。金質和黃色是堅貴吉祥的象徵。

今譯

六五，鼎耳是黃色的，黃銅製的鉉扛，有利於占問。

〔上九，鼎玉鉉❶，大吉〕无不利。

注釋

❶「鼎玉鉉」。周易集解引干寶曰：「玉又貴于金者。凡亨飪之事，自鑊升于鼎，載于俎，自俎入于口，馨香上達，動而彌貴。故鼎之義，上爻愈吉也。」「玉鉉」即鉉上鑲以玉也。較之金更爲華貴之物。

今譯

上九，舉鼎鉉扛上鑲以玉，很吉祥，沒有不利。

總釋

本卦主旨通過亨飪或祭祀的牲器的鼎，反映古人的生活面貌，從盛牲和亨飪來看，鄭玄曰：「鼎亨，孰物之象。」即食物放在鼎中養熟，以便飲食，故鼎有鑊之用。但是經濟條件或政治地位不同的人家，鼎之裝飾質地就有區別。六五「鼎黃耳金鉉」，乃華貴之物，干寶曰：「金喻可貴，中之美也。」則爲富貴之家的器具，非貧苦之家所有。上九：「鼎玉鉉」，玉鉉較金鉉更華貴，此鼎則爲大富貴人家所有，非一般富貴者所能有，一般人家的鼎，質量可能不太好。但是，即使「鼎折足」，亦是公侯之家，傭人不謹愼，將鼎翻倒而足斷了，結果鼎中食物傾覆於地，主人暴怒，處傭人以厚刑。然「鼎顚趾」，鼎三足朝天，是爲不利的象徵，如出門則有利，能夠得到婢妾及其子。這裏所謂出門，是否含有逃跑的意思呢？卽逃離原主人，可能會有所得。這是化凶逢吉。故結果「无咎」。與此相似的有九三爻辭，鼎耳久了，故脫落，人便不能舉鼎從這裏移到那裏，於是有野雞羹的美味也不能吃到口，雨又敗了野雞的美味，這當然是悔事，但由於沒有傾倒，野雞還可以吃，所以結果是吉非凶。由鼎而明當時社會的等級和差別。

筭（巽）　第五十七

〔䷸〕〔筭（巽）❶，小〕亨。利有攸往，利見大〔人〕。

注釋

❶「巽」，卦名。

「巽」，序卦傳曰：「旅无所容，故受之以巽。巽者，入也。」羇旅親寡，唯順而後入。說卦傳曰：「巽，入也。」周易集解引崔憬曰：「旅寄于外而无所容，則必入矣。」釋文亦作「入也。」此其一。其二，釋文引「廣雅云：『順也。』」周易正義孔疏曰：「巽者，卑順之名。……以卑順爲體，以容人爲用，故受巽名矣。」其三，雜卦傳曰：「巽，伏也。」說文：「𢀳，二卪也。巽從此。闕。」許愼知巽之字源，而闕其義。𢀳實則爲巽之本字。說文丌部：「巺，具也。從丌𢀳聲。𢁉，古文巺。」巺，篆文象二人跪在丌（几）上。龜甲獸骨文字作𢀳，殷虛書契前編作𢀳。殷虛文字類編曰：「𢀳，疑卽古巽字。」人跪便有順服之意，故訓巽爲伏、順，皆契巽之本旨。本卦皆有伏或順之意。

今譯

巽，小有亨通，利有所往，宜於見大人。

初六，進內（退）❶，利武人之貞❷。

注釋

❶「進內（退）」。唐韻、集韻、韻會、正韻：「內，奴對切。」餒去聲。古音屬隊韻。退，集韻、韻會、正韻：「吐內切。」推去聲。古音屬隊韻。「內」、「退」古音同屬隊韻，音近相通。且「退」古文作「𨓜」，「衲」，從辵或彳，內聲。取內得聲，故相通。「退」，說文：「復，却也。一曰：行遲也。」國語晉語「誰能退敵」韋注：「退，却也。」禮記曲禮上：「退讓以明禮。」孔疏：「應進而遷曰退。」

❷「武人」，王弼周易注：「成命齊邪，莫善武人。」完成君主之命令，使邪惡之人改邪歸正。周易集解纂疏曰：「禮記月令：立秋之日，賞軍帥武人于朝。」「武人」猶軍隊的指

揮者。

今譯

初六，或進或退，武人有所占問則利。

九二，筭（巽）在牀下❶，用使（史）巫❷，忩（紛）若❸，吉，无咎。

注釋

❶「筭（巽）在牀下。」「筭」假借爲「巽」。「筭」，集韻、韻會、正韻：「筭，亦作算，
通作笇。」爾雅釋詁：「算，數也。」釋文：「算，字又作筭。」「筭」與「選」義同而
通。儀禮鄉飲酒禮「無筭爵注」鄭注、士喪禮「明衣不在算」鄭注、禮記檀弓下「爲之節
文也有算」鄭注並曰：「算，數也。」爾雅釋詁，小爾雅廣言同。「選」，書盤庚上「世
選爾勞」孔傳、左傳襄公三十一年「不可選也」杜注、國語齊語「牛馬選具」韋注並曰：
「選，數也。」「筭」、「選」義同。故書盤庚上：「世選爾勞。」孔疏：「選卽算也。」
論語子路：「何足算也。」漢書公孫劉田王楊蔡陳鄭傳贊作「何足選也」。並其證也。選

與巽通。說文：「選，遣也。从辵巺。巺，遣之。巺亦聲。」選與巽同聲系，古相通。史記仲尼弟子傳：「魯邽巽字子欽。」司馬索隱引家語「巽」作「選」。故筭、選、巽古相通。「巽」，伏也。周人地上鋪席，席地而坐或臥，床乃病人所臥。「巽在牀下」，謂病人伏床下也。

❷「用使（史）巫」。「使」假借爲「史」。「使」，集韻、韻會：「爽士切。」音史。古音屬紙韻。「史」，集韻、韻會：「爽士切。」音使。古音屬紙韻。「使」、「史」韻同，音同相通。漢書霍光傳：「使樂成。」顏注：「使字或作史。」左傳襄公三十年：「使走問諸侯。」釋文：「使，本作史。」並其證也。

「史巫」，周易集解引荀爽曰：「史以書勳，巫以告廟。」左傳襄公二十五年：「史皆曰吉。」孔疏：「史者，筮人也。」周易正義孔疏：「史謂祝史。」雖云「史以書勳」，其實卜史、祝史皆是。周禮司巫：「掌群巫之政令。」女巫：「掌歲時祓除釁浴。」男巫：「掌望祀、望衍、授號，旁招以茅。」即國語楚語所謂「在男曰覡」，「在女曰巫」是也。「史巫」，爲接事鬼神者。

❸「忿（紛）若」。「忿」假借爲「紛」。說文：「忿，悁也。从心分聲。」「紛」，說文：「馬尾韜也。从糸分聲。」「忿」、「紛」同聲系，古相通。

「紛」，漢書司馬相如傳下：「威武紛云。」顏注：「紛云，盛貌。」漢書禮樂志：「六紛員。」顏注：「紛員，多貌也。」廣雅釋訓：「紛紛，衆也。」周易集解引荀爽曰：

「紛，變也；若，順也。」周易正義孔疏：「紛若者，盛多之貌。」「紛若」，茂盛衆多貌。高亨周易古經今注曰：「紛疑借爲釁。同聲系，古通用。說文：『釁，血祭也。象祭竈也。从爨省。從酉，酉所以祭也。从分，分亦聲。』凡殺牲以血塗物，因遂薦牲以祭曰釁。其釁也，或釁屋，周禮鬯人：『釁廟。』小子：『釁社稷五祀之宮兆。』圉師：『釁廄。』司約：『釁戶。』皆是也。或釁器，周禮大司馬：『泣釁主及軍器。』……孟子梁惠王上篇：『王坐于堂上，有牽牛而過堂下者，王見之曰：牛何之？對曰：將以釁鐘。王曰：以羊易之。』呂氏春秋愼大篇：『釁鼓旗甲兵。』皆是也。或釁人，國語齊語：『嚴公將殺管仲。齊使者請曰：……請生之。於是嚴公使束縛以予齊使。齊使受而以退。比至，三釁三浴之。桓公親逆于郊。』呂氏春秋本味篇：『湯得伊尹，祓之於廟，爝以爟火，釁以犧猳。』高注：『以牲血塗之曰釁。』……皆是也。其牲或牛，或羊，或豕，或犬，或鷄，軍中或以敵人爲牲，其事大都由巫掌之。周禮女巫：『掌祓除釁浴。』是也。紛釁古音並讀重脣。故易以紛爲釁。」義亦可通。釁是一種巫術，卽殺牲後用牲血塗人身或器物，而後浴之，以驅除鬼魅。

今譯

九二，病人伏在床下，以為鬼魅作祟，用史巫的巫術可愈，則吉祥而無災患。

九三，編（頻）筭（巽）❶，閵（吝）❷。

注釋

❶「編（額）筭（巽）」。「編」假借為「頻」。說詳復六三「編（頻）復」。王弼周易注曰：「頻，頻蹙，不樂而窮，不得已之謂也。」周易集解引虞翻曰：「頻，頞也。」以頻訓頞，即蹙頞也。俗言皺眉頭。

❷「筭」假借為「巽」。巽，順也。「閵」假借為「吝」。說詳姤上九「姤其角，閵（吝）。」

今譯

九三，皺眉而順從，則有艱難。

六四，悔亡，田獲三品❶。

注釋

❶「田獲三品」，周易集解李鼎祚曰：「穀梁傳曰：『春獵曰田，夏曰苗，秋曰蒐，冬曰狩。』田獲三品，一爲乾豆，二爲賓客，三爲充君之庖。注云：『上殺中心，乾之爲豆實；次殺中髀骼，以供賓客；下殺中腹，充君之庖厨，尊神敬客之義也。』」「乾豆」之說，語出禮記王制：「天子諸侯無事則歲三田，一爲乾豆，二爲賓客，三爲充君之庖。」鄭注：「乾豆，謂臘之以爲祭祀豆實也；庖，今之厨也。」謂將田獵所獲之物，曬成乾肉，作爲祭祀的供品或爲宴享賓客的食品，或爲君主厨中的菜肴。「田」，獵也。「品」，種類也。

今譯

六四，困厄将消失，田獵之物可作三種用途。

九五，貞吉，悔亡，无不利，無（初）有終。先庚三（日），後庚三日❶，吉。

注釋

❶「先庚三日，後庚三日」，說詳蠱卦辭「先甲三日，後甲三日」。先庚三日，爲丁日；後庚三日，爲癸日。

今譯

九五，占問則吉祥，困厄將失，沒有不利，事雖無好的開始，但有好的結果。丁日和癸日，乃吉祥。

尚（上）九，筭（巽）在牀下❶，亡（喪）其溍（資）斧❷，貞凶。

注釋

❶「筭（巽）在牀下」。「筭」假借爲「巽」。巽，伏也。

❷「亡（喪）其溍（資）斧」。「亡」假借爲「喪」。說詳既濟六二「婦亡（喪）其發（茀）」。「溍」假借爲「資」。說詳旅九四「旅于處，得其溍（資）斧」。「資斧」謂錢幣。

今譯

上九，病人伏在床下，失其錢幣，占問則凶。

總釋

本卦通過巽，即伏的活動和順的心情，說明當時人們日常生活，反映社會面貌。卦辭認爲，巽伏、巽順，總體上說是小有亨通，有所往或見大人皆有利。本卦兩言「巽在床下」，反映兩種不同情況。九二：「巽在牀下」，顯然與當時祝史司祭，巫以降神，祓除不祥相聯繫，說明當時人們對於自身不能認識或掌握的現象，以爲是一種超人間的力量在支配的觀點。史巫便用巫術，殺牲塗血，祈禱神靈，禳災趕鬼，則吉祥而無災患。上九：「巽在床下」，則是喪失「資斧」，旅九四：「旅于處，得其資斧，我心不快。」因旅人所寄居的旅舍被火燒了，喪失了錢幣，後來又在他的居處找到錢幣，失而復得。本爻則喪失了錢幣，而未能復得，故結果有禍殃，而不僅是心不快樂的問題。其他四爻爻辭則從多角度來說明人們日常活動。初六：或進或退，則由武人指揮，如武人能根據天時、地利和人心向背，則有利。否則進退不得其道，坐失良機，便有覆滅的危險，指揮員的才幹，指揮的藝術，作用甚大。九三、頻巽，皺着眉頭而順從，非眞順從，亦非心悅誠服，因此辦事便會遇到艱難。六四、九五兩爻相關聯，人們「田獲三品」，言「行獵將得三種獵物」，田獵能否定得三種獵物，不多不小，實難預測，故解爲把田獵所獲之物，作三種用途，這是能知道的。故作如是解。巽卦內容多方面，故反映多方面社會生活，於今人了解古代社會經濟、政治、宗教、文化提供寶貴資料。

少(小)蓺(畜) 第五十八

☴
☰

少(小)蓺(畜)❶，亨。密雲不雨，自我西茭(郊)❷。

注釋

❶

「小畜」，卦名。

「少(小)蓺(畜)」。「少」假借爲「小」。說詳訟初六「少(小)有言」。

「蓺」，帛書周易作：「[illegible]」。「蓺」假借爲「畜」。畜，大蓄卦「畜」作「蓄」。畜與蓄通，「蓺」與「孰」亦通。「孰」，唐韻：「殊六切。」集韻、韻會、正韻：「神六切。」音淑。古音屬屋韻。「畜」，唐韻：「丑六切。」集韻：「敕六切。」音蓄。古音屬屋韻。「孰」、「畜」同韻，音近相通。則蓺、孰、蓄、畜古相通用。

「小畜」，釋文：「畜，本又作蓄。積也，聚也。」序卦傳曰：「比必有所畜，故受之以小畜。」釋文：「畜，本亦作蓄。」雜卦傳曰：「小畜，寡也。」周易集解引侯果曰：

❷「四爲畜主，體又稱小，唯九三被畜，下剛皆通，是以小畜亨也。」小畜即小有聚積也。「密雲不雨，自我西茭（郊）」。「茭」與「郊」古相通。說詳需初九「需於茭（郊）」。焦循易林曰：「陰積不已，雲作淫雨，故云雲雨者陰之氣也。今小畜五陽一陰，陽多陰少，故纔密雲，未能爲雨也。」

今 譯

小畜，亨通。陰雲密佈而不下雨，起自我的西郊。

初九，復自道❶，何其咎❷，吉。

注 釋

❶「復自道」。說文：「復，往來也。」往來爲復。古亦作复。說文：「复，行故道也。」雜卦傳曰：「復，反也。」意爲往來返復。

「自」，周易經文十見。如姤九五：「或（有）塤（隕）自天。」坎六四：「人（入）葯（約）自牖。」泰上六：「自邑告命。」需九四：「出自穴。」夬卦辭：「告自邑。」睽初九：「自復。」大有上九：「自天右（祐）之。」比六二：「比之自內。」及本卦卦辭：「自我西茭（郊）。」玉篇：「自，由也。」集韻：「從也。」亦可訓自我。「道」，說文：「所行道也。一達謂之道。」段玉裁注：「道者，人所行，故亦謂之行道之。」道卽所行的道路。

❷「何其咎」。「其」爲語助辭。「何咎」，程頤周易程氏傳曰：「復既自道，何過咎之有。」

今譯

初九，從正路回來，不會有什麼災患，便吉祥。

九二，堅（牽）復❶，吉。

注釋

❶「堅（牽）復」。「堅」假借爲「牽」。公羊傳定公十四年：「公會齊侯、衞侯於堅。」釋文：「堅，如字。本又作掔，音牽。左氏作牽。」左傳定公十四年作「公會齊侯、衞侯於牽。」「堅」、「牽」音近而相通之證。

「牽」，說文：「引前也。」爾雅釋言：「牽，挽也。」

今　譯

九二，牽引着返回，便吉祥。

九三，車說緮（輹）❶，夫妻反目❷。

注　釋

❶「車說緮（輹）」，王弼本、通行本均作「輿說輻」。釋文：「輻，音福。本亦作輹。」阮元校勘記：「石經、岳本、閩、監、毛本同。釋文：輻，本亦作輹。」「車」，周易正義本作「輿」，周易程氏傳、周易本義同。周易集解本作車。車假借爲輿。大有九二，王弼本，通行本作「大車以載」。釋文：「車，蜀才本作輿。」賁初九：「舍車而徒。」釋文：「車，張本作輿。」困九四：「困於金車。」釋文：「車，本作輿。」剝卦辭：「君子得輿。」釋文：「輿，董本作車。」詩出車：「我出我車。」荀子大略作「我出我輿」。大略：「出車彭彭。」史記匈奴傳作「出輿彭彭」。車與輿互訓通用。「車」，

釋名釋車：「古者曰：車聲如居。言行所以居人也。今曰：車聲近舍。車舍也。行者所處，若居舍也。」周禮考工記輿人：「輿人爲車。」鄭注：「車，輿也。」「輿」，說文：「車也。」義通同。

「說」，說文段注：「各本作脫。」程頤周易程氏傳：「猶車輿說去輪輻，言不能行也。」以「說」解爲「脫」。

「緮」假借爲「輹」。說文：「輹，車軸縛也。从車复聲。易曰：『輿說輹。』」段玉裁注：「謂以革若絲之類纏束於軸以固軸也。縛者，束也。古者束輈曰楘，曰歷錄；束軸曰輹，亦曰鞪。」段注是也。束軸以固軸之物，以革或絲之類。以革則曰鞪，以絲則曰緮。古緮假借爲輹。釋文：「輹，音服。馬云：『車下縛也。』」音與玉篇「緮，扶又切」相近。音近而通。然釋名釋車云：「輹，伏也；伏於軸上也。」則與段注有異。

❷ 「夫妻反目」，周易集解引虞翻曰：「目象不正，巽多白眼，夫妻反目。」反目，謂相背而視也。

今譯

九三，車身與車軸相脫離，夫妻怒目而視。

六四，有復（孚）❶，血去湯（惕）〔出〕❶，无咎。

注釋

❶ 「有復（孚）」。「復」假借爲「孚」。孚，信也，誠也。

❷ 「血去湯（惕）〔出〕」「血」，釋文：「馬云：當作恤。憂也。」尚秉和周易尚氏學：「荀爽、王弼等，直讀爲血。非也。坎爲恤爲惕，乃坎伏不見，故曰恤去惕出。言不憂懼也。」

「湯」假借爲「惕」。「湯」、「惕」同聲系，古相通。說詳師九二「王三湯（錫）命」，夬九二「傷（惕）號」。

今譯

六四，有誠信，憂愁自除去，恐懼自出脫，便沒有災患。

九五，有復（孚）䜌（攣）如❶，富以其鄰❷。

注釋

❶「有復(孚)䜌(攣)如」。「復」假借爲「孚」。說詳訟卦辭「有復(孚)」。孚，誠也，信也。

「䜌」假借爲「攣」。漢書蕭何傳：「復封何玄孫之子南䜌長喜爲酇侯。」顏注引蘇林曰：「䜌音人足攣躃之攣。」「䜌」、攣音同，古相通。說文：「攣，从手䜌聲。」是爲攣、䜌同聲系之證。

「攣」，說文：「係也。」周易正義孔疏：「攣如者，相牽繫不絕之名也。」周易集解引虞翻曰：「攣，引也。」李道平纂疏曰：「攣訓引者，言牽連相引也。」釋文：「攣，馬云：『連也。』」攣爲牽連相引。

❷「富以其鄰」。周易集解引虞翻曰：「以，及也。」纂疏曰：「以訓及者，由此及彼也。」廣雅：『以，與也。』」詩江有汜「不我以」鄭箋、詩桑柔「不胥以穀」鄭箋並曰：「以猶與也。」「富以其鄰」，虞翻釋爲「不獨富」。程頤周易程氏傳曰：「五以居尊位之勢，如富者推其財力與鄰比共之也。」今人高亨訓：「以，因也。」以掠奪鄰國或鄰邑而致富。可備一考。

今譯

九五，有誠信而相引牽連，與鄰人共富。

尚（上）九，既雨既處❶，尚得（德）載❷，女貞厲❸。月幾望❹，君子正（征）❺，兇。

注釋

❶「既雨既處」，周易集解引虞翻曰：「既，已也。」玉篇：「既，已也。」已經之義。詩汝墳：「既見君子。」毛傳：「既，已也。」「處」，又作處。說文：「處，止也。得几而止。从几从夂。『處』『処』或从虍聲。」廣雅釋詁：「処，止也。」國語楚語「譬之如牛馬處暑之既止」、國語吳語「處而不處」韋昭注並注曰：「處，止也。」「既雨既處」，已經下過雨，並已停止。

❷「尚得（德）載」。「得」與「德」古通用。周易正義、王弼本作「尚德載」，周易集解本作「尚得載」。音訓：「德，晁氏曰：『子夏傳作得，京、虞翻同。』並其證也。「載」，說文：「載，乘也。」聞一多周易義證類纂：「載讀爲菑。詩載芟：『俶載南畝。』箋曰：『俶載當爲熾菑。』良耜：『俶載南畝。』箋曰：『熾菑是南畝。』是其比。无妄：

『不菑畬。』釋文引董遇曰：『菑，反草也。』爾雅釋地：『田一歲曰菑。』郭注曰：『今江東呼初耕反草爲菑。』說文曰：『菑，才耕田也。』是菑卽耕。『既雨既處，尙德載』者，處，俞樾訓止，是也。德載讀爲得菑，言雨後尙得施耕也。」聞說義亦可通。

❸ 貞，占問。厲，危險。「女貞厲」，周易正義本、周易集解本均作「婦貞厲」。女與婦古相通。

❹「月幾望」。釋文：「徐音祈，又音幾。注同。子夏傳作近。」中孚六四：「月幾望，馬四亡。」釋文：「幾，音機，又音祈。京作近，荀作既。」帛書周易同荀作「既」。歸妹六五：「月幾望，吉。」釋文：「音機，又音祈。荀作既。」近、幾、既古音近相通。並義同。周義集解引虞翻曰：「幾，近也。」

「朢」爲「望」的異體字。論衡四諱：「十五日，日月相望謂之朢。」釋名釋天：「朢，月滿之名也。月大十六日，小十五日。日在東，月在西，遙相望也。」「朢」，說文：「月滿也。與日相望。从月从臣從壬。」段玉裁注：「此與望各字从朢省聲。今則望專行，而朢廢矣。」帛書周易係用古字。

❺「君子正（征）」。「正」假借爲「征」。周禮司門：「正其貨賄。」鄭玄注：「正讀爲征。」周禮均人：「掌均地政。」鄭注：「政讀爲正。」周易閭胥：「凡春秋之祭祀役政喪紀之數。」鄭注：「杜子春讀政爲正。」因此政可當作正。周禮小司徒：「施其職而平其政。」鄭注：政當作正。」周禮司勳：「惟加田無國正。」釋文：「正本亦作政。」禮

記王制：「譏而不征。」釋文：「征，本又作正。」「正」、「征」古通互訓之證也。「征」，爾雅釋言：「征，行也。」詩澧水：「桓桓於征。」鄭箋：「征，征伐也。」

今　譯

上九，天已下雨，又已停止，尚可以乘載，女子占問便有危險，在既望的日子裏，君子征伐則有禍殃。

總　釋

本卦卦名是小畜，意爲小有積聚，然在卦爻辭中未出現小畜二字，唯卦名曰小畜，但有些爻辭則隱含小畜之義。如卦辭「密雲不雨，自我西郊，」密雲有一個積累的過程，下雨也有一個氤氳的階段，但由於積累未到一定的限度或其他因素的干擾而未下雨。但從爻辭看涉及面較多，並非圍繞一事而展開。初九：「復自道」，九二：「牽復」，講復的問題，從正路回來，不會有什麼災患，牽引着回來，便吉祥。九三，講車身與車軸相脫離，喻夫妻反目，發生爭吵或乖離。六四：「有孚，血去惕出」，有以爲「孚」爲俘虜，有所俘獲，所以憂愁自除去，恐懼自出脫。九五：「有孚攣如，富以其鄰。」孚亦釋爲俘虜之俘，抓到俘虜，捆得牢牢的，與鄰村同樂。此二爻似講孚虜，但「孚」作誠信解亦通，且較貼切，故今譯未訓孚爲俘。上九：「既雨既處，尚德載，」謂天已下雨，又已停止，尚可以乘載。聞一多釋爲雨後尚得施耕亦通。總之本卦涉及自然現象中的雲與雨的關係，社會現象中的商旅回來的情況，講誠信，而與鄰居共同致富以及乘載征伐之事。

觀　第五十九

䷓　觀❶，盥❷而不尊（薦）❸，有復（孚）□若❹。

注釋

❶「觀」，卦名。

「觀」，說文：「諦視也。从見雚聲。」穀梁傳桓公六年：「觀婦人也。」釋文：「觀，視也。」漢書匡衡傳：「又觀以禮樂。」顏注：「觀，亦視也。」漢書敍傳下：「周穆觀兵。」顏注引張晏曰：「觀，示也。」釋文：「觀，示也。」觀有觀察、察視、審視之意。象傳曰：「風行地上，觀。先王以省方觀民設教。」觀卦巽上坤下，巽爲風，坤爲地，故其象爲風行地上。國君巡視邦國，體察民情，以便推行德教，故謂之觀。

❷「盥而不尊（薦）」。說文：「盥，澡手也。从臼水。」儀禮士冠禮：「贊者盥升。」鄭注：「古文盥皆作浣。」說文「浣」作「澣」，並曰：「澣，濯衣垢也。从水幹聲。」則盥、

浣、瀞爲異體字。「盥」，集韻：「盥祭也。或作灌。」周易集解引馬融曰：「盥者，進爵灌地以降神也。此是祭祀盛時，及神降薦牲，其禮簡略，不足觀也。國之大事，唯祀與戎。王道可觀，在於祭祀。祭祀之盛，莫過初盥降神。」馬氏讀盥爲灌。盥與灌相通。又讀爲裸。周禮大行人：「王禮再裸而酢。」鄭司農注：「裸讀爲灌。」周禮考工記玉人：「裸圭尺有二寸。」鄭注：「裸之言灌也。或作淉，或作果。」則「盥」、「浣」、「瀞」、「灌」、「裸」義同而通。盥，便是祭祀時洗手灌酒於地以迎神。

❸「尊」假借爲「薦」。「尊」疑當作「奠」。說文：「尊，酒器也。从酋，廾以奉之。」「尊」、「奠」，說文：「置祭也。从酋。酋，酒也。丌，其下也。禮有奠祭。」「尊」、「奠」形近義近。儀禮士喪禮：「幂奠用功布。」鄭注：「古文奠爲尊。」尊、奠古通。「奠」，廣韻、集韻、韻會：「堂練切。」音電。古音屬霰韻。唐韻、集韻：「薦，作甸切。」音薦。古音屬霰韻。「奠」「薦」古音韻同，音近而通。且「奠」「薦」義同。廣雅釋言：「奠，薦也。」禮記郊特牲：「故既奠然後焫蕭合羶薌。」鄭注：「奠謂薦孰時也。奠或爲薦。」並其證也。

「奠」，禮記玉藻：「唯世婦命於奠繭。」鄭注：「奠猶獻也。」「薦」，左傳昭公十五年：「故能薦彝器於王。」杜注：「薦，獻也。」爾雅釋詁：「薦，進也。」邢昺疏：「薦者，進獻也。」禮記郊特牲：「既灌然後迎牲，迎牲然後獻薦。」周易正義孔疏：「薦者，謂既灌之後陳薦籩豆之事。」「奠」、「薦」均有進獻之義。祭祀時，在洗手以酒灌地後，進獻各種祭品，稱獻薦。

❹「有復（孚）□若。」「復」，通行本作「孚」。通行本有「孚」凡四十字，帛書周易除一字脫外，其餘三十九字皆作「復」。「復」假借爲「孚」。孚，信也，誠也。□，帛書周易似作「[illegible]」，通行本作「顒」。[illegible]與顒近，依通行本作顒。說文：「顒，大頭也。」引伸爲仰頭。廣韻：「顒，仰也。」周易集解引馬融曰：「顒，敬也。」周易正義孔疏：「顒若者，顒是嚴正之貌，若爲語辭。言下觀而化，皆孚信容貌儼然也。」「有孚顒若」言祭祀時有誠信而嚴正恭敬之貌。

今譯

觀，祭祀之時洗手灌酒於地以迎神，雖不進獻祭牲，但有誠信恭敬的樣子。

初六，童觀❶，小人无咎，君子閵（吝）**❷。**

注釋

❶「童觀」。釋文：「童，鄭云：『稚也。』」說文童作僮，云：「僮，未冠也。从人童聲。」釋名釋

長幼：「十五曰童，故禮有陽童。」廣雅釋言：「僮，稚也。」童、僮均指未成年的兒童。「童觀」，即稚童的觀察，即幼稚的見解。

❷「閵」假借爲「吝」。說詳姤上九「姤其角，閵（吝）」。

今譯

初六，以稚童的眼光觀察問題，小人則無害大事，君子則於事難成。

六二，䙿（闚）觀❶。利女貞。

注釋

❶「䙿（闚）觀」。「䙿」假借爲「闚」。釋文：「闚，本亦作窺。」阮元校勘記：「石經、岳本、閩、監、毛本同。釋文、闚，本亦窺。」列子黃帝：「夫至人者上闚青天。」釋文：「闚同窺。」玉篇：「窺亦作闚。」「窺」、「闚」同字異體。說文：「窺，小視也。从穴規聲。」又，闚：「闚，閃也。從門規聲。」「闚」、「窺」、「規」同聲系，古相通。且「窺」、規義近。荀子非十二子：「規規然。」楊倞注：「規規，小見之貌。」莊子秋水：

「規規然自失也。」釋文：「規規，驚視自失貌。」故「闚」、「窺」借爲「規」。「䙫」與「規」通。䙫，从見圭聲，借爲圭。集韻、韻會：「涓畦切。」音閨。古音屬齊韻。「規」，韻會小補：「惠圭切。」音攜。古音屬齊韻。「圭」、「規」同屬齊韻，音近相通。禮記儒行：「篳門圭窬。」鄭注：「圭窬，門旁窬也，穿牆爲之如圭矣。」左傳襄公十年：「篳門圭竇。」釋文：「閨本作圭。」「圭竇」爲小戶。圭右偏旁加見，猶小見也。則「䙫」、「規」義相近。故「闚」、「窺」、「規」、「䙫」古相通。「闚觀」，猶從門隙或穴孔中以視，喻見識狹小。

「闚觀」，周易集解引虞翻曰：「竊觀稱闚，兌女反成巽，巽四五得正，故利女貞。」又，李鼎祚曰：「艮爲門闕，女目近門闕，觀之象也。」高亨周易古經今注曰：「疑周初女子許嫁之前，得一窺觀男子，而自決可否。闚觀之後，亦或筮之。若遇此女，許嫁則利。」義亦可通。

今譯

六二，從門隙中看問題，則見識狹小，利於女子占問。

六三，觀我生❶，進退❷。

注釋

❶「觀我生」。說文：「生，進也。象屮木生出土上。凡生之屬皆从生。」古稱庶民為生民。周易集解引虞翻曰：「生謂坤，生民也。」周易集解纂疏李道平曰：「生謂坤，生民也。與九五同義。坤為民，謂三也。」史頌毀：「里君百生。」伯吉父盤：「其惟諸侯百生。」百生即百姓。百姓，百官之族姓。詩天保：「群黎百姓，徧為爾德。」毛傳：「百姓，百官族姓也。」書堯典：「九族既睦，平章百姓。百姓昭明，協和萬邦，黎民於變時雍。」孔傳：「百姓，百官。」按，生兼有生民（庶民）、百官之義。本爻兩義均可通。「進」，說文：「登也。从辵，閵省聲。」指進陟、進用。「退」，進之反。說文：「退，却也。」指斥退、黜降。

今譯

六三，觀察我的生民（百官）以定事情的進行或停止（以定百官的進用或黜降）。

六四，觀國之光❶，（利）用賓于王❷。

注釋

❶「觀國之光」。「國」，說文：「邦也。」廣雅釋言：「國，邦也。」邦國、國家之意。「光」，說文：「明也。」廣雅釋詁同。詩南山有台：「邦家之光。」毛傳：「光，明也。」書洛誥：「惟公德明，光於上下，施於四方。」孔傳：「言公明德光於天地，勤政施於四海萬邦，四夷服仰公德而化之。」「觀國之光」，謂觀察國家的政績的光輝。書立政：「以覲文王之耿光，以揚武王之大烈。孔疏：「以顯見文王之光明，以播揚武王之大業。」

❷「利用賓於王」。說文：「賓，所敬也。從貝㝉聲。」莊子徐无鬼：「以賓寡人久矣。」釋文引李鼎祚注曰：「賓，客也。」呂氏春秋高義：「比於賓萌。」高注：「賓客也。」「利用賓於王」，謂作王的賓客。

今譯

六四，往朝於王，觀王國的政績風俗的光輝，作王的賓客，則有利。

九五，觀我生❶，君子无咎。

注釋

❶「觀我生」。周易集解引虞翻曰：「我，身也。謂我生，生謂生民。」按，生當兼生民、百官兩義。

今譯

九五，觀察我的庶民（百官），君子（國君）就能免除災患。

尚（上）九，觀其生❶，君子无咎。

注釋

❶「觀其生」。觀，觀察、考察。其猶彼也；指他國。

今譯

上九，觀察他國庶民的狀況，君子（國君）可避免災患。

總釋

本卦主旨是講觀，君子或國君通過觀察、察視、審視等活動，探索如何治理好國家，使百姓安樂。雖治國之方，因勢而變，但易經作者認爲，最重要的方法是行德政。德政之具體內容有如下幾方面：其一，神道設教。殷、周之時，上自天子，下至庶民，都是隆祭祀、敬神靈，是古人治國安邦的重要方法，卦辭提出：「盥而不薦，有孚顒若」的主張，認爲祭祀要重內容，而不圖形式。所謂內容，是對神有誠信敬順之心，形式是指祭品而言。國君（君子）在洗手以酒灌地以後，薦獻羞牲、籩豆等祭品，卽使不豐盛，甚至不薦獻羞牲、籩豆等，只要內心虔誠順神，也能使百官、庶民受到敎化。相反，對神沒有誠信恭敬之心，卽使薦獻羞牲、籩豆再豐盛，亦不能達到敎化百官、庶民的作用。設神道的目的，在於敎化百官庶民，以穩定民心，邦國久安。其二，行德治，六四爻辭：「觀國之光，利用賓於王。」作爲國君的賓客，朝觀王國的德政敎化的光輝，是有利的。它含有兩方面的意思：從國君（君子）方面來說，通過自己光輝的德政和敎化，以顯示國威，推廣德治敎化，使四國信服；從諸侯百官、庶民方面來說，作爲朝觀王國的賓客，在於瞭解王國德政和敎化，以便效法，推行於本地。六四爻辭強調德治敎化，以達到國家之大治。其三，毋童觀，初六爻辭：「童觀，小人无咎，君子吝。」與此相關聯的是「䦨觀，利女貞。」觀卽考察要從大處着眼，要注重政治和敎化，要考察百官和民情，這樣才能效法王國的光輝。如果像稚童那樣去觀察問題，朝觀王國，就不知道王國的光輝在德治和敎化。這對於小人來說還無害於大事的話，那麼，對於君子（國君）來說，則於事難成了。「䦨（闚）觀」，猶如從門縫裏考察問題，當然就只能看到問題或事物的一個方面，這種狹隘的見識，對於女人來說是利，對君子（國君）來說就不是利了。可見，易經作者對各種人的要求和衡量標準是不一樣的，這與不同人的政治、社會、經濟地位相關聯。其四，考察百官，體察民情。觀卦六三、九五爻辭皆曰：「觀我生」，上九爻辭爲「觀其生。」三次提到「生」，生或訓爲生民，卽庶民；或訓爲百官。國君要注意考察百官的政績，體察庶民的實情，以決定百官進退陟黜的依據，還決定事情進行或停止。以政績好劣和是否得民心，作爲進退的標準，則是正道，這樣百官庶民方知所向。若不考察百官庶民，則必賞罰不明，是非顚倒，陟黜不當，忠奸混淆，便會導致政治腐敗，國家動亂。同時亦要考察他國百官庶民的情況，以爲借鑒。

漸　第六十

䷴　**漸❶，女歸吉❷，利貞。**

注釋

❶「漸」，卦名。「漸」，序卦傳曰：「物不可以終止，故受之以漸。漸者，進也。」彖傳曰：「漸之進也。」王弼周易注曰：「漸者，漸進之卦也。止而巽，以斯適進，漸進者也。」漸進乃不速而進。故周易正義孔疏曰：「漸者，不速之名也。凡物有變移，徐而不速，謂之漸也。」則漸有不速而進，徐動而進之意。

❷「女歸吉」。說文：「歸，女嫁也。」周易集解引虞翻曰：「歸，嫁也。」女嫁之謂歸。周易正義孔疏曰：「歸，嫁也。女人生有外成之義，以夫爲家，故謂嫁曰歸也。婦人之嫁，備禮乃動，故漸之所施吉。」孔說是也。

今譯

漸，女子出嫁則吉祥，占問則有利。

初六，鳿（鴻）漸于淵❶，小子癘（厲）❷，有言❸，无咎。

注釋

❶「鳿（鴻）漸於淵」，通行本作「鴻漸於干」。「鳿」、「鴻」古通。一切經音義十一引聲類：「鳿或鴻字同，胡工反。」漢書司馬相如傳上：「鳿、鷫、鵠鴇。」顏注：「鳿，古鴻字。」「鳿」、「鴻」爲古今字。

「鴻」，說文：「鴻鵠也。从鳥江聲。」楚辭招魂：「煎鴻鶬些。」注：「鴻，鴻鴈也。」禮記曲禮上：「前有車騎則載飛鴻。」孔疏：「鴻，鴻鴈也。」王弼周易注：「鴻，水鳥也。」周易集解引虞翻曰：「鴻，大雁也。」詩鴻雁：「鴻雁于飛，肅肅其羽。」毛傳：「大曰鴻，小曰鴈。」故鴻曰大鴈。

「淵」，通行本作「干」。說文：「淵，回水也。从水肙。象形。左右岸也，中象水皃

（貌）。𣶒，淵或省水。囦，古文，从口水。」左傳文公十八年：「齊聖廣淵。」杜注：「淵，深也。」孔疏：「深水謂之淵。」國語晉語：「雨紛河涑澮以爲淵。」韋注：「淵，池也。」「鴻漸於淵」，謂鴻在水中。水經穀水注：「淵、澗字相似，時有字錯爲淵也。」故亦訓淵爲澗。

「干」，釋文：「鄭云：『干，水傍，故傍水處。』陸云：『水畔稱干。』毛傳詩云：『涯也。』又云：『澗也。』荀、王肅云：『山間澗也。』翟云：『涯也。』」「干」與「澗」古通同。詩考槃：「考槃在澗。」釋文：「澗，韓詩作干。」詩斯干：「秩秩斯干。」毛傳：「干，澗也。」即其證也。「干」訓「澗」，與「淵」與澗則義同，故帛書周易「干」作「淵」。

❷

「小子癘（厲）」。「癘」假借爲「厲」。「癘」，廣韻、集韻、韻會並曰：「力制切。」音例。古音屬霽韻。「厲」，唐韻、集韻、韻會並曰：「力制切。」音例。古音屬霽韻。「癘」、「厲」古音同韻，音近相通。春秋穀梁序：「鬼神爲之疵厲。」釋文：「厲本作癘。」莊子逍遙遊：「使物不疵癘。」釋文引李注曰：「癘，厲。」是其證也。

「厲」、「癘」，皆有疾病、疫病之義。禮記檀弓下：「斬祀殺厲。」鄭注：「厲，疫病。」山海經西山經：「英山有鳥名曰『肥』，遺食之已癘。」郭璞注：「癘，疫病也。」有疫病，猶人遇到危險。書金縢「遘厲虐疾」孔傳、詩民勞「以謹醜厲」毛傳並曰：「厲，危也。」

❸「有言」，儀禮、聘禮：「若有言。」鄭注：「有言，有所告請，若有所問也。」「有言」謂有所告也。

今譯

初六，鴻雁飛進水澗，小孩亦到水澗，則有落水之危險，經人警告，才沒有災患。

六二，鳿（鴻）漸于坂（磐）❶，酒食衎（衎）衎（衎）❷，吉。

注釋

❶「鳿（鴻）漸於坂（磐）」。鳿、鴻爲古今字。「坂」假借爲「磐」。王引之經義述聞：「史記孝武紀、封禪書，漢書郊祀志並載武帝詔曰：『鴻漸於般。』孟康注曰：『般，水涯堆也。』其義爲長。……漢詔作般，殆本古文經。……般之言泮也，陂也。其狀陂陀，然高出涯上，因謂之般焉。『鴻漸於般』，猶曰『鳧鷖在衆』。衆，水外之高者也。」「磐」、「般」同聲系，古相通。音訓：「晁氏曰：『般，古文』。」是其證也。「般」，漢書賈誼傳曰：「般紛紛其離此郵兮。」孟康曰：「般音班。般，反也。」

「坂」，集韻：「與岅、阪同。或作𡊅。」荀子成相：「患難哉阪爲先聖。」楊倞注：「陂與反同。」易說卦釋文：「陸云：阪當爲反。」故「陂」與「反」、「坂」古相通。「般」與「阪」義同相通，則「磐」、「般」、「反」、「陂」、「坂」古相通假。「磐」，周易集解引虞翻曰：「聚石稱磐。」王強周易注：「磐，山石之安者也。」王引之經義述聞曰：「漸之爲義，循次而進。三爻止漸於陸，而二爻遽在山石之上，非其次也。」王說是也。故「磐」作「般」。水涯也；即涯岸。

❷ 「酒食衍（衎）衍（衎）」。「衍」假借爲「衎」。穀梁傳襄公二十六年經：「衞侯衎復歸於衞。」釋文：「衎，本作衍。」則「衍」、「衎」古相通。「衎」，說文：「喜貌。从行干聲。」禮記檀弓上：「居處言語飲食衎爾。」鄭注：「衎爾自得貌。」方言十三：「衎然安定貌也。」爾雅釋詁：「衎，樂也。」衎，安然自得或和樂安定之義。

「酒食衎衎」，通行本「酒食」作「飲食」，義近。今從帛書周易。謂安然自得吃着喝着。

今譯

六二，鴻雁飛到了水澗的涯岸，安然自得地飲食（猶如人酒食），則吉祥。

九三，鳿（鴻）漸于陸❶，〔夫征不〕復❷，婦繩（孕）不□❸，凶，利所寇❹。

注釋

❶「鳿（鴻）漸於陸」。周易集解引虞翻曰：「高平稱陸。」爾雅釋地：「高平曰陸。」說文：「陸，高平地。」釋文：「馬云：『山上高平曰陸。』」陸卽高於水岸之地。

❷「夫征不復」，復，返也。鴻雁本水鳥，而進於陸，則失其所宜，故謂夫征不復。

❸「婦繩（孕）不□」。「繩」假借爲「孕」。「繩」，集韻：「以證切。」音孕。古音屬徑韻。禮記月令鄭注：「薙人掌殺草職。」孔疏引皇氏曰：「繩音孕。」「孕」，一切經音義九：「古文孕作⿰月黽。」集韻：「孕亦作⿰女黽。」唐韻、集韻、韻會、正韻並曰：「孕，以證切。」音媵。古音屬經韻。「繩」、「孕」音同形近，古相通。

「孕」，釋文：「荀作乘。」阮元校勘記：「石經、岳本、閩、監、毛本同。釋文：孕，荀作乘。」「乘」與「繩」通。詩緜：「其繩則直。」釋文：「繩，本或作乘。」是其證也。故「孕」、「繩」、「乘」古相通假。「孕」，說文：「裹子也，从子从几。」國語魯語：「鳥獸孕。」韋注：「孕，懷子也。」左傳僖公十七年：「梁嬴孕過期。」杜注：「孕，懷子曰孕。」釋文：「孕，鄭云：『猶娠也。』」

□，帛書此字筆劃不清，今從通行本作「育」。「婦孕不育」，婦女懷子而不產子，謂子未成熟而胎墜；今謂流產。

❹「利所寇」，王弼本作「利禦寇」，周易集解本作「利用禦寇」，與帛書意正相反。考本爻文意，作「利所寇」於理較順，故從帛書周易。

今譯

九三，鴻雁飛到了陸地，男子出征而不歸家，婦女懷孕而不生子，故有禍殃，利於寇賊侵擾。

六四，鳿（鴻）漸於木❶，或直其寇❷，豰❸，无咎。

注釋

❶「鳿（鴻）漸於木」，王弼周易注：「鳥而之木，得其宜也。」周易集解引虞翻曰：「巽爲木。」「鴻漸於木」，謂鴻雁飛到樹木上。

❷「或直其寇」，通行本作「或得其桷」，文意有異。通行本意謂人伐椽木放在河岸陸地上，鴻足蹼，與鴨、鵝同，不能棲於木枝。今得其棲於桷木，偶然得棲也。帛書周易「或直其寇」，「直」，說文：「正見也。」史記樗里子甘茂傳：「武庫正直其墓。」司馬貞索隱：

「直猶當也。」禮記喪火記：「直君北。」孔疏：「直，當也。」史記天官書：「前列直斗口三星。」司馬貞索隱劉氏曰：「直，當也。」「或直其寇」，謂或許正當遇到寇盜，鴻雁之寇盜或狩獵者或嚙鴻雁者之野獸。

❸ 「𢿱」，通行本無此字。馬王堆漢墓帛書整理小組馬王堆帛書六十四卦釋文作「𢿱」。考帛書周易作「敨」，左偏旁下部模糊不清，但隱約可見，如同離上九「獲不𢿱」的「𢿱」的左下部；右偏旁清楚，作「攴」，而不作「戈」。故作「𢿱」。集韻：「𢿱，亦作魗。」廣韻：「𢿱用𣪘」。𢿱、魗、𣪘通。𢿱，說文：「棄也。从支壽聲。」詩遵大路：「無我𢿱兮。」𢿱亦作魗。毛傳：「魗，棄也。」鄭箋：「魗亦惡也。」孔疏：「魗與醜古今字。醜惡可棄之物。」按「𢿱」，棄也。

于豪亮帛書周易曰：「帛書漸之六四：『鳿（鴻）漸於木，或直其寇，㱿，无咎。』㱿字下部殘缺，但顯然是从㱿的字。此字當讀爲㱿。說文殳部：『㱿，从上擊下也。』呂氏春秋當務：「下見六王五伯，將敲其頭也。」注：『敲，音㱿；擊也。』……以帛書和通行本對勘，我們可以知道通行本的得字應讀爲値（古音同爲之部入聲，音近相通），桷字應讀爲寇（寇爲侯部字，桷爲侯部入聲字，音近相通），通行本又脫了一個㱿字，所以難於理解。」今馬王堆漢墓帛書整理小組之馬王堆帛書六十四卦釋文「㱿」作「𢿱」，實乃作「𢿱」，于氏作「㱿」，誤也。

今譯

六四，鴻雁飛到樹木上，正當遇到寇盜（捕鳥者），但捕鳥者棄而不獵，故無災患。

九五，鳿（鴻）漸于陵❶，婦三歲不繩（孕）❷，終莫之勝❸，吉。

注釋

❶「鴻漸於陵」。說文：「陵，大阜也。从阜夌聲。」釋名釋山：「大阜曰陵。陵，隆也。」漢書外戚傳下：「沒漂凌邑。」顏注：「大阜曰陵。」王弼周易注：「陵，次陸者也。」周易集解引虞翻曰：「陵丘。」地上突起的小丘。丘雖不大，然較木爲高。

❷「婦三歲不繩（孕）」。「繩」假借爲「孕」。說詳九三爻辭。

❸「終莫之勝」。周易集解引虞翻曰：「莫，无；勝，陵也。」後漢書朱浮傳：「帝以浮陵轢同列。」李賢注：「陵轢，猶欺蔑也。」「陵」訓欺蔑，則當作「凌」。史記秦始皇紀：「水經地。」張守節正義曰：「陵作凌。」呂氏春秋不侵：「立千乘之義而不可凌。」高注：「凌，侮。」一切經音義九引廣雅：「陵，侮也。」「終莫之勝」，謂終不能陵侮也。

今譯

九五，鴻雁飛到了丘陵上，婦女三年不懷孕，始終未被陵侮，則吉祥。

尚（上）九，鳿（鴻）漸于陸❶，其羽可用爲宜（儀）❷，吉。

注釋

❶「鴻漸於陸」，與九三爻辭重。依卦意「漸者，進也」，則初六以至於九五，從淵、磐、陸、木以至於陵，上九陸應高於陵，是陵之上進，故江永、王引之、俞樾均以陸爲阿之訛。江永群經補義曰：「以韻讀之，陸當作阿。大陵曰阿。九五爲陵，則上九宜爲阿。阿、儀相叶，菁菁者莪是也。」于鬯香草校書曰：「此陸字疑隓字之誤。隓與陸字形相似。故隓誤爲陸。三爻已云『鴻漸於陸』矣，此必不合複出陸字。且陸與下文「其羽可用爲儀」儀字失韻。宋人不通字音，因改陸爲逵。逵與陸同聲，改猶不改，仍不能與儀叶也。近諸家皆以爲阿字之誤。阿與儀信叶矣，顧阿與陸字形縣絕，何由致誤？故知陸字必隓字之誤也。說文阜部隓之篆文作𡐦。𡐦卽墮字。爾雅釋山云：『巒山墮。』然則『鴻漸於陸』，猶云

『鴻漸於巒』，與五爻言『鴻漸於陵』正相比次，山巒必復高於陵也。」于說是也。另高亨周易古經今注：「余疑此陸字當作陂，形近而譌。陂、儀韻亦相諧。說文：『陂，阪也。一曰：池也。从𨸏皮聲。』此取後義。陂訓池者，池，古池字也。廣雅釋地：『陂，池也。』……鴻漸於陂，謂鴻進於野間池上也。」高說恐違經指。

❷「其羽可用爲宜（儀）」。「宜」假借爲「儀」。「宜」、「儀」古音同屬支韻，音近相通。詩烝民：「我儀圖之。」毛傳：「儀，宜也。」釋名釋典藝：「儀，宜也，得事宜也。」漢書地理志下：「伯益能儀百物佐舜。」顏注：「儀與宜同。」詩角弓：「如食儀饇。」釋文：「宜，韓詩作儀。」是爲證也。

「其羽可用爲宜（儀）」，周易集解纂疏李道平曰：「隱五年：『初獻六羽。』何休注：『羽，鴻羽也。』所以象文德之風，化疾也。其羽可用爲儀者，謂羽舞也。……左傳謂舞行八風，巽爲風，故爲舞羽。舞，文舞也。」古代文舞執羽，武舞執干戚。儀者，文舞所執，以羽爲之。「其羽可用爲儀」，謂鴻羽可用作舞具也。

今譯

上九，鴻雁飛到山巒之上，鴻羽可用文舞的舞具，則吉祥。

總釋

本卦主旨是講漸進，以不速而進，說明徐徐而運動的道理。特別是本卦通過鴻雁的活動，闡明漸進，並喻人事，生動而又明確。初六：「鴻漸於淵」，六二：「鴻漸於磐」，九三：「鴻漸於陸」，六四：「鴻漸於木」，九五：「鴻漸於陵。」上九：「鴻漸於陸。」鴻本水鳥，水鳥從淵中漸次進到水岸邊、陸地、樹木、丘陵以至到了山巒，自初六到上九，自低到高，逐步上升，如果說晉卦之「晉」亦可訓爲進，則未顯進之次序，僅僅表現了一種進攻的意思，那麼，漸進則是由下至上的有層次、有序例的前進運動。葉適習學記言序目曰：「晉爲進，漸亦爲進，漸者，進之序也。」前進既有次序，程頤周易程氏傳曰：「進以序爲漸，今人以緩進爲漸進，以序不越次，所以緩也。」程頤進而明漸之不越次之義，將此推至於社會倫理、政治，不越次便成爲不踰越等級名分，則有限制人們行爲的意義。然張載與程頤不同，他認爲漸之所以爲進，乃由於天地之交。故橫渠易說曰：「漸者，天地之施交。」「施」一作「始」，張載雖及進之原因，但惜無明確論述。鴻雁上進於山巒亦非久長之事，似應回到水鳥所當生活的環境，故卦辭以女子出嫁爲歸，從形式邏輯來說，出嫁離家非歸也，以出爲歸，則有相反相成之義，則漸卦爻辭亦含有此意。「鴻漸於淵」，對鴻雁並無危害，然而小孩在水邊玩，有落水淹死的危險，如有人警告，亦沒有危險。「厲」與「无咎」也是變化的。鴻雁到了涯岸，有魚蝦可食，故和樂的樣子，猶如人安然自得地飲酒食菜，則吉祥。然而鴻雁飛到陸地上，則棲其非所適，因此就出現了悖理的現象，「夫征不復，婦孕不育」，對這種凶險現象的出現，說明利於被寇盜所襲擊，帛書周易「利所寇」，較之通行本作「利禦寇」更契合本爻文意。從九三以後，鴻雁漸次進到樹木——丘陵——山巒，目標明顯，易受侵擾，故險象不斷產生，雖上九「其羽可用於儀」，對人來說是吉祥的文舞，但對鴻雁恐怕已被人們獵獲殺死，其羽毛已作爲文舞的舞具了。

中復（孚）第六十一

䷼ **中復（孚）❶，豚魚吉❷，和（利）涉大川❸，利貞。**

注釋

❶「中孚」，卦名。卦名與卦辭重。
「復」，假借為「孚」。說詳訟卦卦辭「有復（孚）」。孚，信也，誠也。序卦傳曰：「節而信之，故受之以中孚。」雜卦傳曰：「中孚，信也。」釋文：「中孚，信也。」周易正義孔疏曰：「信發於中，謂之中孚。」「中」有二義：一是內心，一是中正。即內心誠信或中正誠信。
歸藏中孚作大明。大明者，離日晉順而麗乎大明是也。是以小過為坎，大明為離，取義與周易稍異。

❷「豚魚吉。」王弼周易注：「魚者，蟲之隱者也；豚者，獸之微賤者也。」方言八：「豬其子謂之豚。」爾雅釋獸：「豚，小豕也。」豚為小豬。

「豚魚」謂河豚、江豚、海豚也。馬國翰曰：「吳澄易纂言：『僕幼時未遠出，聞人說河豚魚、江豚魚，已疑豚魚只當作一字解。後見雲間田疇易解作江豚，犂然有當於心。長而泛大江，親見所謂江豚魚者。又聞舟人呼之爲風信。于是確然從田疇之說。徐氏易通、何氏訂詁並用其說。如此取象，尤與風澤之象恊。』翰案，河豚、江豚之外，又有海豨魚，亦象豚。郭景純江賦：『江豚海豨。』李善注：『南越志曰：江豚似猪。臨海水土記曰：海豨魚，豕頭，長九尺。山海經注曰：今海中有海豨，體如魚，頭似猪。』兼此三種魚說，義乃賅備。」周易集解纂疏李道平曰：「爾雅翼：鯢，今之河豚。冬至日輒至，應中孚十一月卦，信及豚魚，河豚也。又，山海經『魳魳之魚』卽河豚魚也。或曰：豚魚生澤中，而性好風。向東則東風，向西則西風。舟人以之候風焉。當其什百爲群，一浮一沒，謂之拜風。拜風之時，見其背而不見其鼻。鼻出于次，則風立至矣。」存之以備一說。

「豚魚」，王引之經義述聞曰：「豚魚者，士庶人之禮也。士昏禮：『特豚合升去蹄，魚十有四。』士喪禮：『豚合升，魚鱄鮒九，朔月奠用特豚魚腊。』楚語：『士有豚犬之奠，庶人有魚炙之薦。』王制：『庶人夏薦麥，秋薦黍，麥以（與）魚，黍以豚。』豚魚乃禮之薄者，然苟有中信之德，則人感其誠而神降之福。故曰：『豚魚吉。』言雖豚魚之薦亦吉也。」豚魚是行禮所通用的物品。

❸ 「和（利）涉大川」。「和」假借爲「利」。說文：「利，銛也。从刀。和然後利，从和省。易曰：利者，義之和也。」廣雅釋詁三：「利，和也。」易乾：「元亨利貞。」子夏

傳曰：「利，和也。」「和」、「利」義同相通。

今譯

中孚，用豚魚的薄禮作祭品，是吉祥的，宜於涉渡大河，且利於占問。

初九，杅（虞）吉❶，有它不寧❷。

注釋

❶「杅（虞）吉」。「杅」，唐韻：「羽俱切。」集韻、韻會、正韻並曰：「雲俱切。」音于。古音屬虞韻。「虞」，唐韻：「遇俱切。」集韻、韻會：「元俱切。」音愚。古音屬虞韻。「杅」、「虞」同韻，音近相通。「虞」，儀禮既夕禮：「三虞。」鄭注：「虞，安也。」廣雅釋詁一：「虞，安也。」周易集解引荀爽曰：「虞，安也。」「虞」又與「娛」通。漢書禮樂志：「合好効歡虞泰一。」顏注：「虞與娛同。」文選謝元暉始出尚書省詩：「歡虞讌兄弟。」李善注：「虞與娛通。」文選羽獵賦：「宏仁惠之虞。」李注：「虞與始古字通。」故「虞吉」，言安樂而吉也。

❷

虞亦祭名。儀禮特牲饋食禮：「宗人執畢先入。」鄭注：「虞，喪祭也。」禮記檀弓下：「以虞易奠。」鄭注：「虞，喪祭也。」儀禮士虞禮記：「三虞卒哭。」鄭注：「虞爲喪祭，卒哭爲吉祭。」釋名釋喪制：「既葬，還祭於殯宮曰虞。謂虞樂安神使還此也。」按，虞爲喪祭。謂士既葬其父母，迎神而反，日中而祭之於殯宮以安之，故吉祥。

「有它不寧」，通行本作「有它不燕」。「有它」。它，虫也。重文作蛇。古人稱意外之患曰它。

「不寧」與「不燕」義近。「寧」，書大禹謨：「萬邦咸寧。」釋文：「寧，安也。」詩葛覃：「歸寧父安。」毛傳：「寧，安也。」周禮考工記梓人「惟若寧侯」鄭注、左傳襄公十三年「其寧惟永」杜注、儀禮覲禮「歸寧乃邦」鄭注並曰：「寧，安也。」不寧卽不安。

「不燕」。燕，詩新臺「燕婉之求」毛傳、詩鹿鳴「以燕樂嘉賓之心」毛傳、詩蓼蕭「孔燕豈弟」鄭箋、左傳文公三年「以燕翼子」杜注、禮記樂志「宋音燕女溺志」鄭注並曰：「燕，安也。」「不燕」，卽不安也；與「不寧」義同。

今譯

初九，遇喪祭，則吉祥。如有意外，則心不得安寧。

九二，鳴鶴在陰❶，其子和之❷。〔我有好爵❸，吾與爾〕羸（靡）〔之〕❹。

注釋

❶「鳴鶴在陰」。說文：「陰，闇也。水之南，山之北也。」山的北面，即背太陽的那一面爲陰。釋名釋車：「陰，蔭也。橫側車前所以蔭笭也。」則陽光被物所蔽之處爲蔭，如樹蔭、屋蔭等。「陰」借爲「蔭」。古「陰」與「蔭」通。楊君石門頌：「涼泥常陰。」陰作蔭。是其證。「鳴鶴在陰」，謂鳴鶴在樹蔭下。

❷「其子和之」說文：「和，相譍也。从口禾聲。」又：「龢，調也。从龠禾聲。讀與和同。」國語周語：「聲相應保曰龢。」爾雅釋樂釋文引孫注：「和，應和於笙。」爾雅釋樂：「小者謂之和。」「其子和之」，言小鶴應和着。

❸「我有好爵」。說文：「爵，禮器也。」禮記禮器：「宗廟之祭，貴者獻以爵。」鄭注：「凡觴，一升曰爵。」酒器。好爵謂好酒。

❹「吾與爾羸（靡）之」。「吾」，高亨認爲是衍文，並曰：「經文我字一本作吾，校者並記之，誤入正文，後又移於與字上耳。我有好爵，與爾靡之，辭意已足，增一吾字，適爲複贅。」（見周易古經今注）

「羸」假借爲「靡」。廣韻：「羸，力爲切」，集韻、韻會：「倫爲切。」音纍。古音屬支韻。「靡」，集韻、韻會、正韻：「忙皮切。」音糜。古音屬支韻。「羸」、「靡」古音同韻，音近相通。

「靡」，周易集解引虞翻曰：「靡，共也。」纂疏曰：「靡，共也；本孟喜易注。」釋文：「韓詩云：『共也。』孟同。」「吾與爾靡之」，言我有一杯美酒，與你共飲。

今譯

九二，鶴在樹蔭下鳴叫，小鶴應和着。我有一杯美酒，願與你共飲。

〔六三，得敵❶〕，**或鼓或皮**（罷）❷，**或汲**（泣）**或歌**❸。

注釋

❶「得敵」，當是得知敵情。呂氏春秋任教：「則得之矣。」高注：「得，知。」呂氏春秋義賞：「武王得之矣。」高注：「得，猶知也。」亦可解爲俘得敵人。

❷「或鼓或皮（罷）」。鼓，擊鼓。周易集解引荀爽曰：「故鼓而歌。」有曰或鼓而攻之。「皮」假借爲「罷」。「皮」，唐韻：「符羈切」。集韻、韻會、正韻：「蒲糜切。」音疲。古音屬支韻。「罷」，廣韻：「符羈切。」集韻、正韻：「蒲糜切。」音皮。古音同屬支韻。「皮」、「罷」韻同，音近相通。集韻：「疲或作罷。」漢書地理志上：「千乘郡被陽。」顏注引如淳曰：「疲音罷軍之罷。」漢書夏侯嬰傳：「漢王急馬罷。」顏注：「罷讀曰疲。」國語楚語：「國民罷焉。」韋注：「罷通作疲。」詩采蘩鄭箋：「無罷倦之失。」釋文：「罷，本作疲。」則「罷」、「疲」相通。說文：「疲，勞也。从疒皮聲。」「皮」、「疲」同聲系，古相通。釋文：「罷如字，王肅音皮。」罷皮同音相假。

「罷」，國語吳語：「今吳民既罷。」韋注：「罷，勞也。」禮記少儀：「師役曰罷。」鄭注：「罷之言罷勞也。」

❸「或汲（泣）或歌」。「汲」假借爲「泣」。「汲」，唐韻、正韻：「居立切。」集韻、韻會：「訖立切。」音急。古音屬緝韻。「泣」，集韻、韻會、正韻：「乞及切。」音湇。古音屬緝韻。「汲」、「泣」同韻，音近相通。

「泣」，說文：「无聲出涕曰泣。从水立聲。」一切經音義二引字林：「無聲而淚曰泣。」漢書高帝紀下：「泣數行下。」顏注：「泣，目中淚也。」

今譯

六三，俘得敵人，有的擊鼓，有的疲勞，有的抽泣，有的歌唱。

六四，月既（幾）望❶，馬必亡❷，无咎。

注釋

❶「月既（幾）望」。「既」假借爲「幾」。釋文：「幾，荀作既。」「幾」、「既」古通用，「幾」讀爲「既」。月既望者，十五日以後也。說詳小畜上九「月幾望」。

❷「馬必亡」，通行本作「馬匹亡」。「匹」、「必」音近。「必」，集韻、韻會、正韻：「璧吉切。」音畢。古音屬質韻。「匹」，集韻、韻會、正韻：「僻吉切。」品入聲。古音屬質韻。「匹」、「必」音近相假，然於文意均通。

今譯

六四，十五日以後，雖馬必定喪失了，但無災患。

九五，有復（孚）論（攣）如❶，无咎。

注釋

❶「有復（孚）論（攣）如」。「復」借爲「孚」。孚卽俘，俘虜。「論」假借爲「攣」。論語序：「名曰論語。」何晏集解、陸德明釋文並曰：「論，綸也。」禮記中庸：「經綸天下之大經。」釋文：「論，本作綸。」「論」訓「綸」，當借爲繩。詩抑：「言緡之絲。」孔疏：「緡，綸也。綸則繩之別名。」法言至孝：「五兩之綸。」李軌注：「綸，如青絲繩也。」爾雅釋詁：「貉縮綸也。」郭璞注：「綸者，繩也；謂牽縛縮貉之。今俗語亦然。」引伸爲纏裹。易繫辭傳：「彌綸天道之道。」釋文引王肅曰：「綸，纏裹也。」說文：「攣，係也。」周易集解引虞翻曰：「巽繩艮手，故攣二；使化爲邦，得正應已，故无咎也。」李道平纂疏曰：「五體巽爲繩，互艮爲手，故曰攣。凡拘牽連繫者皆曰攣。」周易正義孔疏：「攣如者，相索繫不絕之名也。」攣卽用繩拘係之意，與「綸卽繩也」義近，則「論」、「綸」、「攣」皆有用繩拘係、縛綁之義，故相通。

今譯

九五，有所俘獲，縛綁相聯牽引，則無災患。

尚（上）九，鶾（翰）音登于天❶，貞凶。

注釋

❶「鶾（翰）音登於天」。「鶾」假借爲「翰」。鶾疑爲鵫字，鵫或爲鶾之異體字。帛書周易蘩（賁）六四：「白馬榦（翰）如」。榦卽通翰。箇（蠱）九二：「榦母之箇（蠱）」。九三：「榦父之箇（蠱）。」榦與幹通。詩崧高：「戎有良翰。」鄭箋：「翰，幹也。」易說卦：「爲乾卦。」釋文：「乾，鄭云：『乾當爲幹。』董作幹。」則「乾」、「幹」、「翰」古皆相通。說文：「鶾，雉肥。鶾音者也。从鳥𠦝聲。魯郊以丹雞祝曰：『以斯鶾音赤羽，去魯侯之咎。』」鶾雉卽丹鷄。說文：「倝，日始出，光倝倝也。从旦㫃聲。凡倝之屬皆从倝。」鶾，从鳥倝聲。爾雅釋鳥：「鶾天雞。」釋文：「鶾，本作翰。」「翰」，說文：「天雞，赤羽也。从羽倝聲。」鶾與翰同聲系，且義同。爾雅釋鳥：「翰，天雞。」

爾雅釋蟲：「翰，天雞。」鶾與翰皆爲赤羽的雞，則二字相通，故「鶾」、「鶾」、「翰」古相通。

「翰音」，周易集解引侯果曰：「雞曰翰音。」

今譯

上九，丹雞飛上天，占問則凶。

總釋

本卦主旨是說對於各種儀禮，要心懷誠信。中孚卦辭曰：「豚魚吉」，是指士庶人之禮，豚魚爲行禮所通用的物品，由其通用，故以爲薄禮。然亦有以卦辭爲「中孚豚魚，吉」，則中爲射中；孚借爲浮，卽浮漂在水面，意謂射中浮漂於水面的豚魚，有以中借爲忠，誠也。孚信也。豚，小豬，言人以忠信對於鬼神，用豚魚薄物致祭。這是說，只要人們誠心，卽使祭祀的禮品不豐盛，爲禮之薄者，亦是吉祥的。庶人之禮，旣含士昏禮，亦包括士喪禮，外延較寬。因此，初九進一步說明虞禮，卽喪禮，公羊傳文公二年何休注：「虞，猶安神也。」言士旣葬父母以後，迎父母之靈魂而回，安於宗廟，轉而祭祀，稱爲虞禮。對於祖先心懷誠信，當然亦是吉祥的。有說通行本「有它不燕」之燕爲讌飮之禮，儀禮有燕禮篇，分群臣之燕和賓聘之燕，作用是聯歡、結盟、慶功等。然而，帛書周易「不燕」作「不寧」，顯然在漢人心目中「燕」並非燕禮，而是安的意思，「不燕」、「不寧」皆謂不安。故解易不能雜以己意。

九二：「鳴鶴在陰，其子和之。我有好爵，吾與爾靡之。」詩鶴鳴：「鶴鳴於九皐」猶「鳴鶴在陰」，「其子和之」猶如詩擇兮之「倡予和女」。朱熹說：「凡詩之所謂風者，多出於里巷歌淫之作，所謂男女相與咏歌，各言其情者也。」（見詩集傳序）男女言情之作，確是風詩的主要內容。如果說「鳴鶴在陰，其子和之」，是一雌一雄的鶴在唱和，由此而比興「吾與爾」是一對青年男女情人，在和諧地一唱一和，不亦很有詩意嗎？六三、六四爻辭與戰爭有關，既有戰爭時的情況，亦有戰爭勝利的描述。九五，對於俘虜，可能有的用作人性，如萃六二、升九二：「孚乃利用禴。」亦不盡作人牲。總之戰爭於人而言，弊多利少。

渙　第六十二

䷺　渙❶，亨，王叚（假）于（有）廟❷。利涉大川，利貞。

注釋

❶「渙」，卦名。

「渙」，序卦傳曰：「說而後散之，故受之以渙。渙者，離也。」雜卦傳曰：「渙，離也。」說文：「渙，流散也。从水，奐聲。」水四散而流爲渙，故渙有離散之義。考彖傳、象傳之意，以渙爲水流、以水沖洗等義，而非謂離散也。詩溱洧：「溱與洧，方渙渙兮。」毛傳：「渙渙，盛也。」釋文：「渙渙，春水盛也。」謂水流盛大，江河橫溢。漢書地理志引詩「方渙渙兮」作「方灌灌兮」。顏注：「灌灌，水流盛也。」按，水流盛大或以水沖洗，是其義也。

「渙」，歸藏作奐。禮記檀弓下：「美哉奐焉。」釋文：「奐本亦作煥。」揚雄讀「渙」

爲「煥」。渙、奐、煥皆取奐得聲，古相通。一切經音義一曰：「煥，字書亦奐字。」劉熊碑：「煥乎成功。」戚伯著碑：「功德渙彰。」煥作渙。是其證也。

❷ 「奐」，禮記檀弓下：「美哉奐焉。」鄭注：「奐，言衆多。」漢書韋玄成傳：「既耆致位，惟懿惟奐。」顏注：「奐，盛也。」則「奐」、「渙」義亦相近。

「王叚（假）于（有）廟」。「叚」與「假」通。說詳豐卦辭「王叚（假）之」。假，至也。

「于」假借爲「有」。說詳萃卦辭「王叚（假）于（有）廟」。

今譯

渙，亨通。王親至於宗廟，宜於涉渡大川，利於占問。

初六，撜（拯）馬❶，吉。悔亡❷。

注釋

❶ 「撜（拯）馬」。「撜」假借爲「拯」。說詳明夷六二「用撜（拯）馬牀（壯），吉」。

拯，當讀爲騬。去馬之勢曰拯或稱騬。

❷ 通行本本爻辭與明夷六二同，作「用拯馬壯，吉」。帛書周易無「用」、「壯」兩字。文意無大出入。

「悔亡」，通行本無「悔亡」兩字。今從帛書。阮元校勘記曰：「『用拯馬壯吉』，古本下有『悔亡』二字。」與帛書同。

今譯

初六，去勢之馬吉祥，困厄失去。

九二，渙賁（奔）其階（机）❶，悔亡。

注釋

❶「渙賁（奔）其階（机）」。「賁」假借爲「奔」。兩字古音同屬元韻，音近相通。漢書百官公卿表上：「更名虎賁郎。」顏注：「賁讀與奔同，言如猛獸之奔。」漢書百官公卿表上：「衞士旅賁。」顏注：「賁與奔同。言爲奔走之任也。」詩鶉之奔奔：「鶉之奔奔。」

禮記表記作「鶉之賁賁」。是「奔」與「賁」相通之證。賁爲奔走。「渙賁」猶言水流奔騰衝擊。

俞樾群經平議：「賁與奔，古通用。……奔其機，當作賁其机。射義：『賁軍之將。』鄭注曰：『賁讀爲僨。僨猶覆敗也。』大學：『此謂一言賁事。』釋文曰：『賁，本又作僨；猶覆敗也。』然則賁其机者，猶言敗其机也。」俞說與帛書周易正相合。

「階」假借爲「机」。說文：「階，陛也。从𨸏，皆聲。」易繫辭：「則言語以爲階。」釋文：「階，姚本作機。」機與机通。疑楚地俗以機爲机。故「階」、「機」、「机」古相通。本爻「机」當讀爲「階」。

「階」，書大傳：「御史奏雞鳴于階下。」注：「階，陛也。」說文：「陛，升高階也。从𨸏坒聲。」漢書高帝紀下：「陛者升高之陛。」按，階卽升堂之台階。

今譯

九二，水流奔騰衝擊臺階，猶人的困厄亦被沖洗掉了。

六三，渙其躳（躬）❶**，无咎**❷。

注釋

❶「渙其躳（躬）」。躳為躬之異體字。說詳艮六四「艮其躳（躬）」。

❷「无咎」，通行本作「无悔」。從帛書周易。

今譯

六三，以水衝洗身體上的污垢，沒有災患。

九（六）四，渙其群❶，元吉。渙（有丘❷，匪）娣（夷）所思❸。

注釋

❶「渙其群」。說文：「群，輩也。从羊君聲。」禮記祭法：「王為群姓立社。」鄭注：「群，眾也。」荀子非十二子：「合群者也。」楊倞注：「群，眾也。」呂氏春秋恃君：「則利出于群。」高注：「群，眾也。」「渙其群」，言水流沖到眾人聚集地方，猶喻水流沖洗群眾的污垢，故曰元吉。

❷「渙有丘」。「有」猶「於」也。周易集解引虞翻曰：「位半艮山故稱丘。」又盧氏曰：「自二居四，離其群侶，渙其群也。得位承尊，故元吉也。互體有艮，艮爲山丘。」

❸「匪娣（夷）所思」。周易集解引虞翻曰：「匪，非也。」匪、非古今字。「娣」假借爲「夷」。釋文：「匪夷，荀作匪弟。」阮元校勘記：「石經、岳本、閩、監、毛本同。釋文：匪夷，荀作匪弟。」故「夷」與「弟」相通。「弟」與「娣」相通。說詳歸妹初九「歸妹以弟（娣）」。故「夷」與「娣」古相通。「夷」，唐韻：「平也。」「非夷」，卽不平。

今譯

六四，水流沖洗群衆的汚垢（水流沖到衆人聚集的地方），則始而吉祥。水流沖到了山丘，那是平常所不可想像的。

九五，渙其肝大號❶。渙王居❷，无咎。

注釋

❶ 「渙其肝大號」，通行本作「渙汗其大號」。考九二：「渙奔其階。」六三：「渙其躳。」六四：「渙其群。」上九：「渙其血去。」則九五應作「渙其肝（汗）」。帛書周易則優於通行本。通行本作「渙汗其」，乃轉寫錯亂也。今從帛書。

「肝」，帛書作「汗」。肝與汗通。說文：「肝，木藏也。从肉干聲。」「汗」，說文：「人液也。从水干聲。」「肝」、「汗」同聲系，古相通。「肝」，廣雅釋親：「肝，幹也。」釋名釋形體：「肝，幹也。於五行屬木，故其體狀有枝幹也。凡物以木爲幹也。」呂氏春秋孟秋「祭先肝」高注、淮南子時則「祭先肝」高注並曰：「肝，木也。」「渙其肝大號」，謂大水沖倒樹木，人們大哭大號。

❷ 「渙王居」，五位天子故爲王，艮爲門闕，故爲居。「渙王居」，謂水流沖到了王宮。周易集解引荀爽曰：「布其德教，王居其所，故无咎矣。」則「渙」訓「散」也；散布其德教。

今譯

九五，大水沖倒了樹木，人們大哭大號。大水漲到王宮（喻大水沖洗王宮的汚垢，即王左右的姦佞和弊端），**但無大災患。**

尚（上）九，渙其血去湯（逖）出❶。

注釋

❶ 「渙其血去湯（逖）出」，王弼周易注斷爲「渙其血，去逖出，无咎」，馬王堆漢墓帛書整理小組馬王堆帛書六十四卦釋文斷爲「渙其血去，湯（逖）出」。帛書無「无咎」兩字。周易集解斷爲「渙其血去狄出无咎」。若以「渙其血去，湯（逖）出」爲斷，則與小畜六四「血去湯（惕）出」不符，故以「渙其血去湯（逖）出」爲妥。「血」，周易正義孔疏：「血，傷也。」易需：「需于血。」王弼周易注：「凡稱血者，陰陽相傷者也。」「湯」假借爲「逖」。小畜六四：「有孚，血去湯（惕）出，无咎。」「湯」與「惕」通。夬九二：「傷（惕）號，募（莫）夜有戎，勿血（恤）。」「傷」與「惕」亦相通。「傷」、「惕」、「湯」同聲系，古相通。說詳小畜六四、夬九二。說文：「逖，遠也。从辵狄聲。逷，古文逖。」集韻：「逖，古从易，或省文。」爾雅釋詁：「逷，遠也。」詩抑：「用逷蠻方。」毛傳：「逷，遠也。」廣雅釋詁一同。漢書古今人表「簡逷」，大戴禮記帝繫、史記殷本紀，楚辭天問「逷」皆作「狄」。史記索隱引舊本作「易」，又作逷。則「狄」與「易」相通。管子戒「易牙」，大戴禮記保傅、論衡譴告皆作「狄牙」。是其證也。故「湯」、「易」、「狄」、「逖、「逷」古相通。

「逖」，王弼周易注：「逖，遠也。」周易集解引虞翻曰：「逖，憂也。」纂疏李道平曰：「坎血卦爲血，加憂爲逖，逖借爲惕。漢書王商傳『無怵惕憂』作『無怵悐憂』。惕、逖、悐古字通，與小畜『血去惕出』同物，故云：逖，憂也。」虞、李之說是也。逖訓爲憂，則借爲「惕」。小畜「惕」，帛書周易作「湯」，故本爻「逖」亦作「湯」。

今譯

上九，洪水給人們很大傷害，憂患終於過去了。

總釋

本卦主旨是講水流盛大，水之盛則是指洪水而言，洪水對人物危害很大，從九二「渙奔其階」，六三「渙其躬」，六四「渙其群」，「渙其丘」，九五「渙其肝大號」，上九「渙其血去逖出」，均講水流盛大，而威脅、衝擊人所生活的房屋以及依賴其種植生存的土地、食物、家畜等等。而且從九二到上九，洪水有不斷上升的趨勢。洪水開始溢出河床，而漲到房屋的臺基或臺階，一些不太堅固的泥墻就要衝倒。洪水又慢慢漲到人身體那樣高，人們只得從房子裏撤出，大家到一個比較高的地方，高地便聚集了人群，然而水繼續向上漲，人們只得跑到山丘上，以避洪水，這是人們平時所不可思議的，後來水漲到樹木那樣高，人所住的房屋財產、牲畜都被水沖走了，於是便大哭大號。洪水給人們帶來了巨大的傷害，雖然憂患已過去了，但亦須很好總結，以防再次發生。王雖親自至宗廟祭祀，但看來也沒有甚麼辦法解決水災的問題。古代水旱之災，雖有大禹治水的經驗，歷代總要不斷發生，以致破壞人們的社會生產和生活的安定。

家人 第六十三

䷤ **家人❶，利女貞。**

注釋

❶「家人」，卦名。

「家人」，序卦傳曰：「傷於外者必反於家，故受之以家人。」雜卦傳曰：「家人，內也。」周易集解引韓康伯曰：「傷於外者必反諸內也。」「家人」爲家內之人，並講家內之事，故謂之家人。周易集解引馬融曰：「家人以女爲奧主，長女中女，各得其正，故特曰利女貞矣。」王弼周易注曰：「家人之義，以內爲本，故先說女也。」釋文：「人所居稱家，爾雅室內謂之家，是也。」「家人」卽論家內之事。

家人，歸藏作「散家人」。尚秉和周易尚氏學曰：「卦以一陽一陰，散處於卦內。又，上卦巽風，下卦火炎上，均有散意，故以爲名乎？」揚雄太玄經家人作居，並云：「陽方躆𡩠赫赫，爲物城郭，萬物咸宅。（度當作宅。度，古宅字。宅，居也。）」家人初九、上九皆陽，故曰𡩠，曰城郭，而人宅其中，故曰家人。說文：「家，居也。」故作「居」。

今譯

家人，利于女子占問。

初九，門有家❶，悔亡。

注釋

❶「門有家」，通行本作「閑有家」。釋文：「閑，馬云：『闌也，防也。』鄭云：『習也。』」說文：「閑，闌也。从門，中有木。」「門中有木，謂閉門以木拒之，防人之闌入也。門，白虎通義五祀：「門以閉藏自固也。」淮南子原道：「萬物有所生而獨知守其門。」高注：「門，禁要也。」廣雅釋詁三：「門，守也。」門亦有防守、閉藏自固之意，故「閑」、「門」義相近。

「有」猶「於」也。

今譯

初九，家有防守，困厄喪失。

六二，无攸遂❶，在中貴（饋）❷，貞吉。

注釋

❶「无攸遂」，王弼本作「无攸遂」，周易集解本作「勿攸遂」。「无」、「勿」義近。「遂」，王弼周易注曰：「无所必遂，職乎中饋。」周易正義孔疏曰：「婦人之道，巽順爲常，无所必遂，其所職主在于家中饋食供祭而已，得婦人之正吉。」遂，猶進，或往之意。「无所必遂」，謂婦人之道在「應陽」，「巽順而已」，所以沒有獨自必定要行之事。國語晉語：「吾必遂矣。」韋注：「遂，成也。」荀子禮論：「動而遠所以遂敵也。」楊倞注：「遂，成也。」公羊傳襄公十二年：「大夫無遂事。」徐彥疏：「遂者，專事之辭。」「無所遂」，謂婦女在家之道並無專任之職事，在於順從而已。

❷「在中貴（饋）」。「貴」假借爲「饋」。說文：「饋，餉也。从食，貴聲。」左傳昭公

四年：「及宣伯奔齊饋之。」釋文：「饋，餉也。」釋文：「饋，食也。」荀子正論：「曼而饋。」楊倞注：「饋，進食也。」周禮膳夫：「凡王之饋。」鄭注：「進物於尊者曰饋。」周禮玉府：「凡王之獻金玉。」鄭注：「古者致物於人尊之則曰獻，通行曰饋。」「中饋」指在家中從事做飯肴。

今譯

六二，婦女在家沒有必行的專事，而在家中從事做飯肴，占問則吉祥。

九三，家人㷉（嗃）㷉（嗃）❶，悔厲吉。婦子裏（嘻）裏（嘻）❷，終閵（吝）❸。

注釋

❶「家人㷉（嗃）㷉（嗃）」。帛書周易作「㷉」。「㷉」疑讀為「爍」。詩衡門：「可以樂飢。」釋文：「樂，本作爍。」爾雅釋詁：「毗劉暴樂也。」釋文：「樂，本作爍。」故爍省木即成㷉字。釋文：「嗃嗃，荀作確確，劉作熇熇。」「嗃」，「嗃」可作「熇」，「樂」亦可作「㷉」。「嗃」，集韻、韻會、正韻：「黑各切。」音臛。古音屬藥韻。又集韻、韻會：「黑角切。」音吒。

古音屬覺韻。「樂」，集韻、韻會、正韻：「歷各切。」音洛。古音屬藥韻。亦作「力角切。」音犖。古音屬覺韻。「嗃」「樂」韻同，音近相通。則「爕」、「樂」、「嗃」相通，「嗃」、「熇」、「確」亦韻同，音近而通。

❷ 「嗃嗃」，釋文：「馬云：『悅樂自得貌。』」集韻：「嗃，悅樂也。」「嗃」訓悅樂，乃借爲「樂」。一切經音義二引蒼頡：「樂，喜也。」莊子至樂：「天下有至樂无有哉。」釋文：「樂，歡也。」左傳僖公二十七年：「禮樂德之則也。」孔疏：「樂者，欣喜歡娛事合於愛。」故爕爲樂的異體字。

「婦子裏（嘻）裏（嘻）」。釋文：「嘻嘻，張作嬉嬉，陸作喜喜。」「裏」，唐韻：「良士切。」集韻、韻會並曰：「兩耳切。」音里。古音屬紙韻。「嘻」、「嬉」、「喜」，皆取喜得聲，古相通。「喜」，唐韻：「虛里切。」集韻、韻會：「許巳切。」正韻：「許里切。」音喜。古音屬紙韻。「裏」、「喜」同韻，音近相通。則「裏」、「喜」、嘻相通。

「嘻嘻」，釋文：「馬云：『笑聲。』鄭云：『驕佚喜笑之意。』」周易集解引侯果曰：「嘻嘻，笑也。」周易正義孔疏：「嘻嘻，喜笑之貌。」「婦子嘻嘻」，謂婦子驕佚喜笑，則失家節。故王弼周易注：「婦子嘻嘻，乃失其節也。」集解引作「失家節也」。

❸ 「終閵（吝）」。「閵」假借爲「吝」。說詳姤上九「姤其角，閵（吝）」。

有艱難。

今譯

九三，家人悦樂自得，雖有困厄和危險，但結果仍吉祥。婦子驕佚喜笑，而失家節，結果有艱難。

六四，富家❶，大吉。

注釋

❶「富家」，說文：「富，備也。一曰：厚也。」周易正義孔疏：「富謂祿位昌盛也。」書洪範孔疏：「富家，豐財貨也。」論語學而：「富而無驕。」皇疏：「積蓄財曰富。」「富家」，謂富有多財之家。

今譯

六四，富有多財的家庭，大吉。

九五，王叚（假）有家❶，勿血（恤）❷，往吉。

注釋

❶「王叚有家」。「叚」與「假」通。說詳豐卦卦辭「王叚（假）之」。王弼周易注：「假，至也。」有猶於也。

❷「勿血（恤）」。「血」假借爲「恤」。說詳升卦卦辭「勿血（恤），南征吉」。恤，憂也。

今譯

九五，王至於臣民的家（王至於家廟），勿用憂慮，有所往則吉祥。

尚（上）九，有復（孚）❶，委（威）如❷，終吉。

注釋

❶「有復（孚）」。「復」假借爲「孚」。孚讀如俘；俘獲也。

❷「委（威）如」。「委」假借爲「威」。說詳大有六五「闕（厥）復（孚）交如，委（威）如，終吉」。「有孚威如」，所俘獲的俘虜，充作奴婢。對其須威嚴可畏，才能使其順服。

今譯

上九，有所俘獲，要威嚴可畏，結果吉祥。

總釋

本卦主旨是講家人之事，家人之道，利於女子占問，故卦辭「利女貞」。家庭的作用在殷、周之際已引起社會的重視，並成爲以血緣關係爲紐帶的政治社會組織，因此，如何治家和家庭成員之間的關係以及職責都有所反映。六二爻辭認爲：「无攸遂，在中饋。」婦女在家中雖沒有專事，在家中做飯肴，則吉祥。可見這時婦女主要從事家內的家務勞動，做飯做菜認爲是吉的，並已有一定的家規、家節，家庭成員不能違戾家規、家節，否則被認爲是不利的，如「婦子嘻嘻，終吝」，意謂婦女驕佚喜笑或肆無畏忌地戲笑，則是不吉利的，悅樂自得，亦有危險。只有不驕佚不逸樂，才能積累財富。六四：「富家，大吉」。否則便不能富家。富家，便要防守，以免偷盜；當然家不富也需防守，但意義就不同了。對於俘虜而充作家內奴婢，要威嚴待之，以免反抗和逃亡。

益 第六十四

䷩ **益❶，利用攸往，利涉大川。**

注釋

❶「益」，卦名。

「益」，序卦傳曰：「損而不已必益，故受之以益。」說文：「益，饒也。从水皿。皿益之意也。」國語周語：「而益之以三怨。」韋注：「益，猶加也。」廣雅釋詁二：「益，加也。」加，猶加益也。釋文曰：「益，增長之名。」周易正義孔疏：「益者，增足之名。」象傳釋卦，則益爲損上益下，自上下下，益在下民，是儒家富民和民本思想，這恐是傳之思想，而非卦辭之本意。按，益，有增益、增長之義。

益，歸藏作諴。說文：「諴，和也。」書大禹謨：「至諴感神。」孔傳：「諴，和也。」益卦象爲巽上震下。巽爲風，震爲雷，風雷同聲相應，和之至也。周易以陽爻上下言，而稱之益；歸藏以合上下卦而言，謂之誠。

今譯

益，利於有所往，利於渡過大河川。

初九，利用爲大作❶，元吉，无咎。

注釋

❶「利用爲大作」。說文：「作，起也。从人从乍。」周書祭公：「汝無以小謀敗大作。」孔晁注：「大作，大事也。」周易正義孔疏：「大作謂興作大事也。」然作何大事，無明確注明。周書太子晉：「士率衆時作謂之曰作。」孔晁注：「作謂農功。」周易集解引虞翻曰：「大作謂耕播，耒耨之利，蓋取諸此也。坤爲用乾爲大，震爲作，故利用爲大作。」又引侯果曰：「大作謂耕植也，處益之始，居震之初，震爲稼穡，又爲大作，益之大者，莫大耕植。」李道平纂疏曰：「周語曰：『民之大事在農。』堯典曰：『平秩東作。』故曰大作謂耕播也。繫下：『斲木爲耜，揉木爲耒，耒耨之利以教天下，蓋取諸益。』故云耒耨

之利，蓋取諸此也。……益於消息正月卦，啓蟄而祈穀，農事之始，益民之大莫若農。」「大作」，謂春天農作物之耕作播種。

高亨周易古經今注：「余疑此文大作卽今語所謂大建築也。蓋古謂造作爲物，古銅器銘文率云作某器，卽其明證。因而建築亦謂之作。此皆作字之初義也。詩定之方中曰：『作于楚宮。』又曰：『作于楚室。』……諸作字皆建築之義。秦官有將作，漢官有將作大匠。並掌營宮室。亦其證也。此作蓋亦建築之義。利用大作，猶云利於興大建築耳。」高說義亦通。

今譯

初九，利於農作物的耕作播種，始而吉祥，沒有災患。

九〈六〉二，或益之十倗（朋）之龜❶，弗亨〈克〉回（違）❷，永貞吉。王用芳（享）于帝❸，吉。

注釋

❶「或益之十倗（朋）之龜」。「倗」假借爲「朋」。說詳損六五「益之，十倗（朋）之龜弗克」。朋，朋貝之朋。

❷「弗亨〈克〉囘（違）」。「亨」爲「克」之誤。克，能也。
「囘」假借爲「違」。「囘」，唐韻：「戶恢切」，集韻、韻會、正韻：「胡限切。」音洄。古音屬灰韻。集韻：「違，胡限切。」音回。古音屬灰韻。「囘」、「違」韻同，音近相通。書堯典：「靜言庸違。」論衡恢國作「靖言庸囘」，三國志陸抗傳作「靖譖庸囘」。說文：「囘，轉也。」段玉裁注：「又曰：囘，違也。亦謂假借也。」集韻：「違，囘或字。」是爲「囘」、「違」古通之證。
「違」，說文：「離也。从辵，韋聲。」詩殷其靁：「何斯違斯。」毛傳、詩節南山「惡怒是違」毛傳、左傳成公十七年「吾能違兵」杜注、國語晉語「以禍爲違」韋注並曰：「違，去也。」廣雅釋詁二：「違，偝也。」「違」，有離去、背叛之義，引伸爲拒之意。

❸「王用芳（享）于帝」。「芳」假借爲「享」。說詳損卦卦辭「可用芳（享）」。王弼周易注：「帝者，生物之主，興益之宗，出震而齊巽者也。」「出震而齊巽」，語出說卦。周易正義孔疏：「輔嗣之意，以此帝爲天帝也。帝若出萬物則在乎震，絜齊萬物則在乎巽。」周易集解引干寶曰：「聖王先成其民而後致力于神，故王用享于帝。」帝，天帝也。

今譯

六二，有人增益之以價值十朋（百貝）的龜，不能離去而不買，長久占問則吉祥。王用享祭天帝，便吉祥。

六三，益之，用工事❶，无咎。有復（孚）中行❷，告公用閨（圭）❸。

注釋

❶「用工事」，通行本作「用凶事」。說文：「工，巧飾也。象人有規榘也。與巫同意。」周禮大宰：「五日工事之式。」鄭注：「工，作器物者。」儀禮燕禮：「席工于西階上。」鄭注：「凡執技藝者稱工。」公羊傳成公元年：「何以書。」何休注：「巧心勞手以成器物曰工。」「益之，用工事」，謂增益之以作器物的事。

❷「有復（孚）中行」。「復」假借爲「孚」。說詳損卦卦辭「有復（孚）」。孚，古俘字；俘獲。

「中行」，王弼周易注：「若能益不爲私，志在救難，壯不至亢，不失中行，以此告公，國主所任也。」周易集解引虞翻曰：「震爲中行，爲告，位在中，故曰中行。」「中行」爲道之中。高亨周易大傳今注：「中行似爲人名，似卽微子之弟仲衍。」錄以參考。

❸「告公用閨(圭)」。說文：「閨，特立之戶上圜下方，有似圭。从門圭聲。」「閨」、「圭」同聲系，古相通。左傳襄公十年：「蓽門圭竇之人。」釋文：「閨，本作圭。」是其證也。「圭」，說文：「瑞玉也。上圜下方。公執桓圭，九寸；侯執信圭，伯執躬圭，皆七寸；子執穀璧，男執蒲璧，皆五寸。以封諸侯，从重土。楚爵有執圭。珪，古文。」禮記聘義孔疏：「以器言之謂之圭，執以行禮謂之瑞。」周易集解引九家易曰：「天子以尺二寸玄圭事天，以九寸事地也，上公執桓圭九寸。」故告公用圭。周易集解引虞翻曰：「圭，桓圭也。」

今譯

六三，增益之作器物的事，則無災患。有所俘獲，使人在中道以圭告訴公。

六四，中行告公從❶，利用爲家遷國❷。

注釋

❶「中行告公從」，道中將有所俘獲之事告公，並有所建議，公從其議也。

❷「利用爲家遷國」，通行本作「利用爲依遷國」，集解本作「利用爲依遷邦」。高亨周易古經今注和李鏡池周易通義皆訓依爲殷，爲殷國之殷，然帛書周易「依」作「家」，恐「家」訓殷則失當。

「家」，說文：「居也。」詩緜：「朱有家室。」毛傳：「室內曰家。」周禮典命：「其國家宮室車旗衣服禮儀。」鄭注：「國家，國之所居謂城方也。」周禮春官序官：「家宗人。」鄭注：「家謂大夫所食采邑。」周禮方士：「掌都家。」鄭注：「家，大夫之采地。」周禮載師：「以家邑之田任稍地。」鄭注：「家，邑大夫之采地。」孟子離婁上：「皆曰天下國家。」趙岐注：「家謂卿大夫之家也。」

「遷」，周易集解引虞翻曰：「遷，徙也。」爾雅釋詁：「遷，徙也。」

今譯

六四，中道將有所俘獲的事告公，公聽取了臣民的意見，利於大夫遷徙邦國。

九五，有復（孚）惠心❶，勿問❷，元吉。有復（孚）惠我德❸。

注釋

❶「有復（孚）惠心」。「復」假借爲「孚」。說詳損卦辭「有復（孚）」。孚，古俘字；有所俘獲。孚，亦信也，誠也。

「惠心」，說文：「惠，仁也。从心从叀。」爾雅釋詁：「惠，愛也。」詩北風：「惠而好我。」毛傳：「惠，愛也。」論語里仁：「小人懷惠。」何晏集解引苞注：「惠，恩惠也。」莊子則陽：「惠子明之而見戴晉人。」釋文：「惠，施也。周禮司救：「而以王命施惠。」鄭注：「施惠，賙卹之。」孟子滕文公上：「分人以財謂之惠。」因此，惠有賜的意思。廣雅釋言：「惠，賜也。」荀子大略：「賤者惠焉。」楊倞注：「惠，亦賜也。」

「有孚惠心」，言有誠信之心而布施於民也。

王引之經義述聞曰：「爾雅曰：『惠，順也。』『有孚惠心』者，言我信于民，順民之心也。『有孚惠我德』者，言民信于我，順我之德也。象傳曰：『損上益下』。君順民心之謂也。又曰：『民說无疆。』民順君德之謂也。」王說亦通。

❷「勿問」。周易集解引崔憬曰：「問猶言也。」爾雅釋言：「問，訊也。」又：「訊，言也。」「勿問」猶勿言也。

聞一多周易義證類纂：「問亦惠也。雜記下：『相問也，既封而退。』注曰：『相問，嘗相惠遺也。』詩女曰雞鳴『雜佩以問之』，與『贈之』『報之』連言。左傳成十六年『問之以弓。』疏曰：『遺人以物謂之問。』哀十一年『使問弦多以琴。』疏曰：『禮以物遺人謂之問。』然則惠問皆施與之謂，惟以德施曰惠，以財施曰問耳。『惠心勿問』者，以德惠人而不用財物，與論語堯曰篇『君子惠而不費』同義。說文曰：『費，散財物也。』是費猶問矣。王注曰：『惠而不費，惠心者也。』此釋『惠心』之義則確，惟不知『勿問』亦卽不費耳。」聞說亦通。

❸「有復（孚）惠我德」。「復」假借爲「孚」。孚，誠也、信也。王弼周易注曰：「以誠惠物，物亦應之。故曰『有孚惠我德』也。」周易正義孔疏：「我既以信惠被于物，物亦以信惠歸於我。」

今　譯

九五，將誠信的心布施於民，而不布散財物，始而吉祥。既將誠信的心惠被於人物，人物亦以誠信來待我。

尚（上）九，莫益之❶，或擊之❷，立心勿恒❸，兇。

注釋

❶「莫益之」。周易集解引虞翻曰：「莫，无也。自非上无益初者，唯上當无應，故莫益之矣。」「莫益之」，言無人增益之。

❷「或擊之」。「擊」，帛書周易作「毄」。周易集解引虞翻曰：「謂上不益初，則以剝滅乾。艮爲手，故或擊之。」擊爲攻擊，打擊也。「或擊之」，言有人攻擊破壞也。

❸「立心勿恒」。說文：「恒，常也。从心从舟，在二之間，一心以舟施恒也。」爾雅釋詁：「恒，常也。」周禮司巫：「則帥巫而造巫恒。」孔疏：「恒訓爲常。」易象下傳：「恒，久也。」雜卦傳：「恒，久也。」「立心勿恒」，立心守志不常久。

今譯

上九，無人增益他，有人攻擊他，如守志不常久，便有禍殃。

總釋

本卦與損相對，兩卦可相輔相成。益卦三次出現「益之」，損卦亦出現三次「益之」，損卦「六五」和益卦「六二」，二、五皆爲中位，爻辭均作「或益之十朋之龜，弗克違。」然文意稍異，損六五重在「弗克違」，益六二重在「王用享于帝」。損九二、上九兩爻辭均作「弗損益之」，在損卦中講「弗損」而又「益之」，即在損中有益，而非損單純講損，不及益，益單講益，而不及損。益卦六三：「益之用工事。无咎。」上九：「莫益之或擊之」。六三爲增益，上九爲無人增益之。上當益三，上如再增益，便要上極則反。「无益之」，實含有損上益下之意，這樣益中亦包含着損。益，震下巽上，震爲雷，巽爲風，風升而上，雷擊而下，兩者相益，故說卦傳說：「雷風相薄」。又說：「動萬物者莫疾乎雷，撓萬物者莫疾乎風。」「雷以動之，風以散之。」風雷相迫相依，相互聯繫，相互對待，風烈則雷迅，雷激則風怒，故損益聯係對待，損中有益，益中有損。本卦通過益，說明了對損益的不同態度以及益在不同情況下的作用。如祭祀所用龜，雖價錢很高，但不能不買；對從事技藝製作亦只有增益它，使之生產更多的工藝品或祭器、禮器、食器之類，即使是玉制的圭亦是經工匠加工而成的。反之，對於攻擊他人之事，就不要助益，如果助益攻擊者，不但對被攻擊者不利，對攻擊者亦無益處。理事要有社會的職責感，亦要有社會道德準則。因此就有一個推致或普施誠信於民之心，民才能與我之誠信之心，相回應，並能順從我之誠信之心，而導致教化於民的作用。

附錄一　帛書六十四卦釋文與通行本*對勘

帛書六十四卦釋文

䷀

鍵，元享，利貞。初九，浸龍勿用。九二，見龍在田，利見大人。九三，君子終日鍵鍵，夕泥若厲，无咎。九四，或鰪在淵，无咎。九五，翡龍在天，利見大人。尚九，抗龍有悔。迵九，見群龍无首，吉。

通行本周易

䷀

乾，元亨利貞。初九，潛龍勿用。九二，見龍在田，利見大人。九三，君子終日乾乾，夕惕若厲，无咎。九四，或躍在淵，无咎。九五，飛龍在天，利見大人。上九，亢龍有悔。用九，見群龍无首，吉。

＊通行本係朱熹《周易本義》，清光緒七年辛巳（一八八一年）江蘇書局刻四卷本。亦可見中華民國二十五年四月世界書局《四書五經》本。

䷋ 婦之非人，不利君子貞，大往小來。初六，友茅，茹以其胃，貞吉，亨。六二，枹承，小人吉，大人不，亨。六三，枹憂。九四，有命，无咎，檮羅齒。九五，休婦，大人吉。其亡其亡，擊于枹桑。尚九，頃婦，先不後喜。

䷠ 掾，亨，小利貞。初六，掾尾厲，勿用有攸往。六二，共之用黃牛之勒，莫之勝奪。九三，為掾，有疾厲。畜僕妾吉。九四，好掾，君子吉，小人不。九五，嘉掾，貞吉。尚九，肥掾，先不利。

䷉ 禮虎尾，不真人，亨。初九，錯禮，往无咎。九二，禮道亶亶，幽人貞吉。六三，䏚能視，跛能利，禮虎尾，真人，兇。武人迵于大君。九四，禮虎尾，

䷋ 否之匪人，不利君子貞，大往小來。初六，拔茅，茹以其彙，貞吉，亨。六二，包承，小人吉，大人否，亨。六三，包羞。九四，有命，无咎，疇離祉。九五，休否，大人吉。其亡其亡，繫于苞桑。上九，傾否，先否後喜。

䷠ 遯，亨，小利貞。初六，遯尾厲，勿用有攸往。六二，執之用黃牛之革，莫之勝說。九三，係遯，有疾厲。畜臣妾吉。九四，好遯，君子吉，小人否。九五，嘉遯，貞吉。上九，肥遯，无不利。

䷉ 履虎尾，不咥人，亨。初九，素履，往无咎。九二，履道坦坦，幽人貞吉。六三，眇能視，跛能履，履虎尾，咥人凶。武人為于大君。九四，履虎尾，愬愬，

朔朔，終吉。九五，夬禮，貞厲。尚九，視禮，巧翔，其睘，元吉。

䷅

訟，有復，洫寧，克吉，冬兇。利用見大人，不利涉大川。初六，不永所事，少有言，冬吉。九二，不克訟，歸而逋，其邑人三百戶，无省。六三，食舊德，貞厲。或從王事，无成。九四，不克訟，復卽命，俞安，貞吉。九五，訟，元吉。尚九，或賜之般帶，終朝三搋之。

䷌

同人于野，亨。利涉大川，利君子貞。初九，同人于門，无咎。六二，同人于宗，閵。九三，服容〔　〕莽，登其高〔　〕，三歲不興。〔　〕〔　〕，〔　〕〔　〕庸，弗克攻，吉。九五，同人，先號桃後芺，大師克相遇。尚九，同人于茭，无悔。

終吉。九五，夬履，貞厲。上九，視履考祥，其旋元吉。

䷅

訟，有孚，窒惕，中吉，終凶。利見大人，不利涉大川。初六，不永所事，小有言，終吉。九二，不克訟歸而逋，其邑人三百戶，无眚。六三，食舊德，貞厲，終吉。或從王事，无成。九四，不克訟，復卽命，渝，安貞吉。九五，訟，元吉。上九，或錫之鞶帶，終朝三褫之。

䷌

同人于野，亨。利涉大川，利君子貞。初九，同人于門，无咎。六二，同人于宗，吝。九三，伏戎于莽，升其高陵，三歲不興。九四，乘其墉，弗克，攻，吉。九五，同人先號咷而後笑，大師克相遇。上九，同人于郊，无悔。

䷘

无孟，元亨，利貞。非正有省，不利有攸往。初九，无孟，往吉。六二，不耕穫，不菑餘，利〔　〕〔　〕往。六三，无〔　〕〔　〕〔　〕，或擊〔　〕〔　〕，〔　〕〔　〕〔　〕之得，邑人之茲。九四，可貞，无咎。九五，无孟之疾，勿樂有喜。尚九，无孟之行，有省，无攸利。

䷘

无妄，元亨，利貞。其匪正有眚，不利有攸往。初九，无妄往，吉。六二，不耕穫，不菑畬，則利有攸往。六三，无妄之災，或繫之牛，行人之得，邑人之災。九四，可貞，无咎。九五，无妄之疾，勿藥有喜。上九，无妄行，有眚，无攸利。

䷫

〔　〕，女壯，勿用取女。初六，擊于金梯，貞吉。有攸往，見兇。羸豨復適屬。九二，枹有魚，无咎，不利賓。九三，〔　〕〔　〕〔　〕，〔　〕〔　〕〔　〕〔　〕〔　〕。〔　〕，〔　〕〔　〕咎。九四，枹无魚，正兇。五五，以忌枹苽，含章，或塤自天。尚九，狗其角，閵，无咎。

䷫

姤，女壯，勿用取女。初六，繫于金柅，貞吉。有攸往見凶，羸豕孚蹢躅。九二，包有魚，无咎，不利賓。九三，臀无膚，其行次且，厲，无大咎。九四，包无魚，起凶。九五，以杞包瓜，含章，有隕自天。上九，姤其角，吝，无咎。

䷳ 根其北，不濩其身，行其廷，不見其人，无咎。初六，根其止，无咎，利永貞。六二，根其肥，不登其隨，其心不快。九〔　〕，〔　〕〔　〕〔　〕〔　〕，戾其肥，厲薰心。六四，根其躳。六五，根其肞，言有序，悔亡。尚九，敦根，吉。

䷳ 艮其背，不獲其身，行其庭，不見其人，无咎。初六，艮其趾，无咎，利永貞。六二，艮其腓，不拯其隨，其心不快。九三，艮其限，列其夤，厲薰心。六四，艮其身，无咎。六五，艮其輔，言有序，悔亡。上九，敦艮，吉。

䷙ 泰蓄，利貞。不家食，吉。利涉大川。初九，有厲，利巳。九二，車説緮。九三，良馬遂，利根貞。曰闌車〔　〕，利有攸往。六四，童牛之鞫，元吉。六五，哭豨之牙，吉。尚九，何天之瞿，亨。

䷙ 大畜，利貞。不家食，吉。利涉大川。初九，有厲，利已。九二，輿説輹。九三，良馬逐，利艱貞，曰閑輿衛，利有攸往。六四，童牛之牿，元吉。六五，豶豕之牙，吉。上九，何天之衢，亨。

䷖ 剝，不利有攸往。初六，剝臧以足，蔑貞，兇。六二，剝臧以辯，蔑貞，兇。六三，剝无咎，六四，剝臧以膚，

䷖ 剝，不利有攸往。初六，剝牀以足，蔑貞凶。六二，剝牀以辨，蔑貞凶。六三，剝之无咎。六四，剝牀以膚，凶。六五，

兇。六五，貫魚，食宮人籠，无不利。尚九，石果不食，君子得車，小人剝蘆。

䷨ 損，有復，元吉，無咎。可貞，〔　〕有攸往，禽之用二巧，可用芳。初九，巳事端往，无咎，酌損之。九二，利貞，正兇，弗損，益之。六三，三人行則損一人，一人行則得其友。六四，損其疾，事端有喜，无咎。六五，益之，十備之龜弗克回，元吉。尚九，弗損，益之，无〔　〕，貞吉，有攸往。得僕无家。

䷃ 〔　〕，〔　〕。〔　〕〔　〕求童蒙，童蒙求我。初筮吉，再参擅，擅即不吉。利貞。初六，廢蒙，利用刑人，用說桎梏，已往閵。九二，枹蒙吉，入婦吉，

貫魚以宮人，寵，无不利。上九，碩果不食，君子得輿，小人剝廬。

䷨ 損，有孚，元吉，无咎，可貞，利有攸往，曷之用二簋，可用享。初九，已事遄往，无咎，酌損之。九二，利貞，征凶，弗損益之。六三，三人行則損一人，一人行則得其友。六四，損其疾，使遄有喜，无咎。六五，或益之十朋之龜，弗克違，元吉。上九，弗損益之，无咎。貞吉，利有攸往。得臣无家。

䷃ 蒙，亨。匪我求童蒙，童蒙求我。初筮告，再三瀆，瀆則不告。利貞。初六，發蒙，利用刑人，用說桎梏，以往吝。九二，包蒙吉，納婦吉，子克家。六三，

子克家。六三，勿用取〔　〕，〔　〕〔　〕夫，不有躳，无攸利。〔　〕〔　〕，〔　〕蒙，閵。六五，童蒙，〔　〕。〔　〕〔　〕，〔　〕〔　〕，〔　〕〔　〕〔　〕〔　〕，利所寇。

勿用取女，見金夫，不有躬，无攸利。六四，困蒙，吝。六五，童蒙，吉。上九，擊蒙，不利為寇，利禦寇。

〔　〕〔　〕，〔　〕，〔　〕〔　〕有攸往。〔　〕〔　〕，〔　〕〔　〕〔　〕，舍車而徒。六二，蘩其〔　〕。九三，蘩茹濡如，永貞吉。六四，蘩茹蕃茹，白馬輪茹，非寇閩詬。六五，蘩于〔　〕〔　〕，〔　〕白戔戔，閵，終〔　〕。〔　〕〔　〕，〔　〕〔　〕，〔　〕咎。

䷕

賁，亨，小利有攸往。初九，賁其趾，舍車而徒。六二，賁其須。九三，賁如濡如，永貞吉。六四，賁如皤如，白馬翰如，匪寇婚媾。六五，賁于丘園，束帛戔戔，吝，終吉。上九，白賁，无咎。

〔　〕〔　〕，〔　〕〔　〕。〔　〕〔　〕，〔　〕〔　〕口實。初九，舍而靈龜，

䷚

頤，貞吉，觀頤自求口實。初九，舍爾靈龜，觀我朵頤，凶。六二，曰顛頤，

〔　〕我[扌短]頤，凶。六二，曰顛頤，拂經，于北頤。正凶。六三，柫頤，貞凶。十年勿用，无攸利。六四，顛頤，吉。虎視沈沈，其容笛笛，无咎。六〔　〕，〔　〕〔　〕，居貞吉。〔　〕〔　〕〔　〕〔　〕川。〔　〕〔　〕，〔　〕〔　〕，〔　〕〔　〕，〔　〕涉大川。

䷑

箇，〔　〕吉，亨。利涉大川。先甲三日，後甲三日。初六，榦父之箇，有子巧，无咎，厲終吉，〔　〕〔　〕，榦母之箇，不可貞。九三，榦父之箇，少有悔，无大咎。六四，浴父之箇，往見閵。六五，榦父之箇，用輿。尚九，不事王矦，高尚其德，兇。

䷜

習贛，有復，巂心，亨，行有尚。初六，

拂經，于丘頤。征凶。六三，拂頤，貞凶，十年勿用，无攸利。六四，顛頤，吉。虎視眈眈，其欲逐逐，无咎。六五，拂經，居貞吉，不可涉大川。上九，由頤，厲吉，利涉大川。

䷑

蠱，元亨。利涉大川，先甲三日，後甲三日。初六，幹父之蠱，有子考无咎，厲終吉。九二，幹母之蠱，不可貞。九三，幹父之蠱，小有悔，无大咎。六四，裕父之蠱，往見吝。六五，幹父之蠱，用譽。上九，不事王侯，高尚其事。

䷜

習坎，有孚維心，亨，行有尚。初六，

習贛，人贛閻，凶。九二，贛有訦，求少得。六三，來之贛贛，噞且訦。人〔　〕贛閻，〔　〕〔　〕。六四，奠酒，巧訴，用缶，人葯自牖，終无咎。九五，贛不盈，塭既平，无咎。尚六，糸用諱纆，親之于總勒，三歲弗得，兇。

䷄

襦，有復，光亨，貞吉。利涉大川。初九，襦于茭，利用恒，无咎。九二，襦于沙，少有言，冬吉。〔　〕三，襦于泥，致寇至。六四，襦于血，出自穴。六五，襦于酒食，貞吉。尚六，人于穴，有不楚客三人來，敬之，終吉。

䷇

比，吉。原筮，元永貞，无咎。不寧方來，後夫兇。初六，有復，比之，无咎。有復盈缶，冬來或池，吉。六二，比之

習坎，入于坎窞，凶。九二，坎有險，求小得。六三，來之坎坎，險且枕，入于坎窞，勿用。六四，樽酒簋，貳用缶，納約自牖，終无咎。九五，坎不盈，祇既平，无咎。上六，係用徽纆，寘于叢棘，三歲不得，凶。

䷄

襦，有孚，光亨。貞吉。利涉大川。初九，需于郊，利用恒，无咎。九二，需于沙，小有言，終吉。九三，需于泥，致寇至。六四，需于血，出自穴。九五，需于酒食，貞吉。上六，入于穴，有不速之客三人來，敬之，終吉。

䷇

比，吉。原筮，元永貞，无咎。不寧方來，後夫凶。初六，有孚，比之无咎，有孚盈缶，終來有它，吉。六二，比之自內，

〔　〕〔　〕，貞吉。六三，比之非人。六四，外比之，貞吉。九五，顯比。王用三驅，失前禽，邑人不戒，吉。尚六，比无首，兇。

䷦

蹇，利西南，不利東北。利見大人。貞吉。初六，往蹇來輿。六二，王僕蹇蹇，非〔　〕之故。〔　〕〔　〕，〔　〕〔　〕〔　〕〔　〕。〔　〕〔　〕，往蹇來連。九五，大蹇倗來。倘六，往蹇來石，吉，利見大人。

䷻

節，亨。枯節，不可貞。初九，不出戶牖，无咎。九二，不出門廷，凶。六三，不節若，則〔　〕〔　〕，〔　〕咎。六四，〔　〕〔　〕，〔　〕。〔　〕〔　〕，〔　〕〔　〕，吉，往得尚。

貞吉。六三，比之匪人。六四，外比之，貞吉。九五，顯比，王用三驅，失前禽，邑人不誡，吉。上六，比之无首，凶。

䷦

蹇，利西南，不利東北。利見大人。貞吉。初六，往蹇來譽。六二，王臣蹇蹇，匪躬之故。九三，往蹇來反。六四，往蹇來連。九五，大蹇朋來。上六，往蹇來碩，吉，利見大人。

䷻

節，亨。苦節，不可貞。初九，不出戶庭，无咎。九二，不出門庭，凶。六三，不節若，則嗟若，无咎。六四，安節，亨。九五，甘節，吉，往有尚。上六，苦節，貞凶，悔亡。

尚六，枯節，貞凶。悔亡。

䷾

旣濟，亨。小利貞。初吉，冬乳。初六，抴其綸，濡其尾，无咎。六二，婦亡其發，勿遂，七日得。〔　〕〔　〕〔　〕，高宗伐鬼方，三年克之，小人勿用。六四，襦有衣茹，冬日戒。九五，東鄰殺牛以祭，不若西鄰之濯祭，實受其福，吉。尚六，濡其首，厲。

䷾

旣濟，亨。小利貞。初吉終亂。初九，曳其輪，濡其尾，无咎。六二，婦喪其茀，勿逐，七日得。九三，高宗伐鬼方，三年克之，小人勿用。六四，繻有衣袽，終日戒。九五，東鄰殺牛，不如西鄰之禴祭，實受其福。上六，濡其首，厲。

䷂

屯，元亨，利貞。勿用有攸往，利律侯。初九，半遠，利居貞，利建侯。六二，屯如壇如，乘馬煩如，非寇閩厚。〔　〕子貞不字，十年乃字。六三，即鹿毋華，唯人于林中，君子幾不如舍，往𠬢。六四，乘馬〔　〕如，求閩厚，往吉，无不利。九五，屯其膏，小貞吉，大貞凶。

䷂

屯，元亨，利貞。勿用有攸往。利建侯。初九，磐桓，利居貞，利建侯。六二，屯如邅如，乘馬班如，匪寇婚媾。女子貞不字，十年乃字。六三，即鹿无虞，惟入于林中，君子幾不如舍，往吝。六四，乘馬班如，求婚媾，往吉，无不利。九五，屯其膏，小貞吉，大貞凶。上六，尚六，乘馬煩如，汲血連如。

䷯

井，茝邑不茝井，无亡无得。往來井井，歅至亦未汲井，纍其刑垪，凶。初六，井泥不食，舊井无禽。九二，井瀆射付，唯敝句。九三，井苣不食，為我心塞，可用汲，王明並受其福。六四，井椒，无咎。九五，井戾寒湶，食。尚六，井收，勿幕，有復，元吉。

䷲

辰，亨。辰來朔朔，芺言亞亞，辰敬百里，不亡釓觴。初九，辰來朔朔，後芺〔　〕啞啞，吉。六二，辰來厲，意亡貝，齏于九陵，勿遂七日得。六三，辰疏疏，辰行無省。九四，辰遂泥，六五，辰往來厲，意无亡，有事。尚六，辰昔昔，視懼懼，正凶。辰不于其躳，于其

乘馬班如，泣血漣如。

䷯

井，改邑不改井，无喪无得。往來井井，汔至亦未繘井。羸其瓶，凶。初六，井泥不食，舊井无禽。九二，井谷射鮒，甕敝漏。九三，井渫不食，為我心惻。可用汲，王明並受其福。六四，井甃，无咎。九五，井冽寒泉食。上六，井收，勿幕，有孚，元吉。

䷲

震，亨，震來虩虩，笑言啞啞，震驚百里。不喪匕鬯。初九，震來虩虩，後笑言啞啞，吉。六二，震來厲，億喪貝，躋于九陵，勿逐七日得。六三，震蘇蘇，震行无眚。九四，震遂泥。六五震往來厲，億无喪有事。上六，震索索，視矍矍，征凶。震不于其躬，于其鄰，无咎，

鄰，往无咎，閩詬有言。

婚媾有言。

䷡

泰壯，利貞。初九，壯于止，正凶，有復。九二，貞吉。九三，小人用壯，君子用亡，貞厲。羝羊觸藩，羸其角。九四，貞吉，悔亡。璠块不羸，壯于泰車之緮。六五，亡羊于易，无悔。尚六，羝羊觸藩，不能退，不能遂，无攸利，根則吉。

䷡

大壯，利貞。初九，壯于趾，征凶，有孚。九二，貞吉。九三，小人用壯，君子用罔，貞厲，羝羊觸藩，羸其角。九四，貞吉，悔亡。藩決不羸，壯于大輿之輹。六五，喪羊于易，无悔。上六，羝羊觸藩，不能退，不能遂，无攸利，艱則吉。

䷏

餘，利建矦，行師。初六，鳴餘，凶。六二，疥于石，不終日，貞吉。六三，杅餘，悔，遲有悔。九四，允餘，大有得，勿疑，傰甲讒。六五，貞疾，恒不死。尚六，冥餘成，或諭，无咎。

䷏

豫，利建侯，行師。初六，鳴豫，凶。六二，介于石，不終日，貞吉。六三，盱豫，悔，遲有悔。九四，由豫，大有得，勿疑朋盍簪。六五，貞疾，恒不死。上六，冥豫，成有渝，无咎。

䷽

少過，亨，利貞。可小事，不可大事。

䷽

小過，亨，利貞。可小事，不可大事。

翡鳥遺之音，不宜上，宜下。泰吉。初六，罪鳥以凶。六二，過其祖，愚其比，不及其君，愚其僕，无咎。九三，弗過仿之，從或臧之，凶。九四，无咎，弗過愚之，往厲必革，勿用永貞。六五，密雲不雨，自我西茭，公射取皮在穴。尚六，弗愚過之，罪鳥羅之，凶。是謂兹省。

歸妹，正凶，无攸利。初九，歸妹以弟，跛能利，正吉。九二，眇能視，利幽人貞。六三，歸妹以嬬，（　）歸以第。六四，歸妹衍期，遲歸有時。六五，帝乙歸妹，其君之袂不若其第之快良。日月既望，吉。尚六，女承筐无實，士刲羊无血，无攸利。

飛鳥遺之音，不宜上，宜下。大吉。初六，飛鳥以凶。六二，過其祖，遇其妣，不及其君，遇其臣，无咎。九三，弗過防之，從或戕之，凶。九四，无咎，弗過遇之，往厲必戒，勿用永貞。六五，密雲不雨，自我西郊，公弋取彼在穴。上六，弗遇過之，飛鳥離之，凶，是謂災眚。

歸妹，征凶，无攸利。初九，歸妹以娣，跛能履，征吉。九二，眇能視，利幽人之貞。六三，歸妹以須，反歸以娣。九四，歸妹愆期，遲歸有時。六五，帝乙歸妹，其君之袂不如其娣之袂良，月幾望，吉。上六，女承筐无實，士刲羊无血，无攸利。

䷧

解，利西南。无所往，其來復吉；有攸往，宿吉。初六，无咎。九二，田獲三狐，得〔　〕〔　〕，〔　〕〔　〕。〔　〕〔　〕，〔　〕且乘，致寇至，貞閵。九四，解其栂，傰至此復。六五，君子唯有解，吉。有復于小人。尚六，公用射敻於高庸之上，獲之，无不利。

䷶

豐，亨，王叚之，勿憂，宜日中。初九，禺其肥主，唯旬，无咎，往有尚。六二，豐其剖，日中見斗，往得疑〔　〕，有復，洫若。九三，豐其薠，日中見茉，折其右弓，无咎。九四，豐其剖，日中見斗，禺其夷主，吉。六五，來章有慶舉，吉。尚六，豐其屋，剖其家，閨其戶，哭其无人，三歲不遂，兇。

䷧

解，利西南，无所往，其來復吉，有攸往，夙吉。初六，无咎。九二，田獲三狐，得黃矢，貞吉。六三，負且乘，致寇至，貞吝。九四，解而拇，朋至斯孚。六五，君子維有解，吉，有孚于小人。上六，公用射隼于高墉之上，獲之，无不利。

䷶

豐，亨，王假之，勿憂，宜日中。初九，遇其配主，雖旬无咎，往有尚。六二，豐其蔀，日中見斗，往得疑疾，有孚，發若，吉。九三，豐其沛，日中見沬，折其右肱，无咎。九四，豐其蔀，日中見斗，遇其夷主，吉，六五，來章有慶譽，吉。上六，豐其屋，蔀其家，闚其戶，闃其无人，三歲不覿，凶。

䷟ 恒，亨，无咎，利貞。利有攸往。初六，夐恒，貞凶，无攸利。九二，悔亡。九三，不恒其德，或承之羞，貞閵。九四，田无禽。六五，恒其德，貞婦人〔　〕，夫子凶。尚六，夐恒，兇。

䷁ 川，元亨，利牝馬之貞。君子有攸往，先迷，後得主，利。西南得朋，東北亡朋，安貞吉。初六，禮霜，堅冰至。六二，直方大，不習无不利。六三，合章可貞，或從王事，无〔　〕有終。〔　〕〔　〕，〔　〕〔　〕，〔　〕〔　〕〔　〕〔　〕。六五，黄常元吉。尚六，龍戰于野，其血玄黄。迵六，利永貞。

〔　〕〔　〕，〔　〕〔　〕〔　〕〔　〕，

䷟ 恒，亨，无咎。利貞，利有攸往。初六，浚恒，貞凶，无攸利。九二，悔亡。九三，不恒其德，或承之羞，貞吝。九四，田无禽。六五，恒其德，貞婦人吉，夫子凶。上六，振恒，凶。

䷁ 坤，元亨，利牝馬之貞。君子有攸往，先迷後得主，利，西南得朋，東北喪朋。安貞吉。初六，履霜，堅冰至。六二，直方大，不習无不利。六三，含章可貞。或從王事，无成有終。六四，括囊，无咎无譽。六五，黄裳，元吉。上六，龍戰于野，其血玄黄。用六，利永貞。

䷊ 泰，小往大來，吉，亨。初九，拔茅茹

〔　〕〔　〕。〔　〕〔　〕，犮茅，茹以其胃，〔　〕吉。九二，枹妄，用馮河，不騢遺弗忘，得尚于中行。九三，无平不波，无往不復，根〔　〕，〔　〕〔　〕。〔　〕〔　〕其復，于食〔　〕〔　〕。〔　〕〔　〕，〔　〕〔　〕，不富以〔　〕〔　〕，〔　〕〔　〕〔　〕〔　〕。〔　〕〔　〕帝乙歸妹，以齒，〔　〕〔　〕。尚六，城復于湟，□〔　〕用師。自邑告命，貞閵。

以其彙，征吉。九二，包荒用馮河，不遐遺朋亡，得尚于中行。九三，无平不陂，无往不復，艱貞无咎，勿恤其孚，于食有福。六四，翩翩不富以其鄰，不戒以孚。六五，帝乙歸妹以祉，元吉。上六，城復于隍，勿用師，自邑告命，貞吝。

䷎

〔　〕，〔　〕，〔　〕子有終。初六，嗛嗛君子，用涉大川，吉。六二，鳴嗛，貞吉。九三，勞嗛君子有終，吉。六四，无不利譌嗛。六五，不富以其鄰，〔　〕〔　〕〔　〕〔　〕，〔　〕不利。尚六，鳴〔　〕，〔　〕〔　〕〔　〕〔　〕，〔　〕〔　〕〔　〕。

䷎

謙，亨，君子有終。初六，謙謙君子，用涉大川，吉。六二，鳴謙，貞吉。九三，勞謙，君子有終，吉。六四，无不利，撝謙。六五，不富以其鄰，利用侵伐，无不利。上六，鳴謙，利用行師，征邑國。

䷒〔 〕，〔 〕〔 〕，利貞，至于八月有〔 〕。初九，禁林，貞吉。九二，禁林，吉，无不利。六三，甘林，无攸利，旣憂之，无咎。六四，至林，无咎。〔 〕五，知林，大〔 〕〔 〕〔 〕，〔 〕。〔 〕〔 〕，敦林，吉，无咎。

䷒臨，元亨，利貞。至于八月有凶。初九，咸臨，貞吉。九二，咸臨，吉，无不利。六三，甘臨，无攸利，旣憂之，无咎。六四，至臨，无咎，六五，知臨，大君之宜，吉。上六，敦臨，吉，无咎。

䷆〔 〕，〔 〕〔 〕人吉，无咎。初六，師出以律，不臧兇。九二，在師中吉，无咎。王三湯命。六三，師或與𡰪，兇。六四，師左次，无咎。六五，田有禽，利執言，无咎。長子率師，弟子輿𡰪，貞凶。尚六。大人君有命，啓國承家，小人勿〔 〕。

䷆師，貞，丈人吉，无咎。初六，師出以律，否臧凶。九二，在師中吉，无咎，王三錫命。六三，師或輿尸，凶。六四，師左次，无咎。六五，田有禽，利執言，无咎。長子帥師，弟子輿尸，貞凶。上六，大君有命，開國承家，小人勿用。

䷣明夷，利根貞。初九，明夷于蜚，垂其左翼。君子于行，三日不食。有攸往，

䷣明夷，利艱貞。初九，明夷于飛，垂其翼。君子于行，三日不食。有攸往，主

主人有言。六二，明夷，夷于左股，用撜馬牀，吉。九三，明夷，夷于南守，得其大首，不可疾。貞。六四，明夷，夷于左腹，獲明夷之心，于出門廷。六五，箕子之明夷，利貞。尚六，不明海，初登于天，後人于地。

䷗ 復，亨。出人无疾，堋來无咎。反復其道，七日來復。利有攸往。初九，不遠復，无提悔，元吉。六二，休復，（　）。六三，編復，厲，无咎。六四，中行獨復。六五，敦復，无悔。尚六，迷復，兇。有茲省，用行師，終有大敗。以其國君，凶。至十年弗克正。

䷭ 登，元亨。利見大人，勿血。南正，吉。初六，允登，大吉。九二，復乃利用濯，

人有言。六二，明夷，夷于左股，用拯馬壯吉。九三，明夷，于南狩，得其大首，不可疾貞。六四，入于左腹，獲明夷之心，于門出庭。六五，箕子之明夷，利貞。上六，不明晦，初登于天，後入于地。

䷗ 復，亨。出入无疾，朋來无咎。反復其道，七日來復。利有攸往。初九，不遠復，无祗悔，元吉。六二，休復，吉。六三，頻復，厲，无咎。六四，中行獨復。六五，敦復，无悔。上六，迷復，凶。有災眚。用行師，終有大敗。以其國君凶，至于十年不克征。

䷭ 升，元亨。用見大人，勿恤，南征，吉。初六，允升，大吉。九二，孚乃利用禴，

无咎。〔 〕〔 〕，登虛邑。六四，〔 〕〔 〕〔 〕〔 〕〔 〕，〔 〕，无咎。六五，貞吉，登階。尚六，冥登，利于不息之貞。

䷹

奪，亨，小利貞。初九，休奪吉。九二，諍吉，悔亡。九三，來奪，兇。九四，章奪未寧，〔 〕疾有喜。九〔 〕，〔 〕于〔 〕，〔 〕〔 〕。尚六，景奪。

䷪

夬，陽于王廷。復號有厲。告自邑，不利節戎。利有攸往。初九，牀于前止，往不勝，為咎。九二，傷號，暮夜有戎，勿血。〔 〕三，牀于頯，有凶。君子缺缺獨行，愚雨如濡，有溫，无咎。九四，脹无膚，其行郪胥，牽羊悔亡，聞

无咎。九三，升虛邑。六四，王用亨于岐山，吉，无咎。六五，貞吉，升階。上六，冥升，利于不息之貞。

䷹

兌，亨。利貞。初九，和兌吉。九二，孚兌吉，悔亡。六三，來兌，凶。九四，商兌未寧，介疾有喜。九五，孚于剝，有厲。上六，引兌。

䷪

夬，揚于王庭，孚號有厲，告自邑，不利即戎，利有攸往。初九，壯于前趾，往不勝，為咎。九二，惕號，莫夜有戎，勿恤。九三，壯于頄。有凶。君子夬夬獨行，遇雨若濡，有慍。无咎。九四，臀无膚，其行次且，牽羊悔亡，聞言不信。

言不信。九五，莧熱缺缺，中行，无咎。尚六，无號，冬有兇。

䷬

卒，王叚于廟，利見大人，亨，利貞。用大生，吉。利有攸往。初六，有復不終，乃乳乃卒，若其號，一屋于芙，勿血，往无咎。六二，引吉，无咎。復乃利用濯。六三，卒若駐若，无攸利。往无咎，少閵。九四，大吉，无咎。九五，卒有立，无咎。非復，元永貞，悔亡。尚六，粢秋涕洎，无咎。

䷞

欽，亨，利貞。取女吉。初六，欽其栂。六二，欽其𩩲，凶。居吉。九三，欽其𩩲，執其隨，閵。九四，貞吉，悔亡。童童往來，傰從璽思。九五，欽其股，无悔。尚六，欽其胶陜舌。

九五，莧陸夬夬，中行无咎。上六，无號，終有凶。

䷬

萃，亨，王假有廟，利見大人。亨，利貞。用大牲，吉。利有攸往。初六，有孚不終，乃亂乃萃，若號，一握為笑，勿恤，往无咎。六二，引吉，无咎。孚乃利用禴。六三，萃如嗟如，无攸利，往无咎，小吝。九四，大吉无咎。九五，萃有位，无咎。匪孚，元永貞，悔亡。上六，齎咨涕洟，无咎。

䷞

咸，亨，利貞。取女吉。初六，咸其拇。六二，咸其腓，凶，居吉。九三，咸其股，執其隨，往吝。九四，貞吉，悔亡，憧憧往來，朋從爾思。九五，咸其脢，无悔。上六，咸其輔，頰舌。

䷮困，亨。貞大人吉，无咎。有言不信。初六，辰困于株木，入于要浴，三歲不擅，凶。九二，困于酒食，絑發方來，利用芳祀，正凶。无咎。六三，困于石，號于疾莉，入于其宮，不見其妻，凶。九四，來徐，困于〔　〕〔　〕。閵，有終。九五，貳椽，困于赤發，乃徐有說。利用芳祀。尚六，困于褐纍，於貳掾，曰悔夷有悔，貞吉。

〔　〕〔　〕，〔　〕〔　〕〔　〕復，元亨，利貞，悔亡。初九，共用黃牛之勒。六二，〔　〕〔　〕乃勒之，正吉，〔　〕〔　〕。〔　〕〔　〕，〔　〕〔　〕，貞〔　〕。〔　〕言三〔　〕，〔　〕復。九四，悔〔　〕。有復莁命，吉。九五，大人虎便，未占有復。尚六，君子豹便，

䷮困，亨。貞大人吉，无咎，有言不信。初六，臀困于株木，入于幽谷，三歲不覿。九二，困于酒食，朱紱方來，利用亨祀，征凶，无咎。六三，困于石，據於蒺蔾，入于其宮，不見其妻，凶。九四，來徐徐，困于金車，吝，有終。九五，劓刖，困于赤紱，乃徐有說，利用祭祀。上六，困于葛藟于臲卼，曰動悔有悔，征吉。

䷰革，巳日乃孚，元亨。利貞，悔亡。初九，鞏用黃牛之革。六二，巳日乃革之，征吉，无咎。九三，征凶，貞厲。革言三就有孚。九四，悔亡。有孚改命吉。九五，大人虎變，未占，有孚。上六，君天豹變，小人革面，征凶。居貞吉。

小人勒（　），（　）（　）。居，貞吉。

䷐

隋，元亨，利貞，无咎。初九，官或諭，貞吉，出門交有功。六二，係小子，失丈夫。六三，係丈夫，失小子，隋有求，得。利居貞。九四，隋有獲，貞凶。有復在道，已明，何咎。九五，復于嘉，吉。尚九，枸係之，乃從巂之，王用芳于西山。

䷐

隨，元亨，利貞。无咎。初九，官有渝，貞吉。出門交有功。六二，係小子，失丈夫。六三，係丈夫，失小子，隨有求得，利居貞。九四，隨有獲，貞凶。有孚在道，以明何咎。九五，孚于嘉，吉。上六，拘係之，乃從維之，王用亨於西山。

䷛

泰過，棟輋，利有攸往，亨。初六，藉用白茅，无咎。九二，楛楊生荑，老夫得其女妻，无不利。九三，棟橈，凶。九四，棟輋，吉。有它，閵。六五，楛楊生華，老婦得其士夫，无咎无譽。尚九，過涉滅釘，凶，无咎。

䷛

大過，棟撓，利有攸往。亨。初六，藉用白茅，无咎。九二，枯楊生稊，老夫得其女妻，无不利。九三，棟橈凶。九四，棟隆吉，有它吝。九五，枯楊生華，老婦得其士夫，无咎无譽。上六，過涉滅頂，凶，无咎。

䷝ 羅，利貞，亨。畜牝牛，吉。初九，禮昔然，敬之，无咎。六二，黃羅，元吉。九三，日稷之羅，不鼓埳而歌，即大絰之[illegible]，凶。九四，出如來如，紛如，死如，棄如。六五，出涕沱若，□[illegible]若，吉。尚九，王出正，有嘉折首，獲不𢧢，无咎。

䷝ 離，利貞，亨。畜牝牛吉。初九，履錯然，敬之，无咎。六二，黃離，元吉。九三，日昃之離，不鼓缶而歌，則大耋之嗟，凶。九四，突如，其來如，焚如，死如，棄如。六五，出涕沱若，戚嗟若，吉。上九，王用出征，有嘉折首，獲匪其醜，无咎。

䷍ 大有，元亨。初九，无交禽，非咎，根則无咎。九二，泰車以載，有攸往，无咎。九三，公用芳于天子，小人弗克。九四，（　）（　）彭，无咎。六五，闕復交如，委如，終吉。尚九，自天右之，吉，无不利。

䷍ 大有，元亨。初九，无交害匪咎，艱則无咎。九二，大車以載，有攸往，无咎。九三，公用亨于天子。小人弗克。九四，匪其彭，无咎。六五，厥孚交如威如，吉。上九，自天祐之，吉无不利。

䷢ 溍，康侯用賜馬蕃庶，晝日三緌。初九，縉如浚如，貞吉。悔亡，復浴，无咎。

䷢ 晉，康侯用錫馬蕃庶，晝日三接。初六，晉如摧如，貞吉。罔孚裕，无咎。六二，六二，溍如〔　〕如，貞吉。受〔　〕〔　〕〔　〕，〔　〕其王母。六三，衆允，悔亡。九四，溍如炙鼠，貞厲。六五，悔亡，矢得勿血，往吉，无不利。尚九，溍其角，唯用伐邑，厲吉，无咎，貞閵。

晉如愁如，貞吉，受茲介福，于其王母。六三，衆允，悔亡。九四，晉如鼫鼠，貞厲。六五，悔亡，失得，勿恤，往吉，无不利。上九，晉其角，維用伐邑，厲吉，无咎，貞吝。

䷷

旅，少亨。旅，貞吉。初六，旅瑣瑣，此其所，取火。六二，旅既次，壞其茨，得童剝，貞。九三，〔　　〕〔　〕〔　〕〔　〕，〔　〕〔　〕〔　〕〔　〕，〔　〕〔　〕〔　〕。〔　〕〔　〕，〔　〕〔　〕〔　〕〔　〕，〔　〕其溍斧，〔　〕〔　〕心不快。六五，射雉，一矢亡，冬以擧命。尚九，烏棼其巢，旅人先芺後摅桃，亡牛于易，兇。

䷷

旅，小亨。旅，貞吉。初六，旅瑣瑣，斯其所，取災。六二，旅卽次，懷其資，得童僕貞。九三，旅焚其次，喪其童僕，貞厲。九四，旅于處，得其資斧，我心不快。六五，射雉一矢亡，終以譽命。上九，鳥焚其巢，旅人先笑後號咷，喪牛于易，凶。

乖，小事吉。初九，悔亡。亡馬勿遂，自復。見亞人，无咎。九二，无咎。九二，愚主于巷，无咎。六三，見車恝、其牛謹，其〔　〕〔　〕〔　〕〔　〕。无初，有終。九四，乖苽，愚元夫，交復，厲无咎。六五，悔亡。登宗筮膚。往何咎。尚九，乖苽，見豨負塗，載鬼一車。先張之柧，後說之壺，非寇，閩厚。往愚雨卽吉。

睽，小事吉。初九，悔亡，喪馬勿逐自復，見惡人，无咎。九二，遇主於巷，无咎，六三，見輿曳，其牛掣，其人天且劓，无初有終。九四，睽孤遇元夫，交孚，厲，无咎。六五，悔亡，厥宗噬膚，往何咎。上九，睽孤見豕負塗，載鬼一車，先張之弧，後說之弧，匪寇婚媾，往遇雨則吉。

未濟，亨。小狐气涉，濡其尾，无攸利。初六，濡其尾，閵，九二，抴其綸，貞。六三，未濟，正凶，利涉大川。九四，貞吉，悔亡。〔　〕〔　〕〔　〕〔　〕方，三年有商于大國。〔　〕五，貞吉，悔亡，君子之光。有復，吉。尚九，有復，于飲酒，无咎。濡其首，有復，失是。

未濟，亨。小狐汔濟，濡其尾，无攸利。初六，濡其尾，吝。九二，曳其輪，貞吉。六三，未濟，征凶，利涉大川。九四，貞吉，悔亡，震用伐鬼方，三年有賞于大國。六五，貞吉，无悔，君子之光，有孚，吉。上九，有孚于飲酒，无咎。濡其首，有孚失是。

䷔ 〔　〕〔　〕，〔　〕，利用獄。初九，句〔　〕〔　〕止，无咎。六二，筮膚滅鼻，无咎。六三，筮腊肉，愚毒，少閵，无咎。九四，筮乾⿰王豊，得金矢，根貞吉。六五，筮乾肉，愚毒，貞厲，无咎。尚九，荷校滅耳，兇。

䷔ 噬嗑，亨。利用獄。初九，屨校滅趾，无咎。六二，噬膚滅鼻，无咎。六三，噬腊肉，遇毒，小吝，无咎。九四，噬乾胏，得金矢，利艱貞，吉。六五，噬乾肉，得黃金，貞厲，无咎。上九，何校滅耳，凶。

䷱ 〔　〕，〔　〕〔　〕，〔　〕。初六，鼎塡止，利〔　〕不，得妾以其子，无咎。九二，鼎有實，我𢦔有疾，不我能節，吉。九三，鼎耳勒，其行塞，雉膏不食，方雨〔　〕〔　〕，〔　〕〔　〕。〔　〕〔　〕，〔　〕〔　〕〔　〕，復公莡，其刑屋，□。六五，鼎黃〔　〕〔　〕〔　〕，〔　〕〔　〕。〔　〕〔　〕〔　〕，〔　〕〔　〕〔　〕，〔　〕〔　〕，无不利。

䷱ 鼎，元吉，亨。初六，鼎顛趾，利出否，得妾以其子，无咎。九二，鼎有實，我仇有疾，不我能卽，吉。九三，鼎耳革，其行塞，雉膏不食，方雨虧悔，終吉。九四，鼎折足，覆公餗，其形渥，凶。六五，鼎黃耳，金鉉，利貞。上九，鼎玉鉉，大吉。无不利。

〔　〕〔　〕〔　〕，〔　〕亨。利有攸往，利見大〔　〕。初六，進內，利武人之貞。九二，筭在牀下，用使巫，忿若，吉，无咎。九三，編筭，閵。六四，悔亡，田獲三品。九五，貞吉，悔亡，无不利，無〔　〕有終。先庚三〔　〕，後庚三日，吉。尚九，筭在牀下，亡其溍斧，貞凶。

䷈少蓺，亨。密雲不雨，自我西茭。初九，復自道，何其咎，吉。九二，堅復，吉。九三，車說緮，夫妻反目。六四，有復，血去湯〔　〕，无咎。九五，有復𢇍如，富以其鄰。尚九，既雨既處，尚得載，女貞厲。月幾朢，君子正，兇。

䷓觀，盥而不尊，有復□若。初六，童觀，

䷸巽，小亨。利有攸往，利見大人。初六，進退，利武人之貞。九二，巽在牀下，用史巫紛若，吉，无咎。九三，頻巽，吝。六四，悔亡，田獲三品。九五，貞吉，悔亡，无不利，无初有終，先庚三日，後庚三日，吉。上九，巽在牀下，喪其資斧，貞凶。

䷈小畜，亨。密雲不雨，自我西郊。初九，復自道，何其咎，吉。九二，牽復，吉。九三，輿說輻，夫妻反目。六四，有孚，血去，惕出，无咎。九五，有孚攣如，富以其鄰。上九，既雨既處，尚德載，婦貞厲，月幾望，君子征，凶。

䷓觀，盥而不薦，有孚顒若。初六，童觀，

小人无咎，君子閵。六二，䦧觀，利女貞。六三，觀我生，進退。六四，觀國之光，〔　〕用賓于王。九五，觀我生，君子无咎。尚九，觀其生，君子无咎。

䷴ 漸，女歸吉，利貞。初六，鳿漸于淵，小子癘，有言，无咎。六二，鳿漸於坂，酒食衎衎，吉。九三，鳿漸於陸，〔　〕〔　〕〔　〕復，婦繩不□，凶，利所寇。六四，鳿漸于木，或直其寇，毄，无咎。九五，鳿漸于陵，婦三歲不繩，終莫之勝，吉。尚九，鳿漸于陸，其羽可用為宜，吉。

䷼ 中復，豚魚吉。和涉大川，利貞。初九，杅吉，有它不寧。九二，鳴鶴在陰，其子和之。〔　〕〔　〕〔　〕〔　〕，

小人无咎，君子吝。六二，闚觀，利女貞。六三，觀我生，進退。六四，觀國之光，利用賓于王。九五，觀我生，君子无咎。上九，觀其生，君子无咎。

䷴ 漸，女歸吉，利貞。初六，鴻漸于干，小子厲，有言，无咎。六二，鴻漸于磐，飲食衎衎，吉。九三，鴻漸于陸，夫征不復，婦孕不育，凶，利禦寇。六四，鴻漸于木，或得其桷，无咎。九五，鴻漸于陵，婦三歲不孕，終莫之勝，吉。上九，鴻漸于陸，其羽可用為儀，吉。

䷼ 中孚。豚魚吉。利涉大川，利貞。初九，虞吉，有它不燕。九二，鳴鶴在陰，其子和之，我有好爵，吾與爾靡之。六三，

〔　〕〔　〕〔　〕羸〔　〕。〔　〕〔　〕，〔　〕〔　〕，或鼓或皮，或汲或歌。六四，月既望，馬必亡，无咎。九五，有復論如，无咎。尚九，鰖音登于天，貞凶。

䷺ 渙，亨，王叚于廟。利涉大川，利貞。初六，撜馬，吉。悔亡。九二，渙賁其階，悔亡。六三，渙其躳，无咎。九四，渙其群，元吉。渙〔　〕〔　〕，〔　〕娣所思。九五，渙其肝大號。渙王居，无咎。尚九，渙其血去湯出。

䷤ 家人，利女貞。初九，門有家，悔亡。六二，无攸遂，在中貴，貞吉。九三，家人㷿㷿，悔厲吉。婦子裹裹，終閵。六四，富家，大吉。九五，王叚有家，

得敵，或鼓或罷，或泣或歌。六四，月幾望，馬匹亡，无咎。九五，有孚攣如，无咎。上九，翰音登于天，貞凶。

䷺ 渙，亨，王假有廟。利涉大川，利貞。初六，用拯馬，壯吉。九二，渙奔其机，悔亡。六三，渙其躬，无悔。六四，渙其羣，元吉。渙有丘，匪夷所思。九五，渙汗其大號。渙王君，无咎。上九，渙其血去，逖出，无咎。

䷤ 家人，利女貞。初九，閑有家，悔亡。六二，無攸遂，在中饋，貞吉。九三，家人嗃嗃，悔，厲吉。婦子嘻嘻，終吝。六四，富家，大吉。九五，王假有家，

勿血，往吉。尚九，有復，委如，終吉。

䷩

益，利用攸往，利涉大川。初九，利用為大作，元吉，无咎。九二，或益之十傰之龜，弗亨回，永貞吉。王用芳于帝，吉。六三，益之，用工事，无咎。有復中行，告公用閨。六四，中行告公從，利用為家遷國。九五，有復惠心，勿問，元吉。有復惠我德。尚九，莫益之，或擊之，立心勿恒，兇。

勿恤，吉。上九，有孚威如，終吉。

䷩

益，利有攸往。利涉大川。初九，利用為大作，元吉，无咎。六二，或益之十朋之龜，弗克違，永貞吉。王用享于帝，吉。六三，益之用凶事，无咎。有孚，中行告公用圭。六四，中行告公從，利用為依遷國。九五，有孚惠心，勿問，元吉。有孚惠我德。上九，莫益之，或擊之，立心勿恒，凶。

附錄二　本書引用主要書目

《易傳》 撰人不詳。計《文言》、《彖》(上下)、《象》(上下)、《繫辭》(上下)、《說卦》、《序卦》、《雜卦》共十篇。

《周易注疏》 魏王弼、晉韓康伯注，唐孔穎達疏，阮刻《十三經注疏》本，原名《周易正義》。

《經典釋文》 唐陸德明撰，《抱經堂叢書》本。此書卷二爲《周易釋文》，別名《周易音義》，本書引用概稱《釋文》。詳見《釋文敍錄》。

《周易集解》 唐李鼎祚撰，《雅雨堂叢書》本。采錄凡三十六家。

《周易舉正》 唐郭京撰，《津逮秘書》本。

《溫公易說》 宋司馬光撰，《叢書集成》初編本。

《周易程氏傳》 宋程頤撰，中華書局本。

《漢上易傳》 宋朱震撰，《通志堂經解》本。

《周易本義》 宋朱熹撰，清同治間山東書局刻本。

《古易音訓》 宋呂祖謙撰，《金華叢書》本。

《易纂言》 元吳澄撰，《通志堂經解》本。

《周易稗疏》 清王夫之撰，《清經解續編》本。

《**仲氏易**》　清毛奇齡撰，《清經解》本。

《**群經補義**》　清江永撰，《清經解》本。

《**易章句**》　清焦循撰，《清經解》本。

《**經義述聞**》　清王引之撰，書中有王念孫說，《清經解》本。

《**周易注疏校勘記**》　清阮元撰，阮刻《十三經注疏》本。

《**周易姚氏學**》　清姚配中撰，《清經解續編》本。

《**六十四卦經解**》　清朱駿聲撰，中華書局本。

《**群經平議**》　清俞樾撰，《春在堂全書》本。

《**香草校書**》　清于鬯撰，中華書局本。此書上册一、二、三、四卷爲《易》。

《**易經新證**》　于省吾撰，石印本。

《**周易義證類纂**》　聞一多撰，《聞一多全集》本。

《**周易古經今注**》　高亨撰，中華書局本。

《**周易大傳今注**》　高亨撰，齊魯書社本。

《**周易時代的社會生活**》　郭沫若撰，《中國古代社會研究》中之一篇，人民出版社本。

《**帛書六十四卦跋**》　張政烺撰，《文物》一九八四年第三期。

《**帛書周易**》　于豪亮撰，《文物》一九八四年第三期。

《**周易探源**》　李鏡池撰，中華書局本。

《周易尚氏學》 尙秉和撰，中華書局本。

《尚書注疏》 漢孔安國傳，唐孔穎達疏，阮刻《十三經注疏》本，原名《尚書正義》，係晉梅賾依託孔安國傳。

《毛詩注疏》 漢毛亨傳，漢鄭玄箋，唐孔穎達疏，阮刻《十三經注疏》本，原名《毛詩正義》。

《周禮注疏》 漢鄭玄注，唐賈公彥疏，阮刻《十三經注疏》本。

《儀禮注疏》 漢鄭玄注，唐賈公彥疏，阮刻《十三經注疏》本。

《禮記注疏》 漢鄭玄注，唐孔穎達疏，阮刻《十三經注疏》本，原名《禮記正義》。

《春秋左傳注疏》 周左丘明傳，晉杜預注，唐孔穎達疏，阮刻《十三經注疏》本，原名《春秋左傳正義》。

《春秋公羊傳注疏》 漢公羊壽傳，漢何休解詁，唐徐彥疏，阮刻《十三經注疏》本。

《春秋穀梁傳注疏》 晉范甯集解，唐楊士勛疏，阮刻《十三經注疏》本。

《論語注疏》 魏何晏注，宋邢昺疏，阮刻《十三經注疏》本，亦名《論語正義》。

《孝經注疏》 唐玄宗注，宋邢昺疏，阮刻《十三經注疏》本，亦名《孝經正義》。

《爾雅注疏》 晉郭璞注，宋邢昺疏，阮刻《十三經注疏》本。

《孟子注疏》 漢趙岐注，宋孫奭疏，阮刻《十三經注疏》本。

《史記》 漢司馬遷撰，南朝宋裴駰《集解》，唐張守節《正義》，唐司馬貞《索隱》，中華書局本。

《**漢書**》 漢班固撰，唐顔師古注，中華書局本。
《**後漢書**》 南朝宋范曄撰，唐李賢注，中華書局本。
《**三國志**》 晉陳壽撰，南朝宋裴松之注，中華書局本。
《**老子帛書**》 老聃撰，文物出版社本。
《**莊子**》 戰國莊周撰，清王先謙集解，郭慶藩集釋，《諸子集成》本。
《**墨子**》 春秋墨翟撰，清孫詒讓《墨子閒詁》，《諸子集成》本。
《**管子**》 春秋管仲撰，唐房玄齡、尹知章注，《諸子集成》本。
《**荀子**》 戰國荀況撰，唐楊倞注，清王先謙集解，《諸子集成》本。
《**呂氏春秋**》 戰國呂不韋賓客撰，漢高誘注，《諸子集成》本。
《**韓非子**》 韓非撰，清王先謙集解，《諸子集成》本。
《**淮南子**》 漢劉安撰，漢高誘注，《諸子集成》本。
《**論衡**》 漢王充撰，今人黃暉校釋，商務印書館本。
《**太玄經**》 漢揚雄撰，《四部叢刋》本。
《**抱朴子**》 晉葛弘撰，清孫星衍校正，《諸子集成》本。
《**山海經**》 漢劉秀校定，晉郭璞注，今人袁珂校注，上海古籍出版社本。
《**顔氏家訓**》 北齊顔之推撰，王利器集解，上海古籍出版社本。
《**說文解字**》 漢許愼撰，清段玉裁注，蜚英書館藏版，上海文盛書局印。

國家圖書館出版品預行編目資料

周易帛書今注今譯

張立文著. － 初版. － 臺北市：臺灣學生，1991
冊；公分
參考書目：面

ISBN 978-957-15-0267-0(精裝)
ISBN 978-957-15-0268-7(平裝)

1. 易經 － 註釋

121.12 80003202

周易帛書今注今譯

著 作 者 張立文
出 版 者 臺灣學生書局有限公司
發 行 人 楊雲龍
發 行 所 臺灣學生書局有限公司
地 址 臺北市和平東路一段 75 巷 11 號
劃撥帳號 00024668
電 話 (02)23928185
傳 真 (02)23928105
E-mail student.book@msa.hinet.net
網 址 www.studentbook.com.tw
登記證字號 行政院新聞局局版北市業字第玖捌壹號
定 價 精裝新臺幣一五〇〇元
平裝新臺幣 九〇〇元

一 九 九 一 年 九 月 初版
二 〇 二 五 年 六 月 初版二刷

09107